존 비비어의
친밀감

DRAWING NEAR
by John Bevere

Copyright ⓒ 2004 by John Bevere
Published by Thomas Nelson, Inc. (or imprint name)
P.O. BOX 141000 Nashville, TN 37214

Korean Translation Copyright ⓒ 2010 by Pure Nard
2F 16, Eonju-ro 69-gil Gangnam, Seoul, Korea
The Korean edition is published
by arrangement with Thomas Nelson, Inc.
All rights reserved.

This Korea edition is translated and used by arrangement of Thomas Nelson, Inc.
through rmaeng2, Seoul, Republic of Korea.

이 한국어판의 저작권은 알맹2 에이전시를 통하여 Thomas Nelson, Inc.과 독점 계약한
'순전한 나드'에 있습니다. 신저작권법에 의하여 한국 내에서 보호받는 저작물이므로
무단전재와 무단복제를 금합니다.

날마다 하나님께로 더 가까이 개정판
존 비비어의 친밀감

개정판 1쇄 | 2011년 12월 5일
개정판 9쇄 | 2022년 8월 5일

지 은 이 | 존 비비어
옮 긴 이 | 김유태

펴 낸 이 | 허 철
총 괄 | 허현숙
편 집 | 송수자   디 자 인 | 디자인채이
제 작 | 김도훈

인 쇄 소 | 예원프린팅
펴 낸 곳 | 도서출판 순전한나드
등록번호 | 제 313-2003-00162
주 소 | 서울특별시 강남구 언주로69길 16, (역삼동) 2층
도서문의 | 02) 574-6702   FAX. 02) 574-9704
홈페이지 | www.purenard.co.kr

Printed in Korea

ISBN 978-89-6237-106-2 03230

존 비비어의
친밀감

날마다 하나님께로 더 가까이

존 비비어 지음 | **김유태** 옮김

PURE NARD

들어가는 말

1991년 하나님께서는 나의 마음속에 주님의 분명한 뜻을 심어주셨다. "사랑하는 아들아, 책을 쓰려무나." 그 말씀을 받은 나의 마음은 혼란스러웠다. 실패에 대한 두려움으로 마음이 무척 산란했고, 엄청난 스트레스로 목이 조여 왔다. 그러다가 하도 어이가 없어 그냥 실없이 웃기도 했다. 왜냐하면 나는 글쓰는 것을 싫어했기 때문이다. 학창시절에 작문시간이 되면 백지를 붙잡고 몇 시간이고 씨름하곤 했으나 아무런 글도 나오지 않은 적이 많았다. 솔직히 밝히자면, 대학 입학 시험인 수능시험에 수학성적은 좋았지만 국어성적은 엉망이었다. 나는 인문계통을 싫어했기에, 공과대학에 진학하였다.

그런데 이제 하나님께서 나같은 사람에게 책을 저술하라고 하시다니! 말도 안 되는 말씀이었다! 그래서 나는 하나님의 뜻을 제대로 분별하지 못했나 보다고 생각하고, 하나님께도 분명한 응답을 하지 않았다. 기도 시간에도, 책을 쓰라는 하나님의 명령에 말꼬리를 흐리면서 뭔가 빠져나갈 구멍을 모색했다. 그러다가 10개월이 흘렀다. 그동안 나는 별로 하는 일도 없이 허송세월만 보내고 있었다. 그런데 하나님께서는 다른 두 개의 주에서 2명의 여인을 보내셔서 나에게 예언의 메시지를 전해주셨다. 두 개의 메시지는 동일한 내용이었다. "존, 책을 저술하는 것은 하나님의 뜻입니다. 당신이 저술하지 않으면 하나님께서는 다른 사람을 사용하실 겁니다. 그리고, 당신은 불순종한 것에 대하여 심판을 받을 겁니다."

첫 번째 여인이 그 말을 할 때까지는 그런 대로 견딜만 했는데, 2주 후에 또 다른 여인이 동일한 메시지를 나에게 전해주었을 때에는 정말 움찔했다. 하나님에 대한 경외감(혹은 두려움)이 나를 눌러 덮었기 때문이다. 작문을 혐오하는 마음과 하나님을 경외하는 마음 사이에서 나는 갈팡질팡하다가 결국 순종하고자 결심했다. 내가 결심하자마자 발생한 놀라운 일을 나는 아직도 생생하게 기억한다. 수많은 아이디어들이 내 속에서 솟구쳐 나와 쉬지 않고 원고를 쓸 수 있었다. 그 내용은 내가 이전부터 생각했다거나 숙고한 것들이 아니었다. 그래서 나는 즉시 그것이 나의 메시지가 아니라 하나님의 메시지라는 것을 깨닫게 되었다. 그로부터 12년이 흘렀다. 그동안 나의 책들은 25개 언어로 번역되었고, 그 판매량에서 100만 부를 넘어섰다.

첫 책을 출간한 후에 나는 출판을 위한 목적으로 책을 저술하지는 않겠다고 하나님과 개인적인 약속을 했다. 하나님께서 책을 저술하라고 할 때에만 책을 쓰겠다고 다짐했다. 그 서약은 시험을 통과했다. 1992년에서 1999년까지 하나님은 계속 책으로 출판할 메시지를 주셨다. 그러나 《순종-하나님의 권위 아래서 누리는 보호와 자유》(두란노) 이후에는 3년 동안 아무런 말씀을 주시지 않았다. 그 기간 동안 출판사들은 나를 접촉하여 다음 책의 원고가 언제쯤 나오느냐는 문의를 하곤 했다. 그러나 나는 한 글자도 쓸 수가 없었다. 왜냐하면 하나님으로부터 아무런 메시지가 내려오지 않았기 때문이었다.

마침내 3년을 채우고, 하나님은 새로운 메시지를 내려주셨다. 그것을 옮겨 적은 것이 바로 이 책이다. 이렇게 지체된 것은 성령님께서 내 마음에 어떤 작업을 하고 계셨기 때문이라고 나는 생각한다.

나는 25년간 신실하게 신앙생활을 하는 기독교 신자다. 그러나 요즈음처럼 하나님께 가까이 다가가고 싶은 열의로 불타 오른 적은 없다. 1년 6개월 전부터 나는 하나님과 깊은 친밀감을 느끼고 있으며, 나와 함께하는 하나님에 대한 생생한 영적 체험을 하고 있다. 지난 18개월 동안 나는 참으로 많이 울었다. 비행기에서, 호텔 방에서, 사무실에서, 자동차 안에서, 집에서 그리고 야외의 기도처소에서, 하나님은 나를 만나주셨고, 엄습하는 하나님과의 깊은 친밀감은 나를 압도했다. 하나님의 임재가 이렇게까지 생생하고 명확한 적은 내 일생에 없었다.

이 책은 지난 몇 년간 성령님으로부터 훈련받은 것을 총정리한 것이다. 그리고 하나님의 자녀인 당신을 친밀함의 자리로 초대하시는 하나님의 마음을 담고 있는 책이다. 독자들이 이 책을 읽기 시작하기 전에 먼저 나와 기도하기를 권한다. 나는 이 책을 읽는 독자들을 위해 항상 기도하고 있다. 마음 깊숙한 곳에서 우러나오는 아래의 기도를 드리면, 성령님께서 인도하여 주실 것이다. 우리는 예수님의 "진실로 다시 너희에게 이르노니 너희 중의 두 사람이 땅에서 합심하여 무엇이든지 구하면 하늘에 계신 내 아버지께서 그들을 위하여 이루게 하시리라"는 약속을 받은 자들이기 때문이다(마 18:19).

하나님, 예수님의 이름으로 간구합니다. 이 책을 읽을 때에, 영의 눈이 열려 영적인 진실을 보게 하시고, 귀가 열려 하나님의 말씀을 듣게 하시며, 진실한 마음을 주사 하나님의 뜻을 이해하고 받아들이게 하소서. 하나님과 친밀한 관계를 맺기 원하며 지속적으로 하나님과 사귀기를 원합니다. 주님, 저는 주님의 충고를 받아들이기 원하며, 하나님의 뜻, 비밀, 열정을 알고 싶습니다. 주님의 임재 아래 늘 있기를 갈망합니다.

주님, 이 책의 메시지가 나에게 신선한 정보를 줄 뿐만 아니라, 영적인 능력이 되어서 그리스도의 형상을 닮는 자로 변화되게 하여 주시옵소서. 예수님께서 지상에 계실 때에 하나님과 가까이 하심으로 하나님의 영광을 드러내신 것을 압니다. 저도 성령님을 통하여 하나님을 가까이 함으로 하나님의 영광을 이 땅에 드러내는 자 되게 하여 주시옵소서.

이 책에 하나님이 영감을 불어넣으신 그 메시지를 통해 내 영혼이 소생할 것을 믿으며, 감사와 영광과 찬송을 하나님께 돌립니다. 이 책을 읽음으로 저의 인생은 이전과는 전혀 다르게 변화될 줄로 믿습니다.

하나님의 종 존 비비어와 합심된 마음으로 이 기도를 드립니다. 예수님의 이름으로 기도합니다. 아멘.

이제 당신의 진실한 기도가 하나님께 상달되어 응답될 것을 믿고 감사하라. 당신의 인생을 진정으로 만족시킬 그 유일한 분에게 당신의 기도가 상달되고, 거룩한 은혜의 보좌에 앉으신 분이 당신의 영적 위치를 상당히 높은 수준까지 올리실 것을 생각하면 나는 뛸 듯이 기쁘다. 당신에게 하나님, 성령님, 예수님의 임재가 그 어느 때보다 더 생생하고 친밀하게 되기를 축복한다.

하나님의 사랑 안에서
존 비비어

목차

들어가는 말 *Introduction* … 4

제1장 | 인생 최고의 초대 ………… 13
The Greatest Invitation of all Time

제2장 | 하나님이 추구하시는 바 ………… 27
God's Pursuit

제3장 | 영적인 갈급함을 지키라 ………… 51
Protect Your Hunger

제4장 | 그분의 현존을 간절히 바람 ………… 75
Passion for His Presence

제5장 | 휘장 저 뒤편에 ………… 97
Behind the Veil

제6장 | 하나님의 친구들 ………… 123
The Friends of God

제7장 | 진정한 친밀함을 방해하는 요소는? …… 155
What Hinders True Intimacy?

제8장 | 진정한 예배 ······ 191
True Worship

제9장 | 하나님이 동거하는 사람 ······ 211
With Whom God Dwells

제10장 | 성령님과의 친밀함 ······ 233
Intimacy with the Holy Spirit

제11장 | 성령을 주시리라는 약속 ······ 265
The Promise of the Spirit

제12장 | 친밀함의 언어 ······ 301
The Language

제13장 | 믿음의 온전한 확신 ······ 339
Full Assurance of Faith

제14장 | 인간과 매우 친하게 지내고 싶어 하시는 하나님 ······ 369
Drawing Near

"하나님을 가까이하라 그리하면 너희를 가까이하시리라"
"*Draw near to God and He will draw near to you*" (약4:8)

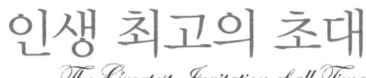

인생 최고의 초대
The Greatest Invitation of all Time

"하나님을 가까이하라
그리하면 너희를 가까이하시리라"

하나님의 부르심, 하나님의 마음으로부터 나오는 부르짖음이 있다. 그리고 그 부르짖음은 날이 갈수록 강도가 더 세어져 간다. "나의 임재 없이도 만족한 인생을 살아가는 너는 어찌된 것이냐? 나와 가까이 지낼 수 있는데도 그렇게 거리감을 두고 사는 이유는 무엇이냐?"

우리 모두는 가까이 하고 싶은 친구나 좋아하는 사람이 있다. 그들은 우리의 마음에 특별한 자리를 잡고 있다. 그들은 마음에 드는 사람으로, 함께 있으면 흡족하고, 특히 그들로부터 초대를 받을 때면 마음이 들뜨고 흥분되는 그런 사람들이다. 기대감, 들뜸, 흥분 이런 것들은 좋아하는 사람과 함께 할 때 느끼는 감정이다. 우리는 아무리 바빠도 시간을 내어 그런 사람들을 만난다.

야고보서에 인생 최대의 초대의 글이 적혀 있다. 이는 하나님으로부터 날아온 초대장으로 "하나님을 가까이하라 그리하면 너희를 가까이하시리라"(약 4:8)고 적혀 있다. 다른 모든 생각들을 떨쳐버리고, 잠시 이 초대의 글에 정신을 집중하여 보아라. 하늘과 땅과 우주와 거기에 있는 모든 것을 창조하신 하나님께서 당신과 함께 하고 싶어 하신다. 그냥 함께 지내는 것뿐 아니라 아주 가까이 친하게 지내고 싶어 하신다. 왜냐하면 우리 하나님은 "인간과 관계를 가지고 싶은 불타는 열의를 가지신 하나님"(출 34:14, NLT 번역)이시기 때문이다.

이것은 하나님의 변함없는 갈망이다. 하나님은 초대장을 발부하셨고, 그의 자녀들로부터 응답을 기다리고 계신다. 인간의 타락 이후 장구한 시간이 흐른 뒤 엄청난 희생을 치르고, 정교한 준비과정을 거쳐 이런 친밀한 관계로 들어가는 관문이 열리게 되었다. 예수님과 친밀한 관계를 가졌던 사도 요한은 이렇게 설명한다.

> 본래 하나님을 본 사람이 없으되 아버지 품 속에 있는 독생하신 하나님이 나타내셨느니라(요 1:18)

아담은 하나님과 허물없이 알고 지냈던 사람이었다. 그러나 불순종의 죄로 인하여 아담은 하나님의 영광스러운 임재로부터 분리되었다. 그리고 그것이 결국은 모든 인류의 운명이 되어버렸다. 남자든 여자든 이제는 더 이상 하나님을 있는 모습 그대로 보거나 들을 수 없게 되었다. 그러나 하나님 아버지는 엄청난 연정戀情으로 깨어진 관계를 회복하기 원하시며, 인간과 친하고 싶어 하신다. 그래서 하나님은 창조 전부터 하나님 아버지와 아주 친밀한 관계로 계셨던 예수 그리스도를 세상에 보내셨다. 분리된 채 어두움 속에, 고독 속에 감금되어 있는 인간에게 자유를 주고, 다시 한 번 하나님 아버지와의 깊은 관계를 회복시키기 위하여 예수님을 보내셨다. 예수님을 주님으로 영접하는 순간 인간은 하나님께 가까이 다가갈 수 있는 기회가 주어진다.

그러나 이러한 하나님 아버지와의 재회는 인간이 바란 것도 아니고 인간이 모두 이해할 수 있는 것도 아니다. 오늘날 교회에서는 죄의 용서와 영원한 생명을 얻음에 대해서는 강조하지만, 하나님과 친밀하게 사귀는 것에 관해서는 크게 강조하지 않는 것을 볼 수 있다. 하나님으로부터 오는 물질적인 복, 삶의 형통, 부유함, 성공에는 관심이 있으면서도, 하나님과 친밀하게 사귀는 것에는 큰 관심이 없는 듯하다. 신자들의 그런 태도는 비극이다. 그러나 그런 비극은 새로운 것이 아니며, 이미 구약에 나타나 있다.

전혀 다른 동기들

모세의 신앙 동기가 이스라엘 백성들과 전혀 다르다는 것이 놀랍다. 출애굽기는 아브라함의 자손들이 노예로 엄청나게 고생하는 장면으로 시작한다. 그들은 애굽에서 거의 400년을 살았다. 처음에는 애굽 사람들의 호의를 받았으나, 얼마 안되어 그들에게 잔혹하게 혹사당하는 노예가 되었다. 그들은 고통 속에서 하나님께 울부짖으며 구원과 해방을 간구했다.

주님은 그들의 기도소리를 들으시고 감동하셨으며, 모세라는 사람을 지도자로 보내셨다. 모세는 원래 히브리 사람이었으나, 바로의 궁중에서 왕자로 자랐다. 그럼에도 불구하고 그는 동족의 곤경을 외면할 수 없어 혈기로 애굽 사람을 때려 죽였고, 자신의 생명을 구하고자 광야로 도주하였다. 그러나 40년 후에 하나님의 말씀과 능력을 소유하고 돌아온 모세는 이스라엘을 속박으로부터 해방시키는 영적 지도자가 되었다.

이스라엘의 애굽으로부터의 탈출은 우리가 죄로부터 벗어나는 것과 비슷하다. 애굽은 세상적인 모든 것을 대표하고, 이스라엘은 교회를 상징한다. 그러므로 신자는 거듭나는 순간부터 세상의 억압과 독재로부터 해방되는 것이다.

애굽에서 이스라엘의 자녀들이 얼마나 이용당하고 학대당했는지 모른다. 그들의 등은 바로 왕의 군사의 채찍질로 갈기갈기 찢겼고, 피멍이 들고, 상처투성이였다. 그들의 집은 빈민굴이었고, 음식은 먹다 남은 찌꺼기들이었다. 그들은 애굽 부자들의 부(富)를 증대시키는데 이용당했지만 스스로는 아무 희망도 가질 수 없는 사람들이었다. 눈앞에서 자신의 아들들이 무고히 살해당하는 것을 목격해야 했다.

그러나 애굽에서 그렇게 잔혹한 고문과 학대를 받았음에도 불구하고, 그들은 과거의 고생을 너무도 쉽사리 잊어버렸다. 광야에서 어려울 때마다 이스라엘 백성은 지도자인 모세를 원망하고 불평을 늘어놓았다. 심지어는 애굽에서 사는 것이 나았을 것이라는 말까지 했다. 그들은 모세와 아론을 원망하며 "우리가 애굽 땅에서 죽었거나 이 광야에서 죽었으면 좋았을 것을 어찌하여 여호와가 우리를 그 땅으로 인도하여 칼에 쓰러지게 하려 하는가 우리 처자가 사로잡히리니 애굽으로 돌아가는 것이 낫지 아니하랴"고 말했다. 그리고 "우리가 한 지휘관을 세우고 애굽으로 돌아가자"(민 14:4)고 했다.

그러나 모세의 경우는 달랐다. 사실 모세는 애굽에서 노예생활을 하던 사람이 아니었고, 환경으로 따지자면 모세에게는 애굽이 더 나았다. 그는 왕궁에서 당대의 부자들과 함께 지냈고, 잘 먹고 살았으며, 기가 막히게 좋은 옷을 입었고, 최고의 교육을 받았다. 항상 하인들이 시중을 들었고, 부족한 것이 없었으며, 앞길이 창창한 젊은이였다. 그러나 그런 최고의 호화로운 삶을 그는 버렸다. 그럼에도 그는 이스라엘 백성과는 다르게 뒤돌아보며 후회하지 않았다.

도대체 모세와 이스라엘 백성의 다른 점은 무엇일까? 모세에게는 진정한 하나님과의 만남이 있었다. "모세는 출애굽 시킨 이스라엘 백성을 이끌고 어디로 가는 것일까?"라는 질문에 대부분의 사람들은 "약속의 땅인 가나안 땅으로"라고 대답할 것이다. 그러나 그것은 피상적인 대답일 뿐, 영적 깊이가 있는 대답은 아니다. 모세는 이스라엘 백성을 이끌고 직접 가나안 땅으로 가지 않았다. 모세는 먼저 시내산, 즉 호렙산으로 백성들을 이끌었다. 모세의 입을 통해 하나님이 하신 말씀을 들어보자 "히브리 사람의 하나님 여호와께서 나를 왕에게 보내어 이르시되 내 백성을 보내라 그러면 그들이 광야에서 나를 섬길 것이니라" (출 7:16). 이는 "내 백성을 보내라 그러면 그들이 좋은 땅으로 들어가리라"가 아니다. 모세는 이스라엘 백성을 약속의 땅으로 데려가기 전에, 이스라엘 백성에게 약속을 주신 그분을 만나도록 주선하였다. 왜냐하면 그것이 바로 하나님의 갈망이었기 때문이다. 왜 하나님은 그런 바람을 가지고 계셨을까? 왜냐하면 젖과 꿀이 흐르는 땅으로 먼저 들어가면, 사람들이 풍요로운 땅의 풍성함에 매료당해, 약속을 주신 하나님보다 약속된 물건을 더 사랑하게 될 위험성이 있기 때문이었다. 그래서 모세는 이스라엘 백성을 먼저 하나님의 임재로 이끌었다.

사실 오늘날 교회에서 우리도 이러한 실수를 범한다. 즉, 예수님이 누구인가 하는 것에 대해서는 별로 관심이 없고, 예수님이 우리에게 어떤 복을 주시느냐에만 관심을 쏟고 있다. 그래서 대부분의 기독교인들은 하나님으로부터 어떤 이득을 얻어내기 위해 교회를 다니고 믿음생활을 하지, 하나님에 관해 관심을 갖는 경우는 드물다. 물론 하나님은 기적을 베푸시고 경이로운 일들을 많이 행하시며 인생에 복을 주시고 풍요와 성공을 약속해 주시는 분이시다. 그러나, 모세처럼 하나님을 직접 대면하고 나면, 세상의 축복 같은 것은 다 뒷전이 되어버린다. 하나님은 세상의 그 어떤 축복보다 더 놀랍고도 놀라운 분이시다.

하나님이 이스라엘 백성을 애굽으로부터 탈출시킨 이유는, 젖과 꿀이 흐르는 가나안 땅으로 들어가 잘 먹고 잘 살게 하는 것이 아니었다. 주된 이유는 하나님을 알고 하나님을 사랑하게 하기 위한 것이었다. 하나님은 인간과 친밀한 관계를 맺기 원하신다. 하나님에게는 자신을 인간에게 보이시고 인간으로부터 반응을 기대하시는 "관계"에 대한 갈망이 있다. "내가 애굽 사람에게 어떻게 행하였음과 내가 어떻게 독수리 날개로 너희를 업어 내게로 인도하였음을 너희가 보았느니라"는 말씀을 통해 볼 때 우리는 이스라엘을 구속하신 하나님의 마음을 가히 짐작할 수 있다. 그러나 이스라엘 백성은 하나님의 근본 의도를 알아차리지 못했다.

인간과 친하고 싶어 하시는 하나님의 열의는 절대로 줄어들거나 변하지 않는다. 성경에 보면, 하나님의 말씀을 통해 하나님은 그러한 연모戀慕의 정을 계속 우리에게 보여주신다. 사도 바울의 축복기도를 들어보자.

> 우리 주 예수 그리스도의 하나님 영광의 아버지께서 지혜와 계시의 영을 너희에게 주사 하나님을 알게 하시고 (엡 1:17)

하나님은 인간을 사랑하는 마음을 계속 나타내신다. 모든 거듭난 신자들이 하나님과 친밀한 관계를 갖고, 하나님을 알고, 하나님을 사랑하게 되기를 원하신다. 이런 사실이 당신을 흥분시키지 않는가? 그렇지 않다면, 더 깊이 묵상하면서, 하나님의 사랑이 당신을 압도하도록 해보아라.

우리는 하나님 아버지를 섬긴다. 그 아버지는 자녀를 사랑하는 불 같은 마음을 가지신 분이다. 자녀들이 그 하나님 아버지의 사랑을 저버리면 아버지의 마음은 무너진다. 하나님은 인간과의 상호작용을 갈망하시고 대화하기를 원하신다. 사도 바울은 세상의 우상들과 살아계신 하나님 아버지의 주된 차이점을 다음과 같이 지적하였다. "너희도 알거니와 너희가 이방인으로 있을 때에 말 못하는 우상에게로 끄는 그대로 끌려갔느니라"(고전 12:2). 이러한 바울의 권면을 통해 참된 신의 주된 특성을 알 수 있다. 바로 인간과 대화 나누기를 즐겨하시는 분이라는 점이다.

"길옆으로 멈춰 세워라"

최근에 운전하다가, 성령의 음성을 들은 적이 있다. "내가 너에게 할 말이 있다. 차를 길옆으로 세우렴."

내가 배운 것은, 하나님께서 나에게 뭔가를 말씀하시려고 할 때는, 하나님의 말씀이 아무리 사소한 것이라도, 또한 어떤 불편함이 있다 하여도, 무조건, 즉각적으로 순종하는 것이 최선이라는 것이다. 모세가 장인의 양떼를 치다가 뭔가 이상한 현상을 보게 되었을 때, 그는 "내가 돌이켜 가서 이 큰 광경을 보리라 떨기나무가 어찌하여 타지 아니하는고"(출 3:3)라고 말했다. "돌이켜"라는 말의 어원에 대해서 언어학자인 스트롱은 "신경을 끄다"라고 번역한다. 즉, 모세는 나름대로의 계획을 취소하고 거룩하신 하나님께 주의를 돌렸다는 뜻이다. 그러한 모세의 태도를 본 하나님은 모세에게 뭔가를 보여주셨다. 성경을 읽어보자.

> 하나님이 떨기나무 가운데서 그를 불러 이르시되 모세야 모세야 하시매 그가 이르되 내가 여기 있나이다 하나님이 이르시되 이리로 가까이 오지 말라 네가 선 곳은 거룩한 땅이니 네 발에서 신을 벗으라… 이제 가라 이스라엘 자손의 부르짖음이 내게 달하고 애굽 사람이 그들을 괴롭히는 학대도 내가 보았으니 이제 내가 너를 바로에게 보내어 너에게 내 백성 이스라엘 자손을 애굽에서 인도하여 내게 하리라(출 3:4-5, 9-10)

모세의 돌이키는 행위를 보고서 하나님은 모세의 이름을 부르시며 모세에게 접근하신다. 나는 만약에 모세가 아무런 반응을 보이지 않았다면, 하나님도 가만히 계셨을 것이라 생각한다. 하나님은 가축들이 모두 울타리 안에 안전하게 들어가 있을 때 부르지 않으셨다. 도리어 한창 바쁜 시간에 모세를 부르셨다. 만약에 모세가, "내가 양떼들로부터 눈을 떼면, 사방으로 흩어져서 엉망이 될 것이다. 그들을 전부 다시 모으려면 하루 종일 걸릴 텐데. 하나님을 만나는 일은, 나중에 시간 있을 때로 미루자"라고 했다면, 하나님은 모세의 이름을 부르지 않으셨을 것이다.

어떤 사람들은 하나님은 모세의 반응이야 어찌됐건 자신이 하려는 일을 이루셨을 것이라고 주장할 사람도 있을 것이다. 그러나 그것이 하나님의 성품과 맞아떨어지는 추측일까? 사무엘의 경우를 한 번 생각해 보자. 젊은 나이에 사무엘은 엘리 제사장을 섬기고 있었다(삼상 3장 참조). 하루는 사무엘이 누워있는데, "사무엘아, 사무엘아" 하는 음성이 들렸다.

사무엘은 얼른 엘리에게로 뛰어가 "부르셨습니까?"라고 했다. 엘리는 "나는 너를 부른 적이 없다. 가서 자거라"고 대답했다. 사무엘은 동일한 부르심을 듣고 또 엘리에게로 달려갔으나, 엘리는 부른 적이 없다고 했다. 이런 일이 세 번째 일어났을 때, 엘리 제사장은 그것이 하나님의 부르심이라는 것을 알아차리고, 사무엘에게 이르기를 하나님께 직접 응답하라고 했다. "사무엘아, 사무엘아" 하는 음성이 네 번째로 들려왔을 때, 사무엘은 어떻게 응답해야 할지 알게 되었다. 그리고 나서야 비로소 하나님은 사무엘에게 하나님의 신비와 그분의 뜻을 계시해 주셨다.

> 엘리가 사무엘에게 이르되 가서 누웠다가 그가 너를 부르시거든 네가 말하기를 여호와여 말씀하옵소서 주의 종이 듣겠나이다 하라 하니 이에 사무엘이 가서 자기 처소에 누우니라 여호와께서 임하여 서서 전과 같이 사무엘아 사무엘아 부르시는지라 사무엘이 이르되 말씀하옵소서 주의 종이 듣겠나이다 하니 여호와께서 사무엘에게 이르시되 보라 내가 이스라엘 중에 한 일을 행하리니 그것을 듣는 자마다 두 귀가 울리리라 (삼상 3:9-11)

물론 혹자는 하나님이 왜 처음부터 "나는 하나님이다. 엘리에게 갈 것 없다. 그냥 내 말을 들어라"고 하지 않았느냐고 반문할지도 모른다. 그러나 하나님은 그렇게 하지 않으셨다. 하나님은 인간이 스스로 하나님을 알고, 자원해서 반응하기 원하신다. 그렇게 함으로 하나님과의 자연적인 관계가 형성되기를 원하신다. 하나님은 영적으로 부지런한 사람을 좋아하시고, 하나님을 추구하고 바라는 사람들을 만나주신다. 하나님은, 끈질기게 하나님을 찾는 사람을 특히 좋아하신다.

복음서에서도 우리는 그런 경향을 볼 수 있다. 오병이어의 기적을 일으키신 후 예수님은 제자들과 배를 타고 강 건너편 한적한 곳으로 가셨다. 그리고 예수님은 혼자 산속으로 들어가서 하나님 아버지와 은밀한 시간을 가지셨다. 그날 저녁, 배에 남아있던 제자들은 거센 풍랑과 싸우고 있었다.

바람이 거스르므로 제자들이 힘겹게 노 젓는 것을 보시고 밤 사경쯤에 바다 위로 걸어서 그들에게 오사 지나가려고 하시매(막 6:48)

"지나가려고"라는 구절에 집중해보자. 이는 "그냥 지나쳐 버리실 의향이었다"라고 번역될 수 있다. 그러나 제자들이 예수님을 보고 살려달라고 아우성을 칠 때, 예수님은 "안심하라. 내니 두려워하지 말라"고 하셨다. 예수님께서 배 안으로 들어가시니 풍랑은 잠잠해졌다. 만약에 제자들이 부르짖지 않았다면 예수님은 아마도 그냥 가버리셨을지도 모른다. 물 위로 스쳐 지나가는 예수님을 붙잡은 것은 제자들의 울부짖음이었다.

하나님은 사람들의 반응으로 더 가까이 인간에게 다가오신다. 그러나 인간이 하나님을 무시하고 별 관심을 보이지 않으면, 하나님도 거리를 유지하신다. 하나님은 절대로 자신과의 친밀한 관계를 강요하시는 분이 아니시다. 왜냐하면 두 인격체 사이의 친밀한 관계는 강요한다고 되는 것이 아니기 때문이다. 하나님은 기다리신다. 우리가 영적으로 갈급해져서 하나님을 전심으로 찾을 때까지!

다시 처음으로 돌아가자. 운전하다가 하나님의 음성을 들었을 때, 자동차를 길옆으로 세우지 않았다면 어떻게 되었을까? 나는 종종 고속

도로의 중간에서 그런 하나님의 음성을 듣는 경우가 있다. 휴게소까지는 아직도 한참 가야 하는데… 그래도 나는 무조건 차를 길옆으로 세운다. 성령님이 "'쉬지 말고 기도하라'는 말씀이 기억나지 않니?"(살전 5:17)라는 질문을 하신 적이 있다.

나는 대답했다. "네! 주님, 맞습니다." 그러자 성령님은 더 깊은 질문을 하셨다.

"기도는 독백이냐? 대화냐?"

나는 대답했다. "기도는 쌍방간의 대화입니다."

그러자 성령님은 이렇게 대꾸하셨다. "쉬지 말고 기도하라는 뜻은, 하나님이 너와 끊임없이 대화를 나누고 싶어 하신다는 뜻이란다."

그 이야기를 듣는 순간 내 마음은 뛰었다. 나에게 참으로 좋은 기회가 주어졌구나 하는 생각이 들면서, 이렇게 좋은 것을 나 혼자만 알 것이 아니라, 주님의 모든 자녀에게 알려야겠다고 결심했다.

아마 당신은 이렇게 질문할지도 모른다. 하나님께서 쉴새 없이 말씀하고 계시다는 것인가? 물론 그런 말이 아니다. 하나님께서 하신 말씀은 그런 것이 아니라 우리와 계속 연락하고 지내기를 바라신다는 것이다. 한마디로 우리 하나님은 사람들과 친하게 지내고 싶어 하시는 하나님이시다. 깊고 밀접한 친밀감을 갖기 원하신다. 하나님에게는 친밀함에 대한 열망, 의도, 의지가 있다. 그러나 그런 친밀한 교제에 있어서, 말은 대화의 한 수단일 뿐이다. 예를 들어, 나는 아내의 얼굴 표정만 봐도, 그녀가 지금 무엇을 말하고 있으며 그녀에게 무엇이 필요한지 알 수 있다. 나는 아내와 20년을 같이 살았다. 우리는 서로 친밀감을 유지해 왔기 때문에, 나는 아내의 몸짓 하나하나가 의미하는 바를 안다. 그러나 이 책을 읽는 독자가 나의 아내를 보았다면, 그녀의 이상한 몸짓을 보고도 전혀 감을 잡지 못할 것이다. 다른 사람들은 내가 나의 아내를 아는 만큼 나의 아내를 알 수가 없다. 사실 나도 결혼 후 처음 몇 년 동안은 아내의 몸짓에 담긴 메시지를 알아차리지 못했다. 이제 21년이 지난 지금 비로소 나는 그녀가 몸짓을 통해 전달하려는 바를 터득했다.

가까이 다가오라는 부르심

이 책은 방법론에 관한 책이 아니다. 그러나 이 책은 인간의 영적인 순례의 마지막 종착역인 하나님의 마음에 도달하는 지도를 제시한다. 보물이 묻혀진 보물섬의 지도를 가지고 있다 해도, 그 보물섬으로 가서 보화를 캐내지 않으면, 그 보물섬 지도는 별다른 유익을 주지 못한다. 숨겨진 보화가 내 것이 되기 위해서는 지도를 따라 걷고, 산을 오르고, 계곡을 지나는 수고를 해야만 한다. 그렇게 하기 위해서는 시간, 에너지, 자금, 노력이 필요하다. 지도는 단지 방향을 제시할 뿐이다. 이 책은 바로 그 지도와 같다. 하나님의 마음에 도달하는 지도인 이 책을 통해, 독자들이 나와 함께 멋지고 신나는 영적 여행을 즐기기 바란다. 이 책에 담긴 하나님의 말씀들은 여행길에서 만나는 구덩이, 덫, 위험들로부터 당신을 보호해줄 것이다. 뿐만 아니라 불필요한 시간과 정력의 낭비도 줄여줄 것이다.

이제 준비되었으면, 떠나자!

토론을 위한 질문들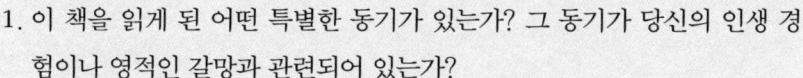

1. 이 책을 읽게 된 어떤 특별한 동기가 있는가? 그 동기가 당신의 인생 경험이나 영적인 갈망과 관련되어 있는가?

2. 가까이 다가오라는 다음과 같은 하나님의 초대에 대하여 다함께 토론해 보자.

   - 모세는 불붙는 떨기나무를 보았는데, 타버리지 않는 것을 보고 이상히 여겨 조사해 보려고 가까이 다가갔다. 하나님은 그런 방법으로 모세를 부르셨다.
   - 하나님께서는 어린 선지자 사무엘을 수차례 부르셨지만, 사무엘이 "주님, 말씀하시옵소서. 내가 듣겠나이다"라고 하기 전까지는 하나님께서 본격적으로 말씀하지 않으셨다.
   - 예수님께서 물 위로 걸어가시며 제자들을 그냥 지나쳐가려 할 때, 제자들이 소리쳐 예수님을 부르는 소리에 예수님이 멈추셨다.

   위의 3가지 예 중에 어떤 것이 지금 당신을 부르시는 하나님의 방법과 가장 흡사하다고 생각하는가? 당신은 하나님의 부르심에 응답한 적이 있나? 있었다면, 당신의 응답은 어떤 것이었나?

3. 기도가 쌍방간의 대화라면, 하나님은 당신에게 무엇에 관하여 이야기 하려 하신다고 생각하는가? 하나님께서 당신에게 메시지를 전달하시는 방법에는 어떤 것이 있다고 생각하는가?

제 2 장

하나님이 추구하시는 바
God's Pursuit

성경에는 창세기로부터 요한계시록에 이르기까지 흐르는 한 줄기의 주제가 있다. 그 주제는 하나님의 열의에 찬 갈망인데, 그것은 인간을 사랑하는 하나님의 마음이다. 하나님은 인간이 하나님께 다가가고자 하는 열망보다 더 큰 열망으로 인간과 가까이 지내시기를 원하신다.

> 너희는 하나님이 우리 속에 거하게 하신 성령이 시기하기까지 사모한다 하신 말씀을 헛된 줄로 생각하느냐(약 4:5)

하나님이 추구하시는 것은 인간과의 사귐이다. 인간과의 친밀한 관계를 추구하시는 그 강렬한 갈망은 이미 태초부터 있었다. 아담이 범죄한 후에 하나님의 첫 마디는 "이런 괘씸한 놈이 있나!"가 아니었다. 하나님은 인간을 벌 주시는 대신에, "네가 어디 있느냐?"(창 3:9)라고 말씀하시며 아담과 하와를 애타게 찾으셨다. 하나님의 마음 중심으로부터 우러나오는 울부짖음을 다시 한 번 마음에 새기며 들어 보아라. "네가 어디 있느냐?" 이제 역사를 거슬러 하나님의 사모하시는 바를 더듬어보자.

아담의 아들의, 아들의, 아들의, 아들의 손자

아담의 자녀의, 자녀의, 자녀의, 자녀의, 자녀의, 자녀의 이름은 에녹이다. 내가 상상하기에 에녹이 조상이신 아담에게 에덴동산에서의 생활에 관하여 물어 왔으리라 생각한다. 에녹은 하나님과 친밀한 관계를 가지는 것이 어떤 것인지 궁금했으리라. 에녹이 어떻게 할아버지의 할아버지의 할아버지의 할아버지의 할아버지와 이야기를 나눌 수 있었는지 의아해할 사람도 있을지 모르겠다. 그러나 조상 할아버지가 930살까지 살아있다면 가능할 것이다. 에녹이 태어났을 때 아담은 622살이었다.

성경을 분석해보면 에녹이 65세 때 아담과 접촉하였을 가능성이 높다. 그렇다면 아담은 687세에 에녹을 만났을 것이다. 이러한 계산은 에녹이 365세를 살았는데, 300년간 하나님과 동행했다는 기록으로부터 유추해낸 것이다.

> 므두셀라를 낳은 후 삼백 년을 하나님과 동행하며 자녀들을 낳았으며 그는 삼백육십오 세를 살았더라(창 5:22-23)

그렇다면 65세 때 에녹에게 어떤 결정적인 변화가 있었음에 틀림없다. 무엇이 에녹을 그렇게 완벽하게 변화시켰을까? 그것은 조상인 아담의 입으로부터 나온 에덴동산의 축복과 더불어 불순종으로 인한 가슴 아픈 결별에 대한 이야기 때문이었을 것이라고 추측해본다. 에덴동산에서의 복이라는 것은 다름 아닌 하나님과의 친밀한 동행이리라.

물론 확실한 증거는 없지만 내가 상상하기에, 아담에게 접근하여 에덴동산에서 생긴 일에 관하여 대화를 나눈다는 것은 큰 용기를 필요로 하는 일이었을 것이다. 아담이 그런 불미스럽고 비극적인 과거사에 대하여 마음 터놓고 이야기 했을 리가 만무하기 때문이다. 아담의 자손들은 입소문을 통해 알고 있기는 했으나, 아담을 직접 대면하여 이야기를 나누지는 못했을 것이고, 특히 젊은 에녹에게는 말조심을 하라고 주의를 주었을 것이다.

유대교 기록에 의하면, 에덴동산으로부터 쫓겨난 아담은 우울증으로 시달렸다고 한다. 그 중압감이라는 것은 참으로 견디기 어려울 정도로 무거운 것이었으리라. 전설에 의하면 아담과 하와는 자신들의 수치스러운 과거를 생각하며, 서로 거의 알아볼 수 없을 정도로 캄캄한 동굴 속에 들어가 머물렀다고 한다. 아담은 그의 광채를 잃었다. 하나님의 영광 안에 머무는 그 놀라운 체험을 더 이상 할 수 없다는 것은 참으로 비참한 일이었을 것이다. 아담은 말할 수 없는 상실의 사건을 겪었고, 에녹은 그 불미스러운 일에 대한 자세한 이야기를 들었으리라. 그 가슴 아픈 이야기를 통해 에녹은 뭔가 영적인 것에 관하여 크게 배웠을 것이라 상상해본다. 아담 이후의 세대들이 아담의 실수에 관하여 투덜거리고 있을 때에, 에녹은 "나라도 하나님과 동행하리라"고 결심했을 것이라 생각한다.

나는 아담과 에녹의 만남에 관하여 이렇게 상상해본다. 에녹은 아담의 말을 들으며 전율했지만, 하나님을 향한 열망으로 두려움을 넘어섰을 것이다. 그 결과, 지난 과거의 실수투성이였던 인생을 이겨내는 뭔가 밝은 빛에 대한 갈망이 에녹의 마음에 솟구쳤을 것이다. 에녹은 아담의 과거를 단지 실패의 이야기로 받아들이지 않았고, 하나님과 동행하고자 하는 궁극적인 열망으로 승화시켰을 것이다. 아담이 에덴동산에서의 삶에 관하여 이야기할 때, 에녹의 눈은 반짝이며 감격과 기대의 불이 일어났으리라. 에녹은 그 사건 이후로 불타는 심정으로 하나님과의 동행을 열망하게 되었을 것이다.

아담은 가슴 미어지는 과거사를 들춰내면서 후회의 눈물로 얼굴을 적셨을 수도 있다. "에녹아, 나는 한때 하나님과 에덴동산에서 함께 동행했었단다. 천지만물을 창조하신 하나님, 온 우주를 만드신 이가 바로 내 곁에 항상 함께 계셨단다. 하나님의 영광의 광채가 나와 항상 함께 있었기에, 나는 그분의 무한한 지혜와 총명을 볼 수 있었고 우주에 대한 그분의 계획도 들었다. 하나님이 지구를 창조하실 때는 참으로 신비하게 만드셨고, 완벽한 기후와 멋진 자연환경을 창조해 내셨단다. 하나님은 나에게 식물의 성장과정의 배후에 감춰진 신기한 원리들을 가르쳐 주셨고, 나에게 온갖 동물들의 이름을 명명할 특권을 주시어 종류가 50억이 넘는 생물들을 관리하게 하셨단다! 하나님과 나는 자연의 모든 것에 관하여 서로 친밀하게 이야기를 주고 받았고 자연을 다스릴 모든 권한도 나에게 주셨단다."

아담이 에덴동산에서 있었던 하나님과의 친밀한 교제에 관하여 입을 열면 열수록, 에녹의 심정에는 하나님을 알고 싶다는 열망이 자리잡기 시작했을 것이다. 결국 하나님과의 친밀함이라는 숙제가 에녹의 마음을 불살랐을 것이다. 에녹은 아담처럼 하나님과 동행하고자 하는 열정에 사로잡혔으리라.

에녹의 그 열정적인 삶의 결과는 무엇이었는가? 하나님과 친밀한 관계로 맺은 그 열매는 무엇인가? 하나님과 동행한 결과는 아담의 운명을 답습하지 않게 되었다는 것이다. "에녹이 하나님과 동행하더니 하나님이 그를 데려가시므로 세상에 있지 아니하였더라"(창 5:24). 즉, 에녹은 죽음을 맛보지 아니하고 직접 하나님께로 올라갔다.

에녹은 살아생전에 위대한 선지자였다. 에녹은 동시대의 부정과 부패에 관하여 선지자적인 선포를 한 사람이고, 하나님의 마음을 깊이 안 사람이기에 종말에 관한 예언까지 하였다.

> 아담의 칠대 손 에녹이 이 사람들에 대하여도 예언하여 이르되 보라 주께서 그 수만의 거룩한 자와 함께 임하셨나니 이는 뭇 사람을 심판하사 모든 경건하지 않은 자가 경건하지 않게 행한 모든 경건하지 않은 일과 또 경건하지 않은 죄인들이 주를 거슬러 한 모든 완악한 말로 말미암아 그들을 정죄하려 하심이라 하였느니라 이 사람들은 원망하는 자며 불만을 토하는 자며 그 정욕대로 행하는 자라 그 입으로 자랑하는 말을 하며 이익을 위하여 아첨하느니라(유 1:14-16)

에녹은 하나님의 마지막 심판을 보았고, 예수님이 태어나기도 전에 구세주의 재림에 관한 환상을 보았다.

하나님은 왜 아직 365세 밖에 되지 않은 에녹을 데리고 가셨을까? 그의 위대한 예언사역 때문일까? 아닐 것이다. 그것은 에녹이 하나님과 아주 가까이 동행하였고, 하나님을 기쁘게 해드렸기 때문이었다. "믿음으로 에녹은 죽음을 보지 않고 옮겨졌으니 하나님이 그를 옮기심으로 다시 보이지 아니하였느니라 그는 옮겨지기 전에 하나님을 기쁘시게 하는 자라 하는 증거를 받았느니라"(히 11:5).

오해하지 말기 바란다. 하나님과의 동행으로 권위 있는 사역을 할 수 있는 것도 사실이다. 그러나 에녹이 하나님을 기쁘시게 해 드린 것은 하나님을 알고자 했던 그 불타는 열망이었다.

시대를 통해 나타난 하나님 아버지의 속 타는 아우성

인간과 좋은 관계를 맺고자 하는 하나님의 애착은 대단하다. 하나님을 알고자 하는 사람들은, 바로 그 하나님의 열망에 부응하는 사람들이다. 에녹 다음에는 노아가 등장한다. 그도 역시 하나님의 마음을 감동시킨 사람이다. "노아는 의인이요 당대에 완전한 자라 그는 하나님과 동행하였으며"(창 6:9). 노아는 인간과 깊은 관계를 가지고자 하시는 하나님의 열망에 응답했고, 하나님 앞으로 가까이 다가섰다. 노아가 하나님 앞으로 가까이 나아갔을 때, 하나님도 노아에게 가까이 오셔서, 장래에 일어날 일들에 관하여 말씀해 주셨다. 그는 하나님과 전 세계에 영향을 미칠 대대적인 심판에 관하여 알고 있었다. 하나님께 가까이 다가가는 사람에게 하나님도 가까이 다가오신다는 것을 노아는 온전히 체험했다. 담대히 하나님 앞으로 다가서는 사람에게는 우주 만물의 창조주와 아주 친밀한 관계를 맺는 허락이 떨어진다. 그런 경이로운 체험을 한 사람 중에 노아가 있다.

아브라함의 경우도 마찬가지이다. "아브람이 구십구세 때에 여호와께서 아브람에게 나타나서 이르시되 나는 전능한 하나님이라 너는 내 앞에서 행하여 완전하라"(창 17:1). "내 앞에서 완전히 행하라"는 뜻의 다른 번역은 "나와 온전히 동행하라"이다. 그러한 초대는 이삭과 야곱을 통해서도 계속되었다. 야곱이 태어나기도 전에 하나님은 "내가 야곱은 사랑하고"(롬 9:13)라고 말씀하셨다. 하나님이 야곱에게 따라붙으셨다. 야곱이 하나님을 따르지 않았을 때에도, 하나님은 야곱에 대한 연정의 끈을 늦추지 않으셨다. 야곱이 형 에서를 피해 두려움에 떨면서 도망갈 때에, 하나님은 길목에 지키고 서서 야곱의 마음을 붙잡으려 하셨다. 야곱이 돌베개를 베고 잘 때에, 하나님은 꿈을 통해 말씀하시고, 활짝 열린 하늘로 통하는 문을 보여주셨다. 이것은 하늘과 땅 사이에 친밀한 접촉이 가능함을 계시해 주신 것이다.

400년 동안 압제 속에 살았던 이스라엘 민족은 하나님이 주시는 해방의 소식을 듣고 감격하여 기뻐 어찌할 바를 몰랐다. 그러나 그들 모두가 착각한 것은 노예해방의 진정한 목표였다. 그들은 하나님께서 그들에게 복을 주셔서 좋은 땅에 정착해 잘 먹고 잘 살게 하는 것이 하나님의 최종 목표인 것으로 생각했다. 그러나 사실 하나님에게는 그보다 더 중요한 목적이 있었다. 그것은 이스라엘 백성들이 하나님과 친밀하게 사귀는 것이었다. 하나님은 출애굽의 과정을 시적인 언어로 이렇게 표현하셨다.

> 내가 애굽 사람에게 어떻게 행하였음과 내가 어떻게 독수리 날개로 너희를 업어 내게로 인도하였음을 너희가 보았느니라 (출 19:4)

그러나 출애굽으로 해방된 이스라엘 백성들은 전혀 다른 소리를 하고 있었다. "이뿐 아니라 네가 우리를 젖과 꿀이 흐르는 땅으로 인도하여 들이지도 아니하고 밭도 포도원도 우리에게 기업으로 주지 아니하니 네가 이 사람들의 눈을 빼려느냐 우리는 올라가지 아니하겠노라" (민 16:14). 그들은 하나님 자신을 기업으로 받을 생각은 하지 않고 뭔가 물질적인 것만 찾고 있었다.

모세는 아브라함의 자손이라는 자들에게 다음과 같이 명확하게 설명해 주었다.

> 너는 다른 신에게 절하지 말라 여호와는 질투라 이름하는 질투의 하나님임이니라(출 34:14)

하나님은 온 이스라엘 백성에게 "나는 너희들을 사랑하였노라"고 공포하셨다. 그러나 마음의 강퍅함으로 백성들은 다음과 같이 대답하였다. "여호와께서 이르시되 내가 너희를 사랑하였노라 하나 너희는 이르기를 '주께서 어떻게 우리를 사랑하셨나이까 하는도다"(말 1:2). 하나님이 이스라엘 백성들을 얼마나 사랑하는 줄 깨닫지 못하는 사람들은 하나님의 만지시는 손길을 심판과 저주로 착각하였다.

인간들의 거듭되는 불순종에도 불구하고 인간을 향한 하나님의 의지는 전혀 꺾이지 않았다. 예레미야 시대에 하나님은 이렇게 울부짖으셨다. "여호와의 말씀이니라 이제 너희가 그 모든 일을 행하였으며 내가 너희에게 말하되 새벽부터 부지런히 말하여도 듣지 아니하였고 너희를 불러도 대답하지 아니하였느니라"(렘 7:13). 출애굽 이후 예레미야의 시대에 이르기까지 하나님은 끊임없이 이스라엘 백성들을 부르셨으나, 그들은 계속 등을 돌렸다.

그래도 인간을 향한 하나님의 사랑에는 흔들림이 없었다. 우리를 향하신 하나님의 궁극적인 갈망은 예수 그리스도 안에 나타난다. 예수님의 말씀이다. "인자가 온 것은 잃어버린 자를 찾아 구원하려 함이니라"(눅 19:10). 예수님은 그냥 인류를 구원하기 위해 오신 분이 아니시다. 예수님은 구원받아야만 하는 자들을 찾아 헤매며 돌아다니시는 분이시다.

인간을 개별적으로 생각하시는 하나님

누군가를 그리워하면, 항상 그 사람 생각이 나게 되어 있다. 대낮에도 그 사람 생각만 나고, 꿈에도 나타난다. 그것이 더 깊어지면, 입을 통하여 '보고 싶어 미치겠다'는 등의 말을 하게 된다. 하나님도 예외는 아니시다. 하나님이 자신의 심정을 다윗에게 수도 없이 토로하셨다는 기록을 보라.

> 하나님이여 주의 생각이 내게 어찌 그리 보배로우신지요 그 수가 어찌 그리 많은지요 내가 세려고 할지라도 그 수가 모래보다 많도소이다 내가 깰 때에도 여전히 주와 함께 있나이다(시 139:17-18)

인간이 이해하기에는 불가능한 일이지만, 한 사람 한 사람에 대한 하나님의 생각은 지구 상에 존재하는 모래알보다 더 많다! 잠시 모래 알들을 상상해 보라. 바닷가, 사막, 호수, 해저, 모든 곳에서 모은 모래 알갱이들을 한 번 상상해 보자. 나는 바닷가를 거닐며 내 발에 묻은 모래 알갱이를 세어보려고 한 적이 있다. 그러나 너무 많아서 도저히 셀 수가 없었다. 그러나 하나님은 지구 상에 존재하는 모든 모래 알갱이들을 언급하시고 계신다! 그 숫자라고 하는 것은 가히 헤아릴 수 없다. 지난 20년간 나는 나의 아내에 관하여 참으로 많은 아름다운 생각들을 하고 있었다. 그러나 가장 깊고 멋있는 내 생각이라 하더라도 작은 유리병 하나에 담긴 모래 알갱이 숫자 정도도 되지 않는다.

인간은 자신이 가장 가치가 있다고 생각하는 일을 추구하게 되어 있다

무척 사랑하고, 만나고 싶고, 사귀고 싶은 사람이 있다면 당신은 하나님의 마음을 이해할 수 있을 것이다. 인간들을 향하신 하나님의 마음이 그렇다. 당신은 하나님의 그런 갈망을 느끼거나 생각해본 적이 있는가? 하나님에게 당신이라는 존재가 얼마나 값어치가 있는 존재인지 한 번 깊이 생각해본 적이 있는가? 쇼핑을 가서 물건을 사려고 할 때 우리는 종종 가격표를 살펴본다. 어떤 것은 바겐세일을 하는 것도 있고, 어떤 것은 지나치게 비싼 것들도 있다. 그러나 현명한 구매자라면 돈만큼의 가치가 있는 물건을 사려 한다.

이 세상의 모든 것에는 가치가 매겨져 있다. 가치는 물론 구매자의 판단에 따라 결정된다. 몇 년 전에 야구공이 경매장에 나왔다. 그 야구공은 보통 공이 아니라 마크 맥과이어라는 유명한 야구선수가 70번째 홈런을 때린 공이었다. 그는 그 당시 시즌 때마다 최고의 홈런을 때리는 신기록을 수립하고 있었다. 그 공은 27억 원에 팔렸다! 나는 물론 그만한 돈도 없지만, 돈이 있었다 하더라도 그 공을 사지 않았을 것이다. 왜냐하면 나에게는 그만큼의 가치가 있는 물건이 아니기 때문이다. 그러나 신문에 더 많은 돈을 주고라도 그 공을 사고 싶다는 사람들의 이야기가 실렸다. 그런데 문제는 그 홈런 신기록이 이제는 갱신되었다는 것이다. 그렇게 선망의 대상이었던 마크의 공의 가격은 이제는 급격히 하락했을 것이다. 왜냐하면 가치가 떨어졌기 때문이다.

기독교인이 묻는 질문은 사회의 가치관이 무엇이냐가 아니다. 왜냐하면 그것은 사회마다 각각 다르기 때문이다. 인간의 생명에 대한 가치 평가도 사람에 따라 다르다. 오늘날에는 살아있는 태아를 강제로 유산시켜 살인하는 수백 만의 부모들이 있다. 아기가 태어나면 부모의 인생이 불편해지기에 태아를 죽이는 것이다. 그들의 가치관에 따르면, 생명보다 자신들의 안락함이 더 가치 있다는 것이다. 요즈음은 또 부부로 사는 것이 시간과 에너지 낭비라고 생각하여 남편과 헤어지고, 아내와 헤어지는 사람들도 많다. 자신의 개인적인 쾌락과 안락이 더 가치가 있다고 판단하기 때문이다. 그들에게 가족과 자녀를 위한 희생은 별로 가치가 없는 것들이다. 이러한 경우는 무수히 많다. 그로 인하여 현대사회는 상처 받은 사람들이 넘쳐난다. 다른 사람의 눈으로 자신의 가치를 바라보기에, 자신을 사랑 받지 못하는 쓸모없는 인간이라고 평가하는 사람들도 수없이 많다.

하나님 앞에서 인간의 가치

인간의 가치가 얼마라고 생각하는가? 당신은 얼마나 가치 있는 인간인가? 그리고 그 가치 있고, 없음을 결정하는 기준은 무엇인가? 가장 중요한 것은, 궁극적으로 가치기준을 정하시는 분은 하나님이시라는 사실이다. 그래서 예수님은 "너희는 사람 앞에서 스스로 옳다 하는 자들이나 너희 마음을 하나님께서 아시나니 사람 중에 높임을 받는 그것은 하나님 앞에 미움을 받는 것이니라"(눅 16:15)라고 하셨다. 하나님의 가치기준은 인간의 가치기준과는 상이하다.

예수님께서는 우리에게 "사람이 만일 온 천하를 얻고도 제 목숨을 잃으면 무엇이 유익하리요 사람이 무엇을 주고 제 목숨과 바꾸겠느냐?"라는 도전적인 질문을 하신다(마 16:26). 잠시 이 세상에 있는 모든 부를 생각해보자. 수백만 달러짜리 저택, 온갖 보석과 귀중품, 멋진 자동차, 요트, 비행기들, 최고급 의상들, 최신의 전자제품, 그 이외에 각양각색의 부를 상징하는 것들, 이 세상에 있는 금은보화를 비롯하여 부자들이 소유한 부라는 것은 상상을 초월한다. 최근의 통계에 의하면 세계의 연간 생산액수는 미화로 35.8조 달러라고 한다. 이는 $35,800,000,000,000.00이다. 엄청난 액수인데, 거기에다가 부동산의 가치까지 합친다면, 놀라 기절할 정도의 숫자가 된다. 그러나 예수님은 그 모든 재물보다 한 사람의 생명이 더 귀중하다고 말씀하신다.

지구 상에 존재하는 모든 재산보다 한 인간의 가치가 더 크다면, 그 가치는 얼마나 큰 가치일까? 하나님은 인간의 가치를 어느 정도로 평가하시는가? 성경말씀을 들어보자. "하나님이 세상을 이처럼 사랑하사 독생자를 주셨으니 이는 그를 믿는 자마다 멸망하지 않고 영생을 얻게 하려 하심이라"(요 3:16). 인간은 피조물이기에, 인간의 운명은 창조주의 손에 달려 있다. 그런데 인간이 하나님을 배반하고 하나님께 불순종한 이후에, 악한 자의 손에 팔려 어두움의 세계로 떨어졌다. 그로 인해 하나님과의 관계가 단절되고 하나님과의 교통이 끊겼다. 그 후로 악한 자는 인간을 소유하게 되었고, 인간은 그 어두움의 통제 안에 갇히게 되었다. 인간의 운명이 처참하게 된 것이다. 죄의 노예요 어두움의 세력 안에 갇힌 자로서 인간은 아무런 희망도 없이 영원한 어둠 속을 헤매는 상태가 되었다. 이러한 딱한 상황으로부터 빠져 나오기 위해서는, 누군가 죄에 대한 값을 치르고 인간을 속량해 주어야 했다. 그런데 문제는 그 값이 너무나 비싸다는 것이다.

하나님은 우리를 위한 배상금(속량금)으로 예수님을 주셨다. "그들의 생명을 속량하는 값이 너무 엄청나서 영원히 마련하지 못할 것임이니라"(시 49:8)는 말씀처럼, 인간을 구속하는 데 들어가는 대가는 상상을 초월하게 큰 것이었다. 그렇다면 예수님의 생명이라는 값을 치르고 얻은 인간의 생명은 그 가치가 얼마나 될까? 성도의 생명이란 굉장히 값어치가 크다. 그래서 "값으로 산 것이 되었으니 그런즉 너희 몸으로 하나님께 영광을 돌리라"(고전 6:20)고 말한다. 또한 바울은 "우리는 그리스도 안에서 그의 은혜의 풍성함을 따라 그의 피로 말미암아 속량 곧 죄 사함을 받았느니라"(엡 1:7)고 했다.

온 우주에 예수님보다 더 가치가 있는 것은 없다. 그러나 하나님은 우리 인간을 속량하는 일에 하나님의 재산목록 1호인 독생자까지 아낌없이 쓰셨다. 즉, 하나님은 인간을 하나님의 독생자의 생명을 주고 사셨다. 그렇다면 지금 인간의 가치가 어떻게 되었나? 상당히 상승하였다. 예수님의 가치와 성도의 가치가 동등해졌기 때문이다. 하나님은 정확하신 분이시다. 내가 믿기로는, 하나님은, 손해 보는 장사는 안 하시는 분이시다. 하나님이 예수님을 주고 인간을 사셨을 때에, 그로 인하여 하나님께 돌아가는 엄청난 이득이 있었을 것이다. 그것은 다름 아닌 수많은 하나님의 자녀들을 얻은 것이다. 뿐만 아니라, 하나님과 친밀한 관계를 맺을 수많은 사람들을 얻은 것이기도 하시다. 그리고 그 사람들은 하나님의 영광으로 들어가 무한한 가치를 가진 존재로 변화된다.

> 내게 주신 영광을 내가 그들에게 주었사오니 이는 우리가 하나가 된 것 같이 그들도 하나가 되게 하려 함이니이다 곧 내가 그들 안에 있고 아버지께서 내 안에 계시어 그들로 온전함을 이루어 하나가 되게 하려 함은 아버지께서 나를 보내신 것과 또 나를 사랑하심 같이 그들도 사랑하신 것을 세상으로 알게 하려 함이로소이다 아버지여 내게 주신 자도 나 있는 곳에 나와 함께 있어 아버지께서 창세전부터 나를 사랑하시므로 내게 주신 나의 영광을 그들로 보게 하시기를 원하옵나이다 (요 17:22-24)

하나님 아버지는 독생자 예수님을 사랑한 것만큼 성도들을 사랑하신다고 예수님은 분명히 말씀하셨다! 믿어지는가? 지금 당신이 얼마나 큰 가치를 지닌 존재인지 알겠는가? 왜 하나님이 당신을 예수님의 보혈의 피로 값 주고 사셨는지 이해가 되는가? 속량의 의미가 확실해지는가?

"그렇지만, 나는 수많은 사람 중에 그저 한 사람일 뿐인데요"

어떤 사람은 논쟁하기를, "하나님께서는 전체 인류를 뭉뚱그려서 구속의 사역을 행하신 것이고, 나는 그중에 그저 미미한 한 사람에 불과하지 않나요?"라고 하기도 한다. 이에 대한 대답은 죄를 짓고 타락한 사람이 이 세상에 당신 한 사람 밖에 없었다 하여도 하나님은 당신을 위해 예수님을 십자가에 못 박게 내어주셨을 것이라는 사실이다. 어떻게 그런 확신을 할 수 있을까? 예수님의 지상 사역을 통해 그런 면을 엿볼 수 있다. 예수님은 하루 종일 군중에게 하나님 나라에 관하여 가르치시느라 지치고 피곤하셨다. 저녁이 되어 상당히 지쳤으나 아직도 할 일이 더 남아 있었다. 성령님의 인도하심을 따라, 예수님은 제자들에게 갈릴리 호수를 건너 반대편으로 가자고 했다. 가는 도중에 거센 풍랑을 만나 배가 침몰되기 일보 직전에 이르렀다. 예수님은 피곤하여 깊은 잠에 빠져 계셨다. 심한 두려움에, 제자들은 예수님을 흔들어 깨웠고, 예수님은 풍랑을 잠잠케 해주셨다.

풍랑으로 심한 고생을 한 후에, 예수님과 제자들은 강 건너편에 도착했다. 이제 그들에게는 휴식이 필요했다. 그러나 그들은 부두에 정박하자마자 미친 사람을 만났다. 그는 귀신들린 사람이었고 무덤가에서 살면서, 밤새 소리 지르고 자기 몸을 돌로 상하게 했다.

> 그 사람은 무덤 사이에 거처 하는데 이제는 아무도 그를 쇠사슬로도 맬 수 없게 되었으니 이는 여러 번 고랑과 쇠사슬에 매였어도 쇠사슬을 끊고 고랑을 깨뜨렸음이러라 그리하여 아무도 그를 제어할 힘이 없는지라 밤낮 무덤 사이에서나 산에서나 늘 소리 지르며 돌로 자기의 몸을 해치고 있었더라(막 5:3-5)

만약에 그 사람이 오늘날에 살았다면 십중팔구 정신병원의 독방에 수감되었을 것이다. 그리고 약물치료를 해주면서 혼자 내버려두었을 가능성이 높다. 그 당시 대부분의 사람들은 미친 사람을 부랑아로 취급했으며, 그는 사실 죽일 수 없어서 그냥 내버려 두었을 뿐이었다. 그는 사회의 자원만 좀먹는 무가치한 인간이었다. 아무도 그 미친 사람과 친분관계를 가지려 하지 않았다.

그러나 하나님 아버지, 예수님, 그리고 성령님에게 있어서 그 미친 사람은 대단히 가치 있는 존재였다. 예수님은 미친 사람에게 많은 능력을 행하셨다. 그 정신 나갔던 사람은 옷을 똑바로 차려입고 예수님 옆에 제정신으로 앉아있게 되었다. 그 다음에 놀라운 장면이 나온다. "예수께서 배를 타시고 다시 맞은편으로 건너가시니 큰 무리가 그에게로 모이거늘 이에 바닷가에 계시더니"(막 5:21). 나는 이 장면을 읽으며 입이 쩍 벌어졌다. 그날 하나님께서 나에게 깨닫게 해 주신 그것을 지금도 잊을 수 없다. 예수님은 그날 하루 종일 사역하심으로 지쳐서, 그런 엄청난 풍랑이 이는데도 배 안에서 골아떨어져 주무셨다. 골아떨어진 예수님을 깨워야 한다고 야단법석이 난 것을 한번 상상해보라. 그렇게 피곤한 때에 심한 풍랑을 헤치고 예수님이 굳이 건너편으로 건너가셨던 이유는 무엇이었을까? 그 이유는 한 가지다. 미친 한 사람을 만나기 위해서였다. 그는 사회로부터 버림받은 자였으며 전혀 무가치하게 여겨졌던 존재였다. 예수님은 그 미친 사람 한 명을 고쳐주신 후에 다시 배를 타고 원래의 위치로 돌아오셨다. 예수님은 오직 그 한 사람을 위해 강을 건너가셨던 것이다!

이러한 성경의 기록을 읽으면서 깊이 깨달은 것이 있다. 그것은 만약에 구원을 필요로 하는 존재가 나 한 사람이라 할지라도, 예수님은 나를 위해, 한 사람을 위해 십자가에서 죽기를 마다하지 않으셨을 것이라는 사실이다. 그것을 깨닫는 순간, 예수님의 탄생 때에 평강의 왕이 오셔서 인간에게 은총을 베푸실 것이라고 천사들이 즐거이 노래 부른 것이 너무나도 당연하다는 생각이 들었다. 인간을 향하신 하나님의 추구는 점차로 더 강하게 세상에 드러날 것이다.

예수님께서 우리 각자를 바라보시는 관점

나는 구원받은 지 얼마 안 되어서 주님으로부터 엄청난 계시를 받은 적이 있다. 차를 운전하면서 하나님과 은밀한 대화를 나누고 있었는데, 갑자기 내 마음 속에 영적 지식의 말씀을 보여주셨다. 그것은 참으로 내 인생을 뒤집는 혁명적인 말씀이었다. 하나님의 음성은, "존, 내가 나를 보살피는 것보다 너를 더 귀하게 여기는 줄 너는 아니?"라고 말씀하셨다.

처음에 그 말은 신성모독으로 여겨졌고, 마귀의 사주를 받고 지옥에서 들려오는 음성으로 여겨졌다. 그런 말은 주제넘고, 건방지고, 당치 않은 말처럼 느껴졌다. 나는 "사단아 물러가라!"고 소리지를 뻔했다. 그러나 다른 한편으로, 마음 깊은 곳에서 그것은 주님의 음성이라는 확신이 들기 시작했다. 그래서 나는 다시 하나님께 반문했다. "주님, 그런 말씀은 참으로 감당하기 어려운 말씀입니다. 천지만물을 창조하신 주님께서 나같이 보잘것없는 사람을 당신 자신보다 더 귀중하게 생각하시다니요? 그런 말씀에 증거가 될만한 성경구절 3개만 주시면 제가 믿겠습니다."

얼마 후에 나는 하나님이 기쁨 가운데 성경구절 하나를 주시는 것을 감지하였다. 마음속에서 "빌립보서 2장을 보아라"는 음성이 들렸다. 그래서 나는 빌립보서 2장을 폈다.

> 아무 일에든지 다툼이나 허영으로 하지 말고 오직 겸손한 마음으로 각각 자기보다 남을 낫게 여기고(빌 2:3)

주님은 나에게 "바로 이것이 첫 번째 성경구절이다"라고 하셨다.

나는 하나님께 다음과 같이 반박했다. "주님, 주님은 지금 주님과 나와의 관계를 말씀하고 계신 것이고, 주신 성경구절에서 사도 바울은 교회 교우끼리의 관계를 이야기 하는 것이므로, 이 성경구절은 전혀 상관이 없는 구절입니다."

그러자 즉시 하나님은 다음과 같이 대답하셨다. "존, 나는 내 자신이 직접 실천하지 않는 것을 나의 자녀들에게 하라고 강요하지 않는다. 나는 나 자신보다 '존' 너를 더 낫게 여긴단다." 그리고 하나님은 가정의 실례를 들어서 설명해 주셨다. 기독교인의 가정에 그렇게 문제가 많은 이유가 바로 여기에 있다는 것이다. 부모가 자녀들에게 하지 말라고 하고는, 자신은 그 짓을 한다. 또한 부모는 자녀들에게 하라고 해놓고는, 자신 스스로는 실천하지 않는다. 그러나 우리의 행동은 우리의 말보다 더 큰 영향력을 미친다. 아이들은 자라면서 부모에게 들은 대로 행동하지 않고, 부모들이 하는 것을 본 그대로 따라 하게 되어 있다. 그러나 하나님은 자신이 먼저 본보기를 보여주시고, 하나님의 자녀들에게 따라 하라고 하신다.

첫 성경구절에 대한 설명을 들은 나는 수긍이 갔다. 그래서 나는 "하나님, 첫 번째는 그렇다 치고, 성경구절을 두 개 더 보여주십시오!"라고 기도드렸다. 그러자 주님은 "누가 십자가에 매달렸니? 나니, 너니?"라고 하셨다. 그 말을 들을 때 나는 가슴이 철렁했다. "나는 너의 죄, 너의 질병, 너의 연약함, 너의 가난, 너의 심판을 위해 십자가에 매달렸다. 왜냐하면 나는 나 자신보다 너를 더 소중히 생각했기 때문이다."

주님의 말씀을 들으면서 나는 전율하지 않을 수 없었다. 그분의 말씀으로 모든 의심은 송두리째 뽑혔다. 아무리 냉정하게 판단해도, 나는 하나님의 은혜를 받기에 합당치 않은 인물이다. 예수님은 죄를 전혀 범하지 않은 분이시다. 아니 예수님은 죄 많은 이 세상에 태어나실 필요조차 없으셨던 분이시다. 그분은 우리 인류 전부를 타는 지옥 불에 던져 넣을 수도 있는 분이시다. 그러자 갑자기 베드로전서 2장 24절이 머릿속에 떠올랐다.

> 친히 나무에 달려 그 몸으로 우리 죄를 담당하셨으니 이는 우리로 죄에 대하여 죽고 의에 대하여 살게 하심이라 그가 채찍에 맞음으로 너희는 나음을 얻었나니(벧전 2:24)

위의 성경구절을 묵상하다 보니, 하나님께서 나를 자신보다 훨씬 더 귀하게 생각하시고 돌아보신다는 확신이 들기 시작했다. 나는 눈물을 글썽이며 하나님을 송축하고 경배하기 시작했다. 그러자 하나님은 세 번째 성경말씀을 내 마음에 심어주셨다. "로마서 12장 10절은 어떠냐?"

> 형제를 사랑하여 서로 우애하고 존경하기를 서로 먼저 하며 하나님이 미리 아신 자들을 또한 그 아들의 형상을 본받게 하기 위하여 미리 정하셨으니 이는 그로 많은 형제 중에서 맏아들이 되게 하려 하심이니라 (롬 12:10)

위의 말씀을 묵상할 때에, "존, 나는 많은 형제들 중에 처음 낳은 자이다"(롬 8:29)라는 예수님의 음성이 들려왔다. 사실 나는 그 이전까지는 예수님의 사랑의 깊이를 이해하지 못했다. 그러나 그 순간 나는 예수님의 존재가 지극히 현실적으로 느껴졌고, 내가 하나님께 개인적으로 얼마나 소중한 존재인가 하는 것을 깊이 깨닫게 되었다. 내가 하나님께 보배와 같은 존재라는 것 말이다. 하나님을 떠난 사람이 단 한 사람뿐이었다 하더라도, 예수님은 그를 위해 십자가를 감당하셨다는 것을 확신하게 되었다.

이 책을 읽는 독자들도 이러한 진리를 깨닫기 원한다. 우리를 바라보시는 하나님의 심장은 기뻐 요동치신다! 진정으로 그렇다! 하나님의 마음속에서 흘러나오는 그 말씀을 들어보아라. "너의 하나님 여호와가 너의 가운데에 계시니 그는 구원을 베푸실 전능자이시라 그가 너로 말미암아 기쁨을 이기지 못하시며 너를 잠잠히 사랑하시며 너로 말미암아 즐거이 부르며 기뻐하시리라 하리라"(습 3:17).

인간이란 과연 무엇일까?

하나님이 그저 피조물일 따름인 인간에게 그렇게도 신경을 쓰시는 모습을 보면, 천사들도 기이하게 생각할 것이다. 시편에 이러한 구절이 있다. "주의 손가락으로 만드신 주의 하늘과 주께서 베풀어 두신 달과 별들을 내가 보오니 사람이 무엇이기에 주께서 그를 생각하시며 인자가 무엇이기에 주께서 그를 돌보시나이까"(시 8:3-4). 물론 다윗의 손을 빌어서 적힌 글이기는 하지만, 하나님은 하나님의 보좌를 두르고 있는 천사들의 음성을 듣도록 다윗에게 허락하신 것 같다. 이 천사들은 하나님 곁에 가까이 서서 하나님을 찬양하는 자들이다. 그들은 늘 하나님의 영광을 보면서 경외감으로 "거룩하다, 거룩하다, 거룩하다"를 외치고 있는 존재들이다. 하나님의 보좌에서는 영원한 하나님의 영광이 흘러 넘친다. 그들이 창화하는 소리는 너무 커서(천만 명이 들어갈 정도로 넓은) 보좌가 있는 방의 문지방이 다 요동한다(사 6:4). 그러나 그 천사들은 왜 하나님이 인간에게 그토록 관심을 가지고 신경을 쓰시는지 이해하지 못한다. 인간에 대한 하나님의 연모의 정과 인간을 돌보는 선한 생각들의 숫자가 지구의 모래알보다 더 많다는 것을 천사들은 기이하게 생각한다. 아니, 천사들도 그 사실에 놀라움을 금치 못한다!

인간은 하나님이 가장 존귀하게 생각하는 존재이다. 하나님이 찾고 찾는 그 보석 같은 존재, 즉 살아있는 보배가 바로 성도들이다. 하나님께서 함께 영원히 머물고 싶은 존재, 영원히 친하게 지내고 싶은 존재, 친밀한 사귐을 가지고 싶은 존재, 그 존재가 바로 성도들이다. 왜 하나님은 인간에 대하여 이렇게 좋은 감정을 가지고 계신가? 그런 하나님의 사랑을 받을 만한 자격이 인간에게 있는가? 이것은 진리 중의 진리이다. 우리는 하나님의 사랑을 받을 만한 어떠한 공적도 세운 바 없다. 하나님이 애타게 쫓아다닐 정도로 인간에게 뭐 그리 좋은 것이 있는 것도 아니다. 그러나 인간이 진짜 엉망진창인 상태의 잃어버린 죄인이었을 때, 하나님은 인간을 구원하셨다.

> 우리가 아직 연약할 때에 기약대로 그리스도께서 경건하지 않은 자를 위하여 죽으셨도다 의인을 위하여 죽는 자가 쉽지 않고 선인을 위하여 용감히 죽는 자가 혹 있거니와 우리가 아직 죄인 되었을 때에 그리스도께서 우리를 위하여 죽으심으로 하나님께서 우리에 대한 자기의 사랑을 확증 하셨느니라(롬 5:6-8)

하나님은 항상 사랑의 눈으로 인간을 바라보신다. 인간의 악행, 타락, 부패 속에서도 하나님은 보배를 찾아내신다. 인간들이라는 쓰레기 더미 속에서도 하나님은 숨어있는 보물을 발견하신다. 전혀 무가치한 인간을, 우주에서 가장 값진 예수님이라는 분을 주고 사신 분이 바로 하나님 아버지이시다. 하나님은 인간의 현 상태만을 보지 않으신다. 하나님이 보시는 것은 그분의 은혜가 변화시킬 수 있는 가능성이다. 쓰레기더미도 보혈의 피로 씻고 닦고 변화시키면 보석이 될 수 있음을 하나님은 아셨다.

이제 다음의 성경구절에 대해 이해하도록 해보자. "너희는 비싼 값으로 사들인 존재들이니 세상의 종이 되지 말라God purchased you at a high price. Don't be enslaved by the world"(고전 7:23). 비싼 값을 치르고 산 보석이 변질하여 흔한 돌로 변하는 것을 좋아할 사람이 어디 있겠는가? 하나님도 마찬가지이다. 하나님은 우리가 저급화되는 것을 원치 않으신다. 하나님은 우리의 가치를 예수님 정도의 가치로 보신다.

하나님은 우주에서 최고의 권력을 가진 가장 강력한 존재이다. 그럼에도 불구하고 그분은 대단히 인격적인 분이시다. 그래서 인간을 대하실 때 한 사람씩 인격적으로 대하신다. 하나님은 친밀한 관계를 맺고 싶어서 한 사람씩 개별적으로 우리를 접촉하고 계시는 중이다. 그래도 하나님의 초대를 거부할 것인가? 하나님의 접근을 계속 가로막을 것인가? 하나님의 가까이하심을 부담스러워할 것인가?

토론을 위한 질문들

1. 이스라엘 백성이 애굽에서 400년 간의 종살이를 마치고 해방되었을 때, 그들은 그들을 구원하시는 하나님의 크신 뜻을 알지 못했다. 주님은 그들을 주님에게로 이끌기 위해 그렇게 하셨는데, 이스라엘 백성들은 구속의 목적을 알지 못한 채, 늘 불평과 불만의 세월을 보냈다. 그들을 애굽 땅에서 해방시키신 하나님의 주요 목적이 약속의 땅을 주기 위함인 줄로 착각했다. 그들은 유업으로 받을 땅에만 관심이 있었지, 구원하시는 하나님에는 관심이 없었던 것이다.
   하나님은 당신을 죄의 사슬에서 풀어주셨다. 그렇게 하신 목적은 당신을 하나님께로 인도하기 위해서이다. 그런데도 당신은 인생에 대하여 푸념하거나 상황에 대하여 불평한 적은 없는가? 당신도 이스라엘 백성처럼 하나님 자신을 유업으로 받는 것에는 관심이 없고 하나님이 주시는 축복에만 관심이 있는 것은 아닌가?

2. 하나님께 사랑 받고 소중히 여김을 받은 이스라엘 백성들은 왜 과거에 그렇게도 고생했던 노예 상태로 다시 되돌아가려 했을까?

3. 저자는 하나님께서 자신을 너무나도 귀한 존재로 여겨주심에 대해 감격했다고 한다. 당신도 역시 하나님이 대단히 값진 것으로 여기는 "가장 귀한 보석" 같은 존재라는 사실을 믿는가? 그리고 그런 믿음이 어떻게 당신의 삶을 변화시키고 하나님과의 관계를 새롭게 한다고 생각하는가?

제3장

영적인 갈급함을 지키라
Protect Your Hunger

구원받지 못한 사람이 하나님 앞으로 나아오기 전에, 하나님은 먼저 그 사람에게 접근하신다. A. W. 토저는 이렇게 말했다. "죄인 된 사람이 하나님에 관하여 바른 생각을 가지기 전에, 먼저 그 사람 안에 하나님께서 비추시는 빛이 있어야 한다." 예수님께서도 분명히 말씀하셨다. "나를 보내신 아버지께서 이끌지 아니하시면 아무도 내게 올 수 없으니 오는 그를 내가 마지막 날에 다시 살리리라"(요 6:44). 하나님을 알지 못하는 이들을 위한 중보기도가 절실한 이유가 바로 여기에 있다. 하나님은 항상 "모든 사람이 구원을 받으며 진리를 아는 데에 이르기를 원하신다"(딤전 2:4)라고 말씀하신다. 그리고 역사를 통해 꾸준히 그것을 추구해 오셨다. 하나님은 하나님의 자녀들도 하나님과 동일한 열의를 가지고 잃은 자들을 구원하는 사역에 동참하기를 바라신다. 이는 잃어버린 자들을 위해 기도로 부르짖는 일로부터 시작된다. 그러한 이유에서 예수님은 "추수할 것은 많되 일꾼이 적으니 그러므로 추수하는 주인에게 청하여 추수할 일꾼들을 보내주소서 하라"(마 9:37-38)고 말씀하셨던 것이다.

일단 우리가 예수 그리스도를 통해 구원받으면, 하나님은 또 다른 초청을 하신다. "나에게 더 가까이 다가오너라." 하나님은 이미 말씀을 통해 인간에게 가까이 다가오라는 제스처를 보내셨다. 타는 떨기나무… 우리의 각자의 이름을 부르심… 물 위에 서서 우리에게 배 밖으로 나오라고 손을 내미심… 우리의 응답을 기다리시며!

최근에 어떤 신자가 나에게 다음과 같은 말을 했다. "존, 최근에 내가 느끼는 것이 있는데, 하나님께서 나를 이끌어주시지 않으면 하나님께 가까이 다가갈 수 없는 것 같아요."

그러나 나는 반대 의견을 폈다. "정확하지 않은 표현인 것 같습니다."

그러자 그는 예수님의 말씀인, "내 아버지께서 오게 하여 주지 아니하시면 누구든지 내게 올 수 없다"(요 6:65)를 인용하면서 자신의 의견을 더 강하게 피력했다.

나는 이렇게 대답하였다. "네, 맞습니다. 그러나 그 말씀은 불신자들에게는 맞는 말입니다. 그러나 신자들에게는 '하나님을 가까이하라 그리하면 너희를 가까이하시리라'라는 말씀도 주어졌습니다. 하나님과의 관계에서 인간이 항상 수동적인 것만은 아닙니다. 하나님은 자발적으로 하나님 앞으로 가까이 나아오는 사람을 찾고 계십니다. 하나님은 억지로, 마지못해 나오는 신자 또는 상황이 나빠져서 하나님 앞에 구걸하러 나오는 신자가 아니라, 오직 하나님을 너무나 사랑하기에 그분과 사귀고 싶어 가까이 다가오는 신자를 원하십니다."

내가 한 말이지만 참으로 맞는 말인 것 같다! 물론 하나님께서 강권하셔서 인간을 불러들이시는 경우도 있다. 그러나 그것은 우리가 먼저 하나님 앞으로 다가설 수 없다는 것을 뜻하지 않는다. 하나님과 신자의 관계는 인격 대 인격의 관계이다. 인간적으로 볼 때에도 아들과 아버지의 관계에서, 어떤 경우는 아들이 먼저, 어떤 경우는 아버지가 먼저 접근하는 게 우리의 경험이 아닌가?

하나님의 초대에 왜 무반응인가?

참으로 당혹스러운 질문이다. 어떤 신자들은 왜 하나님과 얄팍한 관계만 맺고 살아갈까? 더 깊이 파고 들어가서 친밀한 관계를 맺을 수는 없는가? 무엇이 그들로 하여금 한 걸음 뒤로 물러서게 하는가? 하나님께 날마다 더 가까이 다가오라는 부르심에 보다 적극적으로 응답할 길은 없는가? 그 대답은 간단하다. 하나님을 알고자 하는 일에 배고프고 목마른 심령이 되면 된다. 다윗은 이렇게 절규하였다.

> 내 영혼이 하나님 곧 살아 계시는 하나님을 갈망하나니 내가 어느 때에 나아가서 하나님의 얼굴을 뵈올까 사람들이 종일 내게 하는 말이 네 하나님이 어디 있느뇨 하오니 내 눈물이 주야로 내 음식이 되었도다 내가 전에 성일을 지키는 무리와 동행하여 기쁨과 감사의 소리를 내며 그들을 하나님의 집으로 인도하였더니 이제 이 일을 기억하고 내 마음이 상하는도다 (시 42:2-4)

위의 시편을 다시 한 번 더 천천히 읽으며 곱씹어 보아라. "이제 이 일을 기억하고 내 마음이 상하는도다"에서 '기억하다'의 히브리어는 '자카르'인데, 그 뜻은 그냥 한 번 회상하는 것이 아니라 '마음에 품는 것'을 의미한다. "하나님을 향한 나의 갈망을 내 마음에 품었더니, 그로 인하여 마음이 아파 온다"라고 해석하면 좋을 것이다. 하나님을 향한 그 만족할 줄 모르는 목마름! 그러한 갈망만 있으면, 어떠한 장애물이 우리를 가로막는다 하더라도, 우리는 하나님 앞으로 가까이 다가가는 일에 정진할 수 있다. 그러므로 하나님을 향한 갈망을 지키고, 그 갈망을 점점 키워가는 것이 참으로 중요하다.

주여, 나를 더 배고프게 하여 주소서
많은 사람들이 "주여 나로 하나님을 더 많이 갈망하게 하여 주소서"라고 기도한다. 그러나 사실 우리로 배고프게 하는 주체는 하나님이 아니라 우리 자신이어야 한다. 미국의 경우, 개인이 갖고 있는 것은 차고 넘친다. 오락, 쾌락, 부유함이 지나칠 정도로 많다. 그러므로 우리의 심령을 무엇으로 채울 것인지는 우리가 결정을 내려야 한다. 잠언 27장 7절의 말씀이다. "배부른 자는 꿀이라도 싫어 하고 주린 자에게는 쓴 것이라도 다니라." 만일 당신의 영혼이 세상의 걱정, 염려, 쾌락, 부자가 되고자 하는 욕망으로 가득 차 있으면, 하나님과의 친밀한 관계로부터 오는 그 달콤함을 원치 않게 될 것이다.

미국에서 절기로 지키는 추수감사절을 한 번 생각해보자. 대부분의 미국 사람들은 이 절기에 가족끼리 모여 함께 식사하며 담소를 나눈다. 그런데 많은 사람들이 그 만찬석상에서 마음껏 먹으려고, 아침도 안 먹고 점심도 거르는 것이다. 그렇게 뱃속을 텅 비워 놓으면, 이제 뱃속에 음식을 마음껏 집어넣을 공간이 마련된다. 만찬이 시작되면, 거대한 칠면조 고기, 감자, 야채, 파이, 크랜베리 소스 등 음식들이 즐비하게 이어진다. 사람들은 엄청나게 먹는데, 그것은 위장이 비어있기 때문이다. 물론 식사가 끝난 후에는 배가 터질 것 같아서 신음소리들을 내는 게 상례이다. 그러나 잠시 후에 다른 친척집으로 가서 또 다른 잔치에 참

여하는 경우가 있다. 거기에서도 진수성찬을 대하게 된다. 그러나 진미의 일품요리가 제공되었다 하더라도, 음식에 질려서 이제는 더 이상 먹고 싶은 생각이 없다. 보기에는 맛있어 보여도 크게 먹고 싶은 마음이 없다. 음식의 수준이 어떻든 그것은 전혀 상관없다. 왜냐하면 배가 부르기 때문이다. 바로 이것이 잠언에서 말하고자 하는 내용이다.

나는 이 원리를 깊이 관찰해 보았다. 그리고 거기에 정비례의 관계가 있음을 발견했다. 식사를 마친 지 2시간 이내에 잘 차린 음식을 또 먹으라고 하면, 전혀 안 먹는 것은 아니지만, 그저 조금 먹다가 만다. 나의 경우에도 집회 장소에 도착하면 식사를 제안 받는 것이 상례다. 그러나 비행기에서 간단한 식사를 마치고 난 경우가 많기에, 일반적으로 나는 식사 제안을 정중하게 거절한다. 그러나 끼니를 몇 끼씩 거른 사람에게 그런 제안이 들어온다면, 그는 '얼씨구나' 하면서 게걸스럽게 먹을 것이다. 그런 사람은 음식에 집착하면서 음식에 매달린다. 나의 결론은 이것이다. 세상적인 일에 푹 빠져 있는 사람은 영적인 일에 무관심하게 되어 있다. 왜냐하면 온 신경이 세상 일에 집중되어 있어서, 그 영혼에 뭔가를 더 집어넣을 여지가 남아있지 않기 때문이다.

무감각한 교회

마지막 때를 위한 예수님의 말씀인 요한계시록을 자세히 연구해보면 놀라운 사실을 발견하게 된다. 우선 예수님이 아시아의 일곱 교회에 보낸 편지부터 생각해보자. 이 편지들은 당대에 역사적으로 존재했던 일곱 교회에 보내진 편지이기는 하지만, 사실은 시대를 초월해서 모든 교회에 보내진 편지다. 성경에 그 편지들이 삽입된 이유는, 그 말씀이 예언적으로 적용되어 오늘날에도 우리를 향한 살아계신 하나님의 말씀으로 선포되기 위함이다.

예언적인 메시지는 다양한 적용이 가능하다. 아시아의 일곱 교회를 향한 메시지는 오늘날 현대를 사는 우리를 향한 메시지일 뿐 아니라, 예수님 오시기 직전의 종말의 시대를 예언하는 메시지이기도 하다. 그래서 사도 요한은 "이 일 후에 내가 보니 하늘에 열린 문이 있는데 내가 들은 바 처음에 내게 말하던 나팔 소리 같은 그 음성이 이르되 이리로 올라오라 이 후에 마땅히 일어날 일들을 내가 네게 보이리라 하시더라"(계 4:1)고 했다. "나팔 소리"라는 표현에 주의하자. 나팔 소리는 종말을 알리는 소리다. "주께서 호령과 천사장의 소리와 하나님의 나팔 소리로 친히 하늘로부터 강림하시리니 그리스도 안에서 죽은 자들이 먼저 일어나고 그 후에 우리 살아남은 자들도 그들과 함께 구름 속으로 끌어 올려 공중에서 주를 영접하게 하시리니 그리하여 우리가 항상 주와 함께 있으리라"(살전 4:16-17). 동시에 아시아의 일곱 교회에 보낸 메시지를 읽어보면, 오늘날의 교회에 맞는 내용도 많다.

예수님은 교회가 미지근한 상태라고 진단하셨다. 요즘으로 말하자면, 아무런 열의가 없이 그저 신앙생활을 건성으로 한다는 뜻이다. 하나님을 우선으로 생각하지도 않고, 하나님을 기쁘시게 하는 일에 신경도 쓰지 않는다는 것을 의미한다. 어쩌다 교회가 이 모양 이 꼴이 되었을까? 예수님은 이단에 대해 말씀하고 계신 것이 아니다. 피 값 주고 사신 바로 그 '예수님의 교회'에 대해서 말씀하시는 것이다. 그 해답은 다음과 같다. "네가 말하기를 나는 부자라 부요하여 부족한 것이 없다 하나 네 곤고한 것과 가련한 것과 가난한 것과 눈 먼 것과 벌거벗은 것을 알지 못하는도다"(계 3:17). 영적으로 나태해진 것은 하나님 때문이 아니라 세상의 재물과 유흥으로 만족해하는 그들의 마음 때문이다. 그것은 병든 교회가 되었다는 뜻이다.

얄팍한 진단

그러나 모든 문제의 근원이 물질과 돈이 많기 때문이라고 판단한다면 그것도 지극히 피상적인 진단일 것이다. 다윗의 경우를 보자면, 그는 권력과 명예와 부가 많았던 사람이다. 다윗이 아들인 솔로몬에게 "금 십만 달란트와 은 백만 달란트와 놋과 철을 그 무게를 달 수 없을 만큼 심히 많은 것"(대상 22:14)을 물려준 것을 보면 다윗의 부유함의 정도를 가히 짐작해볼 수 있겠다. 그럼에도 불구하고, 그는 이렇게 부르짖었다. "여호와여 나는 가난하고 궁핍하오니 주의 귀를 기울여 내게 응답하소서"(시 86:1). 다윗은 자신을 가난하고 궁핍하다고 말한다. 다윗의 이러한 진술은 정치적인 발언이 아니다. 즉, 자신의 치부를 은근슬쩍 감추려는 정치적인 술수가 아니라는 것이다. 금과 은이 창고에 가득하지만, 다윗은 자신의 영혼이 피폐한 모습을 똑바로 바라보고 있다. 그런 것은 오직 진실한 마음이 있어야만 느낀다. "주의 귀를 기울여 내게 응답하소서"라는 표현을 보라. 하나님의 응답을 필사적으로 간구하는 표현이다. 다윗은 하나님과의 친밀감에 배고프고 목말라 있다!

결론적으로, 라오디게아 교회의 문제는 물질의 풍요에 있었던 것이 아니었다고 생각한다. 문제의 핵심은, 그 물질로 영혼이 만족했었다는 데 있다. 사실, 물질로는 영혼이 만족을 누릴 수 없고 누려서도 안 되는데, 라오디게아 교회의 성도들은 잘못 생각했다. 그러나 다윗은 그러한 착각에 빠지지 않았다. 다윗은 물질의 풍요가 영혼의 갈급함을 채울 수 없다는 진리를 깨달은 사람이었기 때문이다.

뚜렷한 대조

나는 이런 현상을 지난 20년간 관찰해 오고 있다. 나는 북부 캐나다의 크레 인디언 부족을 대상으로 집회를 가진 적이 있다. 그들은 북부 인디언 원주민으로 인디언 보호구역에 거주하는 주민들이다. 사실, 20년 전만 하더라도 그들은 가죽집인 티피 천막에 살며 사슴 떼를 따라 이주하며, 사냥으로 삶을 연명하던 무리들이 있었다. 그들 대부분은 단순한 사람들로 소유한 것이 별로 없는 사람들이다. 그저 10년 전부터 가정에 텔레비전 한 대 정도 장만하기 시작했을 뿐이다.

집회에는 한 1,000명 정도가 모였다. 나는 며칠간 집회를 했는데 놀라운 사실을 목격하게 되었다. 거의 예외 없이, 20대 청년들이 하나님의 말씀에 굶주려 있다는 사실이었다. 그들은 참으로 하나님의 것에 목말라하고 있었다. 그들의 하나님에 대한 갈망은 북미의 대부분의 사람보다 강렬했다. 그들은 하나님 알기를 간절히 소망했다. 그러나 이상하게도, 20대 이하의 젊은이들은 별다른 관심을 보이지 않고 그저 무덤덤했다.

한 번은 집회를 하는데 대단히 강렬한 하나님의 기름부으심이 있었다. 엄청나게 큰 텐트에서 집회를 했는데, 많은 사람들이 열심으로 말씀을 받아들였다. 반면에 나는 텐트 뒤쪽과 바깥에서 지루해하며 무관심을 보이는 무리들을 보았다. 물론 설교가 지루하게 진행되는 경우도 있다. 그러나 그날은 성령이 충만하게 임했던 날이었다. 나는 나도 모르게 텐트의 맨 뒷좌석에 쭈그리고 있는 젊은이들에게로 발걸음을 향했다. 그리고 그들을 하나님의 말씀으로 초대했다. 그러나 그들은 나를 마치 미친 사람처럼 취급하며, 인생에 도움이 안 되는 인간을 바라보는 것 같은 눈초리로 쳐다보았다.

나는 그때 그들의 차림새를 관찰하기 시작했다. 그들은 특별한 티셔츠와 야구구단의 모자를 쓰고 있었다. 그들의 티셔츠에 쓰인 글씨들이 그들의 마음을 대변해 주는 듯했다. 그들은 프로페셔널 야구팀과 미식축구팀들의 상징이 새겨진 옷과 모자를 쓰고 있었다. 그때 성령님께서는 나에게 다음과 같은 것을 알게 해주셨다. 그들은 텔레비전에서 뭔가를 보았고 거기에 빠져있다는 것이다. 그들은 영혼의 갈망과 영적인 목마름을 세상의 것으로 채우고 있었다. 텔레비전이라는 영양분을 먹고 자라난 20대 이전의 청년들은 가짜 음식에 배불러서 진짜 음식인 하나님의 말씀을 받아먹을 수 없었다.

나를 오해하지 말기 바란다. 텔레비전이 무조건 우리의 영적 성장에 유해하다고 주장하려는 것은 아니다. 그러나 텔레비전을 어떻게 다루느냐 하는 것은 언제나 문제가 된다. 지금 나의 집에는 텔레비전이 있다. 그러나 결혼 초창기에 몇 년 동안은 없었다. 나는 텔레비전 수상기를 우리집에 들여놓은 이후로 지금까지 많은 프로그램을 통해서 세계의 정세나 시사를 파악하고 있다. 그리고 영감을 주는 기독교 채널, 과학 프로그램을 통해 많은 것들을 보고, 듣고, 배우고 있다. 그러나 텔레비전이 나의 영혼에 만족을 준다거나, 인생에 의미를 더해주는 것은 아니다. 나는 텔레비전에 대한 열정이 없다. 그리고 텔레비전에서 삶의 의미와 열의를 발견하지도 못한다. 텔레비전은 시청하지만, 그래도 하나님의 것에 대한 배고픔이 많다. 그래서 성령님과의 교통이 없으면 나의 영혼은 굶주려 죽을 것만 같다. 다시 그 인디언 청년들의 예로 돌아가자. 그들의 문제는 영혼의 양식이라는 양질의 식사는 하지 않고 텔레비전을 통해 잡다하고 저급한 음식만 영혼에 넣었다는 것이었다.

그 집회를 마친 직후에 나는 다시 미국으로 돌아와서 금요일 저녁 집회 부탁을 받았는데, 700명이 모인 중에 500명이 청소년들이었다. 모임이 끝난 후 많은 청소년들이 영적인 것에 관하여 질문공세를 폈다. 내가 시계를 보았을 때는 이미 밤 12시가 거의 다 되었는데, 장시간 동안 영적인 것에 관한 대화를 나누었다. 마침내 나는 이렇게 감탄의 말을 터트렸다. "나는 너무 기쁩니다. 영적으로 굶주린 사람들을 만나게 되어서!"

그들은, 다음날 내가 집으로 떠나기 전에 점심식사를 함께 할 수 있겠느냐고 문의해왔다. 레스토랑의 2층을 빌려서 영적인 대화를 계속 나누기 원했기때문에 거절할 수가 없었다. 정말로 마음을 시원하게 해주는 제안이었다. 참으로 대조적인 경험이었다. 가진 것은 많지만 영적으로 배고픈 미국 청소년들, 가진 것도 별로 없으면서 마음을 세상의 것으로 채워버려 영적인 것이 들어갈 구석이 없는 캐나다의 인디언 청소년들.

일반적으로 미국에서는 20세 이상의 성인들은 20세 이하의 청소년들보다 영적인 것에 관심을 보이지 않는다. 그러나 놀랍게도 많은 청소년들이 영적인 것에 갈증을 느끼고 있다. 요즈음 미국의 어떤 교회는 성인보다 청소년의 숫자가 더 많은 경우도 있다. 왜 그럴까? 성인들의 심령은 세상의 어려움으로 짓눌려 있거나 아니면 세상의 쾌락으로 너무 들떠 있기 때문일 것이다. 성인들의 대부분은 신앙생활을 하기는 하지만, 그저 습관적으로 할 뿐이고, 하나님을 향한 갈망이나 영적인 것에 불타는 열정은 없는 듯하다.

냉담한 교회에 대한 치유책
냉담함. 바로 그 냉랭함이 오늘날의 교회에 가득 차 있다. 예수님의 음성을 들어라.

> 볼지어다 내가 문 밖에 서서 두드리노니 누구든지 내 음성을 듣고 문을 열면 내가 그에게로 들어가 그와 더불어 먹고 그는 나와 더불어 먹으리라(계 3:20)

이 성경구절은 종종 예수님을 아직 영접하지 않은 사람들에게 구원의 초청으로 사용되는 구절이다. 그러나 그것은 성경의 전후문맥을 무시한 해석이다. 이 말씀은 교회에 주시는 말씀이다. 즉, 영적인 열정을 잃은 신자들에게 하시는 말씀이다. "누구든지 내 음성을 듣고"라는 말씀에 집중해보자. 오늘날 예수님의 음성을 듣지 못하는 신자들이 너무도 많다. 왜 아무것도 듣지 못하는가? 방해하는 무언가라도 있을까? 물론 있다! 마음과 정신이 이미 다른 것으로 채워져 있다. 이미 배부른 사람은 더 이상 음식을 탐하지 않는다. 마찬가지로 심령을 잡다한 세상의 쓰레기로 가득 채운 사람은 영적인 것을 갈구하지 않게 되어 있다. 하나님이 모세를 훈련시키려 할 때에 그를 어디로 보냈는지 아는가? 광야다. 왜 광야인가? 광야에 나가면 아무것도 없기 때문이다. 그곳에서는 정신이 산란해질 이유가 없다. 거기에서 모세는 오직 하나님에게만 정신을 집중시키는 훈련을 받았다. 철저한 훈련을 받았기에, 모세는 애굽으로 다시 돌아온 이후에도 하나님과 계속 동행하게 되었다.

예수님의 말씀은 이것이다. 누구든지 예수님의 말씀을 듣고, 마음 문을 열면, 그들의 삶 가운데로 오셔서 함께 동행하신다는 것이다. 예수님은 우리와 동거하시며 함께 잡수신다. 아니, 사실은 우리가 예수님을 먹게 된다. 예수님은 "생명의 떡"이시기 때문이다. NLT 성경은 이렇게 번역하고 있다. "내가 부르는 소리를 듣고 문을 열어주면, 내가 들어가서 친구처럼 먹고 마시며 동거할 것이다." 오늘날에도 음식을 같이 나눈다는 것은 사회적인 친교 수단이지만, 예수님 당시에 식탁에서 마주 대하고 함께 식사하는 것은 아주 친밀한 교제를 의미했다. 나는 집회를 마치고 떠나기 전에 컨퍼런스의 지도자나 목회자들과 적어도 한 끼 이상의 식사를 하려고 항상 노력한다. 그런 기회를 만들지 않으면, 친밀한 사귐의 시간을 가지기가 어렵기 때문이다. 다른 어떤 환경보다 식사시간에, 주고받는 대화가 많다. 그렇기에 바울은 나쁜 영향을 미치는 사람들과 함께 먹고 마시는 일을 피하라고 경고했다. "이제 내가 너희에게 쓴 것은 만일 어떤 형제라 일컫는 자가 음행하거나 탐욕을 부리거나 우상 숭배를 하거나 모욕하거나 술 취하거나 속여 빼앗거든 사귀지도 말고 그런 자와는 함께 먹지도 말라 함이라"(고전 5:11). 함께 식사를 할 때에 우리는 허리띠만 풀어 놓는 것이 아니라, 마음의 띠도 함께 풀고 허심탄회한 대화를 나눈다. 그런 것을 통해 서로의 깊은 정을 나눈다. 그런 마음의 깊은 교통이 영적으로 불건전한 자들과 이루어지면 소란스러워지고, 그 결과 하나님께 대한 뻔뻔스러운 반항도 스스럼없이 하게 된다.

사람에게는 항상 먹던 음식을 계속 먹으려는 경향이 있다
하나님과의 친밀감을 추구하느냐 안 하느냐를 결정짓는 중요한 요소는, 영적인 입맛이 당기느냐 아니냐에 달려 있다. 그러므로 우리는 항상 입맛을 조절할 필요가 있다. 입맛은 무엇에 의해서 결정되는가? 그것은 얼마나 배고픈가에 따라 결정된다. 시장이 반찬이기 때문이다. 그러나 어떠한 종류의 식욕(욕망)이나 욕구(갈망)를 개발시킬 것인가

하는 것도 중요하다. 불변의 법칙이 하나 있다.

일단 입맛이 형성되면 동일한 음식을 선호하게 되어 있다

　나는 1979년 대학의 한 남학생 사교클럽에서 거듭나는 체험을 했다. 하루는 기숙사에 딸린 부엌에 뭔가를 먹으러 들어갔는데, 주님의 음성을 들었다. "너의 몸은 내가 거하는 성전이다. 그러니 잘 관리하라."

　그 당시 나는 "인스턴트 식품을 즐기는 사람"이었다. 나는 몸에 나쁘다는 음식이라는 음식은 모두 골라먹을 정도로 나쁜 음식에 중독되어 있었다. 나는 탄산수, 사탕, 패스트푸드, 각종 기름진 음식, 하얀 밀가루 음식 등 세상에서 나쁘다는 음식만 골라서 먹었다. 왜냐하면 그것이 입맛을 당겼기 때문이었다. 입에 맛있게만 느껴지면 건강과는 상관없이 마구 먹어댔다. 물론 맥도널드의 햄버거, 콜라, 감자튀김은 내가 가장 선호하는 음식이었다.

　그러나 하나님의 음성을 들은 후에 생각이 완전히 달라졌다. 내 몸은 나의 것일 뿐만 아니라, 성령님께서 거하시는 정교한 거주지인 것을 알게 되었기 때문이었다. 갑자기 이런 생각이 들었다. "만약에 내가 아주 좋은 고급 자동차를 소유하고 있다면, 나는 싸구려 엉터리 기름을 넣지 않을 것이다." 그러나 나는 내 몸에 최고급 휘발유를 넣지 않았던 것이다. 자동차는 돈만 있으면 다른 것으로 바꿔치기 할 수 있지만, 내 몸은 한번 망가지면 끝이라는 생각이 들었다. 나는 즉시 식사습관을 개선했다. 나는 식품영양학을 공부하기 시작했고, 내 몸을 최적의 상태로 만들려고 노력했다. 그리고 내 몸이 많은 스트레스에 견디고, 장기간 건강함을 유지할 방도를 생각했다. 물론 하루아침에 이루어지지는 않았지만, 몇 년 간의 노력 끝에, 식사습관을 완전히 뜯어고치는 데 성공했다.

건강식을 먹을 때에 처음에는 먹기 싫었다. 왜냐하면 맛이 없었기 때문이다. 그렇지만 건강에 좋다니 그냥 억지로 먹었다. 그런데 한참 먹다가 보니까 내 식성이 조금씩 바뀌기 시작했다. 이전에는 샐러드와 생선 그리고 통곡물 빵을 보면 고개를 절레절레 흔들던 내가, 이제는 햄버거 같은 패스트푸드를 보면 설레설레 머리를 흔드는 사람으로 변했다. 이제는 안 좋은 음식들은 내 몸에서 아예 받아들이질 않는다.

동일한 원리가 영적인 세계에도 적용된다. 우리의 영혼도 우리가 먹여주는 것을 계속 먹고 싶어 하기 때문이다. 스포츠 관람을 좋아하는 사람은 스포츠에 관한 방송, 신문, 잡지 등등으로 그 범위를 넓혀갈 것이다. 영화를 좋아하는 사람은, 점차 영화배우, 스타들의 가십, 영화계의 동향에 관한 정보를 수집하기 시작할 것이다. 시사에 관심이 많은 사람, 정치와 경제에 관심이 지대한 사람들은 계속 그리로 더 깊이 파고 들어가기를 원한다. 집 꾸미기, 자동차, 요리, 유행하는 옷차림, 가방, 신발 등등 그 목록은 끝이 없다. 뭔가를 좋아하는 사람은 그것을 더욱 좋아하게 되고, 더 많은 지식을 습득하거나, 더 많이 소유하고 싶어 하고, 그것을 취하기 위해 쇼핑을 다니게 되어 있다. 새로운 자동차, 새로운 실내장식, 새로운 먹을거리를 늘 추구하는 사람들에게 영적인 세계의 이야기는 전혀 엉뚱한 딴 세상 이야기같이 들린다. 그러면 성경을 읽어도 머리에 들어오지 않고, 기도하는 일도 꾸물거리게 된다. 그러나 일단 하나님의 말씀을 정기적으로 먹으면, 더 많이 먹고 싶어진다. 그러면 기도하는 것이 수월해진다. 즉, 신앙생활 자체가 익숙한 일을 하듯 자연스러워진다. 그리고 하나님과의 영적인 대화도 친숙한 사람과 이야기를 하는 것 같이 된다. 그러다 보면 결국 하나님의 임재를 갈망하게 되고 하나님과의 친밀감도 형성된다.

불건전한 극단

이 세상에 중독증이라는 것이 있는 것처럼, 신앙생활도 역시 그렇게 극단적이 될 수 있다. 인간의 생활 중에 신앙생활이 전부를 차지해서는 안 된다. 휴가, 기분전환, 건전한 놀이 등도 필요하다. 나는 신학생이었을 때 일주일에 40시간을 일했고 또한 풀타임으로 공부를 하였다. 한 번은 주말에 친구들이 축구를 하자는 제안을 해왔으나, 나는 성경을 좀 더 읽어야 한다는 이유로, 그 제안을 거절했다. 그들이 떠난 뒤에, 나는 성경을 펴서 읽기 시작했다. 그러나 읽기는 읽어도 아무런 영적 깨달음이 오질 않았다. 심지어는 내가 읽고 있는 그 내용조차 이해가 되지 않아, 도대체 성경이란 게 말이 안 된다는 생각까지 들었다. 그 친구들이 떠난 지 한 시간 뒤에 나는 엎드려 울며 절규했다. "주님, 어찌하여 성경을 읽어도 아무 영적인 유익을 얻지 못하고 이렇게 시간만 낭비하고 있습니까? 어찌 하나님의 음성이 들려오지를 않나요? 깨닫게 하여 주시옵소서. 무엇이 잘못되었나요? 하나님의 기분을 상하게 할 정도로 죄지은 일이라도 있는 겁니까?"

그때 하나님의 음성이 내면 깊은 곳으로부터 울려 퍼졌다. "밖으로 나가서 축구를 해라!"

나는 하나님께 무슨 소리하시느냐고 따지기 시작했다. "축구요? 아니 내가 지금 축구할 시간이 어디 있나요? 축구는 믿음을 키우는 일과는 전혀 무관한 일입니다. 내가 축구를 아무리 열심히 한다고 그것으로 하나님과 가까워질 수 있나요?"

그러자 주님은 내 마음에 성경구절 하나를 떠오르게 하셨다. "내 아들아 또 이것들로부터 경계를 받으라 많은 책들을 짓는 것은 끝이 없고 많이 공부하는 것은 몸을 피곤하게 하느니라"(전 12:12). 그러면서 하나님은 인간이 육신에 거하는 동안에는 휴식이 필요하다는 것을 일깨워주셨다. 육신을 쉬게 하지 않으면 영적인 것에까지 둔감해진다는 사실도 알게 해주셨다. 그리고 예수님의 말씀 중에 다음과 같은 구절이 눈에 들어왔다. "이르시되 너희는 따로 한적한 곳에 가서 잠깐 쉬어라 하시니 이는 오고 가는 사람이 많아 음식 먹을 겨를도 없음이라"(막 6:31). 몸이 휴식을 취해야할 때 쉬지 않으면 몸이 망가지고 부서진다는 것을 가르쳐주신 것이다.

그래서 나는 당장 밖으로 나가 축구를 했다. 그리고 다시 방으로 돌아왔을 때 몸과 마음이 상쾌한 것을 느꼈다. 나는 다시 성경을 읽기 시작했다. 하나님의 생명이 내 존재 안으로 흘러 들어오는 것을 체험하였다. 주님의 말씀을 통한 성령님과의 생생한 교제가 재개된 것이다.

지나치게 바쁨

우리 시대의 문제는 너무 많이 공부한다는 것일지도 모른다. 일도 많이 하고 공부도 많이 하지만, 참된 쉼이 없다. 그러므로 하나님을 갈망하는 것을 막아서는 첫 번째 방해물은 바쁜 스케줄이다. 영적인 도둑이 따로 있는 게 아니라 "바쁘다 바빠"하는 바로 그 심정이 도둑이다. 많은 신실한 기독교인들이 바로 이 덫에 걸려들고 있다. 그들은 하나님과 함께 하는 경건의 시간이라는 영적 생활습관은 만들지 않고, 대신에 비즈니스와 일상사로 바쁜 생활습관만을 만든다. 끊임없는 사업에 사업만 더하는 교회도 역시 이런 "바쁨의 악령"에 미혹된 경우이다.

육체적인 것의 비유를 들어 알기 쉽게 설명해보자. 왜 밥을 먹는가? 영양분을 공급받아 몸을 유지하기 위해서이다. 그렇다면 계속 혹독한 운동만 하고 먹지 않으면 어떻게 될까? 계속 식사를 거르면서, 죽도록 일만 하고 잠도 제대로 자지 않는다면 몸이 망가지지 않겠는가? 두말할 것도 없이 얼마 안 가서 몸은 무너져 내리게 될 것이다.

우리는 영적으로 그런 짓을 쉽사리 자행한다. 계속 식사를 거르면 위장이 신호를 보낼 것이다. 그래도 음식을 공급해주지 않으면, 위장은 더 큰 아픔을 호소하며 음식을 넣으라고 난리를 칠 것이다. 그래도 음식이 들어오지 않으면, 온 몸이 소리치며 "음식을 넣어라!"고 몸부림치게 된다. 그와는 대조적으로 우리의 영혼은 소리를 지르지 않는다. 인간의 영혼은 굶으면 굶을수록 더 조용해진다. 침착해져서 조용해지는 것이 아니라 그냥 시들어버리는 것이다. 그러면 영은 약화되고 욕정은 강화된다.

그렇지만 육신도 장기간 금식하면 입맛을 잃게 되어 있다. 5일 이상 금식하면 배고픔을 더 이상 느끼지 않는다. 음식이 그 매력을 상실했기에, 큰 스테이크를 보아도 신발을 먹는 것같이 느껴지기도 할 것이다. 그 이후로는 입맛이 돌아오지 않고 몸은 아사(기아)상태로 들어간다.

주님과 친밀한 교제를 나누는 시간을 자꾸만 없애버리고 그것을 바쁜 생활로 대치하면 금식의 경우와 비슷한 상황이 발생하는 것을 나는 관찰했다. 처음에는 말씀에 대한 관심이 축소되고 다음에는 기도에 대한 열망이 쇠미해진다. 그저 간헐적으로만 기도하다 보면 성경을 읽어도 별다른 감동이 오질 않는다. 그러면 성경을 통한 지혜, 통찰력, 하나님의 인도 등을 받지 못하게 된다. 즉, 영적인 생기를 잃어버리게 된다.

나는 금식기도를 장기간 하다가 한 번은 식사에 대한 의욕을 완전히 상실해버린 적이 있다. 그러나 억지로 다시 식사를 시작했을 때 식욕은 되돌아왔다. 영적으로도 동일한 원리가 적용된다. 나는 영적인 의욕을 상실했을 때, 성경을 다시 들고, 게으름을 회개하고 하나님의 말씀을 들으려는 기대감을 조성시킨다. 그리고는 하나님의 음성이 들릴 때까지 계속 성경을 읽어 내려간다. 그러면 언제나 신실하신 하나님께서는 곧 이어서 응답하신다. 번득이는 영적 통찰력, 깨달음, 지혜 등이 생수의 강이 터져 나옴 같이 내 영혼 안에서 솟아오른다. 하나님은 말씀을 통해 나와 함께 해주신다. 내가 사용하는 다른 방법은 아예 하루나 이틀, 시간을 떼어놓고 편안한 마음으로 오직 성경 읽기와 기도에만 집중하는 것이다. 그러다 보면 심령에 만족이 오고 하나님과의 친밀감이 다시 회복된다.

당신의 영적 온도계

이러한 영적 훈련은 모든 신자에게 필요하다. 타락(신앙이 뒤로 물러서는 것)은 낯선 여자가 낯선 남자와 침대에 함께 드러누워 있을 때에 시작되지 않는다. 알코올중독자나 성중독자가 되는 길로 들어설 때에만 신앙이 파괴되는 게 아니다. 사랑하는 가족들을 무시하고 자녀들을 소홀히 하는 순간부터 타락이 시작되는 것도 아니다. 하나님의 말씀을 경히 여기고 하나님과의 대화인 기도를 소홀히 하는 순간부터 모든 타락은 시작된다. 그러면서 영적인 것에 무관심해지거나 하나님의 말씀을 무시하기 시작하게 된다. 결국 세상 것에 집착하고 영적인 것을 피하게 된다.

영적 배고픔, 영적 목마름, 영적 갈급함은 우리의 영적 온도계이다. 자연의 이치를 따라 한 번 생각해보자. 사람이 병들면 무엇이 떨어질

까? 입맛이다. 심한 독감에 걸렸을 때를 한 번 회상해보라. 입맛이 없는 관계로 전혀 아무 것도 먹고 싶지 않았을 것이다. 말기암 환자의 경우를 살펴보자. 그들은 계속 혈관을 통해 음식을 공급받는다. 입맛이 없기 때문에 체중은 계속 감소되면서도 잘 먹지 않게 된다. 그러므로 건강한 사람인지, 환자인지 구별하는 척도 중에 하나가 입맛이다. "요즈음은 입맛이 참 좋습니다"라고 하는 사람이 있다면 우리는 그 사람의 건강이 회복되었다고 생각한다. 영적 건강도 마찬가지이다. 성경말씀을 먹고자 하는 욕망이 강렬하다면 그것은 영적으로 건강하다는 증거이다. 반대로 영적인 것에 냉담해지면 영적인 건강을 잃고 있다는 증거가 된다.

나는 주변에 목회자 친구들이 많다. 그들 중에는 영적인 것에 관한 대화보다는 교회당 건축, 새로 산 자동차, 연예인 등에 관하여 말하기를 더 즐기는 사람들이 있다. 영적인 대화를 나누고자 하면 그들은 시큰둥해진다. 그러다가 스포츠 게임에 관한 이야기가 나오면 눈이 번쩍이며 열변을 토하기 시작한다. 예배시간에 그러한 목회자들이 어떤 행동을 보이는가 관찰해보면, 그들은 두리번두리번 이리저리 둘러보고, 옆 사람과 이야기하며 하나님에게 집중하기보다는 설교원고를 뒤적이는 모습을 보인다.

그런 목회자가 담임하는 교회에는 하나님의 임재가 없다. 그러나 그런 교회의 성도들에게 회개를 촉구하고 하나님께 가까이 다가갈 것을 요청하면, 성령님의 역사로 그 반응이 놀랍게 일어난다. 그들이 타락한 시점을 기억하고 다시 돌아가고자 하는 사람들도 있고, 신령한 은사를 다시 붙들고 싶어 하는 사람들도 있다. 물론 영적인 각성에 저항하고 거부하는 사람들은 늘 있다. 어떤 경우라도 성령님이 역사하시면,

인간의 마음 밑바닥에 졸아붙은 갈망이라도 일깨워 하나님을 향한 열정으로 바꿔놓으신다.

이사야는 말하기를 우리 하나님은 "상한 갈대를 꺾지 아니하며 꺼져 가는 등불을 끄지 아니하고 진실로 정의를 시행"(사 42:3)하시는 분이라고 하셨다. 이는 기름이 거의 다 떨어질 때 등불이 그을음을 내며 꺼질 듯 말 듯한 상황을 묘사하고 있다. 즉, 힘없이 죽어 가는 상황이다. 이사야는 연약하고, 작고, 가냘프고, 허약한 것을 표현하려 했다. 그러나 하나님은 꺼져 가는 심지를 끄지 않고 도리어 공기와 기름을 공급하여 살려내시는 분이시다. 하나님은 인간이 꺼져 가는 등불과 흡사하게 되어버린 상황에서도 인간을 만나주신다. 심령이 활활 불타오르지 않는 상황에서도 만나주시는 그 하나님은, 신자의 마음에 하나님을 향한 열정이 가득하다면 얼마나 더 큰 기쁨과 흔쾌함으로 만나주시겠는가!

최고로 값진 것은 잘 보호하라

"모든 지킬만한 것 중에 더욱 네 마음을 지키라 생명의 근원이 이에서 남이니라"(잠 4:23)는 말씀은 대단히 중요한 말씀이다. 이 세상에 마음보다 더 보호하고, 수호하고, 지킬 것은 없다. 인간은 값어치가 나가는 귀중품을 잘 관리한다. 보석 진열장에 가보면 보석들이 두꺼운 유리로 보호되어 있다. 보물을 보관한 창고에는 조금이라도 환경에 변화가 생기면, 예를 들어 온도나 무게의 변화 같은 것이 있으면, 경보가 울리고 문이 닫히는 자동제어장치가 되어있다. 심지어는 레이저빔으로 경계하고 CCTV로 항상 감시하기도 한다. 보석 같은 돌멩이 하나를 간수하는 데도 경호원을 고용하고 매달 수천 달러의 돈을 지불한다.

하나님께서 말씀하시기를 이 세상에서 가장 값있는 것은 다이아몬드 같은 돌멩이가 아니라 '인간의 마음'이라고 하신다. 그러나 신자라는 사람들조차 자신의 마음을 지키고, 가꾸고, 계발시킬 생각은 하지 않고 주로 보석 같은 돌덩이에 신경을 쓰고 있다.

> 오호라 너희 모든 목마른 자들아 물로 나아오라 돈 없는 자도 오라 너희는 와서 사 먹되 돈 없이, 값없이 와서 포도주와 젖을 사라 너희가 어찌하여 양식이 아닌 것을 위하여 은을 달아 주며 배부르게 하지 못할 것을 위하여 수고하느냐 내게 듣고 들을지어다 그리하면 너희가 좋은 것을 먹을 것이며 너희 자신들이 기름진 것으로 즐거움을 얻으리라 너희는 귀를 기울이고 내게로 나아와 들으라 그리하면 너희의 영혼이 살리라(사 55:1-3)

그들은 진정으로 유익이 되는 일에 시간과 정열을 사용하고 있는 사람들이 아니다. 일반적으로 신자라는 사람들도 도색잡지나 심한 욕지거리가 담긴 것이 아니라면 무엇이든지 가리지 않고 보고, 듣고, 즐기곤 한다. 세상의 영은 하나님의 영과는 맞지 않는다는 사실을 인식하지 못하는 것 같다. 물론 이 세상 사람들이 믿는 자들보다 더 지혜롭고 약삭빠른 면이 있는 것도 사실이다. 세상 사람들은 자신이 가치 있다고 생각하는 것은 확실하게 지키고, 불리고, 늘리고, 확장하고, 보전하고, 수호하고, 아끼고, 개발하고, 그것에 매달린다. 반면에 신자들은 자신의 마음을 아무렇게나 내팽개치는 경향이 있다. 신자들은 세상 사람들로부터 재물과 명예를 지키려는 그 철저함과 지독함을 배울 필요가 있다. 세상의 쾌락과 탐욕을 추구하며 얼마나 애를 쓰고 성실 근면하게 달려드는지 한 번 살펴보라. 그러나 궁극적으로는 하나님만이 인생을 만족시키실 수 있다.

"그가 사모하는 영혼에게 만족을 주시며 주린 영혼에게 좋은 것으로 채워주심이로다"(시 107:9). 그것이 진실이요 진리라면, 신자들은 최선을 다해 하나님을 갈망해야 하지 않겠는가! 하나님은 인생에 만족을 주고 싶어 하신다. 그러나 신자가 세상의 것으로 만족하고 있는 동안에는, 하나님은 그분의 선하심으로 우리의 영혼을 채우지 못하신다. 하나님은 당신을 부르셨다. 그러므로 항상 갈급한 심령으로 하나님 앞으로 나아가자. 하나님의 부르심을 경솔히 여기지 말며, 흔쾌한 마음으로 응답해야 할 것이다. 하나님은 지금 이 시간에 당신을 부르고 계신다. 가까이 다가오라고.

토론을 위한 질문들

1. 잠언 27:7에는 "배부른 자는 꿀이라도 싫어하고 주린 자에게는 쓴 것이라도 다니라"는 말씀이 나온다. 탐욕, 걱정, 욕망, 쾌락, 나태 중에서 당신에게 최고로 취약한 부분은 무엇인가? 취약성 중에서 꿀같이 단 '하나님과의 관계'에 방해거리가 되는 것은 무엇인가?

2. 이번 단원에서 저자는 교회에서 20대 이상과 20대 이하의 그룹이 하나님께 대한 배고픔(영적인 갈망)에 차이를 보였다고 했다. 당신의 교회를 살펴볼 때에, 영적 식욕의 정도를 어떻게 평가하는가?

3. 잠언 4:23인 "모든 지킬만한 것 중에 더욱 네 마음을 지키라 생명의 근원이 이에서 남이니라"를 중심으로 생각할 때에, 당신의 마음을 지키기 위해 행할 구체적인 일들은 무엇이라고 생각하는가? 당신의 삶에 제거되거나 대치되어야 하는 "정크 푸드"(칼로리는 높으나 영양가 없는 음식)는 없는가?

제
4
장

그분의 현존을 간절히 바람

"그분의 존전에 있을 때에만
선포된 말씀이 들리기 시작한다"

나는 지난 20년 동안 예배와 강연회를 통해 하나님의 말씀을 전하고자 전 세계에 거의 다니지 않은 곳이 없다 · 남극 대륙만 빼놓고. 나는 그렇게 순회 전도자로 일하기 전 7년간 두 교회에서 부교역자로 사역한 경험이 있다. 그 기간 동안 많은 성도들을 대하면서 나는 두 부류의 성도들을 접할 수 있었다. 그리고 종말로 다가가면 갈수록 전혀 다른 두 부류의 성도들 사이의 격차는 점차 더 벌어질 것이라고 나는 믿는다. 첫 번째 부류의 사람들은 주님이 그들에게 베풀어주는 유익을 찾아 교회에 나오는 사람들이고, 두 번째 부류의 사람들은 하나님이 누구인가에 관심이 있어 교회를 찾는 사람들이다.

이스라엘의 핵심적인 동기

모세와 이스라엘 백성은 하나님을 추구하는 동기가 전혀 달랐다. 이스라엘 백성들은 억압으로부터의 해방을 갈망했기에 하나님 앞에서 부르짖었다. 그들에게 있어서 하나님은 구원자였다. 그들은 하나님께서 하시는 일을 통해 이득을 얻고자 하는 무리였다. 교회 안에도 그런 신도들이 있다. 그들은 세상의 속박과 고통으로부터 피하기 원한다. 그래서 예수를 믿지만, 자신의 욕망의 노예상태에서 벗어나지 못하는 것이다. 말로는 예수님을 믿는다고 하고 죄의 용서를 받기 원한다고 하며 주님을 따라 살겠다고 하지만 그들 마음의 중심은 하나님께로 향하고 있지 않다. 그리고 그 확실한 증거가 그들의 세상적인 가치관, 세상풍속을 따라 사는 행위, 신앙적이 아닌 언어습관, 그리고 이기심 가운데 드러난다.

400년 동안 이스라엘은 하나님의 구원하심을 바라면서 눈물로 세월을 보냈다. 그러자 하나님은 모세에게 나타나셨고 이제는 구원의 역사가 나타날 때라고 선언하셨다. 바로 왕을 만나기 전에 모세는 먼저 이스라엘의 지도자들을 만나 하나님의 뜻을 전달했다. 백성의 반응은 참으로 고무적이었다. 그들은 모세와 아론을 반겨 맞았다. "백성이 믿으며 여호와께서 이스라엘 자손을 찾으시고 그들의 고난을 살피셨다 함을 듣고 머리 숙여 경배하였더라"(출 4:31).

그 회합의 분위기를 한 번 상상해보라! 이스라엘 백성은 그 순간을 얼마나 고대했던가! 젖과 꿀이 흐르는 땅으로 하나님께서 이스라엘 백성을 인도하신다는 말은 이미 조상 때부터 오랜 세월에 걸쳐 내려온 약속이었다. 그 당시 이스라엘의 지도자들은 그 약속을 놓고 씨름하고 있었다. 과연 그 약속이 우리 당대에 성취될 것인가? 이전에 수많은 지도자들이 일어났다가 수그러들고 사라졌다. 그런데 이제 그들의 눈앞에 애굽의 왕자였던 한 사람이 철저한 하나님의 훈련을 마치고, 하나님으로부터 기적의 체험을 한 후, 이스라엘의 지도자가 되었다. 이전에 노예를 다스리던 통치자가 이제는 노예의 해방자가 되었다. 오직 하나님만이 그러한 기적을 일으키실 수 있다! 그래서 이스라엘 백성의 가슴은 설레었고 희망으로 부풀었다. 너무나 감격한 나머지 그들은 하나님을 찬양하고 경배할 수밖에 없었다.

모세는 이스라엘의 리더들을 떠나 '바로 왕'에게로 발걸음을 옮겼다. 그러나 애굽의 리더들은 노예를 해방시키겠다는 하나님의 말씀을 별로 대수롭지 않게 여겼다. 바로 왕은 모세의 말을 조소거리로 여기고, 이스라엘 백성에게 도저히 감당할 수 없는 무거운 짐을 지우고 학대했다. 잔인하리만큼 많은 작업량과 지극히 힘든 노동조건으로 혹사시켰다. 그러한 환경의 극심한 변화는 이스라엘 지도자들의 태도도 바꿔놓았다. 이스라엘의 지도자들은 모세에게 폭언을 하며 경멸했다. 이전에 하나님의 해방 소식을 듣고 하나님을 경배하던 그 태도는 어디론가 사라져버렸다. 낙담과 좌절 속에서 모세에게 퍼부은 악담을 한번 들어보자.

> 우리를 바로의 눈과 그의 신하의 눈에 미운 것이 되게 하고 그들의 손에 칼을 주어 우리를 죽이게 하는도다 여호와는 너를 살피시고 판단하시기를 원하노라(출 5:21)

그러나 하나님께서는 자신의 약속을 지켜 기적과 표적을 보여주셨고, 바로의 고집을 꺾으셨다. 마침내 바로는 항복하고, 그 모든 진행 과정을 지켜본 이스라엘의 지도자들은 다시 한 번 그들의 태도를 바꿨다. 낙담과 좌절이 기쁨과 찬양으로 바뀌었다. 하나님의 선하심과 인자하심을 찬양하며, 이스라엘 백성은 춤추고 뛰놀며 애굽을 탈출하였다. 그들은 하나님의 그 크신 은혜에 감사하며 모든 영광을 하나님께 돌렸다. 하나님은 이스라엘 백성을 빈손으로 가게 하지 않으셨고, 그들의 손에 많은 금은보화와 재물을 푸짐하게 가지고 나가도록 허락하셨다. 이스라엘 백성은 하나님을 향한 굳센 믿음과 지도자인 모세에 대한 강한 신뢰를 가지고 젖과 꿀이 흐르는 가나안 땅으로 행진해 나아갔다.

애굽을 빠져 나온 이스라엘 백성은 이제 홍해를 향하여 전진했다. 그러나 홍해에 가까이 다다랐을 때에, 그들은 애굽의 군대가 뒤에서 추격해 온다는 사실을 알게 되었다. 그 순간, 그들의 태도는 갑자기 돌변했다. 이스라엘 백성들은 험한 소리로 푸념을 늘어놓으며 모세에게 욕을 퍼부었다. "애굽에 매장지가 없어서 당신이 우리를 이끌어 내어 이 광야에서 죽게 하느냐 어찌하여 당신이 우리를 애굽에서 이끌어 내어 우리에게 이같이 하느냐 우리가 애굽에서 당신에게 이른 말이 이것이 아니냐 이르기를 우리를 내버려 두라 우리가 애굽 사람을 섬길 것이라 하지 아니하더냐 애굽 사람을 섬기는 것이 광야에서 죽는 것보다 낫겠노라"(출 14:11-12). 애굽에서도 일이 그르치게 되었을 때, 지도자인 모세에게 원망과 불평을 하였는데, 이제 다급한 위기상황에 처하여 그들은 무능한 지도자 모세에게 불만을 토로하고 있었다. 그러나 백성들의 잦은 푸념에 대한 모세의 대답은 다음과 같다. "여호와께서 자기를 향하여 너희가 원망하는 그 말을 들으셨음이라 우리가 누구냐 너희의 원망은 우리를 향하여 함이 아니요 여호와를 향하여 함이로다"(출 16:8). 인간은 하나님의 뜻을 구하기보다는 자신의 이득을 먼저 따지는 존재이다. 인간은 어려운 상황에 처하면 하나님의 뜻은 무시해버리고, 종종 자신의 눈앞의 이득만을 챙기기에 연연해 한다. 출애굽기 14장 11-12절을 다시 한 번 더 읽어보자.

> 애굽에 매장지가 없어서 당신이 우리를 이끌어 내어 이 광야에서 죽게 하느냐 어찌하여 당신이 우리를 애굽에서 이끌어 내어 우리에게 이같이 하느냐 우리가 애굽에서 당신에게 이른 말이 이것이 아니냐 이르기를 우리를 내버려 두라 우리가 애굽 사람을 섬길 것이라 하지 아니하더냐 애굽 사람을 섬기는 것이 광야에서 죽는 것보다 낫겠노라(출 14:11-12)

하나님의 뜻이나 하나님의 능력에 관한 말은 전혀 없고, 모든 것이 오직 "우리"에 대한 관심에 집중되어 있지 않은가? 하나님의 마음을 헤아리는 배려나 하나님의 뜻을 추구하는 열정이 없는 한, 인간은 자신의 생명을 부지하는 일에 전전긍긍하며 매달릴 수밖에 없다.

다시 한 번 더 하나님께서는 크신 자비를 베푸셔서 홍해를 가르시고, 이스라엘 백성을 강바닥의 마른 땅 위로 건너게 하셨다. 그리고 뒤를 추격하던 군대, 지구 상에서 가장 강력한 바로의 군대, 이스라엘을 400년 동안 그렇게도 괴롭혔던 그 군대를 홍해의 갈라진 물을 닫히게 하여 몰살시키셨다. 이스라엘 백성은 악기로 기쁨을 표현했다. 너무나도 기뻐 악기를 잡고 펄펄 뛰었다. "아론의 누이 선지자 미리암이 손에 소고를 잡으매 모든 여인도 그를 따라 나오며 소고를 잡고 춤추니"(출 15:20). 80만 명의 여인들이 승리의 함성을 지르며 소고를 울리고 춤추는 광경을 한번 상상해보라. 장관이 아닌가! 그것은 진정 놀라운 찬양과 경배의 예배였다. 실로 400년 만에 처음으로 만끽하는 즐거움의 축제였고, 엄청난 흥분의 순간이었다. 그러나 기쁨은 사흘을 가지 못했다. 사막을 횡단하며 마실 물이 떨어졌을 때 그들은 또 쓴 소리로 불평하기 시작했다. 물론 하나님은 또다시 은혜로 물을 공급해주시고 문제를 해결해주셨다.

며칠이 지난 후에 이제는 먹을 양식이 문젯거리로 등장했다. 이스라엘 백성은 다음과 같이 불평했다. "이스라엘 자손이 그들에게 이르되 우리가 애굽 땅에서 고기 가마 곁에 앉아 있던 때와 떡을 배불리 먹던 때에 여호와의 손에 죽었더라면 좋았을 것을 너희가 이 광야로 우리를 인도해 내어 이 온 회중이 주려 죽게 하는도다"(출 16:3).

이제 하나의 패턴이 확연하게 드러나지 않는가? 원하는 바를 하나님께서 공급해주셔서 물질적으로 넉넉해지면 만족해하고, 원하는 바를 하나님께서 공급해주시지 않으면 불평하며 원망하는 것이 그들의 태도였다. 그들의 신앙의 동기는 확연했다. 즉, 하나님을 믿는 주된 이유는 자신들이 원하는 것을 얻어내기 위함이다. 그러나 어려운 일로 인생에 중압감이 생기면 그들의 본색은 여지없이 드러난다. 그들은 하나님을 생각하지 않는다. 모든 관심은 오직 자신들에게만 집중되어 있다. 하나님의 마음이나 하나님의 임재, 하나님의 존전으로 나아감 같은 것은 안중에도 없다. 그들은 오직 하나님께서 자신들의 욕망을 채워주시기를 부르짖을 뿐이다.

모세의 핵심적인 동기

위에서 언급한 악순환은 끊임없이 거듭되었다. 결국 하나님께서는 더 이상 참지 못하고 분통을 터트리셨다.

여호와께서 모세에게 이르시되 너는 네가 애굽 땅에서 인도하여 낸 백성과 함께 여기를 떠나서 내가 아브라함과 이삭과 야곱에게 맹세하여 네 자손에게 주기로 한 그 땅으로 올라가라 내가 사자를 너보다 앞서 보내어 가나안 사람과 아모리 사람과 헷 사람과 브리스 사람과 히위 사람과 여부스 사람을

> 쫓아내고 너희를 젖과 꿀이 흐르는 땅에 이르게 하려니와 나는 너희와 함께 올라가지 아니하리니 너희는 목이 곧은 백성인즉 내가 길에서 너희를 진멸할까 염려함이니라 하시니 (출 33:1-3)

하나님께서는 모세에게, 천사들을 동원하여 기적을 베푸셔서 강한 적들을 물리치시고 이스라엘 백성으로 가나안 땅으로 들어가게 하심으로 자신의 약속을 지키실 것이지만, 하나님 자신은 가나안 땅으로 함께 들어가지 않겠다고 말씀하셨다. 즉, 하나님의 능력의 역사는 있지만, 하나님의 "임재"는 없을 것이라는 뜻이다.

하나님께서 이러한 말씀을 모세에게 한 것은 참으로 중요한 사건이다. 만약에 하나님께서 동일한 말씀을 이스라엘 백성들에게 했다면, 이스라엘 백성은 별로 신경 쓰지 않았을 것이다. 자신들이 원하는 바를 획득할 수만 있다면, 하나님의 임재가 있건 말건 상관없이 짐을 싸고 곧바로 가나안 땅으로 전진하면서 하나님께는 안녕히 계시라고 인사하고 결별했을 것이다. 그러나 모세는 그렇게 하지 않았다. 모세의 대답을 들어보자.

> 모세가 여호와께 아뢰되 주께서 친히 가지 아니하시려거든 우리를 이곳에서 올려 보내지 마옵소서 (출 33:15)

모세가 말하는 "이곳"이란 과연 어디인가? 그곳은 광야다. 광야는 역경의 장소요, 재미도 없고 안락함도 없는 장소다. 사막에는 풍요도 없고, 그저 날마다 힘들게 살아가야 하는 곳이다. 그리고 그것도 기적이 있어야만 간신히 살아가게 되어 있다. 사막에는 정원도 없고, 자연

자원, 안전, 논과 밭도 없다. 집, 강, 포도원, 과수원, 쇼핑, 오락, 유흥 등 아무 것도 없는 곳이 바로 광야다. 광야에는 오직 외딴 곳의 황무함만이 있다. 전혀 아름다운 곳이 아닌 광야에서 모세는 이렇게 담대히 말했다. "아름답고 풍요로운 땅에서 하나님 없이 살기보다는, 비록 불편하고 어려운 환경이라도 하나님의 임재만 있다면, 광야에 머무르겠습니다."

모세의 마음의 갈망은 무엇인가? 그것은 하나님의 임재이다! 모세는 하나님의 존전에서 하나님과 함께 있음을 이 세상의 그 어떤 풍요보다 더 가치 있게 생각하였다. 왜냐하면 하나님이 주시는 복보다 하나님 자신을 더 갈망했기 때문이다. 하나님이 허락하시는 보화보다 하나님과의 친밀함을 모세는 더 선호하였다. 바로 이점에서 모세와 이스라엘 백성은 근본적으로 달랐다. 이스라엘 백성이 하나님이 주시는 복에 매달렸다면, 모세는 하나님과의 친밀한 관계에 매달렸다. 오늘날에도 역시 두 가지 부류의 신자들이 있다. 나는 교파를 말하려는 것이 아니다. 한 부류의 신자들은, 하나님이 인간의 필요를 채워주시고, 보호해주시며, 복을 주셔서 생활을 개선시켜 주시고, 건강과 물질의 풍요를 주신다는 것에 혈안이 된 무리다. 그러나 또 다른 부류의 신자들은, 그러한 모든 것을 넘어서서 인간과 친밀한 관계를 가지기를 원하시는 하나님과의 만남, 즉 항상 좋은 친분관계를 유지하는 것에 초점을 맞추는 신자들이다. 두 번째 부류의 신자들은 '하나님이 무엇을 주느냐'에는 관심이 적고 '하나님이 어떤 분이냐'에 관심이 많다. 그들은 하나님과의 인격적인 사귐에 가장 큰 관심을 보이는 사람들이다.

결혼의 예를 들어 한 번 설명해보자. 남자의 돈을 보고 결혼하는 여자도 있을 것이다. 그런 여자는 남자가 돈만 많이 가져다주면, 그 남자가 어떤 사람이건 상관하지 않는다. 그러나 그런 경우 두 사람 사이의 인간관계가 원만하다거나 진짜 친밀한 관계가 될 가능성은 적다. 왜냐하면 그런 사람은 근본적으로 아기자기하고 친밀한 인간관계 따위에는 아예 관심이 없기 때문이다. 그 여자의 마음에는 단 한 가지 생각밖에는 없다. 남편을 이용하여 돈을 얻어내고 그것으로 편안하고 안락한 삶을 살며, 자신의 인생을 즐기는 것이다.

보상

나는 한 때 지상에서 가장 아름다운 명소를 방문한 적이 있다. 그리고 진짜 최고급의 물건들로 가득한 호화로운 집에 들어가 본 적이 있다. 그러나 나에게는 참으로 썰렁한 곳이었다. 왜냐하면 거기에는 하나님의 임재가 없었기 때문이다. 나는 지저분한 곳에 가 보기도 하였다. 감옥, 제3세계, 싸구려 물건들로 장식된 집, 그러나 종종 나는 그런 곳에서 하나님의 임재를 느꼈다. 솔직히 말해서 나는 사치스러운 명품들이 있으나 하나님의 임재가 없기 보다는 차라리 좀 불편하고 지저분해도 하나님의 임재가 있는 곳에 머물고 싶다.

나는 고등학교와 대학에 다닐 때 테니스 팀에 소속되어 있었다. 여러 차례 우승하였고, 급기야는 주 정부의 최우수 선수로까지 뽑히게 되었다. 그로 인해 나는 장학생이 되어 동료들로부터 부러움도 샀다. 나는 유명해졌고, 선망의 대상이 되었다. 많은 사람들이 나처럼 유명한 사람이 되기를 바랬다. 그러나 나는 테니스 우승자로 얻은 모든 명예와 즐거움보다 30초 동안만이라도 하나님과 함께 지내는 것이 더 좋았다. 세상의 영광과 하나님을 만나는 영광은 가히 비교될 수 없다. 모세에 관하여 성경이 이야기 하는 바를 들어보자.

믿음으로 모세는 장성하여 바로의 공주의 아들이라 칭함 받기를 거절하고 도리어 하나님의 백성과 함께 고난 받기를 잠시 죄악의 낙을 누리는 것보다 더 좋아하고 그리스도를 위하여 받는 수모를 애굽의 모든 보화보다 더 큰 재물로 여겼으니 이는 상 주심을 바라봄이라 믿음으로 애굽을 떠나 왕의 노함을 무서워하지 아니하고 곧 보이지 아니하는 자를 보는 것 같이 하여 참았으며(히 11:24-27)

모세가 차라리 고통당하기를 선택했다는 구절에 주목하기 바란다. 이스라엘 백성들은 도저히 불평을 참을 수 없는 사람들이었던 반면에, 모세는 선택할 능력이 있었던 사람이다. 모세는 고난 받기를 좋아했다고 한다. 모세는 불평, 불만, 푸념을 늘어놓지 않았다. 모세는 자원해서 궁중을 떠난 사람이다. 높은 지위와 호화로운 인생을 정리한 까닭은 다른 상 받기를 기대했기 때문이다. 그가 바랐던 상은 가나안 땅이 아니라, 하나님의 임재였다. 타는 떨기나무에서 하나님을 만난 이후, 모세의 유일한 소망은 하나님을 더 친밀히 알아가는 것에 집중되었다.

나는 수천 번 이상의 집회를 인도했다. 강연회, 부흥회뿐만 아니라 텔레비전과 책 그리고 비디오와 DVD를 통하여 복음을 전하고 있다. 하나님께서 나의 사역에 복을 주시는 그 인도하심을 바라보면 상상을 초월한 일이 많이 일어난다. 그러나 반드시 선택해야만 한다면, 대단한 성공보다는 차라리 조용한 하나님의 임재를 더 선호한다. 수천 명이 모인 집회에서 설교하는 것보다 수백만 명에게 책이나 텔레비전을 통해 알려지는 것보다, 나지막한 목소리로 내 마음에 속삭이는 하나님의 음성을 듣는 것을 더 좋아한다. 하나님의 영광의 임재는 세상의 어떤 영광과도 바꿀 수 없다.

나는 성공을 목표로 목회를 하는 분들을 보면 가슴이 아프다. 그들은 목회에 성공하면 인생에 만족이 오리라 생각한다. 어떤 목회자들의 목표는 세상에 이름을 널리 알리고 사람들로부터 인정을 받는 것이다. 그러나 많은 목회자들이 목회의 성취를 통해 자존심을 세우려다가 절망하고, 급기야는 어두움의 덫에 걸려드는 경우를 많이 보았다. 큰 목회를 꿈꾸면서 무엇이든지 대형화시키려다가, 부도덕한 죄를 범하기도 하고 탐욕의 노예가 되기도 한다. 그러한 목회에서 남는 것은 텅 빈 공허함뿐이다.

다른 목회자들처럼 되기 위해 발버둥치는 목회자들도 많이 보았다. 200명, 500명, 1,000명, 5,000명의 교인들이 몰려드는 교회를 세우려다 목표에 도달하지 못하고 좌절하는 목회자들 말이다. 그들은 책을 저술해서 출판하고 베스트셀러가 되기를 기대했으나 전혀 책이 팔리지 않는 당혹감을 경험하기도 한다. 큰 집회의 강사가 되기를 원하였으나 아무도 불러주지 않아 낙담한 목회자들이다. 그들은 모두 성공적인 목회를 통한 성취감을 맛보다가 실패자로 끝났다고 스스로를 평가하는 사람들이다. 사실 세속적인 세계에서 직위와 출세를 추구하는 사람이나 목회에서 성공을 추구하는 사람이나 그 동기는 동일하다. 최대의 목표가 하나님의 영광이 아니라 자신의 자존심을 세우는 것이다. 대조적으로, 크게 목회를 하는 사람들 중에서도 겸손히 하나님과의 친밀감에 목말라하는 사람들도 있다. 대형교회를 담임하는 목회자들 중에는 큰 성공을 거두었음에도, 다윗처럼 하나님 앞에서 배고프고 가난한 자로 서 있는 사람들도 있다.

반면에, 하나님에 대한 갈증을 느끼고, 큰 목회를 포기하고, 가장 낮은 곳으로 내려가서 예수님께 봉사하는 삶을 사는 사람들도 있다. 그들은 직위나 명성을 중요하게 생각하지 않는 목회자들이다. 하나님께서 허락하신 그 목회의 자리에서, 교인들이 많건 적건 상관없이, 오직 하나님을 기쁘게 해 드리려는 한 가지 목표로 목회에 전념하는 목회자들이다. 그들과 대화를 나누어보면 그들의 삶에 임하시는 하나님의 임재를 느낄 수 있다. 작은 교회를 담임하는 목회자들 중에 평안하고 축복된 목회를 하는 분들이 많다. 그들은 주님의 부르심으로 인하여 그 자리에 서 있으며, 주님의 뜻에 따라서만 움직인다. 그들의 열정은 성도의 숫자나 외부적인 성공에 달려있지 않다. 그들은 오직 하나님과의 친밀한 동행, 하나님을 더 아는 일에 집중되어 있다. 사실 이러한 태도는 모든 신자들이 가져야할 가장 바람직한 태도이다. 인간은 하나님을 위해 창조되었으며, 하나님을 떠나서는 어떤 인생의 만족도 누릴 수 없다. 오직 하나님과 친밀한 사귐을 통해서만 진정한 평화와 참된 만족을 얻을 수 있다.

두 종류의 하나님의 임재

성경에 의하면 하나님의 함께 하심에는 크게 두 가지 종류가 있다. 첫째는, 하나님의 편재遍在이다. 다윗은 하나님의 '어디에나 계심' omnipresence에 관하여 이렇게 말했다. "내가 주의 영을 떠나 어디로 가며 주의 앞에서 어디로 피하리이까"(시 139:7). 편재란 하나님이 항상 모든 곳에 계시다는 뜻이다. 다윗은 계속해서 하나님의 편재를 이렇게 묘사한다. "내가 하늘에 올라갈지라도 거기 계시며 스올에 내 자리를 펼지라도 거기 계시니이다… 내가 혹시 말하기를 흑암이 반드시 나를 덮고 나를 두른 빛은 밤이 되리라 할지라도 주에게서는 흑암이 숨기지 못하며 밤이 낮과 같이 비추이나니 주에게는 흑암과 빛이 같음이니이다"(시 139:8, 11-12). 하나님은 믿는 자를 버리지 않으시고 떠나지도 않으시는 분이시다. "그가 친히 말씀하시기를 내가 결코 너희를 버리지 아니하고 너희를 떠나지 아니하리라 하셨느니라"(히 13:5). 인간이 감지하지 못한다 해도 하나님은 무소부재 하시다. 하나님이 항상 인간과 함께 하심을 인간이 눈치 채지 못한다고 해도 하나님의 편재가 무효화되지는 않는다.

둘째로 하나님의 임재는 현시manifestation로 나타난다. 현시顯示라는 것은 분명히 드러나는 것을 의미한다. 눈에 보이지 않고, 귀에 들리지 않고, 손에 잡히지 않던 것이 밝히 드러나는 게 현시이다. 이러한 현시는 하나님께서 인간의 마음에 나타나시는 것이 아니라, 객관적으로 볼 수 있고 오감이 감지할 수 있도록 계시되는 것을 의미한다. 이는 영적인 지식같이 지적으로 이해되는 것도 포함한다. 예수님께서는 이러한 현시에 관하여 다음과 같이 말씀하셨다.

> 나의 계명을 지키는 자라야 나를 사랑하는 자니 나를 사랑하는 자는 내 아버지께 사랑을 받을 것이요 나도 그를 사랑하여 그에게 나를 나타내리라(요 14:21)

시편 기자는 하나님의 현시에 대하여 다음과 같이 표현하였다. "즐겁게 소리칠 줄 아는 백성은 복이 있나니 여호와여 그들이 주의 얼굴 빛 안에서 다니리로다"(시 89:15). 베드로는 오순절 날 영적으로 허기져 구원의 길을 구하는 유대인 동포들에게 다음과 같이 권면하며 설교하였다. "그러므로 너희가 회개하고 돌이켜 너희 죄 없이 함을 받으라 이같이 하면 새롭게 되는 날이 주 앞으로부터(주님의 임재로부터) 이를 것이요"(행 3:19).

하나님은 그분의 임재를 다양한 방법으로 현시하신다. 성경에 의하면, 어떤 이들은 주님을 눈으로 보기도 하고, 주님의 음성을 듣기도 하며, 주님이 근접함을 느끼기도 하고, 앞으로 되어질 일들을 환상으로 보기도 했다. 그 모든 것에 한 가지 공통적인 것이 있다. 그것은 주님이 가까이 다가오실 때에, 우리의 속 사람은 주님이 가까이 오셨다는 것을 알게 된다는 것이다.

주님을 바람인가 아니면 주님의 현시를 탐냄인가

주님의 임재를 황급히 체험하기 바라는 사람들 중에 실수를 범하는 사람들도 있다. 그들은 인격이신 주님을 만나기보다는 주님이 나타나실 때에 보이는 현상을 탐하는 사람들이다. 하나님께서 엘리야에게 나타나실 때에 많은 표징과 현상들이 나타났다(왕상 19장). 여호와께서 지나가실 때에 처음에는 크고 강한 바람이 산을 가르고 바위를 부수었다. 그러나 광풍 가운데도 하나님이 계시지 않았다. 바람 다음에는 지진이 발생했다. 온 천지가 흔들리는 가운데에도 하나님은 계시지 않았다. 지진 후에 큰 불이 일어났는데, 그 엄청난 화염 속에 하나님은 계시지 않았다. 그 모든 외적인 현상들이 지나간 후에, 잔잔하고 나지막한 세미한 음성이 들려왔다. 엘리야는 그제야 비로소 하나님의 음성을 듣고, 하나님이 나타나신 줄 감지하고, 겉옷으로 얼굴을 가리고 굴 어귀에 서서 하나님을 직접 만났다. 그리고 개인적으로 하나님을 만난 엘리야는 완전히 변화되었다.

나는 장엄한 광경과 같은 볼거리를 바라는 많은 신자들을 만난다. 그들은 하나님의 임재에 동반되는 엄청난 에너지를 느껴 보고 싶어 한다. 물론 하나님의 현시 manifestation에는 기이하고 신비한 현상들이 동반된다. 그러나 마음을 다하여 하나님을 인격적으로 만나기보다는 하나님이 나타나실 때 발생하는 현상에만 몰두하는 신자는 뭔가 잘못된 길로 나가는 사람이다. 나의 경우 집회를 인도할 때, 하나님께서 영감을 불어넣으신 설득력 있는 메시지를 전한 다음, 사람들에게 앞쪽으로 나와서 하나님을 만나는 체험을 하라고 초대하곤 한다. 그때 성령의 임재함에 들어가는 사람들도 나타난다. 그들은 정신없이 웃어대고, 사시나무 떨듯이 몸을 떨고, 이리저리 뒹굴고, 이상한 외적인 몸짓을 한다. 왜 그럴까? 이전에 하나님을 만난 체험이 있기 때문이다. 이전에 강한 하나님의 임재를 경험했을 때, 그들은 웃고, 울고, 떨고 한 것이다. 그래서 무의식적으로 그런 현상을 반복하면 이번에도 하나님의 강한 임재를 체험하지나 않을까 하는 바람에서 그렇게 하는 것이다. 그러나 외적인 현상을 모방하는 순간에는 하나님의 임재가 나타나지 않는다. 그래서 나는 종종 그런 사람들에게 잠잠하라고 명령한다. 그리고는 아무 것도 인위적으로 하지 말고, 잔잔한 가운데 오직 마음을 모아 예수 그리스도라는 인물에게 집중하라고 지시한다. 만약에 하나님의 현시가 나타나면 물론 좋다! 그러나 그렇지 않더라도 괜찮다. 왜냐하면 하나님의 현시는 하나님의 임재가 있을 때 동반되는 현상에 불과한 것이지, 인간이 그 현시를 추구할 것은 못되기 때문이다. 우리는 하나님 자신을 추구해야 하지 않겠는가? 하나님을 인격적으로 만나는 것이 하나님을 외적인 현상으로만 만나는 것보다 더 합당하지 않은가?

 수많은 사람들이 회개하자는 나의 요청에 응했던 아시아에서 있었던 어떤 집회를 기억한다. 너무나 많은 사람들이 강단 앞으로 몰려나와서 수용할 자리가 부족했던 집회였다. 그래서 앞으로 나오지 말고 자신이 위치한 그 자리에서 하나님을 추구하고 은혜를 구하라고 말했다. 그러자 하나님의 임재가 그 큰 강당 전체를 휩쓸었다. 하나님께서 그렇게 강하게 역사하시는 것을 본적이 없을 정도였다. 나는 집회 때마다 하나님의 현시를 체험하기는 하지만, 그 집회의 경우는 흔한 경우가 아니었다. 종종 나는 다른 사람들보다 더 강하고 정확하게 하나님의 임재를 느끼곤 한다. 아시아에서 있었던 집회에서 하나님의 임재가 내리자마자 사람들이 거룩한 폭소를 터뜨렸다. 그러나 나는 반대로 성령의 근심하심을 느꼈다. 그리고 성령님이 그 자리를 떠나가 버리신 것을 느꼈다. 그래도 그것을 모른 군중들은 계속 웃고 떠들며 더 큰 소리로 찬양하고 열광했다. 그런 경우에 나는 청중들을 진정시킨다. 나는 뭔가 잘못된 것을 직감하였다. 나중에 알게 된 것이지만, 몇 달 전에 복음주의 부흥사가 집회를 할 때에 영적으로 체험한 것을 참석자들이 그대로 흉내 내고 있었다고 한다. 그 부흥사는 소위 "거룩한 웃음"이라는 운동을 하는 사람이었다. 물론 내가 거룩한 웃음이 있다는 것을 믿지 않는 것이 아니다. 나도 개인적으로 '거룩한 웃음'에 대한 체험이 있었다. 인도네시아에서 집회를 할 때 '거룩한 웃음'이라는 현상이 동반된 적이 있다. 성령님께서 거룩한 웃음을 주셨을 때, 청중들은 웃고 또 웃고, 마룻바닥에 데굴데굴 구르고 정신없이 2시간을 웃어대었다. 처음에는 구슬프게 울어대는 5명의 여인들로부터 시작되었는데, 그들의 울음이 갑자기 웃음으로 변하더니, 걷잡을 수 없이 웃음이 번져나가고, 결국 온통 웃음바다가 되어버렸다. 인도네시아의 기독교인들에게 그것은 첫 경험이었으며, 참으로 놀라운 경험이었다. 그들은 하나님을 갈망했었던 것이 틀림없었다.

그러나 위에서 언급한 아시아 집회의 경우는 달랐다. 왜냐하면 그들의 눈은 주님의 임재가 아니라 외적으로 나타나는 것에 집중되어 있었기 때문이다. 그들은 처음부터 잘못된 전제를 가지고 출발했다. 즉, '거룩한 웃음이 없으면 하나님의 임재도 없다'라는 전제 말이다. 나는 아무런 외적인 표징이나 현시가 없이도 하나님의 임재를 매우 강하게 느낄 때가 많다. 반대로 하나님의 강한 임재가 있는 곳에 놀라운 외적 증거가 명확하게 나타나는 경우도 많았다.

보다 정확하게 말하자면, 하나님의 임재를 구하다 보면 영적으로 놀라운 체험도 하게 된다. 그러나 우리가 하나님의 임재를 갈구하는 것은 어떤 표징을 보기 위함이 아니다. 나는 바지를 입는 것을 비유로 이런 현상을 설명하곤 한다. 바지를 입고 호주머니에 손을 넣었더니 호주머니에서 100달러가 발견되었다고 하자. 바지를 입는 사람이 호주머니에서 100달러를 발견할 목적으로 바지를 입었을까? 그렇지는 않을 것이다. 다음 번에 다른 바지를 입었는데 이번에는 100달러가 발견되지 않았다면 실망할 것인가? 실망하는 자는 어리석은 자일 것이다. 마찬가지로, 신자들은 하나님을 추구해야지 하나님의 현시를 추구해서는 안 된다. 왜냐하면 하나님과의 인격적인 만남이 없는 표징의 체험은 아무런 영적인 유익을 주지 못하기 때문이다.

나는 집회 때마다 강조하는 것이 있다. 하나님과 하나님의 현시를 맞바꾸지 말라는 것이다. 하나님의 임재를 목말라하는 그 심정은 이해할 수 있지만, 영적인 체험보다는 하나님과의 인격적인 교제에 더 비중을 두라고 나는 항상 역설한다. 올바른 신앙을 가지고 있다면 웃든지 울든지, 떨든지 안 떨든지, 하나님께서 그들의 영혼을 근본적으로 만져 주시게 되어 있기 때문이다.

신의 현시는 인간을 만족시키지 못한다

절대로 잊지 말아야 할 것은 만나가 인간을 만족시키지 못했다는 사실이다. 하나님께서 광야에서 만나를 주신 이유는 만나 이상의 것에 대한 가르침을 주시기 위함이었다. 모든 인간에게는 먹을 것이 필요하다. 그러나 육신의 필요를 채우는 음식보다 더 중한 것도 있다. 그것은 다름 아닌 하나님과의 대화이다.

> 네 하나님 여호와께서 이 사십 년 동안에 네게 광야 길을 걷게 하신 것을 기억하라 이는 너를 낮추시며 너를 시험하사 네 마음이 어떠한지 그 명령을 지키는지 지키지 않는지 알려 하심이라 너를 낮추시며 너를 주리게 하시며 또 너도 알지 못하며 네 조상들도 알지 못하던 만나를 네게 먹이신 것은 사람이 떡으로만 사는 것이 아니요 여호와의 입에서 나오는 모든 말씀으로 사는 줄을 네가 알게 하려 하심이니라(신 8:2-3)

"하나님의 입에서 나오는 말씀"은 항상 존재하는 말씀이다. 과거에 한 번 나오고 그치는 그런 말씀이 아니다. 우리는 하나님의 존전에 있을 때 하나님의 말씀을 듣게 된다. 하나님이 현존하시는 그곳에 하나님의 말씀이 있다. 하나님과 대화하는 사람은 하나님의 말씀을 들을 것이다.

> 여호와께서 이르시되 너는 나가서 여호와 앞에서 산에 서라 하시더니 여호와께서 지나가시는데 여호와 앞에 크고 강한 바람이 산을 가르고 바위를 부수나 바람 가운데에 여호와께서 계시지 아니하며 바람 후에 지진이 있으나 지진 가운데에도 여호와께서 계시지 아니하며 또 지진 후에 불이 있으나 불

가운데에도 여호와께서 계시지 아니하더니 불 이후에 세미한 소리가 있는지라 엘리야가 듣고 겉옷으로 얼굴을 가리고 나가 굴 어귀에 서매 소리가 그에게 임하여 이르시되 엘리야야 네가 어찌하여 여기 있느냐 그가 대답하되 내가 만군의 하나님 여호와께 열심이 유별하오니 이는 이스라엘 자손이 주의 언약을 버리고 주의 제단을 헐며 칼로 주의 선지자들을 죽였음이오며 오직 나만 남았거늘 그들이 내 생명을 찾아 빼앗으려 하나이다(왕상 19:11-14)

엘리야는 굉장한 하나님의 현시에도 불구하고 겉으로 드러나는 현상에 현혹되지 않고 꾸준히 하나님의 음성을 기다렸다. 그래서 결국은 나지막한 목소리로 말씀하시는 하나님을 만났다.

아시아에서 있었던 집회의 사례를 다시 한 번 더 생각해보자. 청중들은 이전에 있었던 주님의 현시에 계속 매달려 있었다. 그러나 하나님께서는 그런 종류의 현시는 이미 지나간 일이라고 하셨다. 이미 지나간 것은 끝난 것이다. 하나님은 새로운 것을 계획하고 전혀 다른 것으로 자신을 나타내시려 하는데, 그 청중은 과거의 체험에만 매달려 있는 것이다. 영적 체험이란 참으로 중요하기는 하지만, 하나님은 그 체험의 종류를 계속 바꾸신다.

이스라엘의 자손들이 만나를 먹고 배불렀으나 진정한 만족은 느끼지 못했던 것처럼, 우리도 영적인 체험으로 잠시 흥분이 되기는 하지만, 참된 영혼의 만족은 얻지 못한다. 영혼의 깊은 갈망은 현시만으로 채워질 성질의 것이 아니다. 그러나 하나님과의 친밀한 관계로 들어가면 영혼에는 만족이 찾아온다.

마음이 통하는 관계형성을 위한 환경설정

주님 자신을 바라지 않고 신비한 표징만 바라는 사람들에게는 하나님과의 친밀함으로 나아가는 길이 막히게 된다. 신비한 표징을 숭상하는 신자들은 종종 기이한 것을 보기도 하지만 엉뚱한 짓을 하기도 한다. 그러다 보면 하나님과의 친밀한 관계에 벽이 형성된다. 참으로 비극적인 일이 아닐 수 없다. A. W. 토저는 종말의 때를 위한 칭의(믿음으로 의롭다 하심을 받음)에 관하여 다음과 같이 기술하였다.

"…그런 식의 해석은 하나님을 아는 길을 막아버린다. 종교적인 회심은 지극히 기계적인 것이 될 것이다. 형식적인 종교생활에는 성령도 활기도 능력도 없다… 인간은 '구원' 받았다고 하지만, 하나님을 향한 배고픔이나 목마름은 없다. 사실, 신자가 영적으로 큰 것을 바라지 않는 것은 너무 작은 것으로 자족해버리는 습관 때문이다"《하나님을 추구함》 중에서

하나님을 지식적으로만 아는 것은 기계적인 것이다. 그러면 영이 죽는다. 인간은 하나님과 인격적으로 살아있는 생생한 관계를 맺기 위해 창조된 존재이지, 이론적이고 추상적인 관계를 위해 창조된 존재는 아니다. 하나님과 인격적으로 충만한 관계를 가지기 전까지 인생에는 만족이 없다. 예수님의 죽음의 의미가 무엇인가? 예수님은 죽음을 통해 하나님의 임재로부터 우리를 가로막고 있는 그 휘장을 찢으신 것이다. 시편기자의 하나님의 임재에 대한 절규의 소리를 들어보자.

만군의 여호와여 주의 장막이 어찌 그리 사랑스러운지요 내 영혼이 여호와

의 궁정을 사모하여 쇠약함이여 내 마음과 육체가 살아 계시는 하나님께 부르짖나이다 나의 왕, 나의 하나님, 만군의 여호와여 주의 제단에서 참새도 제 집을 얻고 제비도 새끼 둘 보금자리를 얻었나이다 주의 집에 사는 자들은 복이 있나니 그들이 항상 주를 찬송하리이다(시 84:1-4)

"내 마음과 육체가 살아계시는 하나님께 부르짖나이다." 왜 그렇게 시편기자는 절규하는가? 참새는 보금자리를 찾았는데, 자신은 노숙자라고 여겨지기 때문이다. 그는 고향집을 그리워한다. 거기가 어디인가? 고향집은 다름 아닌 하나님이 임재하시는 바로 그곳이다. "주의 집(주님의 임재가 있는 곳)에 사는 자들은 복이 있나니." 하나님을 사랑하는 모든 사람들의 최종 목표가 바로 이것이다! 참된 신자들은 하나님의 임재와 그에 따르는 현시를 그리워한다. 하나님께 더 가까이 다가갈수록, 하나님과 더 정감이 두터워질수록, 하나님과의 더욱 돈독한 관계가 수립될수록, 하나님과 더 친밀하게 되면 될수록, 하나님의 임재와 그에 따른 현시는 더 강해져만 간다.

토론을 위한 질문들

1. 이 단원의 첫 부분에서 저자는 말하기를, "많은 성도들을 대하면서 나는 두 부류의 성도들을 접할 수 있었다. 첫 번째 부류의 사람들은 주님이 그들에게 베풀어주는 유익을 찾아 교회에 나오는 사람들이고, 두 번째 부류의 사람들은 하나님이 누구인가에 관심이 있어 교회를 찾는 사람들이다." 솔직히 말해서 당신은 어느 부류에 속한다고 생각하는가?

2. 애굽으로부터 해방된 이스라엘은 하나님께서 먹을 것을 공급해 주실 때는 하나님을 찬양하고 예배하였으나, 그들이 원하는 것이 공급되지 않으면 투덜거리고 지도자인 모세를 비난하곤 하였다. 당신의 삶에도 "광야를 통과하는 경험"이 있었을 것이다. 이스라엘 사람들의 태도와 당신 자신을 비교해 볼 때에 어떤 차이점을 느끼는가?

3. 지금 당신은 광야를 통과하는 것 같이 어려운 상황에 있을지도 모른다. 그렇다면 엘리야에게 나타난 바람, 지진, 불같은 것을 경험한 적은 없는가?

제 5 장

휘장 저 뒤편에
Behind the Veil

"하나님의 현존은
우리를 지상 모든 것들로부터 구별시켜 준다"

하나님의 임재는 매번 그분이 어떠한 분인지를 알게 함으로, 우리를 변화시킨다. 성경을 살펴보면, 하나님의 길을 잘 이해했던 사람들은 모두 하나님과 친밀하게 동행했던 사람들인 것을 알 수 있다.

분리시키는 요인

지난 단원에서 하나님께서 이스라엘 백성을 내치시겠다는 말을 모세에게 하신 것을 읽었다. 주님은 약속한 것은 약속이기에 지키기는 하겠으나, 이스라엘 백성과 함께 머물지는 않겠다는 것이다. 그때 모세는 곧바로 "주께서 친히 가지 아니하시려거든 우리를 이 곳에서 올려 보내지 마옵소서"라고 대답하였다(출 33:15). 즉, 모세는 하나님과 가깝게 지내는 것을 세상적인 축복보다 더 귀하게 여겼다. 모세가 왜 그런 말을 했는지 그 이유를 한번 살펴보자.

> 모세가 여호와께 아뢰되 주께서 친히 가지 아니하시려거든 우리를 이 곳에서 올려 보내지 마옵소서 나와 주의 백성이 주의 목전에 은총 입은 줄을 무엇으로 알리이까 주께서 우리와 함께 행하심으로 나와 주의 백성을 천하 만민 중에 구별하심이 아니니이까(출 33:15-16)

놀라운 진리가 모세의 말 속에 계시되어 있다. 하나님의 현존은 우리를 지상의 다른 모든 사람들로부터 구별시켜 준다. 기독교 교리에 대한 고백을 하거나, 교회에 출석을 하거나, 아니면 친절하고 선량한 사람이 되거나 하는 것으로 우리가 구별되는 것이 아니다. 하나님이 우리와 함께 하심으로 우리는 세상의 어떤 것과도 구별된 존재가 된다. 하나님의 현존은 우리를 거룩한 존재로 구별시켜 준다.

그렇다면 왜 수많은 무리들이 그저 머리로만 예수님을 믿는 것일까? 하나님의 현존이 없는 기독교가 왜 만연하는가? 어떻게 하나님과의 친밀한 관계로 들어갈 수 있을까? 왜 하나님과의 깊은 인격적인 관계로 들어갈 수 있는 길을 대부분의 교회가 제대로 보여주지 못하는가? 그러한 질문들에 대하여 A. W. 토저는 다음과 같이 대답한다.

> "우리는 하나님의 임재로 들어가는 것을 추구해야 한다. 이는 교리를 수호하는 것 이상이다. 왜냐하면 매일 매순간 하나님과의 관계를 즐기는 것을 포함하기 때문이다"《하나님을 추구함》중에서.

많은 신자들이 그저 막연히 '자신이 하나님을 믿는다는 사실'에 만족해 하고 '교회에 소속되어 있다는 사실'에 안주하고 있다. 그들은 하나님과의 상호작용에는 큰 관심이 없는 듯하다. 단지 '구원 받았다는 사실'에 집착한 나머지, 하나님에 대해서는 아예 안중에도 없다. 그들은 '예수를 믿으면 천당 간다는 사실' 하나만 알지, 지금 현재 살아계시는 예수님과의 교제에 대해서는 모른다. 구원받는다는 것은 일회적인 경험이 아니다. 그것은 일생 동안 하나님과 동행하는 생생한 경험으로, 인간과 지속적인 관계를 가지기를 갈망하시는 하나님의 열정에 부응하는 삶이다.

누가 하나님의 임재를 경험했나

하나님과의 동행하는 삶은 성경 전체를 수놓고 있다. 에덴동산에서 아담과 하와는 불순종으로 인하여 하나님과의 관계에 금이 가기 전까지는 하나님과 친밀한 동행을 하였다. 그러나 불순종한 후, 그들은 하나님을 피해 숨었다. "그들이 그 날 바람이 불 때 동산에 거니시는 여호와 하나님의 소리를 듣고 아담과 그의 아내가 여호와 하나님의 낯을 피하여 동산 나무 사이에 숨은지라"(창 3:8). 그때부터 인간은 하나님으로부터 동떨어져 살기 시작했다. 그들의 자녀인 가인은 마음이 강퍅해져 하나님과의 관계가 단절되었다.

그러나 하나님은 포기하지 않으셨다. 그리고 사랑하는 인간들과 계속적인 교제를 소망하셨다. 마침내 에녹이나 노아같은 사람이 하나님의 마음에 반응하기 시작했고, 하나님과 동행하고자 하는 그들의 끊임없는 추구는 하나님의 마음을 감동시키기에 이르렀다.

아브라함은 이따금 하나님의 가까운 임재를 체험했다. 하나님은 소돔과 고모라의 운명에 대하여 아브라함과 상의하러 오셨다. 도시들에 대한 심판이 마무리된 직후에 "아브라함이 그 아침에 일찍이 일어나 여호와 앞에 서 있던 곳에 이르렀다"(창 19:27)고 기록되어 있다. 이러한 기록은 아브라함이 얼마나 하나님과 친밀히 동행했는가를 보여주는 말씀이다. 이것은 많은 경우 중에 하나일 뿐이다. 아브라함은 노년에 그의 사환에게 "주인이 내게 이르되 내가 섬기는 여호와(내가 동행하는 하나님, NLT)께서 그의 사자를 너와 함께 보내어 네게 평탄한 길을 주시리니 너는 내 족속 중 내 아버지 집에서 내 아들을 위하여 아내를 택할 것이니라"(창 24:40)고 말한다.

사무엘의 경우를 한번 살펴보자. "사무엘이 자라매 여호와께서 그와 함께 계셔서 그의 말이 하나도 땅에 떨어지지 않게 하시니"(삼상 3:19). 어떻게 인간의 말에 실수가 없을 수 있단 말인가? 그 이유는 여호와께서 함께 계셨기 때문이다. "여호와께서 한나를 돌보시사 그로 하여금 임신하여 세 아들과 두 딸을 낳게 하셨고 아이 사무엘은 여호와 앞에서(하나님의 임재 속에서, NLT) 자라니라"(삼상 2:21). 우리가 하나님의 임재 속에 있을때 하나님은 우리에게 자신을 계시하신다. 그러므로 우리가 하나님을 바로 알 때에 우리는 하나님의 말을 하게 되고, 그러면 그 말은 반드시 이루어지게 되어 있다.

모세 다음으로 구약성경에서 가장 많이 하나님의 임재를 체험했던 사람은 아마도 다윗이었을 것이다. 다윗은 다음과 같이 기도하였다. "사람이 영원히 주의 이름을 크게 높여 이르기를 만군의 여호와는 이스라엘의 하나님이라 하게 하옵시며 주의 종 다윗의 집이 주 앞에(주님의 임재 앞에, NLT) 견고하게 하옵소서"(삼하 7:26). 모세처럼, 다윗도 세상의 성공과 하나님의 임재를 맞바꾸지 않은 사람이다. 다윗은 극악무도한 간통과 살인의 죄를 범한 직후, 이렇게 절규하였다. "나를 주 앞에서 쫓아내지 마시며 주의 성령을 내게서 거두지 마소서"(시 51:11). 하나님의 임재 없이는 세상의 모든 것을 전부 가졌다 해도, 인생이 공허하고 무의미하게 될 것을 잘 알고 있었기 때문이다. 다윗이 자신의 진심을 글로 토로한 것을 읽어보자. "주께서 생명의 길을 내게 보이시리니 주의 앞에는 충만한 기쁨이 있고 주의 오른쪽에는 영원한 즐거움이 있나이다"(시 16:11).

심리학자들은 말하기를 지난 5년간 맺어온 인간관계를 통해 그 사람의 현재의 성격이 결정된다고 한다. 이것은 성경이 하시는 말씀과 동일한 것이라고 생각한다. "속지 말라 악한 동무들은 선한 행실을 더럽히나니"(고전 15:33). 성경은 다음과 같이 말씀하신다. "지혜로운 자와 동행하면 지혜를 얻고 미련한 자와 사귀면 해를 받느니라"(잠 13:20). 다윗의 경우는 어떤가? 사울이 다윗의 목숨을 노릴 때 다윗은 광야를 헤매었다. 그때 다윗의 주변에는 사람들이 몰려들었다. "환난 당한 모든 자와 빚진 모든 자와 마음이 원통한 자가 다 그에게로 모였고 그는 그들의 우두머리가 되었는데 그와 함께 한 자가 사백 명 가량이었더라"(삼상 22:2). 이들은 다윗과 거의 10년 동안 함께 지낸 무리들이다. 그들은 불만이 가득하고, 곤궁에 처했으며, 빚에 시달리고, 고난에 찌든 무리들이다. 그들의 심정은 분노하고, 불안하며, 초조하다. 그들은 무지하고, 난폭하며, 무감각한 사람들이었는지도 모른다. 다윗이 그들로부터 많은 영향을 받았을까? 다윗의 성격도 그들의 성격을 닮아갔을까? 아마도 아닐 것이다! 왜 아닌가? 다윗은 하나님의 임재 앞에서 많은 시간을 보냈기에, 그런 부정적인 것들이 다윗의 행동에 영향을 끼치지 못했다. 하나님과의 친밀한 동행은 용광로에서 구워내듯이 그렇게 다윗의 인격을 형성시켰고 그로 하여금 역사에 길이 빛나는 위대한 지도자가 되게 하였다.

가까이 다가오라는 하나님의 초대에 다윗이 응답한 아래의 성경구절을 나는 좋아한다.

> 너희는 내 얼굴을 찾으라 하실 때에 내가 마음으로 주께 말하되 여호와여 내가 주의 얼굴을 찾으리이다 하였나이다 (시 27:8)

다윗의 일생은 하나님과 동행한 생애였다. 다윗은 주님과 아주 깊이 오랫동안 함께 동행함으로 능력을 받았고, 그 결과 상처가 많은 400명의 무리들에게까지 영향력을 행사한 것이다. 다윗은 영향력을 행사하는 자가 되지 않을 수 없었다. 왜냐하면 항상 지혜, 지식, 이해의 근원이 되는 분과 접촉하고 있었기 때문이다. 물론 다윗은 하나님으로부터 "지혜"만을 얻을 목적으로 하나님께 가까이 다가가지는 않았다. 오직 하나님의 마음을 추구했기에, 그 부산물로 지혜와 지도력을 얻었다.

다윗의 아들인 솔로몬이 아버지의 대를 이어 하나님과 동행하는 삶을 알았더라면, 우리는 시편보다 더 위대한 글을 가지게 되었을지도 모른다. 그러나 솔로몬은 하나님의 임재 안에 거하는 즐거움을 만끽하지 못한 인물이다. 솔로몬은 말년에 전도서라는 책을 썼다. 비록 솔로몬은 전대미문의 지혜, 부귀, 명성을 소유한 자였으나, "헛되고 헛되며 헛되고 헛되니 모든 것이 헛되도다"라고 울부짖었다. 솔로몬이 다윗과 같이 하나님과 친밀하게 동행하는 마음을 소유했더라면, 이스라엘의 역사는 달라졌을 것이다.

사실, 성경에 등장하는 인물들이 하나님과의 동행을 좀 더 추구했더라면 많은 것이 달라졌을 것이다. 그러나 비참하게도 하나님의 임재를 추구하며 하나님과 가까이 동행한 사람의 숫자는 그리 많지 않다. 하나님의 선하심을 본 사람이 많지 않다. 하나님의 임재는 영접기도를 드리는 순간이나 세례를 받는 순간에 임하는 것이 아니다. 그것은 믿음의 여정의 시작일 뿐이다. 그 후로 하나님은 신자들과 계속 함께 하시며, 우리의 영혼에 큰 만족을 주시고자 한다. 그러나 그러한 영적 만족은 인간이 하나님과의 동행을 추구하는 만큼만 계속 된다. 그 대표적인 예로 다윗의 후손인 웃시야 왕을 들 수 있다. 그는 통치 초창기에 하나님을 잘 경외함으로 큰 축복을 받은 사람이다. 하는 일마다 잘 되고 정치적으로 큰 성공을 거두었다. 그러나 그가 교만해졌을 때에, 그는 하나님을 추구하지 않았고, 결국 문둥병에 걸려 고독하게 죽었다(대하 26장 참조).

인류 최대의 비극

아브라함의 후손들이 애굽에 정착하게 되는 경우를 성경에서 보게 된다. 이미 전 단원들에서 살펴본 대로 하나님의 뜻은 이스라엘을 애굽의 혹독한 환경으로부터 구원하여 하나님께로 인도하는 것이었다. 하나님은 이스라엘 백성에게 가까이 다가가기를 소원하셨고 자신을 나타내 보이시기를 갈망하셨다. 그러나 하나님이 그렇게 가까이 다가오셨을 때, 슬프게도 다음과 같은 일이 벌어졌다. "백성은 멀리 서 있고 모세는 하나님이 계신 흑암으로 가까이 가니라"(출 20:21). 얼마나 비극적인 장면인가! 하나님이 모처럼 자신을 계시하시는데, 그의 백성들이 도망을 가다니! 오직 모세만이 그런 극한 상황 속에서도 감히 하나님 앞으로 가까이 다가갈 용기를 가졌다. 백성들이 하나님 앞으로 가까이 다가오기를 꺼렸기 때문에, 어쩔 수 없이 제사장 제도가 도입되었다. 하나님은 베일에 가려진 채로 성막 안에 거하셨다. 하나님이 머무실 곳인 회막(장막, 성막, 텐트)이 하나님의 지시대로 건립된 후에 일어난 일에 관하여 우리는 성경에서 이런 기사를 읽는다.

> 구름이 회막에 덮이고 여호와의 영광이 성막에 충만하매 모세가 회막에 들어갈 수 없었으니 이는 구름이 회막 위에 덮이고 여호와의 영광이 성막에 충만함이었으며(출 40:34-35)

하나님 앞에 있는 강도들

이쯤해서 나는 잠시 곁길로 나가 하나님의 현존(임재)에 관하여 살펴보고자 한다. 위의 성경구절에는 "영광의 현존"이라는 단어가 나온다. 성막이 처음 건립되었을 때, 하나님의 현존(임재)이 너무나 강렬하여, 하나님과 얼굴과 얼굴을 맞대고 이야기 한 모세조차도 성막 안으로 들어갈 수 없었다. 그 위엄으로 역사하신 하나님의 임재를 상상할 수 있겠는가? 그 영광이 너무나 강렬하여 위대하기도 하지만, 죄인된 인간들에게는 무시무시하기까지 했다.

얼마 후에 이스라엘은 아론의 후예인 '엘리' 제사장에 의해 인도되었다. 그때는 하나님의 임재가 성소에 거의 나타나지 않았다. 그들은 성소에 마음대로 드나들었을 뿐 아니라, 성소 근처에서 죄까지 저질렀다. 그 결과 "아이 사무엘이 엘리 앞에서 여호와를 섬길 때에는 여호와의 말씀이 희귀하여 이상이 흔히 보이지 않았더라"(삼상 3:1)고 기록되어 있다. 왜 하나님의 말씀이 희귀하였을까? 왜냐하면 하나님의 임재가 없는 곳에는 하나님의 말씀도 없기 때문이다. 임재(presence: 현존, 실재, 면전)가 없으면 계시도 없다. 하나님의 임재가 적은 곳에는 계시도 희박하다. 그러나 하나님의 임재가 충만한 곳에는 엄청난 계시가 있다. 엘리가 제사장일 때는, 등불(하나님의 임재)이 점차 희미해지더니 꺼지기 일보직전에 달했다고 한다. 꺼질 듯한 등불, 어스름한 불빛 가지고는 세상을 비출 수도 없고 어두움의 세력을 물리칠 수도 없다. 엘리의 통치 말년에 이스라엘은 법궤를 블레셋에게 탈취당했다. 그의 수명이 다할 때에 자신의 손자 이름을 "이가봇"이라고 지었다. 그 뜻은 "영광이 떠났다"였다.

죄 때문에 하나님의 임재가 드물었고 하나님의 영광이 거의 종적을 감춰버린 것과는 대조적으로, 하나님의 임재가 현실로 드러나 계시가 충만하게 임했던 시절도 있었다. 그러나 모세가 장막을 세울 때처럼 그 정도로 영광이 충만하게 드러난 적은 거의 없었다. 그래서 하나님은 예민하게 다가오시지만, 그의 영광을 충만하게 드러내시지는 않는 경우가 대부분이다. 우리는 야곱의 예를 들 수 있을 것이다. 그는 하나님과 씨름할 때에 하나님을 대면하기는 하였으나, 하나님의 영광을 충만히 경험하지는 못했다.

> 야곱은 홀로 남았더니 어떤 사람이 날이 새도록 야곱과 씨름하다가 자기가 야곱을 이기지 못함을 보고 그가 야곱의 허벅지 관절을 치매 야곱의 허벅지 관절이 그 사람과 씨름할 때에 어긋났더라 그가 이르되 날이 새려 하니 나로 가게 하라 야곱이 이르되 당신이 내게 축복하지 아니하면 가게 하지 아니하겠나이다 그 사람이 그에게 이르되 네 이름이 무엇이냐 그가 이르되 야곱이니이다 그가 이르되 네 이름을 다시는 야곱이라 부를 것이 아니요 이스라엘이라 부를 것이니 이는 네가 하나님과 및 사람들과 겨루어 이겼음이니라 야곱이 청하여 이르되 당신의 이름을 알려주소서 그 사람이 이르되 어찌하여 내 이름을 묻느냐 하고 거기서 야곱에게 축복한지라 그러므로 야곱이 그곳 이름을 브니엘이라 하였으니 그가 이르기를 내가 하나님과 대면하여

보았으나 내 생명이 보전 되었다 함이더라(창 32:24-30)

그러나 이러한 하나님과의 대면을 통해 야곱은 변화되었고 하나님의 계시 속에서 자라나게 되었다. 여호수아는 주님을 대면하면서도 그분이 하늘의 군대 장관인줄 알아보지 못했다. 주님의 얼굴을 좀 볼 수 없겠느냐는 모세의 간청에 하나님은 다음과 같이 대답하셨다. "또 이르시되 네가 내 얼굴을 보지 못하리니 나를 보고 살 자가 없음이니라"(출 33:20). 모세는 하나님의 영광의 충만을 보고자 하였으나, 볼 수 없었다. 그러나 여호수아와 다른 사람들은 하나님의 얼굴은 보았으나 그래도 살아남았다. 어떻게 그럴 수가 있었을까? 그것은 하나님의 영광이 충만하게 임하지 않았기 때문이다.

그분의 얼굴의 광채

우선 하나님의 영광이라는 것을 한번 자세히 생각해보자. 혹자는 하나님의 영광하면 구름을 상상하기도 한다. 안개, 구름, 불기둥, 천둥 같은 것은 신의 현시가 있을 때 발생하는 자연현상이다. 사람들은 종종 "어젯밤 집회에 하나님의 영광이 나타났다"라는 표현을 쓰기도 한다. 그러나 욥기에 나타난 경고대로 "무지한 말로 생각을 어둡게 하는 자가 누구냐"(욥 38:2)라는 말씀을 새겨들을 필요가 있다.

첫째, 하나님의 영광은 구름과 동일시 될 수 없다. "그렇다면 성경에서 하나님의 영광이 언급된 곳에는 왜 반드시 구름이 등장합니까?"라는 질문을 하는 사람들이 종종 있다. 그 이유는 하나님이 구름 속에 자신을 감추시기 때문이다. 하나님의 영광은 너무나 강렬하여 가려져야만 한다. 만약에 그렇지 않으면 모든 육체는 하나님을 보자마자 불타

죽을지도 모른다. 하나님께서 모세에게 '하나님을 보고도 살아남을 인생은 없다'라고 하신 말씀을 상기해보라. 그렇다면 이사야, 에스겔, 사도 요한 등은 어떻게 하나님의 영광을 보고도 멀쩡하게 살아남았을까? 그 대답은 간단하다. 그들은 몸밖에서 영의 세계로 나갔기 때문이다. 육체는 하나님의 영광을 견뎌낼 수 없다. 하나님은 소멸하시는 불로 그분 안에는 어떠한 그림자(어두움)도 없다. "우리 하나님은 소멸하는 불이심이라"(히 12:29). "하나님은 빛이시라 그에게는 어둠이 조금도 없으시다는 것이니라"(요일 1:5). 바울은 예수님에 관하여 다음과 같이 기록하였다.

> 기약이 이르면 하나님이 그의 나타나심을 보이시리니 하나님은 복되시고 유일하신 주권자이시며 만왕의 왕이시며 만주의 주시요 오직 그에게만 죽지 아니함이 있고 가까이 가지 못할 빛에 거하시고 어떤 사람도 보지 못하였고 또 볼 수 없는 이시니 그에게 존귀와 영원한 권능을 돌릴지어다 아멘 (딤전 6:15-16)

예수님은 접근할 수 없는 광명 가운데 거하신다. 아무도 그 광명을 본적이 없고 볼 수도 없다. 사실 시편 기자는 하나님이 입고 있는 옷을 빛으로 표현하였다(시 104:2). 바울은 그러한 영광의 광채의 일부분을 다메섹 도상에서 직접 경험했기에, 자신 있게 기록할 수 있었다. 예수님의 영광의 광채는 인간으로서는 도저히 다가갈 수 없는 것이지만, 그분이 직접 보여주시면 볼 수도 있다. 사도 바울은 자신의 경험을 왕 앞에서 다음과 같이 진술하고 있다.

> 왕이여 정오가 되어 길에서 보니 하늘로부터 해보다 더 밝은 빛이 나와 내 동행들을 둘러 비추는지라(행 26:13)

바울은 예수님의 얼굴을 본 적이 없다. 바울이 본 것은 예수님의 얼굴에서 나오는 광채뿐이었다. 그 빛은 너무나도 강하여 바울을 압도하였고 그 작렬하는 중동의 정오의 햇빛까지 무색하게 만들었다! 즉, 바울은 그리스도의 영광을 본 것이다. 바울이 예수님을 만났을 때는 아침도 아니고 저녁시간도 아니었다. 그것은 환한 대낮, 정오였다. 나는 태양이 작렬하는 플로리다에 12년 동안 거주했었다. 플로리다의 햇빛은 따갑지만 나는 선글라스를 껴본 적이 없다. 그러나 수년 전에 아내 리사와 함께 중동지방을 여행한 적이 있는데 거기에서 나는 선글라스를 끼지 않고는 견딜 수가 없었다. 사막의 환경에서는 햇빛이 더욱 강하고 특히 적도 쪽으로 근접해갈수록 햇빛의 강도가 대단했다. 그래도 아침시간이나 저녁때는 견딜만 했다. 그러나 오전 11시에서 12시 사이에는 진짜 대단했다. 그런데 바울에 의하면 그리스도의 광채는 중동의 정오의 햇빛에 비교될 수도 없이 밝았다는 것이다. 혹시 당신은 정오의 햇빛을 똑바로 쳐다보려고 시도한 적은 없는가? 사실 햇빛이 구름에 가리거나 색안경을 쓰지 않는 한, 햇빛을 직시한다는 것은 참으로 어려운 일이다. 그럼에도 불구하고 햇빛의 강도는 주님의 영광에 비하면 아무것도 아니다. 주님의 영광의 광채는 굉장하다.

이사야는 마지막 때에 대한 예언을 하면서, 마지막에 하나님의 영광이 드러나면 다른 모든 것들은 빛을 잃을 것이라고 하였다.

> 보라 여호와의 날 곧 잔혹히 분냄과 맹렬히 노하는 날이 이르러 땅을 황폐

하게 하며 그 중에서 죄인들을 멸하리니 하늘의 별들과 별 무리가 그 빛을 내지 아니하며 해가 돋아도 어두우며 달이 그 빛을 비추지 아니할 것이로다 내가 세상의 악과 악인의 죄를 벌하며 교만한 자의 오만을 끊으며 강포한 자의 거만을 낮출 것이며(사 13:9-10)

조금 더 설명해보자. 청명한 날 밤 우리는 무엇을 하늘에서 볼 수 있는가? 수많은 별들이다. 지구 어디에 있든지 우리는 무수한 별들을 관찰할 수 있다. 그러나 아침에 해가 떠오르면 그 별들은 어떻게 되는가? 보이지 않게 된다. 그 별들이 어디로 사라지는 것인가? 지평선 밑으로 자취를 감췄다가 일몰 하면 다시 하늘로 떠오르는 것인가? 물론 그런 것은 아니다. 그렇다면 어떻게 된 것인가? 별들은 항상 그 자리에 머물러 있다. 그러나 태양빛이 너무나 밝아서 보이지 않는 것뿐이다. 즉 상대적인 밝기의 문제이다. 영적인 것도 그것에 빗대어 설명할 수 있다. 예수님께서 재림하시면, 그 영광의 빛이 너무나도 밝아 다른 모든 것들은 상대적으로 어두워지게 되어 있다.

주님의 영광은 다른 모든 종류의 빛들을 정복하실 것이다. 하나님은 온전하시어 모든 것을 소멸하는 불이기 때문이다. 모든 것을 다 태워버리는 불이 임하면 사람들은 두려워 피하게 된다. 여호와의 나타나심을 묘사하는 이사야의 예언과 요한계시록은 거의 비슷한 말씀을 전하고 있다. "사람들이 암혈과 토굴로 들어가서 여호와께서 일어나사 땅을 진동시키시는 그의 위엄과 그 광대하심의 영광을 피할 것이라"(사 2:19).

땅의 임금들과 왕족들과 장군들과 부자들과 강한 자들과 모든 종과 자유인

> 이 굴과 산들의 바위틈에 숨어 산들과 바위에게 말하되 우리 위에 떨어져 보좌에 앉으신 이의 얼굴에서와 그 어린 양의 진노에서 우리를 가리라(계 6:15-16)

하나님의 영광이란

하나님의 영광이란 과연 무엇인가? 이 물음에 답하기 위해 우선 모세와 하나님의 대화를 생각해보자. 모세는 하나님의 임재뿐 아니라 하나님의 영광도 보기를 간청했던 사람이다.

> 모세가 이르되 원하건대 주의 영광을 내게 보이소서(출 33:18)

영광이라는 말의 히브리어 단어는 '카보드'이며, 그 단어의 문자적인 뜻은 '무게'이다. 물론 비유적으로 광채, 영예, 풍요의 뜻으로 쓰이기도 한다. 모세는 하나님께 "하나님의 광채와 영예의 전부를 나에게 보여 주소서"라고 요청했다. 그러한 요청에 대한 하나님의 대답을 자세히 읽어보자.

> 여호와께서 이르시되 내가 내 모든 선한 것을 네 앞으로 지나가게 하고 여호와의 이름을 네 앞에 선포하리라 나는 은혜 베풀 자에게 은혜를 베풀고 긍휼히 여길 자에게 긍휼을 베푸느니라(출 33:19)

모세가 영광을 보여달라고 했을 때, 하나님은 선한 것에 관하여 말씀하시지 않았는가? 선함이라는 단어의 히브리어는 '투우브'인데 '모든 선함을 총망라함'이라는 뜻이다. 다른 말로 하자면, 보류된 것이 없는 온전한 선함이라는 것이다.

그리고 하나님은 "여호와의 이름을 네 앞에 선포하리라"고 하셨다. 고대 사회에서는 왕이 보좌가 있는 방으로 들어가기 전에 항상 사자(전령)가 왕의 이름을 선포하는 관습이 있었다. 왕의 이름이 엄숙히 선포되면 나팔이 울려 퍼지고 장엄한 광경이 연출된다. 그러면 왕의 위엄이 너무나 확연하게 노출되기에, 모든 사람은 그 사람을 왕으로 인정하지 않을 수 없게 된다. 왕의 웅대한 임재의 중압감은 사람들로 그를 경외하게 만든다. 그러나 동일한 군주가 평상복을 입고 아무런 수행원을 대동하지 않고 거리를 활보한다면 과연 사람들이 그를 군주로 대할 것인가? 대부분의 사람은 그의 정체를 파악하지 못하고 그냥 보통 사람으로 대할 것이다. 왕의 보좌가 있는 그 방에 있었던 것과 같은 주목할 만한 위엄이나 숨 죽이게 만드는 경외는 없을 것이다. 하나님께서 모세에게 하신 말씀이 바로 그 말씀이다. 즉, 왕이신 하나님이 보좌에서 흘러나오는 그 영광을 충만하게 드러내실 것이라는 뜻이다. "내가 내 모든 선한 것을(신의 영광을) 네 앞으로 지나가게 하고 여호와의 이름을 네 앞에 선포하리라."

신약에 의하면, 하나님의 영광이 예수 그리스도의 얼굴에 나타났다고 한다. "어두운 데에 빛이 비치라 말씀하셨던 그 하나님께서 예수 그리스도의 얼굴에 있는 하나님의 영광을 아는 빛을 우리 마음에 비추셨느니라"(고후 4:6). 주님의 존전에 거했던 많은 사람들은 간증하기로, 환상 속에 예수님의 얼굴을 보았다고 한다. 물론 그것은 가능할지 몰라도, 아무도 예수님의 얼굴에 있는 완전한 영광을 본 사람은 없다. 그 강렬한 영광의 충만은 오직 종말에 보여질 것이다.

물론 혹자는 예수님을 따르던 제자들은 항상 예수님의 얼굴을 보고 있지 않았냐고 질문할 사람도 있을 것이다. 또한 변화산에서, 또 부활 후에 예수님의 제자들은 예수님의 얼굴을 보았지 않았느냐고 반문할 사람도 있을 것이다. 그러나 주님의 영광이 100% 발휘된 것은 아니다. 예수님은 본인의 영광을 감추시거나 버리신 채로 지구 상에 나타나셨다.

> 그는 근본 하나님의 본체시나 하나님과 동등됨을 취할 것으로 여기지 아니하시고 오히려 자기를 비워 종의 형체를 가지사 사람들과 같이 되셨고 사람의 모양으로 나타나사 자기를 낮추시고 죽기까지 복종하셨으니 곧 십자가에 죽으심이라 (빌 2:6-8)

구약에도 주님의 임재를 경험한 사람들이 많다. 그러나 그들에게 비춰진 주님에게서 발하는 영광의 광채의 강도는 100%가 아니다. 여호수아의 경우에, 여리고를 침공하기 전에 주님은 군대장관의 모습으로 여호수아 앞에 나타나셨다. 그가 누구인지 알아보지 못한 여호수아는 "당신이 우리 편이냐, 아니면 다른 편이냐?"라고 묻는다. 그랬을 때에, 그 사람은 자신이 여호와의 군대장관인 것을 드러내 보였다. 영광의 드러남을 본 여호수아는 거룩한 분 앞에서 취해야할 행동을 취했다.

> 여호수아가 여리고에 가까이 이르렀을 때에 눈을 들어 본즉 한 사람이 칼을 빼어 손에 들고 마주 서 있는지라 여호수아가 나아가서 그에게 묻되 너는 우리를 위하느냐 우리의 적들을 위하느냐 하니 그가 이르되 아니라 나는 여호와의 군대 대장으로 지금 왔느니라 하는지라 여호수아가 얼굴을 땅에 대고 엎드려 절하고 그에게 이르되 내 주여 종에게 무슨 말씀을 하려 하시나

이까 여호와의 군대 대장이 여호수아에게 이르되 네 발에서 신을 벗으라 네가 선 곳은 거룩하니라 하니 여호수아가 그대로 행하니라(수 5:13-15)

야곱은 아침이 밝기까지 하나님의 사자와 씨름을 했다. 그리고는 새벽녘에 천사에게 이름을 묻는다. "야곱이 청하여 이르되 당신의 이름을 알려 주소서 그 사람이 이르되 어찌하여 내 이름을 묻느냐 하고 거기서 야곱에게 축복한지라"(창 32:29). 이렇게 여호수아나 야곱의 경우처럼, 하나님의 사자나 거룩한 분들을 만났음에도 불구하고 그것을 인식하지 못하는 경우가 있다.

예수님께서 부활하신 후에 많은 사람들에게 나타나셨다. 그중에 한 사람이 막달라 마리아다. 그러나 마리아는 예수님이 동산지기인 줄로 착각했다.

예수께서 이르시되 여자여 어찌하여 울며 누구를 찾느냐 하시니 마리아는 그가 동산지기인 줄 알고 이르되 주여 당신이 옮겼거든 어디 두었는지 내게 이르소서 그리하면 내가 가져가리이다 예수께서 마리아야 하시거늘 마리아가 돌이켜 히브리 말로 랍오니여 하니(요 20:15-16)

예수님의 제자들도 예외는 아니다. 부활하신 예수님께서 숯불을 피워놓고 빵과 생선을 굽고 계실 때에 그들은 예수님이 누구인지 처음에는 알아보지 못했다. 그러나 평상시에 하던 대로 예수님께서 식탁공동체의 축복을 베푸실 때에 비로소 그들은 그분이 예수님인 줄 알아보았다.

> 육지에 올라보니 숯불이 있는데 그 위에 생선이 놓였고 떡도 있더라 예수께서 이르시되 지금 잡은 생선을 좀 가져오라 하시니(요 21:9-10)

부활하신 후 함께 동행한 두 제자도 마찬가지였다. 예수님께서는 살아계실 때 자신의 죽음과 부활에 관하여 미리 예언했음에도 불구하고, 엠마오로 가던 두 제자는 예수님을 알아보지 못했다. "그들의 눈이 가리어져서 그인줄 알아보지 못하거늘"(눅 24:16). 엠마오로 가던 두 제자는 예수님의 얼굴을 보았고, 그분의 음성을 들었음에도 불구하고 알아채지 못했다. 그러므로 예수님의 임재가 있다 하더라도, 드러내놓고 보여주시지 않으면, 우리는 예수님인지 아닌지 알 수 없는 경우가 많다. 그러나 영광 중에 드러내시면, 모든 사람이 객관적으로 보고 알 수 있게 된다.

대조적으로 요한은 밧모섬에 유배당해 있을 때 얼굴을 맞대고 예수님을 직접 본 것은 아니지만, 성령의 이끌림을 받아서 영광의 주님을 보게 되었다.

> 그의 오른손에 일곱 별이 있고 그의 입에서 좌우에 날선 검이 나오고 그 얼굴은 해가 힘있게 비치는 것 같더라 내가 볼 때에 그의 발 앞에 엎드러져 죽은 자 같이 되매 그가 오른손을 내게 얹고 이르시되 두려워하지 말라 나는 처음이요 마지막이니(계 1:16-17)

하나님의 영광스러운 현존은 너무나 강렬하여 사도 요한이 죽은 자 같이 되었다고 기록되어 있다.

하나님의 영광은 하나님으로 하나님이 되게 한다. 하나님의 모든 권능, 권위, 품성, 능력, 지혜, 헤아릴 수 없는 엄중하심과 광대하심 등 모든 것이 바로 이 영광이라는 단어 안에 함축적으로 들어있다. 하나님께서 아무것도 감추지 않으시고 모든 것을 그대로 드러내 보이시면, 하나님의 영광은 100% 나타나게 되어 있다. 그러나 하나님을 대면했던 인류 역사를 돌이켜보면, 대부분의 경우에, 모세의 경우처럼 하나님의 얼굴은 보지 못하고 그 뒷모습만 보게 된다든지, 다메섹에서 예수님을 만난 사울처럼 모습은 보지 못하고 빛나는 광채만 보고 음성만 듣게 된다든지, 예수님을 지상에서 만난 제자들처럼 자신의 영광을 비우고 인간의 모습으로 나타나신 하나님의 아들을 대하게 된다든지 하는 것처럼, 하나님의 영광을 100% 보지 못하고 지극히 부분적으로만 보았던 것이다.

하나님이 거하시는 자리

시내산에서 하나님께서 그분의 현존을 처음으로 드러내실 때에 이스라엘의 백성들은 다음과 같은 반응을 보였다. "말하되 우리 하나님 여호와께서 그의 영광과 위엄을 우리에게 보이시매 불 가운데에서 나오는 음성을 우리가 들었고 하나님이 사람과 말씀하시되 그 사람이 생존하는 것을 오늘 우리가 보았나이다 이제 우리가 죽을 까닭이 무엇이니이까 이 큰불이 우리를 삼킬 것이요 만일 우리가 우리 하나님 여호와의 음성을 다시 들으면 죽을 것이라"(신 5:24-25). 이스라엘 백성들은 하나님의 영광을 견뎌낼 수 없었다. 왜냐하면 그들의 마음은 하나님을 바라는 것이 아니라 자신의 생명을 부지하는 것에 집착되어 있었기 때문이다. 즉, 자기본위의 방식에 얽매인 신자들이었다는 것이다.

그 후에 성막이 건립되었고, 하나님은 "성소" 안에 거하셨다. 성소는 거룩한 장소로 대제사장이 일년에 한 번씩 들어가도록 허락된 장소이다. 그러나 대제사장은 성소에 들어가기에 앞서, 성막의 바깥뜰에 위치한 놋쇠로 만든 제단에 피의 제사를 드리고 하나님께서 백성과 맺으신 용서의 언약을 되새긴다. 그리고 제사장은 자신의 몸을 씻고 정결하게 한다. 그런 후에 베일(휘장)을 통과해 대제사장은 성소로 들어간다. 그곳에는 아무런 조명이 없고 오직 금 촛대로부터 흘러나오는 빛 밖에는 없다. 그 빛은 바로 그리스도를 상징한다. "내가 세상에 있는 동안에는 세상의 빛이로라"(요 9:5). 그리고 성소 안에는 진열된 떡이 있다. 그것도 역시 예수님을 상징한다. "내가 곧 생명의 떡이니라"(요 6:48). 성소 안에 배치된 세 번째 품목은 분향이다. 그 향기는 지속적인 기도와 예배를 상징한다.

그러나 대제사장은 성소 안에서 아직 하나님의 영광이 머무는 그 자리에 들어가지 못한다. 왜냐하면 지극히 성스러운 장소인 "지성소"로 들어가려면 또 다른 휘장을 통과해 들어가야만 하기 때문이다. 이 지성소의 위쪽 하늘에는 하나님의 자비의 보좌가 머물러 있다. 그리고 하나님의 영광이 실재로 그곳에 임재하고 있다. 그런데, 성경은 말씀하시기를 예수님께서 숨을 거두실 때에 그 지성소의 휘장이 찢어져 내렸다고 기록하고 있다. "이에 성소 휘장이 위로부터 아래까지 찢어져 둘이 되고 땅이 진동하며 바위가 터지고"(마 27:51). 특히 아래에서 위로 찢어진 것이 아니라, 위에서 밑으로 찢어져 내렸다. 인간이 한 것이 아니라 하나님께서 갈라지게 하신 것이다. 그리고 하나님은 그 찢어진 곳을 통해 세상으로 나오셨다! 이제 하나님은 더 이상 지성소 안에 머물러 있지 않으신다. 왜냐하면 하나님께서 그렇게도 머물고 싶어 하셨던 새로운 거처가 준비되었기 때문이다. 그것은 다름 아닌 거듭난 신자들의 마음속이다. 거듭난 사람들은 예수님을 통해 나타난 하나님의 사랑을 마음 문을 활짝 열고 받아들인 사람들이다. 인간의 마음이 예수님을 향해 열리는 그 순간, 하나님이 인간 속으로 들어오실 수 있다. 그런데 초대교회에서 하나님께서 인간에게 본격적으로 임하기 시작하신 것은 예수님의 죽음 이후 53일째 되던 날이었다. 그날 하나님께서는 그렇게 갈망하시던 일이 성취되었다. 즉, 성령을 통해 인간의 영혼 안에 하나님이 임재하기 시작하신 것이다.

> 홀연히 하늘로부터 급하고 강한 바람 같은 소리가 있어 그들이 앉은 온 집에 가득하며 마치 불의 혀처럼 갈라지는 것들이 그들에게 보여 각 사람 위에 하나씩 임하여 있더니 그들이 다 성령의 충만함을 받고 성령이 말하게 하심을 따라 다른 언어들로 말하기를 시작하니라(행 2:2-4)

모세가 성막의 건축을 마치기 전까지는 하나님의 영광이 드러나지 않은 것처럼, 예수님께서 그의 일을 전부 마치시기 전까지는 그분의 영광이 드러나지 않았다. "예수께서 신 포도주를 받으신 후에 이르시되 다 이루었다 하시고 머리를 숙이니 영혼이 떠나가시니라"(요 19:30). 예수님의 그 마지막 말씀이 떨어진 후에 얼마 안 되어서 하나님은 움직이셨고, 지성소의 휘장이 갈라지고, 이제 하나님이 새롭게 거하실 처소가 어린 양의 보혈의 피로 새로 마련되었다.

> 그러므로 형제들아 우리가 예수의 피를 힘입어 성소에 들어갈 담력을 얻었나니 그 길은 우리를 위하여 휘장 가운데로 열어 놓으신 새로운 살 길이요 휘장은 곧 그의 육체니라 또 하나님의 집 다스리는 큰 제사장이 계시매 우

리가 마음에 뿌림을 받아 악한 양심으로부터 벗어나고 몸은 맑은 물로 씻음을 받았으니 참 마음과 온전한 믿음으로 하나님께 나아가자 또 약속하신 이는 미쁘시니 우리가 믿는 도리의 소망을 움직이지 말며 굳게 잡고(히 10:19-23)

이제 신자는 지성소에 계시는 하나님 앞으로 담대히 나아갈 담력을 얻게 되었다. 그러나 그 지성소는 더 이상 성막(장막, 텐트)에 있지 않다. 이제는 그 장소가 옮겨져서 우리의 몸이 성소가 되었다. 그렇다! 하나님께서는 과거에는 지성소에 머무셨지만, 이제는 예수님이 십자가에서 제물이 되심으로 인하여 신성하게 된 인간의 마음 안에 거하시게 되었다. 종종 우리들은 하나님 앞으로 나아갈 때, 수만 킬로미터 떨어진 하늘 위에 있는 보좌로 올라가는 것을 상상한다.

그러나 그것은 우리의 착각이다. 하나님은 우리의 마음속에 거하신다. 그러므로 이제부터는 더 이상 외적인 것에 신경을 쓸 것이 아니라, 내적인 것으로 옮겨가야 한다. 신약성경은 이렇게 지시하신다. "믿음으로 말미암는 의는 이같이 말하되 네 마음에 누가 하늘에 올라가겠느냐 하지 말라 하니 올라가겠느냐 함은 그리스도를 모셔 내리려는 것이요"(롬 10:6).

물론 하나님의 보좌는 실재로는 삼층천에 있다. 그러나 구약시대에도 하나님은 인간과 가깝게 지내고 싶은 열망에, 성막을 만들게 하시고 지성소에 거하셨다. 이제 신약시대에 하나님께서는 새롭게 거하실 처소를 정하셨는데, 그곳은 예수님께 일생을 의탁하고 성령 충만을 받기 원하는 인간의 마음속이다. 하나님은 그분이 가장 좋아하고 애정을 쏟아붓기 원하시는 그곳으로 가까이 오신다. 그곳은 다름 아닌 예수님이 계신 곳이다. 그러므로 일단 우리 마음속에 예수님을 믿음으로 받아들이면, 하나님은 바로 우리 마음으로 다가오신다. 그러면 그곳에서 자동적으로 하늘의 보좌에 계신 하나님께 가까이 다가갈 문이 열리고, 하나님은 우리에게로 가까이 다가오시게 되어 있다. 어떻게 그렇게 하늘과 땅이 연결될 수 있었을까? 그것은 예수님께서 성육신하셨기 때문이다. 하나님의 임재 안에 있다는 것은, 하나님 아버지 그리고 예수님과 은혜의 보좌에 함께 머문다는 것을 의미한다. 왜냐하면 우리와 하나님과의 관계를 연결시켜 주시는 분은 영이시기 때문이다. "만일 너희 속에 하나님의 영이 거하시면 너희가 육신에 있지 아니하고 영에 있나니 누구든지 그리스도의 영이 없으면 그리스도의 사람이 아니라"(롬 8:9).

"약속하신 이는 미쁘시니 우리가 믿는 도리의 소망을 움직이지 말며 굳게 잡고"(히 10:23)라는 표현에 집중해보자. 히브리서 기자는 다음과 같은 표현도 사용하였다.

> 우리가 이 소망을 가지고 있는 것은 영혼의 닻 같아서 튼튼하고 견고하여 휘장 안에 들어 가나니(히 6:19)

휘장 가운데로 열어 놓은 새로운 생명의 길을 통하여 하나님의 임재는 성도의 마음으로 들어온다. 그 갈라진 휘장은 부서진 그리스도의 몸이다. 그리고 이제는 지성소가 인간의 몸의 중심인 마음에 자리 잡게 되었다. 그러므로 외적인 육의 욕심을 십자가에 못 박고, 내적인 마음의 중심에 그리스도를 모셔 들이는 사람의 마음에는 천지를 창조하신 하나님도 모셔드릴 자리가 마련된다. "그리스도 예수의 사람들은 육체와 함께 그 정욕과 탐심을 십자가에 못 박았느니라"(갈 5:24). 하나님이 거하시는 지성소인 우리 마음의 중심에서 신자와 하나님의 친밀한 교통은 지속적으로 이루어진다. 우리와 함께 하시는 하나님의 임재는 현실이다. 신자가 진실한 마음으로 하나님께 가까이 다가가면, 하나님은 그분의 모습을 드러내실 것이다. 이러한 원리는 어떤 한정된 시기에만 적용되었던 것이 아니다. 예수님의 희생 이후 영원히 지속되는 불변의 법칙이다. 이스라엘 백성들이 진실한 삶을 살았을 때 하나님이 성막에 항상 머무셨던 것처럼, 신자가 진실한 삶을 사는 한, 하나님은 우리와 항상 함께 하신다.

야고보의 말씀을 다시 한 번 상기해보자. "하나님을 가까이하라 그리하면 너희를 가까이하시리라"(약 4:8). 이 얼마나 큰 희망인가? 얼마나 순수한 확신인가? "이는 하나님이 거짓말을 하실 수 없는 이 두 가지 변하지 못할 사실로 말미암아 앞에 있는 소망을 얻으려고 피난처를 찾은 우리에게 큰 안위를 받게 하려 하심이라"(히 6:18). 하나님께서 진실하시기 때문에 우리가 하나님을 가까이 하면 하나님도 우리에게 가깝게 다가오신다는 것은 이미 100% 보장된 것이다. 그렇지만 아직도 많은 사람들이 하나님과 깊고 친밀한 관계를 갖지 못하는 이유는 무엇인가? 답답한 마음에서 A. W. 토저는 다음과 같이 절규하였다.

예수님께서 자신의 육체를 드리셨을 때, 성소의 휘장은 찢겨 내렸다. 그러므로 이제 인간은 아무런 문제 없이 하나님께 가까이 접근할 수 있게 되었다. 그런데 왜 우리들은 아직도 머뭇거리며 망설이는가? 성소의 바깥뜰에서 서성거리며 맴도는 신자들이 많다. 그들은 왜 아직도 겉돌고 있는가? 신부의 간곡한 음성이 들리지 않는가? "나로 네 얼굴을 보게 하라, 네 소리를 듣게 하라. 네 소리는 부드럽고 네 얼굴은 아름답구나"

(아 2:14). 그 음성은 하나님이 성도를 부르는 소리이다. 그런데도 많은 신자들은 성전 바깥뜰을 배회하면서 세월을 지새우며 지치고 피곤한 삶을 살아가고 있다. 그들은 언제 하나님 앞으로 가까이 다가갈 것인가? 하나님 앞으로 가까이 다가서게 하는 것을 막아서는 방해거리는 없는가?《하나님을 추구함》 중에서)

아직도 남아있는 문제는 무엇이며 방해거리는 도대체 무엇일까? 뭔가 보지 못하는 맹점은 없는가? 우리가 인간적으로 애쓰며 분투하지만, 역부족인 것은 무엇일까? 왜 인간들은 그들의 삶이 그렇게도 무료하고 무의미하고 불만족스러운데도 하나님 앞으로 가까이 다가서지 않는 것일까? 이제 앞으로 더 살펴보면서 방해거리가 무엇인지 살펴보도록 하자.

토론을 위한 질문들

1. 이 단원의 시작 부분에 저자는 "그렇다면 왜 수많은 사람들이 그저 머리로만 예수님을 믿고 있는 것일까? 하나님의 현존이 없는 말라빠진 기독교가 왜 만연하는가? 어떻게 하나님과의 친밀한 관계로 들어갈 수 있을까? 왜 하나님과의 깊은 인격적인 관계로 들어갈 수 있는 길을 대부분의 교회에서는 제시하지 않는 것인가?"와 같은 질문을 제기하였다. 그 질문에 대한 당신의 대답은 어떠한가?

2. 저자는 주장하기를 심리학적으로 말해서, 지난 5년간 우리가 가진 인간관계가 그 사람의 현재 성격과 품성을 좌우한다고 했다. 또한 그러한 이론은 성경말씀인 "속지 말라 악한 동무들은 선한 행실을 더럽히나니"(고전 15:33)와 "지혜로운 자와 동행하면 지혜를 얻고 미련한 자와 사귀면 해를 받느니라"(잠 13:20)를 통해 확증된다고 하였다. 당신도 다른 사람으로부터 부정적인 영향을 심하게 받은 적이 있었나? 그 결과는 무엇이었나?

제 6 장

하나님의 친구들
The Friends of God

"하나님은 친밀한 관계를 제안하셨다.
그러나 인간들은 그것을 거절하였다".

    나는 제6장을 쓰면서 새로운 갈망이 나의 마음을 휘젓는 것을 느낀다. 하나님과의 친밀한 교제는 생각만 해도 나를 너무나도 사랑하시는 그분에 대한 열망으로 불타오르게 한다. 하나님은 우리 각자에게 다가오셔서 친분관계를 제안하신다. 그러나 거룩하고 위대하신 하나님은 우리의 손아귀에 쉽사리 잡힐 분이 아니다. 왜냐하면 하나님은 인간이 숭배(경배, 경외)해야 할 대상이기 때문이다. 그러므로 하나님과의 친밀한 관계로 들어가기 전에 반드시 다루어야 할 주제는 "거룩한 두려움"이다.

잘못된 인도

    종종 소위 "구도자求道者 예배" 내지는 "열린 예배"를 추구하는 사람들이 신앙을 오도誤導하는 경우가 있다. 요즈음은 그런 종류의 예배가 교파를 초월하여 산불같이 번지고 있다. 하나님께서 인간을 현재 있는 그 삶의 자리에서 만나주시고, 축복해 주시고, 함께 하신다는 메시지이다. 그러나 문제는 하나님의 거룩하심에 관한 주제는 은근슬쩍 회피해 버린다. 그런 경우에는 거룩하신 하나님을 만나는 충격적인 경험은 없고, 그저 격려의 말이나 사랑 받는다는 느낌 정도에서 그치고 만다. 구도자 예배의 비극적인 결과는 많은 경우 예수님을 진정으로 따르는 제자들이 탄생되지 않는다는 점이다.

사랑이 풍성하시고 모든 것을 다 이해해주시는 마음씨 좋은 하나님에 관하여서만 설교하고 가르치는 교회는, 인간의 죄악상과 세속성을 너무 우습게 여기는 과오를 범한다. 하나님 앞으로 가까이 다가가면 갈수록 우리는 무한한 사랑으로 받아주시고 품어주시는 하나님 아버지를 만나게 될 뿐 아니라, 거룩하신 하나님 앞에 두려워 떨게도 된다.

"쉽고도 적당한 기독교"는 절대로 하나님의 존전으로 나아가 살아계신 하나님과의 친밀한 교제로 들어가도록 인도하지 못한다. 하나님을 경외하는 것을 제거해낸다면 이는 신자들을 오도誤導하는 믿음으로 이끄는 것이고, 그것은 "하나님의 임재"의 체험을 가로막는 거대한 장애물을 놓는 것이다.

하나님을 경외함

하나님의 임재로 들어가는 사람들이 알아야 하는 영원불변의 진리가 있다.

> 하나님은 거룩한 자의 모임 가운데에서 매우 무서워할 이시오며 둘러 있는 모든 자 위에 더욱 두려워할 이시니이다 (시 89:7)

성경에서 "두려워함"은 곧 "경외함"이다. '하나님에 대한 경외가 없는 곳에는 하나님의 임재도 없다.' 최고의 존경, 높임, 존중이 없는 곳에는 하나님께서 자신을 드러내지 않으신다. 예배의 찬양이 아무리 아름답고, 설교가 멋진 미사여구의 달변으로 전달되었다 하더라도, 하나님에 대한 진심과 경외가 없는 곳에는 하나님이 실재하지 않으신다. 청산유수 같은 기도가 드려지고 세상의 돈을 무더기로 쏟아 붓는 헌금이 드려져도, 하나님을 두려워하지 않는 곳에는 하나님의 영광이 나타나지 않는다. 하나님은 자신을 계시하시기 위해 우리에게 가까이 다가오지 않으실 것이다. 그러면 엘리 제사장과 그의 아들들의 경우와 대동소이하게 된다.

지난 몇 년간 나는 수백 명 내지는 수천 명의 신자들이 모이는 집회에 참석하였다. 그러나 슬프게도, 하나님의 임재가 없는 경우가 많았다. 그 이유가 무엇이었을까? 그것은 군중 가운데 하나님을 참으로 경외함이 없었기 때문이다. 찬양과 경배팀의 실력도 굉장하고, 깃발을 들고 거룩한 춤을 춘다는 공연자들의 율동도 대단하였다. 최고의 전자 기술과 장비를 갖춘 뮤지션들이 있고, 기가 막히게 찬양하는 가수들이 등장하기도 했다. 예배는 하이테크의 미디어를 사용하는 혁신적인 것이었다. 그러한 행사는 반짝이는 머리에서 나온 창조적인 예배이기에 사람을 즐겁게 해주며, 대단한 흥미를 유발할 정도로 화려하고 굉장한 것이었다. 그러나 거기에는 뭔가 중요한 것이 빠져있는 것을 느꼈다. 그것은 다름 아닌 "하나님의 함께 하심"이었다. 하나님의 임재가 결여되어 있다는 것은 참으로 나의 가슴을 아프게 한다. 사람들은 그런 텅 빈 영적 기류도 인식하지 못한 채 군중들 틈에 휩쓸려 마냥 즐기기만 했다. 하나님의 임재는 현대적 기기나 장비의 있고 없음에 관계된 것도 아니고, 예배의 포맷이 신선하거나 혁신적인 것과도 상관없다. 그것은 오직 '마음의 자세'에 달려 있다.

이러한 상황에서, 하나님께서는 나에게 순종과 경외에 대한 가르침을 제시하라고 계시하셨다. 내가 회개를 촉구하고 많은 사람들이 그것에 응답했을 때, 하나님의 임재가 나타나곤 했다. 하나님의 실재가 현시될 때마다 모인 무리들은 흐느껴 울었고, 자신들의 죄를 철저히 고백하고, 온전한 순종을 다짐했다. 하나님은 하나님을 사랑, 존경, 경외하는 자들에게 가까이 하신다. 야고보의 정확한 표현을 살펴보자.

> 하나님을 가까이하라 그리하면 너희를 가까이하시리라 죄인들아 손을 깨끗이 하라 두 마음을 품은 자들아 마음을 성결하게 하라 슬퍼하며 애통하며 울지어다 너희 웃음을 애통으로, 너희 즐거움을 근심으로 바꿀지어다
> (약 4:8-9)

"죄인들아"라는 표현으로 보면 야고보가 표현한 청중이 믿지 않는 사람들인 것으로 착각하기 쉽다. 그러나 야고보는 "불신자"를 향해 말하는 것이 아니다. 그가 보낸 서신의 수취인은 형제들, 즉 신자들이다. 소위 거듭난 자들에게 하시는 말씀이다.

헬라어로 '하마르토로스'라는 '죄인들'이라는 단어는 '표적을 빗나간'이라는 뜻이다. 물론 "죄인"이라는 단어는 불신자들을 지칭하기에 합당한 표현이다. 그러나 종종 기독교인들에게도 통용된다. 야고보서의 문맥에서는 반복적으로 그릇된 일을 행하는 사람, 내지는 그릇된 사고를 가진 사람을 가리키고 있다. "두 마음을 품은 자들아"라는 표현을 볼 때, 세상의 욕심과 신앙의 정결 사이에 양다리를 걸치고 있는 신자

들을 지적하는 듯하다. 그들은 올바른 궤도에서 벗어난 자들이다.

주님을 경외함은 마음으로부터 시작하지만, 결국 외부적인 행동으로 그 결과가 나타남을 숙지해야 한다. 겉으로는 하나님을 가까이 하는 척 하지만, 사실은 하나님과 멀리하는 자들에 대하여 이사야는 이렇게 말했다.

> 주께서 이르시되 이 백성이 입으로는 나를 가까이 하며 입술로는 나를 공경하나 그들의 마음은 내게서 멀리 떠났나니 그들이 나를 경외함은 사람의 계명으로 가르침을 받았을 뿐이라(사 29:13)

경외함 없이 하나님 앞으로 나아감

어떤 것의 뜻을 잘 이해할 수 없을 때, 그것에 반대가 되는 것을 살펴보면 그 뜻이 명확해지는 경우가 있다. 경외함 없이 하나님 앞으로 다가갔을 때 어떠한 일이 발생하는지 한번 살펴보자. 성경에 나타난 그 대표적인 예는 아론의 두 아들이다.

성막이 완성되기 직전에 하나님은 모세에게 "너는 이스라엘 자손 중 네 형 아론과 그의 아들들 곧 아론과 아론의 아들들 나답과 아비후와 엘르아살과 이다말을 그와 함께 네게로 나아오게 하여 나를 섬기는 제사장 직분을 행하게 하되"(출 28:1)라고 명령하셨다.

아론의 아들들은 특별히 하나님과 사람 사이에서 섬기도록 구별되고 성별된 사람들이다. 그들은 하나님 앞으로 가까이 다가가도록 허락을 받았다. 그들은 일정한 제사의식을 통해서 하나님 앞으로 다가섰으며, 그러한 특정한 제사양식은 모세를 통해서 하나님으로부터 주어진 것이었다. 아론의 아들들은 훈련을 받았고, 봉헌되었으며, 그렇기에 하나님의 영광이 회막에 가득했고, 그때부터 그들의 사역은 시작되었다.

그러나 하나님의 영광이 회막에 나타났음에도 불구하고 아들 중에 2명은 단명하였다. 왜 그랬을까?

> 아론의 아들 나답과 아비후가 각기 향로를 가져다가 여호와께서 명령하시지 아니하신 다른 불을 담아 여호와 앞에 분향하였더니 (레 10:1)

나답과 아비후는 여호와의 명령에 순종하지 않았다. 그들은 거룩한 것에 대하여 존경하는 태도를 보이지 않았고, 도리어 경솔한 자세를 취한 것이다. 즉, 하나님께 속한 거룩한 것을 예사로운 것으로 여겼다. 성스러운 것은 예사로 아무렇게나 여겨져서는 안 된다. 나답과 아비후는 하나님께서 정해주신 불에 대해서는 아랑곳하지 않고, 자기들 나름대로 정한 불을 가지고 제사를 드렸다. 한 마디로 말해서, 하나님을 무시한 것이다. 거룩한 것에 경솔한 사람은 불순종하는 사람이다.

하나님 앞으로 나아갈 때에 부적합하고 하나님이 받으시기에 합당치 않은 제물을 가지고 나아간 자들, 즉 거룩한 것을 경솔히 여긴 자들의 운명이 어떻게 되었는지 읽어보자.

> 불이 여호와 앞에서 나와 그들을 삼키매 그들이 여호와 앞에서 죽은지라 (레 10:2)

그 두 아들은 당치않은 행동을 보임으로 그 자리에서 죽임을 당했다. 그 두 아들은 제사장들이었음에도 불구하고, 하나님을 공경하는 태도를 보이지 않았을 때 가차 없이 죽임을 당했다. 거룩하신 하나님 앞으로 나아갈 때에, 평범한 사람에게 다가가는 것 같이 아무렇게나 나아갔기에 화를 당한 것이다. 그 두 제사장은 판에 박힌 방식과 습관적으로 제사를 드리다가 봉변을 당한 것이다! 이러한 하나님의 심판이 있은 후 모세는 다음과 같은 말씀을 전하였다.

> 모세가 아론에게 이르되 이는 여호와의 말씀이라 이르시기를 나는 나를 가까이 하는 자 중에서 내 거룩함을 나타내겠고 온 백성 앞에서 내 영광을 나타내리라 하셨느니라 아론이 잠잠하니(레 10:3)

모세의 이러한 선포는 우주적인 선포이며 영원한 선포이기도 하다. 이 말씀은 시대를 초월하여 영원히 그 유효성을 발휘할 것이다. 하나님께 가까이 하는 자는 하나님의 거룩하심과 그분의 영광을 볼 준비가 되어 있어야 한다. 이는 이 세상의 상식이나 통념을 넘어서는 일이다. 하나님의 임재 앞에서는 하나님께 대한 최상의 존경이 있어야 한다. 그리고 두렵고 떨리는 마음인 하나님을 경외함도 있어야 한다. 오늘날에도 사정은 다르지 않다. 하나님은 아직도 거룩하신 하나님이시다. 경망한 태도로는 하나님의 존전으로 나아갈 수 없다.

아론의 아들들이라고 해서 무슨 특별한 대우를 받은 적은 없다. 하나님 앞으로 나아가는 자는 그가 누구이건 상관없다. 심판을 자초할 짓을 하면 심판 받아야 한다. 그들은 모세의 조카요 아론의 아들들이다. 그럼에도 불구하고, 하나님은 정의롭고 거룩하신 하나님이시기에 봐주는 것이 없다. 사실 모세는 아론과 생존한 2명의 다른 아들들에게 억울해하지 말라고 당부했다. 그런 날에는 그들까지 죽임을 당할지 모르기 때문이었다. 죽은 두 아들의 행위는 너무나 치욕스러운 것이었기에, 그 시체를 진영 밖으로 끌어내어 장사하였다.

　하나님께서 내리신 지시를 무시하고 경솔히 여긴 아론의 두 아들의 본보기는 시사하는 바가 크다. 하나님을 경외함이 부재한 관계로, 그 두 아들은 경솔한 행동을 했고, 그 결과 하나님께 불순종하기에 이르렀다. 그러므로 살펴본 바대로, 불순종의 근원은 하나님을 경외하지 않는 마음이라는 것을 알 수 있다.

하나님에 대해 겁먹음과 하나님을 경외함의 차이점

　하나님께서 시내산에서 이스라엘 백성에게 나타나셨을 때, 그들은 하나님의 임재를 도저히 참아내지 못했다. 그 이유는 무엇일까? 평소 그들의 마음에 하나님을 경외함이 없었기 때문이다. 그들이 하나님을 꺼려하여 하나님을 멀리하고 난 후에, 모세는 다음과 같은 말을 하였다.

> 두려워하지 말라 하나님이 임하심은 너희를 시험하고 너희로 경외하여 범죄하지 않게 하려 하심이니라 (출 20:20)

　모세는 "두려워하지 말라"고 하였다. '두려워하지 말라'는 것에서 "두려움"은 '거룩한 두려움'을 말하는 것이 아니다. 여기에서 말하고자 하는 것은 "겁먹지 말라"는 뜻이다. "하나님의 임재"의 근본 목적은 이스라엘 백성으로 하나님을 경외하도록(하나님을 두려워하도록) 하기 위함이다. "하나님께 대해 겁먹는 것"과 "하나님을 경외하는 것"에는 큰 차이가 있다. 하나님께 겁먹는 사람은 뭔가 감출 것이 있기에 하나님이 무서운 것이다. 그런 사람은 하나님 앞으로 가까이 다가가기를 꺼린다.

왜냐하면 감춘 것이 드러날까 겁이 나기 때문이다. "그러나 책망을 받는 모든 것은 빛으로 말미암아 드러나나니 드러나는 것마다 빛이니라"(엡 5:13). 그렇지만 언젠가는 모두 드러나게 되어 있다. 영광의 빛 아래 드러나지 않는 것은 아무것도 없다.

하나님은 우리가 하나님에 대하여 겁먹지 않기를 원하신다. 바울은 분명히 "하나님이 우리에게 주신 것은 두려워하는 마음이 아니요 오직 능력과 사랑과 절제하는 마음이니"(딤후 1:7)라고 하였고, 사도 요한도 "사랑 안에 두려움이 없고 온전한 사랑이 두려움을 내쫓나니 두려움에는 형벌이 있음이라 두려워하는 자는 사랑 안에서 온전히 이루지 못하였느니라"(요일 4:18)고 하였다. 여기서 말하는 두려움이란 '두려움의 악령'을 말한다. 그러나 거룩한 두려움도 있다. "그러므로 나의 사랑하는 자들아 너희가 나 있을 때뿐 아니라 더욱 지금 나 없을 때에도 항상 복종하여 두렵고 떨림으로 너희 구원을 이루라"(빌 2:12). 바울은 그러한 두려움을 거룩한 두려움이라 말하였다. "그러므로 우리가 흔들리지 않는 나라를 받았은즉 은혜를 받자 이로 말미암아 경건함과 (거룩한) 두려움으로 하나님을 기쁘시게 섬길지니"(히 12:28-29). 베드로 사도는 이렇게 적나라하게 기록하였다. "기록되었으되 내가 거룩하니 너희도 거룩할지어다 하셨느니라 외모로 보시지 않고 각 사람의 행위대로 심판하시는 이를 너희가 아버지라 부른즉 너희가 나그네로 있을 때를 두려움으로 지내라"(벧전 1:16-17). 그러므로 거룩한 두려움, 즉 하나님을 경외함이라는 주제는 신약성경의 핵심적인 메시지임을 알 수 있다.

모세의 명확한 설명을 다시 한 번 더 들어보자. "두려워하지 말라 하나님이 임하심은 너희를 시험하고 너희로 경외하여 범죄하지 않게 하려 하심이니라"(출 20:20). 우리를 죄악으로부터 멀리 떨어지게 하는 것은 하나님에 대한 두려움이다. 사도 바울은, 거룩함을 이루며 깨끗하게 되는 비결은 오직 여호와를 경외함이라고 하였다. "그런즉 사랑하는 자들아 이 약속을 가진 우리는 하나님을 두려워하는 가운데서 거룩함을 온전히 이루어 육과 영의 온갖 더러운 것에서 자신을 깨끗하게 하자"(고후 7:1).

나는 사기죄로 감옥에 간 목회자를 심방간 적이 있다. 그에게 "언제부터 예수님의 사랑에서 멀어지기 시작했나요?"라고 물었다.

그는 나를 물끄러미 쳐다보더니, 주저함 없이 "나는 예수님의 사랑에서 멀어진 적이 없습니다"라고 대답했다.

어리둥절한 나는 "그러면 간음과 사기행각은 어쩐 일인가요?"라고 물어보았다. "나는 하나님을 단 한번도 사랑하지 않은 적이 없습니다. 그러나 나는 그분을 두려워하지 않았습니다"라고 그는 대답했다. 나는 그 대답을 절대로 잊을 수 없다. 나는 그의 말에 동의했다. 그는 이렇게 덧붙였다. "오늘날 믿는 자들 중에는 나와 같은 사람이 얼마든지 많은 것 같습니다. 그들은 예수님을 믿고 하나님을 사랑하는 자들입니다. 그러나 그들도 나처럼 하나님을 경외하지 않는 것 같습니다."

그 순간 내 머리 속에서는 불이 번쩍 지나갔다. 대부분의 인간들은 자신이 만들어낸 그 하나님을 사랑하고 제멋대로 하나님을 섬기고 있다. 그들이 믿는다는 하나님과 예수님은 진짜 살아계신 하나님과 예수님이 아니라, 상상력을 동원하여 자신이 적당히 지어낸 신들이다. 성경을 읽어보자. "여호와를 경외하는 것이 지식의 근본이거늘 미련한 자는 지혜와 훈계를 멸시하느니라"(잠 1:7). "여호와 경외하기를 깨달으며 하나님을 알게 되리니"(잠 2:5). 그럼으로 하나님을 경외하지 않으면서도 하나님을 믿는다는 자들은 모두 가짜 신자들이다. 가짜 신자들의 공통점은 한결같이 하나님에 대한 왜곡된 견해를 가지고 있다는 점이다.

하나님을 두려워하기만 하였더라면

모세는 말하기를 죄는 우리와 하나님과 거리감이 생기게 하는데, 우리를 죄에서 멀리 떨어지게 하는 것은 하나님에 대한 경외라고 명확하게 알렸다. 주님은 언약의 백성에게 다음과 같이 말씀하셨다. "오직 너희 죄악이 너희와 너희 하나님 사이를 갈라놓았고 너희 죄가 그의 얼굴을 가리어서 너희에게서 듣지 않으시게 함이니라"(사 59:2). 주지해야 할 사실은 우리들의 죄가 우리와 하나님 사이를 갈랐다는 것뿐이지, 하나님이 우리를 멀리 떠나버리셨다는 언급은 없다는 것이다. 신자 스스로가 자기 자신을 하나님으로부터 분리시켜 하나님과의 친밀감에 손상을 가져왔는데, 그 근본 원인은 하나님을 경외함이 없기 때문이라는 뜻이다.

하나님을 겁내는 사람과는 달리, 하나님을 경외하는 사람은 하나님 앞에서 그 무엇도 숨기지 않는다. 왜냐하면 주님 앞에서 인생이라는 것은 펼쳐진 책과도 같다는 것을 알기 때문이다. 하나님 앞에서는 숨길 것도 없고 숨길 수 있는 것도 없다. 하나님 앞에서는 모든 인간의 숨은 동기와 마음의 중심이 드러난다. 하나님을 경외하는 신자는 그 마음 중심에 하나님을 갈망하는 것을 우선으로 삼는다. 그 신자는 하나님을 갈망함이 친구, 친척, 가족, 재물, 심지어는 자신의 생명보다 더 중대하다는 것을 인지하는 사람이다. 하나님께 순종하는 것보다 더 큰 인생의 성취가 없다는 것을 그는 인정한다. 그는 자신을 부인하고, 십자가를 지고 예수님을 따르며, 하나님을 섬기는 그런 사람이다.

모세는 그런 삶을 살았다. 모세는 하나님의 친구였기 때문이다. 그러나 대부분의 이스라엘의 백성은 하나님의 친구가 아니었다. 그들은 자신의 필요, 욕구, 욕망, 안락을 제일로 여겼고, 하나님을 최우선으로 생각하지 않았다. 이스라엘 백성은 입술로는 하나님을 믿는다고 말했으나, 실제 마음 깊숙한 곳에는 하나님께 대한 신뢰가 없었다. 마음에 의심이 가득했으며, 상황이 나빠지면 스스럼없이 하나님을 원망했다. 그들은 하나님의 말씀, 의도, 명령에 무심했다. 왜냐하면 하나님을 진정으로 사랑하지 않았기에, 하나님을 경외하지도 않았다. 그래서 이스라엘 백성은 하나님께서 말씀하실 때에 듣고 싶지 않아 피해버렸다. 하늘의 빛이 그들에게 비추일 때에, 그들은 광명으로 나아가기를 꺼렸다. 왜냐하면 일단 밝은 빛 앞으로 나아가면 진리 가운데 서게 될 것이고, 그러면 자신들의 이기심이 폭로될 것이 무서웠기 때문이다. 이스라엘 백성은 자기 십자가를 진다든지 하나님을 섬긴다든지 하는 하나님을 경외하는 행위는 하고 싶지 않았다.

이스라엘 백성이 뒤로 물러설 때에, 모세는 반대로 하나님 앞으로 더 가까이 다가갔다. 모세는 하나님께서 큰 관심을 가지고 기적을 베푸심으로 노예로부터 해방시켜준 이스라엘 백성이 이제는 하나님을 가까이 하고 싶어 하지 않는다는 진실을 하나님께 말해야만 했다. 그 순간은 모세에게는 끔찍한 순간이었다. 그러나 하나님은 벌써부터 그러한 사실을 알고 계셨으며, 다음과 같이 말씀하심으로 모세를 경악시켰다.

> 여호와께서 내게 이르시되 이 백성이 네게 말하는 그 말소리를 내가 들은즉 그 말이 옳도다(신 5:28)

나는 모세의 놀란 얼굴 표정이 상상된다. 하나님께서는 이스라엘 백성의 말을 모두 듣고 계실 뿐만 아니라, 그들의 말이 맞는 말이라고 하신다! 모세는 성난 목소리로 "이스라엘 백성이 하나님께 가까이 다가갈 수 없는 무슨 특별한 이유라도 있다는 말씀인가요?"라고 퉁명스럽게 물을 수도 있었을 것이다.

이스라엘 백성이 하나님과의 친밀함을 누릴 수 없는 이유를 설명하면서, 하나님의 목소리에는 슬픔과 비애가 섞였을지도 모른다.

다만 그들이 항상 이 같은 마음을 품어 나를 경외하며 내 모든 명령을 지켜서 그들과 그 자손이 영원히 복 받기를 원하노라(신 5:29)

하나님은 두 가지를 명백하게 하셨다. 첫째, 하나님은 거룩한 두려움인 경외가 없는 한 하나님 앞으로 가까이 나아올 수 없다고 말씀하셨다. 둘째, 하나님은 그러한 경외가 있는지 없는지에 대한 증거는 하나님께 순종함을 보이느냐 보이지 않느냐 하는 태도에 달려있다고 말씀하셨다. 종교적인 언어를 사용하여 신앙에 관하여 말하기는 하였으나, 이스라엘 백성에게는 마음의 중심으로부터 우러나오는 진정한 경외도 없고 행위로 나타나는 순종의 삶도 없었다.

그러자 하나님은 구약성경에 나오는 가장 비극적인 발언을 하셨다. 하나님은 모세에게, 백성에게 다음과 같이 선포하라고 명령하셨다.

가서 그들에게 말하기를 각기 장막으로 돌아가라(신 5:30)

하나님의 마음은 얼마나 상하고, 모세의 가슴은 얼마나 찢어졌을까! 모세는 무거운 마음을 안고 돌아갔다. 하나님께서 그들을 애굽의 압제로부터 건져내신 이유는 오직 하나였다는데 그것은 하나님께 더 가까이 다가오게 하기 위해서였다. 그런데 이스라엘 백성은 그것을 거부했다(출 19:4). 하나님께서는 이스라엘 백성을 구원하시고, 그들과 가까이 지내려고 자신의 영광을 그들에게 드러낼 때에, 그들은 모두 뒤로 물러났다. 왜냐하면 이스라엘 백성들은 하나님을 별로 좋아하지 않았기 때문이다. 그래서 그들은 각자 자기의 장막으로 돌아가 거기서 혼자 머물렀고, 하나님의 임재와 하나님의 음성으로부터 떨어져 있게 되었다. 하나님은 참으로 인간과 친하게 지내고 싶어 하셨지만, 인간은 하나님 없이 혼자 살기로 선택했다.

주님의 친구들

사람들을 모두 각자의 장막으로 돌려보내신 후, 하나님은 모세에게 다음과 같이 말씀하셨다.

> 너는 여기 내 곁에 서 있으라 내가 모든 명령과 규례와 법도를 네게 이르리니 너는 그것을 그들에게 가르쳐서 내가 그들에게 기업으로 주는 땅에서 그들에게 이것을 행하게 하라 하셨나니(신 5:31)

놀랍지 아니한가! "너는 여기 내 곁에 서 있으라." 얼마나 황홀한 말인가! 완벽한 기쁨을 가져다주는 그런 말씀이다. 감당할 수 없는 특권이 모세에게 주어졌다. 하나님의 마음으로부터 나오는 이야기를 들을 특권이다. 온 우주에서 그것보다 더 나은 복이 어디 있을까! 사랑, 지혜, 지식, 능력이 무한하신 하나님의 존전에 머무를 수 있는 특권, 그것은 상상을 초월한 복이다. 천지만물이 우러러보고 찬양하는 그 높으신 분의 곁에 머물라는 초대는 정말 감격스러운 초대이다. 모세는 그러한 초대를 받은 사람이다.

모세는 하나님을 경외하는 사람이었기에, 하나님과 친밀한 관계를 가질 수 있었다. "그의 행위를 모세에게, 그의 행사를 이스라엘 자손에게 알리셨도다"(시 103:7). 모세는 종종 하나님의 속마음을 읽고 발생할 사건을 미리 알아서 대처한 적도 있다. 그만큼 모세는 하나님의 마음 중심 가까이에 있었다.

이스라엘도 하나님을 알았다. 그들에게 있어서 하나님은 기도에 응답하시는 하나님이다. 그러나 이스라엘 백성은 하나님의 의도, 숨은 동기, 갈망, 계획 등 깊은 것들은 몰랐다. 즉, 하나님의 마음에 관련된 것에는 관심조차 없었다. 그들의 모든 관심사는 "나"에게 있다. 즉 "내" 기도에 대한 응답에만 있다. 그들은 하나님이 하시는 큰 역사를 바라보지만 하나님이 왜 그런 기적을 베푸시는지 그 근본 동기는 모른다. 그러나 모세는 하나님의 근본 동기를 간파한 사람이다.

> 여호와의 친밀하심이 그를 경외하는 자들에게 있음이여 그의 언약을 그들에게 보이시리로다(시 25:14)

나는 위의 성경구절을 "하나님께서는 경외하는 자들과 친밀한 관계를 맺으실 것이고, 하나님의 언약의 깊이를 보여주실 것이다"로 풀어 본다. 우리 모두는 비밀스러운 것을 가지고 있다(비밀이라고 모두 나쁜 것만은 아닐 것이다). 그러나 우리는 그냥 피상적으로 알고 지내는 사람에게는 비밀을 말하지 않는다. 비밀은 항상 믿을 만한 친구와만 나누게 된다. 조심하지 않으면, 상대방이 나의 소중한 것을 악용함으로 나에게 손해를 끼칠 것이기 때문이다. 그러나 친한 사람은 우리의 비밀을 지켜주고 조심해서 다루어 주리라 확신하기에, 그들에게 비밀을 터놓고 말할 수 있다. 즉, 절친한 친구들이 우리의 말을 곡해, 왜곡, 남용하지 않으리라는 믿음이 있기 때문이다. 우리가 제공하는 정보를 비꼬아서 자신들의 이득을 위해 이용하지 않으리라는 전제하에 우리는 마음을 터놓는다. 우리는 그들이 우리 마음의 중심을 알고, 우리를 최고로 생각해 주는 사람이라고 신뢰하기 때문에 비밀을 털어 놓을 수 있다.

하나님도 마찬가지이다. 오직 자신의 쾌락과 자신의 이익에만 밝은 사람에게 비밀을 털어 놓지 않으신다. 그러나 자신의 십자가를 지고 예수님을 따르는 사람들에게는, 즉 하나님의 친구들에게는 온갖 비밀을 보여주신다. 시편 25편 14절을 다시 한 번 다른 표현으로 풀어서 번역해보자. "하나님과의 친분관계는 오직 그를 경외하는 자에게만 보류되어 있으며, 오직 그들에게만 하나님은 언약의 비밀들을 털어 놓으신다."

하나님의 친구, 아브라함

구약성경에 보면 소위 하나님의 친구라 불린 사람이 있다. 그의 이름은 아브라함이다. 어떻게 그는 하나님의 친구라 불렸을까? 그 대답은 인간이 당할 수 있는 가장 극심한 시험에 대한 이야기에서 발견된다. 아브라함은 하나님의 약속이 이루어지기를 25년 동안 기다린 사람이다. 그것은 태가 닫힌 아내 사라의 몸에서 아들이 태어나기를 기다린 것이었다. 인간이 자녀를 낳을 수 있는 정상적인 때가 이미 지난 후에 하나님은 아들을 주셨는데, 그의 이름은 이삭이다. 이삭이라는 이름의 뜻은 "웃음"이다. 그 웃음은 기쁨의 웃음을 의미하기도 하지만 쓴웃음 내지는 비웃음을 뜻하기도 한다. 그럼에도 불구하고 그 독생자 아들은 그 가정에 말할 수 없는 기쁨을 안겨다 주었다.

하나님은 아브라함의 가정이 행복하고 화목하게 되는 과정을 살펴보셨다. 부모의 부드러운 사랑과 자녀의 귀여움이 철철 넘쳐흘렀다. 그러나 때가 되매, 시험이 닥쳤다. "여호와께서 이르시되 네 아들 네 사랑하는 독자 이삭을 데리고 모리아 땅으로 가서 내가 네게 일러 준 한 산 거기서 그를 번제로 드리라"(창 22:2).

당신은 이 청천벽력 같은 하나님의 말씀을 들었을 때 아브라함이 받은 충격을 느낄 수 있는가? 아들 이삭은 하나님의 약속의 산물이며 아브라함의 자손이 땅의 모래같이 하늘의 뭇 별들 같이 많아지리라는 약속의 근원이었다. 그리고 25년을 한결 같이 기다린 아들이었다. 적자嫡子가 아니었던 이스마엘은 이미 내쫓긴 상황이었고, 노부부에게 유일한 희망은 오직 이삭이었다. 하필이면 왜 인간의 사랑의 띠가 아주 강할 그 시기에 하나님은 그 가족을 시험하려고 하시나? 하나님은 왜 이삭이 어느 정도 자랄 때까지 기다렸다가 이제 시험하시려는 것인가? 차라리 영아였을 때 바치라고 했으면 더 좋지 않았을까? 어떤 성경학자는 이삭이 제물로 드려졌을 때가 이삭의 나이 33세였을 것이라고 추정하기도 한다.

그날 밤을 한 번 상상해 보라. 아브라함의 영혼에는 극심한 고민과 갈등이 일어났을 것이다. 어떻게 아들을 내놓으라고 하시는가? 그래도 지금까지는 일이 계획된 대로 잘 진행되고 있었다. 얼마 안 가서 이삭은 결혼할 것이고, 그러면 그의 자손 중에 나라를 세울 왕도 탄생될 것이기 때문이다. 그런데 세상에, 하나님은 왜? 아브라함의 마음속을 뒤

흔드는 다음과 같은 질문들을 당신도 들을 수 있을 것이다. '도대체 하나님은 왜 이삭을 주셨는가? 도로 빼앗아 갈 거면 아예 처음부터 주지나 말지'. '내가 이삭을 아끼는 만큼 하나님도 이삭을 사랑하시나? 차라리 내 목숨을 내놓는 편이 더 낫겠다.'

그러나 아브라함은 그 모든 마음의 요동치는 의문들을 접은 채, 하나님을 경외하기로 결심한다. 하나님은 말씀하셨고, 그렇기에 그 말씀에 순종한다는 것이다. "아브라함이 아침에 일찍이 일어나 나귀에 안장을 지우고 두 종과 그의 아들 이삭을 데리고 번제에 쓸 나무를 쪼개어 가지고 떠나 하나님이 자기에게 일러주신 곳으로 가더니"(창 22:3). "아침에 일찍이 일어나"라는 구절에 주의를 기울여보자. "하나님은 지난 몇 달 동안 나의 문제를 지적해오셨으나, 나는 아직도 그것에 응답하지 못하고 있습니다"와 같이 말하는 사람과는 근본적으로 다른 반응이다. 아브라함은 하나님을 진심으로 경외한 사람이다.

하나님을 경외하는 사람은 하나님의 말씀 앞에서 떨게 되어 있다. 그것은 거룩한 전율이다. 그리고는 순종한다. 이유도 모르고 이득조차 없다 하더라도, 하나님의 말씀이라면 무조건 순종하는 자세를 말한다. 그러한 순종은 이해할 수 없어도, 마음이 아파도, 순종하는 순종이다. 교회에서는 하나님의 말씀이 천대를 받을 때가 많다. 특히 그 말씀대로 실행했을 때 별다른 이득이 오지 않는다고 판단되면, 그 말씀을 그냥 무시해버리기 때문이다. 물론 자신에게 당장 유익이 온다고 판단되면 사람들은 순종하는 척한다. 설교를 하는 사람도 비슷한 태도를 보이는 경우가 많다. "일단 헌금을 드려 보라. 그러면 하나님이 물 붓듯 쏟아 부어주실 것이다." "기도해 봐라. 하나님이 응답해 주신다." "하나님께 순종해보라. 그러면 축복이 저절로 굴러 들어온다." 이는 하나님을 섬기는 이유를 하나님으로부터 뭔가 얻어내기 위한 수단으로 전락시키는 메시지들이다. 하나님이 갚아 주시지 않는가? 물론 하나님은 축복해 주신다! 그러나 축복을 받기 위한 목적으로 기도와 헌금생활을 한다면, 그 신앙은 제대로 된 신앙이 아닐 것이다. 축복을 바라는 것이 하나님을 섬기는 근본 동기가 되어서는 안 된다. 하나님을 섬기는 근본 이유는 하나님이 하나님이시기 때문이다. 하나님은 영광과 존귀와 섬김을 받으시기에 합당한 분이시기에 섬기는 것이지, 어떤 이득을 얻어낼 목적으로 섬기는 것은 아니다.

아브라함의 순종은 즉각적인 것이었다. 하나님의 산으로 3일간 여행을 한 것이 그 증거이다. 왜 하나님은 더 가까운 산으로 아브라함을 인도하지 않으셨을까? 왜 사흘 길이나 가야 했나? 아브라함에게 생각할 시간을 주기 위함이라고 나는 생각한다. 물론 포기하고 다시 집으로 돌아갈 생각을 포함해서 말이다. 모든 사람이 하나님의 말씀을 들을 때는 반짝한다. 즉, 순종하고 싶은 열망이 잠시 생긴다는 것이다. 그러나 돌아서서 다시 생각해보고 현실적인 이득이 없으면 그냥 무시해버리는 것이 상례이다. 하나님의 말씀을 들은 지 3일이 지나도록 그것을 계속 묵상한다거나 실천에 옮기는 사람은 드물다. 아브라함은 3일 뒤에도 자신이 가진 것 중에 가장 귀한 것을 죽여 없애는 행동을 계속하고 있었던 것이다.

아브라함은 산꼭대기로 올라갔다. 그리고 거기에 제단을 쌓고, 이삭을 묶어 매고, 그리고 칼을 들었다. 그러자 어디선가 하나님의 천사가 나타나 아브라함을 불렀던 것이다.

사자가 이르시되 그 아이에게 네 손을 대지 말라 그에게 아무 일도 하지 말

라 네가 네 아들 네 독자까지도 내게 아끼지 아니하였으니 내가 이제야 네가 하나님을 경외하는 줄을 아노라 (창 22:12)

하나님을 경외하는 줄을 어떻게 알았는가? 전혀 이해가 안가는 일에도, 아브라함은 그것이 하나님의 말씀이라면 무조건 순종하는 행동을 보였기 때문이다. 자신에게 별로 유익도 없고, 이득도 생기지 않으며, 심지어 마음 찢어지는 고통을 동반한다고 해도, 아브라함은 순종했다. 왜 그랬을까? 왜냐하면 아브라함은 자신의 갈망보다는 하나님의 갈망을 더 위에 놓았기 때문이다. 그래서 하나님은 "이 사람이야말로 내 자신을 마음껏 드러내고 나의 속마음을 나누기에 합당한 인물이구나"하는 것을 알게 되었던 것이다.

하나님이 드러내 보이신 면들

곧바로 이어서 아브라함은 눈을 들어 한 수양이 뒤편의 나무에 걸려있는 것을 보게 된다. 그는 마음으로 "여호와 이레"(예비하시는 하나님)를 외쳤다. 아브라함은 하나님이 적당한 시기에 적합한 것을 공급하시는 "여호와 이레"의 하나님이신 것을 처음으로 발견한 사람이다. 아브라함의 순종을 통해 하나님은 아브라함에게 자신의 중요한 성품을 계시해 주셨다.

이 책을 읽고 있는 독자들은 나를 저술가인 "존 비비어"로 알고 있을 것이다. 또 어떤 분들은 "부흥회를 인도하는 사람"으로 알고 있을 것이다. 그러나 나를 좀 색다르게 아는 사람이 있다. 그 사람의 이름은 리사 비비어인데, 그녀는 나를 "남편"으로 알고 있다. 리사 비비어와 나는 각별한 사이다. 그렇기에 나는 그녀와 친밀한 관계를 유지하면서 남들에게 말하지 않는 비밀도 털어놓는다. 그런데 나를 "우리 아빠 존 비비어"로 아는 사람들도 있다. 그들은 나의 자녀들인데, 나는 그들과도 각별한 사이다. 사람들마다 각별한 사이를 유지하는 사람들이 있고, 특별히 절친한 사이도 있다. 하나님도 예외는 아니다.

하나님은 다른 어떤 사람과도 나누지 않은 마음속 깊숙한 것들을 아브라함과 함께 나누셨다. 하나님은 그분의 계획을 털어놓고 아브라함의 소견을 물어보곤 하셨다. 하나님과 아브라함은 인류 역사의 진행 방향에 관하여 함께 상의한 것이다. 그 중에 하나가 '소돔과 고모라'라는 도시의 운명에 관한 것이었다. "여호와께서 이르시되 내가 하려는 것을 아브라함에게 숨기겠느냐?"(창 18:17). 하나님은 그 도시들의 현재 상황에 관하여 아브라함과 논의를 하시고, 그러한 토론 과정을 통해 아브라함의 의견을 참작하고자 하셨다. 그 결과 소돔에 의인 10명만 있었더라도 멸망 받지 않을 선처를 받는 데까지 이르렀다. 그러나 불행히도, 소돔에는 아브라함처럼 하나님께 순종하는 의인 10명이 없었다.

하나님의 계획이 오리무중으로 느껴지는 사람들

아브라함의 조카이며, 성경에서 말하는 "의로운 롯"(벧후 2:7)이라는 사람조차도 사실은 하나님의 계획을 제대로 인지하지 못했다. 롯은 육적인 사람이었으며 하나님을 경외하지 않았다. 처음에는 아브라함과 함께 영적으로 시작했으나, 육적인 것이 침범해 오면 갈등을 겪다가, 넘어지곤 했다. 아브라함은 세상이 주는 어떠한 쾌락보다 하나님을 더 먼저 생각한 사람이다. 그러나 롯의 경우는 달랐다. 아브라함과 롯이 서로 땅을 선택하는 과정을 보아도 그렇다. 아브라함은 롯이 선택하고 남은 땅을 택한 사람이다. 그러나 그 땅은 후에 젖과 꿀이 흐르는 약속의 땅으로 판명되었다.

"이에 롯이 눈을 들어 요단 지역을 바라본즉 소알까지 온 땅에 물이 넉넉하니 여호와께서 소돔과 고모라를 멸하시기 전이었으므로 여호와의 동산 같고 애굽 땅과 같았더라"(창 13:10). 롯이 그 소돔과 고모라의 땅을 택할 당시에 그 땅은 참으로 비옥하고 눈으로 보기에 참 좋은 땅이었다. 풍요로운 그 땅은 보면 볼수록 탐나는 곳이었음으로 롯은 계속 바라보며 군침을 흘렸다. 그렇지만 소돔과 고모라의 타락상에 물들지 않기 위해 롯은 텐트를 치고 거주했다. 즉, 언제라도 떠날 준비가 되어 있었다. "아브람은 가나안 땅에 거주하였고 롯은 그 지역의 도시들에 머무르며 그 장막을 옮겨 소돔까지 이르렀더라"(창 13:12). 롯에게는, 악의 진원지로부터는 좀 떨어져 있으면서도 그 풍요로부터 떨어지지 않으려는 계획이 있었던 것 같다. 그러나 인간적인 마음만 가지고는 유혹을 뿌리치기가 참으로 어렵다. 하나님을 경외하지 않는 사람은 결국 죄악으로 빨려 들어간다. 롯의 경우가 바로 그런 경우이다. 결국 롯은 소돔 안으로 들어가 상주하게 된다. "이르되 내 주여 돌이켜 종의 집으로 들어와 발을 씻고 주무시고 일찍이 일어나 갈 길을 가소서 그들이 이르되 아니라 우리가 거리에서 밤을 새우리라"(창 19:2).

소돔은 부유하고 번창했던 도시였다. 그들의 번영이 하루아침에 무너져 내리리라고는 꿈에도 상상할 수 없는 일이었다. 놀라운 것은 롯이 그러한 임박한 심판을 알지 못했다는 사실이다. 그래서 자비로우신 하나님은 천사를 보내어 경고의 말씀을 전달하셨다. 롯과는 대조적으로, 하나님을 경외하며 하나님과 동행했던 아브라함은 이미 그러한 심판의 전조를 알고 있었다. 결정적으로 계획을 마무리 짓기 전에, 하나님은 자신의 친한 친구인 아브라함에게 자신의 계획을 보여주셨기 때문이다. 그러나 롯을 비롯한 소돔의 죄인들은 하나님의 계획을 알 수가 없었다.

진짜 예수?

하나님을 경외한다는 것은 하나님이 사랑하시는 것을 사랑하고, 하나님이 미워하시는 것을 미워하는 삶이다. 하나님께 중요한 것은 나에게도 중요하고, 하나님에게 사소한 일은 나에게도 사소하게 느껴지는 자세이다. 그러한 사람은 하나님을 우선적으로 자신의 삶에 받아들인다. 주님을 경외하는 심령은 하나님의 뜻에 확고부동한 닻을 내린다.

성경에 의하면, 인간이 하나님을 경외하면 할수록 하나님은 더욱 인간에게 가까이 하신다고 기록되어 있다. 하나님과 아주 가까이 마주치면 하나님을 향한 사랑의 강도가 그만큼 세어진다. 즉, 하나님을 추상적으로 아는 것이 아니라, 진리와 생명의 하나님을 직접 만나고 사랑하게 된다. 주님을 향한 심오하고 지속적인 경외가 없이는 하나님과의 친밀함을 누릴 수 없다. 하나님을 경외하지 않는 사람은, 말로만 하나님을 사랑한다고 하는 사람이다. 하나님을 경외하지 않는 신자는, 하나님을 온전히 아는 것이 아니다. 그리고 하나님은 그런 신자를 아는 바 없다고 하실 것이다. 그런 경우 예수님을 사랑한다고 하지만, 자신의 상상력으로 만들어낸 예수님을 사랑하는 것뿐이지 실재하는 예수님을 사랑하는 것은 아니다.

그러한 상상의 연모는, 할리우드의 스타나 유명 운동선수를 흠모하는 팬들의 모습을 통해 설명될 수 있다. 팬들은 대중 매체가 연출해내는 그 환상적인 모습에 반해서 스타들을 좋아하게 된다. 그래서 인터넷과 잡지를 통해 스타들에 관하여 읽고 보고 즐긴다. 팬들은 스타들의 이름도 알고 스타들의 사생활까지 속속들이 알고 있다. 내 친구 중에 하나는 자신이 스타들의 절친한 친구인냥 스타들에 관하여 나에게 상세히 설명해 주는 사람도 있다. 유명 배우나 가수들의 사생활이 마치 자신의 가족들의 이야기인 양 큰 관심을 보이는 모습이었다. 그러나 과연 팬들이 그 스타들을 진실로 아는가? 아니 스타가 팬들을 일일이 한 사람씩 알아주는가? 만약에 스타를 실제로 만나보거나 같이 살아보면 그들은 전혀 다른 사람들인 것을 발견하게 될 것이다. 실제 인물은, 미디어에서 상품으로 처리되어 선전된 가공의 인물과는 전혀 다른 사람일 것이다. 그러므로 팬과 스타들의 관계는 일방적인 관계이다. 짝사랑이라는 말이다. 팬과 스타가 직접 만나 교제를 나눈다면, 공동의 화젯거리나 관심사도 찾기 어려워 서로 대화가 되지 않을 것이다. 스타나 유명인사를 실제로 만나보면 그들은 팬들이 상상했던 것과는 전혀 딴판의 인물인 것을 발견하게 될 수도 있다.

나는 동일한 현상이 교회에서 일어나는 것을 목격하고 있다. 많은 사람들이 주님을 아는 것처럼 떠벌리고 있다. 마치 하나님과 아주 가까운 것처럼 하나님에 관하여 많은 말들을 한다. 그러나 그들의 말을 자세히 들어보면 하나님을 아는 것이 아니라 하나님에 관하여 아는 것임이 드러난다. 그들은 하나님을 잘 아는 척 하지만, 하나님도 그들을 아시는가? 아니, 하나님과 그들이 그렇게도 서로 친한 사이인가? 많은 기독교인들이 하나님이 과거에 하신 말씀은 지식적으로 알지만 지금 현재 하나님이 자신에게 하고 계신 말씀은 듣지 못한다. 그들은 설교는 듣지만 하나님의 음성은 듣지 못하고, 하나님이 하시는 일은 보지만 하나님의 깊은 뜻은 모른다.

나는 지극히 극단적인 예를 하나 들어보고자 한다. 내가 가족과 하와이로 여행을 하던 중에 일어났던 일이다. 시차가 있어서인지 나는 아주 이른 아침에 눈을 떴다. 그래서 이른 아침, 바닷가로 나가서 기도드리고 있는데, 한 남자가 나에게 다가왔다. 그는 하와이라는 섬에 온 것에 너무 흥분해서, "이 섬에는 아리따운 아가씨들도 많고, 사람들도 친절하고 매우 사교적입니다"라고 했다. 그는 최근에 그가 참석했던 황홀한 파티에 관해서 말했다. 그리고 그의 거의 모든 대화는 수많은 세속적인 주제로 일관되었다.

그는 나에게 직업이 무어냐고 물어왔다. 내가 기독교 교역자라고 밝히자, 그는 역시 흥미진진하게 주님에 관한 이야기로 화제를 바꾸었다. 그는 자신이 출석하는 교회에서 전도여행을 한 이야기, 또한 자기네 교회의 목사에 관한 이야기 등을 장황하게 늘어놓았다. 그는 자신이 예수님을 만나게 된 이야기부터 시작해서 지금까지의 신앙생활에 관하여 일사천리로 늘어놓더니, 급기야는 나에게 전도지까지 건네주었다. 그는 자신의 아내와 자녀들이 지금 호텔방에서 자고 있다고 말했다. 그때 문득 내 머릿속에는 조금 전에 이 섬의 아가씨들이 너무 예쁘다고 한 그 장면이 스쳐 지나갔다. 그 사나이를 만나면서 나의 마음은 무너져 내렸다. 그는 입술로는 주님을 안다고 하지만, 그의 행실은 전혀 자신의 말을 못하고 있었다. 나는 그때 문득 예수님은 사람의 말이나 성취한 정도로 사람을 평가하시는 것이 아니라, 생활의 열매로 판단하신다는 예수님의 말씀이 생각났다.

이러므로 그들의 열매로 그들을 알리라 나더러 주여 주여 하는 자마다 다 천국에 들어갈 것이 아니요 다만 하늘에 계신 내 아버지의 뜻대로 행하는 자라야 들어가리라 그 날에 많은 사람이 나더러 이르되 주여 주여 우리가 주의 이름으로 선지자 노릇 하며 주의 이름으로 귀신을 쫓아내며 주의 이름으로 많은 권능을 행하지 아니하였나이까 하리니 그 때에 내가 그들에게 밝히 말하되 내가 너희를 도무지 알지 못하니 불법을 행하는 자들아 내게서 떠나가라 하리라 (마 7:20-23)

위에서 제시한 한 가지 예는 여러 다양한 예들 중에 극히 일부분에 지나지 않는다. 자신이 하나님을 믿는다고 말하는 사람들이 하나님을 아는 수준은 마치 유명한 운동선수에 관하여 그의 팬이 아는 정도일 뿐이다. 즉, 어디서 남들이 하는 말을 들어서 아는 것뿐이지, 실제로 인격적인 접촉을 통해 아는 것이 아니라는 것이다. 그런 명목상의 기독교인들을 보면 나의 마음은 찢어지듯이 아프다. 그들은 구원받기를 원하지만, 동시에 세상도 사랑하는 사람들이다. 그들에게는 하나님을 갈망함보다는 자신의 쾌락, 자신의 주장, 자신의 스케줄이 더 중요하다.

구원받은 사람들 중에도 육적인 기독교인은 존재한다. 그들은 구약의 롯처럼 세상에 얽매인 삶을 살아간다. 하나님을 섬기기 원하지만, 그것은 소망일 뿐, 현실적으로는 육적인 입맛에 중독되어 있다. 그들은 십자가로 하여금 그들의 육정을 죽이도록 허락하지 않는 사람들이고, 주님의 거룩하게 태우시는 불세례에 저항하는 자들이다. 그들은 하나님을 열정적으로 추구하지도 않고, 하나님 나라의 일을 우선적으로 생각하지도 않으며, 주님의 뜻을 첫 번째로 놓지도 않는다. 그렇기에, 구원은 받았을지 몰라도, 하나님과의 친밀감은 전혀 없는 자들이다. 그들은 성소로 진입하지 않고 아직도 바깥뜰을 배회하므로, 진실로 살아계신 하나님의 선하심과 인자하심을 맛보지 못하고 있다.

하나님이 계신 지성소로 들어가지 않고, 아직도 성전의 바깥뜰만

밟고 다니는 자들은 왜 하나님이 그들을 세상의 억압으로부터 건져내셨는지 그 심오한 뜻을 헤아리지 못하는 자들이다. 그들은 하나님과의 친밀한 사귐이라는 부르심을 듣지 못하는 자들이다. 그들은 하나님의 사랑, 축복, 보호하심, 돌보심, 부유함의 설교 메시지를 듣기 좋아한다. 물론 그런 축복의 메시지들은 모두 진실이다. 그러나 일단 마음의 중심을 드리는 문제에 봉착하면, 믿음이 없는 자들은 곧바로 마음 문을 닫아버린다. 그들은 인생을 만족하게 채워줄 것을 추구하지만, 생명의 샘인 마음의 문제는 간과한다.

하나님과 친밀한 관계로 들어가고자 하는 모든 사람은, 하나님은 거룩한 분이시고 업신여김을 받지 않으시는 분이라는 것을 분명히 기억해야 한다. 하나님은 우리들과 친밀한 관계를 맺기 위해 엄청난 대가를 치른 분이시다. 그 예수님을 믿는다면, 어떻게 우리가 하나님과 친구가 되지 않고 세상과 친구가 될 수 있겠는가? 야고보는 하나님에게 가까이 다가가라는 권면을 하기 전에 다음과 같은 경고를 준다. "간음한 여인들아 세상과 벗된 것이 하나님과 원수 됨을 알지 못하느냐 그런즉 누구든지 세상과 벗이 되고자 하는 자는 스스로 하나님과 원수 되는 것이니라"(약 4:4). 세상과 친구가 되고자 하는 사람은 하나님과 원수가 된다고 분명히 밝히고 있지 않은가! 반드시 기억할 일은 야고보가 주신 말씀은 믿는 성도들에게 하신 말씀이라는 점이다. 바울도 야고보와 비슷한 권면을 주었다. "모든 사람에게 구원을 주시는 하나님의 은혜가 나타나 우리를 양육하시되 경건하지 않은 것과 이 세상 정욕을 다 버리고 신중함과 의로움과 경건함으로 이 세상에 살고 복스러운 소망과 우리의 크신 하나님 구주 예수 그리스도의 영광이 나타나심을 기다리게 하셨으니"(딛 2:11-13). 그래서 바울은 두려움과 떨림 가운데 구원을 이루라고 역설한 것이다.

예수님의 친구들

우리는 종종 '예수님을 영접하는 모든 사람은 전부다 예수님의 친구다'라는 설교를 듣는다. 그러나 하나님은 대충 얼버무려 신자들을 몽땅 하나님과의 친구관계로 엮는 그런 분이 아니시다. 하나님은 그렇게 엉터리로 친분관계를 맺지 않으신다. 하루는 내가 기도하는데, '나의 백성이 내가 그들에게 신실했던 것만큼 그들이 나에게 신실했다면 우리들의 관계가 어땠을까?' 하며 하나님은 울부짖으셨다. 예수님은 "중생한 사람들의 클럽"에서 왕초노릇을 하려고 세상에 오신 분이 아니다. 예수님은 그가 인간을 사랑한 만큼 하나님을 사랑하는 사람들과 사귐을 가지기 위해 이 땅에 오셨다. 예수님과의 친분관계라는 것은 바로 그런 것이다. 예수님이 우리를 사랑하시는 만큼 우리도 예수님을 사랑하는 것이다. 그로 인해 진실한 사랑의 친분관계가 성립된다. 예수님의 말씀을 들어보자.

> 너희는 내가 명하는 대로 행하면 곧 나의 친구라 (요 15:14)

예수님과의 친분관계로 들어가기 위한 매개변수가 바로 이것이다. 친분관계는 모든 사람에게 열려 있는 것이 아니다. 아주 친한 관계는 한정적이다. 진실로 믿을 수 있는 사람들에게만 열려 있기 때문이다. "나를 그리스도로 고백하기만 하면 내 친구가 되리라"고 말씀하지 않으시고, "내가 명하는 대로 행하면 내 친구가 되리라"고 하신 것을 명심하라. 우리는 "하나님이 시키시는 대로, 곧이 곧대로 행하는 것"은 결국 하나님을 경외함에서 비롯된다고 이 단원에서 배우고 있다.

예수님의 이 말씀은 유다가 배반하고 떨어져 나간 다음에 주신 말씀이다. 이제 11명의 제자들에게 예수님은 이렇게 말씀하셨다. "이제부터는 너희를 종이라 하지 아니하리니"(요 15:15). 한때 하나님은 하나님의 사람을 그분의 종으로 생각했던 적이 있었다. 그러나 이제는 새로운 경지로 신자들을 인도하신다. 이제는 영적 수준이 한 단계 더 높아졌다.

> 이제부터는 너희를 종이라 하지 아니하리니 종은 주인이 하는 것을 알지 못함이라 너희를 친구라 하였노니 내가 내 아버지께 들은 것을 다 너희에게 알게 하였음이라(요 15:15)

종은 주인이 하는 일의 근본 의도를 알지 못한다. 종은 그저 시키는 일이나 하는 사람이기 때문이다. 그러나 친구는 다르다. 하나님의 친구는 하나님의 계획과 일의 동기와 목적을 잘 이해하는 사람이다. 제자들은 왜 처음부터 예수님의 친구라 불림을 받지 못했는가? 예수님을 따르면서, 모진 역경과 시련 그리고 시험과 풍파를 견디어내면서, 그들의 충성심과 순종을 보여준 결과로 그렇게 불린 것이기 때문이다. 그들은 예수님과 동거하면서 예수님과 함께 울고, 웃고 한 사람들이다. 그들의 신실함이 순종의 삶으로 증명되었기에, 이제 그들은 예수님의 친구라 불리게 되었다.

예수님께서 하신 말씀은, 예수님의 제자들뿐만 아니라 예수님을 따르는 모든 무리에게 적용되는 말씀이다. "내가 명령하는 일을 하는 사람마다 나의 친구다." 예수님께 순종하는 사람은 예수님의 친구다. 이는 시편기자가 하신 말씀과 일맥상통한다. "주님을 경외하는 사람은 주님의 친구입니다."

하나님은 왜 친구관계에 제한을 두셨는가? 그것은 아마도 우리를 보호해주시려는 의도인 것 같다. 친숙한 사람 사이에서는 무엇이든지 허락된다. 가짜 친구와 너무 친숙해지면 도리어 낭패를 당하게 된다. 그렇기에 예수님은 가까운 친구를 선별하셨다. 이런 경우는 신약시대에도 있었다. '아나니아'와 '삽비라'라는 부부가 거룩하신 하나님의 존전에 거짓을 들고 왔을 때에 하나님은 가만히 계시지 않으셨다. 그들은 하나님의 임재 앞에서 즉사했다. 그러자 엄청난 "하나님을 두려워함"이 초대교회를 뒤덮었다고 말씀하고 있다. 하나님을 우습게 알던 자리에서 하나님을 경외하는 자리로 옮겨진 것이다.

아나니아라 하는 사람이 그의 아내 삽비라와 더불어 소유를 팔아 그 값에서 얼마를 감추매 그 아내도 알더라 얼마만 가져다가 사도들의 발 앞에 두니 베드로가 이르되 아나니아야 어찌하여 사탄이 네 마음에 가득하여 네가 성령을 속이고 땅 값 얼마를 감추었느냐 땅이 그대로 있을 때에는 네 땅이 아니며 판 후에도 네 마음대로 할 수가 없더냐 어찌하여 이 일을 네 마음에 두었느냐 사람에게 거짓말한 것이 아니요 하나님께로다 아나니아가 이 말을 듣고 엎드러져 혼이 떠나니 이 일을 듣는 사람이 다 크게 두려워하더라 젊은 사람들이 일어나 시신을 싸서 메고 나가 장사하니라 세 시간쯤 지나 그의 아내가 그 일어난 일을 알지 못하고 들어오니 베드로가 이르되 그 땅 판 값이 이것뿐이냐 내게 말하라 하니 이르되 예 이것뿐이라 하더라 베드로가 이르되 너희가 어찌 함께 꾀하여 주의 영을 시험하려 하느냐 보라 네 남편을 장사하고 오는 사람들의 발이 문 앞에 이르렀으니 또 너를 메어 내가리라 하니 곧 그가 베드로의 발 앞에 엎드러져 혼이 떠나는지라 젊은 사람들이 들어와 죽은 것을 보고 메어다가 그의 남편 곁에 장사하니 온 교회와 이 일을 듣는 사람들이 다 크게 두려워하니라(행 5:1-11)

삶의 보물상자를 여는 열쇠

주님을 경외함은 하나님과의 친밀감으로 들어가는 열쇠이며 생명의 샘이다.

여호와께서는 지극히 존귀하시니 그는 높은 곳에 거하심이요 정의와 공의를 시온에 충만하게 하심이라 네 시대에 평안함이 있으며 구원과 지혜와 지식이 풍성할 것이니 여호와를 경외함이 네 보배니라(사 33:5-6)

거룩한 두려움은 구원, 지혜, 지식의 보물 상자를 여는 열쇠이다. 어째서 그럴까? 왜냐하면 거룩한 두려움은 하나님과의 친밀함이 놓여질 기반이기 때문이다. 오직 경외를 통해서만 하나님과의 친밀함이 열려진다. 하나님의 그 크신 사랑과 항상 나란히 걸어가는 것이 있다. 그 것은 바로 모든 생명의 근원이며, 하나님의 영광이요 하나님의 거룩함이다. 그러므로 하나님을 경외함 없이 하나님을 사랑하거나 하나님과 동행하거나 하나님과 친하게 지내는 것이 불가능하다. 인격적 관계에서 그 관계가 지속되려면 필요한 요소가 있는데, 그것은 상대방의 인격을 존중해 주는 것이다. 피조물인 인간이 창조주인 하나님 앞으로 가까이 다가설 때, 즉 하나님과 친밀한 관계를 가지려할 때에 반드시 지켜야 하는 기본적인 예의가 있는데 그것은 하나님을 창조주로 존중해 드리는 것이다. 우리는 그것을 '하나님을 경외함'이라고 부른다.

토론을 위한 질문들

1. 하나님을 무서워하는 것과 하나님을 경외하는 것이 어떻게 다른지 당신 자신의 말로 표현해 보라.

2. 이 단원에서 저자는 "하나님의 친구"였던 아브라함과 그의 조카 롯을 비교하였다. 롯은 타락한 소돔과 고모라 땅을 바라보면서, 그 땅이 주는 풍요는 취하고 그곳의 악독은 물리치리라 결심했을지도 모른다. 당신도 롯과 비슷한 논리를 전개한 적은 없는가?
주님을 경외함이 인간적인 합리화를 수정해 주리라 생각하는가?

3. 저자가 하와이의 해변가에서 만난 신자와 같은 그런 위선자를 당신도 만나본 적이 있는가? 그런 사람을 당신은 어떻게 다루는가?
극단적인 것은 아니더라도, 당신 자신도 역시 하와이의 해변가에 있던 바로 그 사람과 비슷한 종류의 인간이라고 생각하는가? 말과 행동이 다르고, 신앙과 행실이 다른 경우, 당신은 그런 이율배반을 어떻게 처리하는가?

4. 시편 25편 14절 말씀인 "여호와의 친밀하심이 그를 경외하는 자들에게 있음이여 그의 언약을 그들에게 보이시리로다"에 비추어 볼 때, 친밀함과 경외함은 같이 발맞추어 가는 것임을 알 수 있다. 경외함 없는 친밀함은 위험하기 때문이다. 그렇다면 "친밀함(내지는 친함)이 주는 위험성"은 무엇일까?

제 7 장

진정한 친밀함을 방해하는 요소는?
What Hinders True Intimacy?

"속임을 당한 자들은 하나님에 대해
잘 알지도 못하면서 안다고 착각한다"

하나님을 경외함은 하나님과의 친밀한 관계형성의 기초이다. 그것은 지혜의 글인 잠언의 시작하는 부분에서 명확히 기술된 내용이다. "여호와를 경외하는 것이 지식의 근본이거늘"(잠 1:7). 그런데 무슨 지식을 말하려는 것인가?

> 내 아들아 네가 만일 나의 말을 받으며,
> 나의 계명을 네게 간직하며,
> 네 귀를 지혜에 기울이며 네 마음을 명철에 두며,
> 지식을 불러 구하며 명철을 얻으려고 소리를 높이며
> 은을 구하는 것 같이 그것을 구하며
> 감추어진 보배를 찾는 것 같이 그것을 찾으면
> 여호와 경외하기를 깨달으며
> 하나님을 알게 되리니 (잠 2:1-5)

성경에서 말하는 지식이란 우리가 생각하는 지식과는 다르다. 성경의 지식이란 "주로 사람에 관한 지식으로, 그 사람과의 친밀한 관계를 전제로 한다"고 성경사전에 나와 있다. 바인즈의 강해 사전에는 지식을 "하나님에 관하여 경험적으로 아는 것"이라고 정의한다. "하나님을 적극적으로 아는 것은 하나님을 경외하는 것"이라고 바인즈는 주장하기도 한다.

하나님을 잘 아는 사람은 하나님께서 하시는 말씀을 잘 듣는 사람이다. 그런 사람은 하나님의 명령을 소중하게 생각한다. 환경에 상관없이 하나님의 말씀에 순종하는 사람은 하나님을 경외하는 사람이다. 그러나 하나님을 경외하지 않는 사람은, 환경을 탓하며 말씀에 순종하지 않으려고 무슨 핑계라도 만들어서 둘러댄다. 야고보는 그런 사람을 스스로 속이는 자라고 하였다. "너희는 말씀을 행하는 자가 되고 듣기만 하여 자신을 속이는 자가 되지 말라"(약 1:22). 하나님의 뜻은 알지만, 여하한 이유로든, 그분의 뜻을 실천하지 않는 사람은 스스로 속이는 자이다. '속이는 영'은 참으로 골치 아픈 영이다. 사실은 그렇지 않은데, 자신이 하나님을 믿고 있다고 착각하게 만들기 때문이다. 속임을 당한 자들은 하나님에 대해 잘 알지도 못하면서 아는 척한다.

주님에 대한 왜곡된 인상

하나님을 경외하지 않고서는 하나님을 제대로 알 수 있는 길이 없다. 하나님에 대해 연구만 한다면 하나님에 대한 그릇된 이미지만 만들어내게 된다. 또한 교회에 다니는 신자들도, 입술로만 하나님을 찾고 그 마음 중심이 하나님을 향하지 않으면 하나님과 만날 수 없다. 이스라엘 백성에게서 그 본보기를 찾아보자.

모세는 백성을 데리고 하나님의 산인 시내산으로 향하였다. 출애굽한 이스라엘 백성에게 하나님을 소개하기 위해서이다. 그러나 하나님과 친근한 관계로 가까이 다가가면 갈수록, 이스라엘 백성은 하나님을 만나는 것을 꺼려했다. 결국 "백성은 멀리 서 있고 모세는 하나님이 계신 흑암으로 가까이 가니라"와 같은 사건이 발생한다(출 20:21). 이 얼마나 가슴 아픈 모양새인가! 이제 하나님의 영광이 크게 임할 그 시점에서 하나님의 백성이 뒤로 도망가다니! 하나님께서 직접 백성에게 말씀하시는 것을 들어볼 그 좋은 기회를 놓치다니! 그러나 앞서 이미 말한 대로 그들은 하나님의 임재를 감당할 수 없었다. 왜냐하면 마음 중심으로 하나님을 경외하지도 않고 하나님의 명령에 순종할 자세도 아니었기 때문이었다. "다만 그들이 항상 이 같은 마음을 품어 나를 경외하며 내 모든 명령을 지켜서 그들과 그 자손이 영원히 복 받기를 원하노라"(신 5:29).

너무나 실망한 나머지, 하나님은 하나님과 인간 사이에 중재자를 세우셨다. "여호와께서 그에게 이르시되 가라 너는 내려가서 아론과 함께 올라오고 제사장들과 백성에게는 경계를 넘어 나 여호와에게로 올라오지 못하게 하라 내가 그들을 칠까 하노라"(출 19:24). 하나님은 아론과 모세를 중간다리 놓는 자로 내세우신 것이다. 그들은 백성을 위해 대신 하나님의 말씀을 듣는 자들이다. 그리고 하나님의 백성을 하나님께로 인도하는 자들이다. 그러나 그것은 하나님께서 근본적으로 계획하신 것과는 거리가 먼 것이다.

출애굽기를 계속 읽다보면 모세는 하나님의 산으로 올라가고 아론은 밑에서 백성을 다스리고 있는 것을 볼 수 있다. 아론은 처음에는 백성을 하나님께로 끌어올리는 사명을 받았으나, 점차 사람들에 의해 땅으로 끌어내려지는 지경에 이른다. 어쩌다 그렇게 되었을까? 그것은 하나님과 있을 때보다 사람들과 있을 때 더 편한 것을 발견했기 때문이다. 그래서 아론은 점차 하나님을 경외함에서 멀어져만 갔다. 즉, 아론은 하나님을 두려워하기보다는 사람을 더 두려워하게 되었다. 그러다 보니 자꾸만 군중의 눈치를 살피게 되었고, 결국 아론은 하나님을 섬기는 자가 아니라 대중을 섬기는 자로 전락했다. 결국 하나님이 원하는 것을 백성에게 주는 것이 아니라, 백성이 원하는 것을 백성에게 주게 되었다. 그 결과, 모세가 하나님의 산으로 올라간 후 거의 40일이 되었을 때 다음과 같은 불행한 사건이 발생하게 되었다.

> 백성이 모세가 산에서 내려옴이 더딤을 보고 모여 백성이 아론에게 이르러 말하되 일어나라 우리를 위하여 우리를 인도할 신을 만들라 이 모세 곧 우리를 애굽 땅에서 인도하여 낸 사람은 어찌 되었는지 알지 못함이니라
> (출 32:1-2)

아론은 타고난 리더십을 가진 인물이다. 사람들은 아론에게 마치 자석에 끌리듯 그렇게 몰려들었다. 하나님이 보낸 리더든 아니든 상관없이, 일단 리더십으로 사람을 이끌면 군중은 모이게 된다. 주님을 두려워하지 않는 교회의 지도자들도 지도력이라는 기술을 사용하여 사람들을 불러모은다. 물론 그들이 사용하는 기술이라는 것은, 주님이 원하시는 것이 아니라, 사람들이 원하는 바를 충족시켜 주는 기술이다. 그러한 지도자들은 사람이 원하는 것을 제시해 주고, 사람이 바라는 것을 충족시켜 주며, 사람이 필요로 하는 것을 채워 주고, 사람의 가려운 데를 시원하게 긁어주는 귀재들이다. 결국 수천 명이 모인 교회에서도,

하나님의 뜻대로 사람들이 살지 아니하면, 하나님의 현존이 나타나지 않는 경우도 있다.

무리는 아론에게 다가와서 자신들이 원하는 것이 있다고 말했다. "백성이 아론에게 이르러 말하되 일어나라 우리를 위하여 우리를 인도할 신을 만들라." 그리고 타고난 지도자인 아론은 그 백성의 요구를 충족시켜 줄만한 일을 하였다. 백성이 동요한 까닭은 어디에 있을까? 그것은 지도자인 모세에 대한 불신으로부터 시작되었다. "이 모세 곧 우리를 애굽 땅에서 인도하여 낸 사람은 어찌 되었는지 알지 못함이니라."

신들인가 하나님인가?

성경 원어를 연구하면서 나는 이상한 것을 하나 발견하였다. 영어 성경에는 "잡신들"이라고 번역이 되었으나 히브리어로는 '엘로힘', 즉 그냥 '신'이다. 이 단어는 구약에 2,606번 등장하는데, 90% 이상인 2,350번은 전능하신 하나님을 지칭하는 데 사용되었다. 창세기 1장에는 32번이나 나오는데, 모두 하나님이라고 번역되어 있다. 예를 들어 창세기 1장 1절은 "태초에 하나님(엘로힘)이 천지를 창조하시니라"고 되어 있다.

그런데 구약성경에서 250번 정도는 이 단어가 가짜 신을 지칭하는 데 사용되었다. 성경은 단어만 가지고는 그 뜻을 알 수 없고, 항상 문맥으로부터 유추해서 읽어야 한다.

아론은 백성에게 "너희의 아내와 자녀의 귀에서 금 고리를 빼어 내게로 가져오라"고 하였고 "모든 백성이 그 귀에서 금 고리를 빼어 아론에게로 가져가매 아론이 그들의 손에서 금 고리를 받아 부어서 조각칼로 새겨 송아지 형상을" 만들었다.

송아지 형상이 완성된 후 말하기를, "이는 너희를 애굽 땅에서 인도하여 낸 너희의 신(엘로힘)이로다"고 했다. 애굽 땅에서 인도해 낸 그 신이 바로 송아지라는 뜻이다. 계속해서 읽어보자. "아론이 보고 그 앞에 제단을 쌓고 이에 아론이 공포하여 이르되 내일은 여호와의 절일이니라 하니"(출 32:5). 여호와 혹은 야훼라는 단어는 히브리어에서 가장 신성한 단어이다.

탐닉이 뒤따르는 예배

물론 이스라엘 백성들은 신을 부인하지는 않았으나, 하나님의 영광을 그저 자그마한 금송아지 정도로 축소시켰다. 왜냐하면 혼동으로 잠시 속았기 때문이다. 이스라엘 백성은 아직도 구원자이신 여호와를 알고 있었다. 애굽으로부터 그들을 구원한 그 하나님의 능력도 인정했다. 그러나 그들은 하나님이라는 인격을 금송아지의 형상으로 대치시킨 것이다! 계속 읽어보자.

> 이튿날에 그들이 일찍이 일어나 번제를 드리며 화목제를 드리고 백성이 앉아서 먹고 마시며 일어나서 뛰놀더라(출 32:6)

그들은 번제, 화목제, 헌금 등을 가지고 왔다. 왜 아침 일찍부터 하나님께 뭔가를 바치려고 들고 왔을까? 그 이유는 그들이 섬기는 신인 야훼를 공경하는 마음에서이다. 그러므로 이스라엘 백성에게 하나님을 믿는 믿음이 없었다고 한다면 그것은 잘못된 판단이다. 이스라엘 백성은 하나님을 믿었다. 문제는 그 하나님이 과연 어떤 하나님이냐 하는 것이다. 그들은 제물을 바친 후에 그들의 육적인 욕정을 만족시킬 축제를 벌였다. "먹고 마시며 일어나서 뛰놀더라"는 구절을 NIV는 "술 마시고 떠들고 야단법석 하는 환락에 취했다"라고 번역하고 있다.

과연 오늘날에도 이런 일이 일어날까? 물론이다! 하나님의 은혜로 구원함을 받은 사람들이 거룩한 두려움으로 하나님을 섬기지 않고 적당히 상상해서 만들어낸 신을 믿는 경우이다. 그들은 자신들이 나름대로 지어낸 하나님, 자신들이 엉터리로 만들어낸 예수님, 그리고 자신들의 판단으로 지어낸 신앙 형태를 신봉한다. 그들은 입으로 주님을 믿는다고 하면서 찬양도 하고 말씀도 듣고 헌금도 드리지만, 세상에서 사업하면서 거짓말도 하고 사기도 치는 자들이다. 그러면서도 그들은 하나님께서 복을 주셔서 부자가 되고 잘 먹고 잘 산다고 하는 자들이다. 그들은 핑계대는 것에는 명수들이며, 자신들이 진리대로 살지 못하는 것을 합리화시키는 일에는 거의 도사가 된 사람들이다. 뿐만 아니라 심지어는, 목회자나 교회의 지도자들에 대한 험담을 일삼아 교회를 정신 없게 만들고 자신들의 신앙 없음을 은폐시키려 한다. 그들은 음란하고 방탕하며 세상적인 것을 즐기면서도 회개하지 않고 계속 합리화만 한다.

그들에게 예수님을 아느냐고 물어보면, 그들은 강조하면서 "예!"라고 할 것이다. 그들은 스스로 속이는 자들인가? 물론이다. 그들은 전능자의 우편에 앉으신 그분을 두려움과 떨림으로 섬기는 진실한 기독교인들인가? 아니면 자기가 원하는 것을 따라 자신이 만들어낸 가짜 신을 섬기는 자들인가?

하나님을 경외함이 없으면, 말은 그럴듯하게 늘어놓을지 몰라도, 결국 육을 따라 살게 되어 있다. "육신을 따르는 자는 육신의 일을, 영을 따르는 자는 영의 일을 생각하나니 육신의 생각은 사망이요 영의 생각은 생명과 평안이니라 육신의 생각은 하나님과 원수가 되나니 이는 하나님의 법에 굴복하지 아니할 뿐 아니라 할 수도 없음이라"(롬 8:5-7). 가짜 신자들은 하나님의 말씀에 순종하지 않는다. 그들의 관심은 하나님이 그들의 소원을 들어주시는 데 있기 때문이다. 다시 말하자면, 하나님의 말씀을 듣는 것이 아니라, 하나님을 보고 자기 말을 들으라고 하는 사람들이다. 그들은 하나님의 갈망이 무엇이든 거기에는 관심이 없다. 그들의 갈망은 오직 하나님이 자신들의 욕구를 들어주는 데만 관심이 있다. 그들은 교회에 다니며 주님의 이름을 부르기도 하고, 주님을 믿는다고 말하기도 하고, 헌금을 하기도 하지만, 그 모든 것의 근본 동기는 하나님으로부터 뭔가를 뜯어내어 자신의 이득을 챙기기 위함이다. 그들은 왜 회개하지도 않고 순종하지도 않는가? 그 이유는 하나님을 경외하지 않기 때문이다. 자신들은 하나님을 알고 있다고 하지만, 그것은 착각이다. 그들이 안다는 그 하나님은 진짜 살아계신 하나님이 아니고 자신들이 만들어낸 가짜 하나님, 즉 금송아지 같은 우상(탐욕: 재물, 건강, 형통, 축복, 명예, 부, 평안)이기 때문이다.

숨길 것이 없음

인간이 하나님 앞에서 뭔가 숨기는 것이 있다는 것은 이미 성경 전체에서 지적하고 있는 사실이다. 아담도 하나님의 낯을 피해 숨었지만, 아담의 아들인 가인도 매한가지였다. 아담과 하와는 범죄하자마자, 누가 시킨 것도 아닌데, 스스로 땅의 소산인 무화과 나뭇잎으로 몸을 가렸다. 그러나 하나님은 몸을 제대로 가리는 법을 가르쳐 주셨다. 하나님은 동물을 잡으시고 피를 흘린 후에 그 짐승의 가죽으로 옷을 지어주셨던 것이다. 나는 그 동물이 양이 아니었나 상상해본다. 죄에 대한 대가는 피흘림이라는 것을 알게 해 주신 것이다.

인간이 범죄한 까닭에 하나님은 동물의 희생제사를 원하신다는 것을 가인은 부모인 아담과 하와로부터 배웠을 것이다. 아담과 하와는 땅의 소산인 무화과 나뭇잎을 사용하였지만 하나님은 그것이 아니라고 이미 가르쳐주셨다. 그럼에도 불구하고, 하나님께 제사를 드릴 때에 가인은 하나님의 자상하신 지시를 무시하고 곡식으로 제사를 드렸다. "세월이 지난 후에 가인은 땅의 소산으로 제물을 삼아 여호와께 드렸고"(창 4:3). 가인은 다른 하나님께 제사를 드리지는 않았다. 가인이 제물을 바친 하나님은 진짜 살아계신 하나님이었다. 그는 열심히 일했고 정성을 다해 제사를 드렸다. 그래도 그는 불순종한 사람이었다. 왜냐하면 하나님의 지시를 따르지 않았기 때문이다.

그러한 불순종의 뿌리는 무엇일까? 그것은 다름 아닌 하나님의 명령을 우습게 여긴 것이다. 가인은 하나님의 말씀을 경솔히 여기고 경멸했다. 형제인 아벨을 살해한 후에 하나님은 가인에게 아벨이 어디 있냐고 물었을 때, 가인은 이렇게 말했다. "여호와께서 가인에게 이르시되 네 아우 아벨이 어디 있느냐 그가 이르되 내가 알지 못하나이다 내가 내 아우를 지키는 자니이까?"(창 4:9). 뭔가 하나님을 깔보는 듯한 태도가 엿보이지 않는가? 어쩌다 그렇게 되었을까? 속았기 때문이다. 아니 스스로 자신을 속였기 때문이다. 가인은 하나님 앞에서 뭔가를 숨길 수 있는 것처럼 행동하고 있지 않은가? 하나님은 인간이 아니시다. 하나님의 모습이 가인의 눈에는 그저 사람 정도로 축소된 것이다. 마치 이스라엘의 신이 금송아지 정도로 축소된 것처럼 말이다. 바울은 말세에 바로 그런 현상이 나타날 것이라고 엄중히 경고하였다. "하나님을 알되 하나님을 영화롭게도 아니하며 감사하지도 아니하고 오히려 그 생각이 허망하여지며 미련한 마음이 어두워졌나니 스스로 지혜 있다 하나 어리석게 되어 썩어지지 아니하는 하나님의 영광을 썩어질 사람과 새와 짐승과 기어다니는 동물 모양의 우상으로 바꾸었느니라"(롬 1:21-23). 가인의 경우와 마찬가지로 하나님을 경외하지 않는 사람들은 영적으로 속고 또 속이게 되어 있다.

가인의 대답은 하나님으로부터 숨길 수 있는 것은 아무것도 없다는 것을 잊어버린 것 같다. 하나님은 인간이 아니시다. 하나님은 모든 것을 보시고 모든 것을 아신다. 그러나 하나님에 대한 경외가 떨어지면 영적 상식도 함께 떨어진다. 즉, 영적으로 몰상식해진다. 기가 막힌 죄악을 범하면서도 뻔뻔스러워진다. 하나님을 경외하지 않는 사람들의 입술에서는 불평과 불만이 나오고, 절망과 한숨으로 하나님을 비난하는 태도가 끊이지 않는다. "그가 내게 이르시되 이스라엘과 유다 족속의 죄악이 심히 중하여 그 땅에 피가 가득하며 그 성읍에 불법이 찼나니 이는 그들이 이르기를 여호와께서 이 땅을 버리셨으며 여호와께서 보지 아니하신다 함이라"(겔 9:9). 평신도들뿐만 아니라 이스라엘의 지도자들까지도 역시 그 절망의 구렁텅이에서 빠져 나오지 못했다. "또 내게 이르시되 인자야 이스라엘 족속의 장로들이 각각 그 우상의 방안 어두운 가운데에서 행하는 것을 네가 보았느냐 그들이 이르기를 여호와께서 우리를 보지 아니하시며 여호와께서 이 땅을 버리셨다 하느니라"(겔 8:12).

당신도 그렇지 아니한가? 그렇다면 예수님의 말씀을 가슴 깊숙이 새겨라. "감추인 것이 드러나지 않을 것이 없고 숨긴 것이 알려지지 않을 것이 없나니"(눅 12:2). 일단 하나님을 경외하지 않으면 인간은 하나님을 인간적인 눈으로 바라보는 과오를 범하게 된다. 그러다 보면 무의식적으로 판단하기를, 하나님 앞에서 숨길 수 있다고 착각하게 된다. 하나님은 무소부재하시며 전지전능하시다는 것을 이론적으로는 알지만, 개인적인 삶에서는 그것을 적용하지 못한다. 그래서 신자들도 하나님 앞에서 죄악, 나쁜 습관, 편견, 재산 등을 따로 떼어놓고 숨기게 된다. 그리고 가끔 사기로 세상적인 성공을 거두기도 한다. 그러나 그들이 잊은 것이 한 가지 있다. "여호와의 눈은 어디서든지 악인과 선인을 감찰하시느니라"(잠 15:3).

순종하고 있다고 착각하는 경우

속임수는 거기에서 멈추지 않는다. 사단은 거짓말쟁이다. 실제로는 순종하고 있지 않은데, 자신이 순종하고 있다고 착각하는 신자들도 많다. 구약성경에 나오는 대표적인 예로 웃시야 왕이 있다. 그가 열여섯 살 때에 선대 국왕이 돌아가셔서 유다 왕으로 추대되었다. 열여섯 살이었으나 그는 똑똑하였고, 바른 마음으로 하나님을 잘 받들어 섬겼다. 그 결과 나라는 부강해졌으며, 웃시야 왕의 삶은 형통하게 되었다. 세상적인 성공과 부유함도 누렸다. 다음은 웃시야 왕에 대한 성경 기록이다. "예루살렘에서 재주 있는 사람들에게 무기를 고안하게 하여 망대와 성곽 위에 두어 화살과 큰 돌을 쏘고 던지게 하였으니 그의 이름이 멀리 퍼짐은 기이한 도우심을 얻어 강성하여짐이었더라"(대하 26:15).

그러나 웃시야가 강성해졌을 때 그의 마음에는 교만이 싹트기 시작했다. 교만은 하나님을 경외하는 것과 반대되는 것이다. 마음에 거룩한 두려움이 감소되면 교만이 생긴다. 성경을 읽어보자.

그가 강성하여지매 그의 마음이 교만하여 악을 행하여 그의 하나님 여호와
께 범죄하되 곧 여호와의 성전에 들어가서 향단에 분향하려 한지라 제사장
아사랴가 여호와의 용맹한 제사장 팔십 명을 데리고 그의 뒤를 따라 들어가
서 웃시야 왕 곁에 서서 그에게 이르되 웃시야여 여호와께 분향하는 일은
왕이 할 바가 아니요 오직 분향하기 위하여 구별함을 받은 아론의 자손 제
사장들이 할 바니 성소에서 나가소서 왕이 범죄하였으니 하나님 여호와에
게서 영광을 얻지 못하리이다 웃시야가 손으로 향로를 잡고 분향하려 하다
가 화를 내니 그가 제사장에게 화를 낼 때에 여호와의 전 안 향단 곁 제사장
들 앞에서 그의 이마에 나병이 생긴지라 (대하 26:16-19)

이제 한 가지 질문을 던져보고자 한다. 웃시야가 성공하게 되었을 때, 그는 더욱 신앙에 충실했나 아니면 그렇지 않았나? 성경을 자세히 읽어보지 않은 사람들은 일반적으로 '비신앙적이 되었을 것이다'라고 대답할 것이다. 그러나 성경에 의하면, 웃시야는 더 열심히 예배를 드린 것을 알 수 있다. 교만해지면 더욱더 종교적이 되기 쉽다. 이는 종교를 이용하려는 경향성이 증가하기 때문이다. 종종 지나치게 종교적인 사람들, 종교적인 열광자들을 보면 교만한 사람들이 많다. 그들은 자신의 교만을 종교로 치장하고 숨긴다. 즉, 교만이 종교로 포장된 것이다. 틀에 박힌 매너리즘으로 종교생활을 하는 사람들 가운데는 지독히도 교만한 사람들이 많다. 그들은 교회 생활을 오래한 사람들이고 교회의 사정을 아주 상세히 아는 사람들이다. 그러나 그들에게는 하나님을 두려워하는 것이 없다. 하나님을 경외하지 않는 곳에는 참된 겸손도 없다.

제사장이 웃시야 왕에게 진실을 말했을 때 웃시야는 왜 화가 났을

까? 그것은 교만했기 때문이다. 왕 자신이 제사장이 하는 일까지 전부 다 할 정도로 큰 권력을 과시하고 싶은 욕망이 웃시야에게 있었을 것이다. 가인의 경우도 마찬가지다. 하나님께서 가인을 진심으로 대면했을 때, 가인은 하나님께 화를 내었다. "가인과 그의 제물은 받지 아니하신지라 가인이 몹시 분하여 안색이 변하니"(창 4:5). 이것이 일반적인 원리이다. 하나님께 불순종한 사람을 찾아가서 진실을 밝히고 진리를 전하면, 상대방은 화를 낸다. 왜 그럴까? 하나님을 경외하는 마음이 없기 때문이다. 진실한 말을 하나님의 말씀으로 듣지 않고 사람의 말로만 듣는다. 그러면 자신의 욕심을 이루지 못하거나 자신의 고집이 꺾일 때에 분노하게 된다. 그러나 진정으로 하나님 앞에서 겸손한 사람, 하나님을 두려워할 줄 아는 사람은 다르다. 교만한 사람은 스스로 속이는 자이다. 왜냐하면 자신이 그릇된 경우인데도 자신이 옳다고 믿고 있는 경우가 많기 때문이다.

제사장이 웃시야 왕에게 자세히 설명해 주었는데도 웃시야가 화를 낸 이유는 무엇일까? 웃시야 왕은 성전에 "예배"드리러 들어가지 않았는가? 그러나 그는 "자신"이 분향하는 일에만 관심이 있었지, 하나님을 경외하는 것에는 관심이 없었다. 즉, 예배를 드리기는 드리되, 그 목적이 딴 데 있었다. 교만해지면, 하나님과의 친밀함을 추구한다든지, 하나님께 순종한다든지, 하나님을 경외한다든지 하는 것과는 거리가 먼 그런 예배를 드리게 된다.

오늘날에도 상황은 마찬가지다. 교회에 예배를 드리러 오는 수많은 자들이 있다. 그들은 자신의 갈망을 채우기 위해 예배를 드리러 오는 것인가, 아니면 하나님의 갈망을 이루어 드리기 위해 예배를 드리는 것인가? 자신의 소망을 이루기 위한 목적으로만 예배를 드리는 경우, 우리는 하나님과 친해질 수가 없다. 자신의 욕심을 이루기 위해 종교를 이용하는 사람들은 종종 엉뚱한 소리들을 한다. 그들의 주장은 성경에 위배되는 것일 뿐만 아니라 교회를 무너뜨리기까지 한다. 교회에 기도하러 나온 자들이, 교회의 지도자들을 욕하고 비판하고 비난하고 온갖 험담과 구설수를 만들어 퍼뜨리고, 자신에게 조금만 불이익이 돌아와도 교회에서 화를 내며, 마구 교회를 비방하는 소리를 낸다. 그런 태도가 하나님을 존경하는 태도인가? 뿐만 아니라 성경의 말씀으로 잘 가르쳐 주려고 하면 그들은 도리어 화를 낸다. 마치 자신들이 세상에서 가장 옳은 사람들인 양 말이다. 그러나 진실은 그들이 하나님께 순종하지 않는 사람들이라는 것이다.

　나는 교회에서 정의를 수립하는 일에 가담한다고 주장하는 많은 사람들을 만나보았다. 그들은 자신들이 하나님의 뜻을 수행하고 있다고 주장했다. 나는 그들에게 성경 말씀을 나누며 하나님의 뜻을 전했다. 그러나 그들은 나의 말을 듣지 않았다. 성경 말씀은 말씀이고, 지금 이 상황에서는 자신들의 판단이 옳다는 것이다. 그들은 자신들만 그런 행동을 하는 것이 아니라, 온 교회를 돌아다니며 동조자들을 끌어 모으고 있었다. 그들도 나름대로는 성경 말씀을 인용했으나 그것은 성경의 전체 문맥을 무시한 성경요절의 엉터리 해석이었다. 나중에는 나를 피했고, 그들은 자신들의 동조자들과만 어울렸다. 그러나 문제는 그 열매였다. 그들로 인하여 교회는 파괴되었다. 교회가 파괴되는 것은 하나님의 뜻이 아니다. 그들이 확신했다는 하나님의 뜻은 진짜 하나님의 뜻인가 아니면 그들 스스로 상상 속에서 만들어낸 그들의 인간적인 바람인가? 그들은 진짜 하나님과 친밀감을 이룬 사람들인가, 아니면 그저 속이는 사람들인가? 그들은 하나님의 말씀을 제대로 알고 순종하는 사람들인가 아니면 자신들의 이성적인 판단을 신봉한 사람들인가? 이러한 질문이 나의 뇌리를 떠나지 않았다.

간음하는 마음으로 하나님께 접근함

두 마음, 즉 세상을 사랑하는 마음과 하나님을 사랑하는 두 마음을 품고 하나님께로 접근하는 사람들이 있다. 그럼에도 그들은 자신을 신자라고 주장한다. 그러나 실상은 우상숭배자들이다. 그와는 반대로 주님을 경외하는 참 신자들은 빈 마음을 가지고 주님께 나아온다. 그들은 주님의 지시를 따를 준비가 된 사람들이며 주님이 고쳐주신다면 언제든지 고침을 받을 자세를 갖춘 사람들이다. 그런 사람은 자신의 의지, 욕망, 지력, 이기심을 버리고, 하나님의 뜻을 갈망한다.

하나님께서 그분의 뜻을 분명히 보여주셨는데도, 하나님 앞으로 나아갈 때 그 뜻을 먼저 생각하지 않고 나아가는 것은 어리석고도 대단히 위험한 일이다. 더 깊은 속임수의 단계로 들어가게 되기 때문이다. 하나님께서 우리가 원하는 것을 허락하시거나 주실 때에 잘못하면 이러한 속임수의 단계에 빠지게 된다.

> 여호와의 말씀이 내게 임하여 이르시되 인자야 이 사람들이 자기 우상을 마음에 들이며 죄악의 걸림돌을 자기 앞에 두었으니 그들이 내게 묻기를 내가 조금인들 용납하랴(겔 14:2-3)

사람들이 하나님 앞으로 다가와 인도하심, 지혜, 모략, 복을 구하면서도 마음속 깊숙한 곳에는 이기적인 목적을 가지고 있으면 하나님은 근심하신다. 일단 우상을 마음 중심에 품고 있으면, 진실이나 진리는 잘 보이지 않게 되어 있다. 왜냐하면 눈이 가려졌기 때문이다. 무엇이 양심의 눈(참된 신앙의 눈)을 가리는가? 그것은 우상이다. 우상의 히브리어는 '아웬'으로 위반, 모독, 무례라는 뜻이다. 즉, 하나님께 대한 모독과 무례로 하나님의 뜻을 위반하는 것이라는 뜻이다.

오늘날 우상이라는 것은 집안이나 마당에 세워 놓은 동상을 의미하지 않는다. 우상은 항상 인간의 마음속에 자리 잡고 있다. 우상이라는 것은 다름 아닌 인간이 추구하고 갈망하는 바로 그것이다. 우상은 하나님을 피조물의 형상으로 바꾸는 작업이다. 인간은 하나님을 믿고, 섬기고, 추구하고, 갈망하고, 바라고, 원하도록 창조되었는데, 인간은 세상의 물질 등 다른 것을 소유하기를 원한다. 그러므로 성경은 우상 중에 우상은 탐욕(소유욕)이라고 하였다.

> 그러므로 땅에 있는 지체를 죽이라 곧 음란과 부정과 사욕과 악한 정욕과 탐심이니 탐심은 우상 숭배니라 이것들로 말미암아 하나님의 진노가 임하느니라 (골 3:5-6)

에베소서 5장 5절에서 바울은 탐하는 자는 우상숭배자라고 말한다. 웹스터 사전에 의하면 "탐욕이란 어떤 물건을 구하거나 소유하고자 하는 강한 욕망"이라고 정의한다. 나는 기도 중에 "주님, 탐욕이라는 게 뭔가요?"라고 물어보았다. 그때 하나님은 "취득하려는 갈망이다"라고 대답해 주셨다.

그러므로 탐욕은 돈 벌려는 욕심에만 국한된 것은 아닐 것이다. 탐욕은 재산, 지위, 안락, 인정받음, 쾌락, 권력, 색욕을 추구하는 마음이다. 탐욕은 만족하지 못하는 상태를 의미한다. 하나님 안에서 진정한 평안과 안식을 취하지 못함으로 마음이 불안하다. 우리는 알게 모르게 하나님의 뜻과 계획에 저항하고 있다. 그러나 성경은 다음과 같은 위로와 권면의 말씀으로 우리에게 용기를 주신다. "돈을 사랑하지 말고 있는 바를 족한 줄로 알라 그가 친히 말씀하시기를 내가 결코 너희를 버리지 아니하고 너희를 떠나지 아니하리라 하셨느니라"(히 13:5). 하나님을 믿는 확신 가운데 사는 사람에게는 다음과 같은 말씀이 그대로 응할 것이다. "주께서 생명의 길을 내게 보이시리니 주의 앞에는 충만한 기쁨이 있고 주의 오른쪽에는 영원한 즐거움이 있나이다"(시 16:11). 그러면 그런 사람은 하나님을 떠난 성취와 만족을 더 이상 추구하지 않게 될 것이다.

탐욕은 불안과 걱정을 기반으로 자라나며 끊임없는 욕망을 기반으로 불붙는다. 탐욕은 애굽에서 나온 이스라엘을 가장 잘 표현하는 단어이다. 하나님은 분명히 하나님의 뜻을 전달했으나, 그들은 자기 생각이 최선이라고 그것을 붙잡았다. 그들은 하나님께서 약속의 땅으로 그들을 인도하시는 정해진 여정, 즉 광야를 통과하는 그 여정을 좋아하지 않았다. 그리고는 물, 음식, 환경에 대해 끊임없이 불평했다. 경건한 두려움이 부족했고, 그들의 마음에는 탐욕이 무르익어 자라났다. 결국 하나님의 영광이 나타났을 때, 그들은 자신의 쾌락을 지키기 위해 하나님의 낯을 피했으며, 하나님의 갈망을 무시하고 자신들의 욕망을 계속 추구했다.

하나님과 모세가 함께 그들을 떠나 있었을 때 자신들의 탐욕을 채워줄 수 있는 형상으로 하나님을 만들었다. 흥미로운 것은 그것이 금으로 만들어졌다는 것이다. 금은 오늘날로 말하자면 돈을 섬기는 것을 뜻한다. 하나님으로 인하여 만족하지 못하는 심령은 돈을 섬기게 되어 있다. 그러면 속임수로 깊숙이 빠져들어 간다.

　탐욕은 우상숭배이다. '돈을 사랑하는 것은 일만 악의 뿌리'라고 성경은 말한다. 모든 인간은 하나님을 섬기도록 창조되었다. 피조물인 인간은 하나님만 경배해야 한다. 그렇지 않고 우상을 섬기면 우상의 노예가 된다. 창조주인 하나님께 순종하지 않고 하나님을 섬기지 않으면 다른 것을 섬기게 된다. 다른 것을 섬기면 결국 그것의 노예가 된다. 그러나 하나님을 섬기면 하나님의 노예가 되지는 않는다. 하나님은 인간을 해방시켜 주시는 분이시기 때문이다. 하나님 안에서는 자유를 누릴 수 있다. 하나님은 우리의 친구가 되기를 원하신다. 반대로 우상은 가짜 신이며, 인간이 갈망하는 것의 표상이다. 즉, 인간의 탐욕이 종교적으로 표출된 것이 우상이라는 것이다. 우상을 섬긴다는 것은, 인간이 자신의 욕망을 섬긴다는 것을 뜻한다. 그러므로 탐욕은 우상숭배의 근원이다.

　하나님은 창조주이시기에 예배, 경배, 경외, 섬김, 믿음, 순종, 궁극적인 감사 같은 것은 그분만이 받으시기에 합당한 것이 있다. 만약에 하나님이 받으시기에 합당한 것을 다른 피조물이 받는다면 그것은 우상이다. 우상숭배란 하나님이 받으시기에 합당한 것을 다른 것에게 돌리는 것을 의미한다. 당신에게 궁극적인 만족, 행복, 평안, 안전, 필요의 공급 등을 주는 다른 것이 있다면 그것도 우상이다. 왜냐하면 모든 궁극적인 것들은 오직 하나님으로부터만 나오게 되어 있기 때문이다. 그래서 하나님은 다음과 같은 명령을 내리셨다. "너희는 자기를 위하여 우상을 만들지 말지니 조각한 것이나 주상을 세우지 말며 너희 땅에 조각한 석상을 세우고 그에게 경배하지 말라 나는 너희의 하나님 여호와임이니라"(레 26:1). 우상을 만드는 자는 인간이다. 그것도 종교심을 가진 인간이다. 우상이란 하나님보다 더 믿고 따르고 앞세우는 것이다. 인간은 우상을 사랑하고, 좋아하고, 신뢰하고, 갈망하고, 정성을 다한다. 인간은 우상으로부터 힘을 얻기도 하고 우상에게 뭔가 값진 것을 주기도 한다. 하나님을 섬기다가 하나님께 실망하고 그 마음에 불만이 생기면, 인간의 마음은 다른 곳으로 떠나게 된다. 거기에서 인간은 우상을 섬기게 되어 있다. 하나님의 뜻을 떠난 만족을 찾게 되는 곳이 다름 아닌 우상숭배의 자리다. 그곳에서 사람은 자신의 욕망, 즉 탐욕을 좇아 살게 된다.

욕심에 따라 보응하심
　에스겔에게 주신 말씀으로 돌아가보자. 에스겔은 주의 백성이 우상을 마음에 품은 채로 하나님 앞으로 나아온다고 탄식하였다. 백성들이 하나님의 뜻을 구하기보다는 그들의 정욕을 만족시키는 것을 구하고 있었기 때문이다. 마치 오늘날의 청소년들이 부모님으로부터 지혜는 얻으려고 하지 않고, 자신이 바라는 욕구만 채워달라고 떼쓰는 것과 비슷한 경우다. 오늘날 아이들은 부모가 인생의 경험이 많음으로 훨씬 더 지혜롭다는 점이나 부모가 자녀들을 최상의 길로 인도한다는 점을 무시하는 경향이 있다.
　에스겔에게 주신 하나님의 응답은 경각심을 주는 것이다. 하나님의 백성이 탐욕의 마음을 가지고 하나님께 나아올 때 에스겔에게 주신 말씀이다. "그런즉 너는 그들에게 말하여 이르라 나 주 여호와가 말하노라 이스라엘 족속 중에 그 우상을 마음에 들이며 죄악의 걸림돌을 자기 앞에 두고 선지자에게로 가는 모든 자에게 나 여호와가 그 우상의 수효대로 보응하리니"(겔 14:4)라는 구절을. "나 여호와가 그 우상의 수효대로 보응하리니" 이 부분을 NASB는 "나 하나님이 그 우상이 많은 정도에 따라서 응답하리니"라고 번역한다. 나는 이렇게 번역하고 싶다. "탐욕적인 욕망의 양에 따라 응분의 보답을 해주리니."

하나님의 사람이 빗나가는 경우

구약에 나오는 발람이라는 예언자는 하나님의 사람이었다. 그는 주님을 섬겼던 위대한 예언자였다. 그의 예언사역은 주변의 왕들에게 알려졌고, 미디안과 모압 왕인 발락에게까지 그 신비한 능력에 관한 소식이 전파되었다.

미디안과 모압에 거주하는 사람들은 최근에 이스라엘이 세계 최대 강국인 애굽의 군대를 격파한 소식을 들었다. 그런데 이제는 이스라엘이 모압의 평지에 진을 친 것이다. 애굽까지 때려 부술 정도의 강력한 군사력이라면, 이제 모압의 미래는 없다고 판단하였다. 그래서 모압 사람들은 두려움에 떨었고, 그 공포는 맹렬하여 왕궁에까지 그 영향력을 미치게 되었다.

모압 왕은 그때 한 꾀를 내었다. 발람이라는 예언자를 이용하자는 계략이었다. 왜냐하면 발람이라는 예언자가 축복하면 복을 받고, 저주하면 저주받는다는 소문을 들었기 때문이었다. 그래서 모압의 왕은 귀족의 손을 통해 발람에게 거액의 뇌물을 건네주면서, 발람에게 모압 평지의 높은 곳에 올라가 이스라엘을 저주해 달라고 간청하였다.

발람은 금방 응답하지 않고 잠시 술수를 부렸다. "발람이 그들에게 이르되 이 밤에 여기서 유숙하라 여호와께서 내게 이르시는 대로 너희에게 대답하리라 모압 귀족들이 발람에게서 유숙하니라"(민 22:8). 오늘날에도 하나님께 봉사하자는 권면을 들을 때 그와 비슷한 술수를 쓰는 신자들이 있다. "글쎄요. 제가 기도해 보고 나중에 연락드리지요."

하나님은 발람에게 나타나셔서 이렇게 대꾸하셨다. "너와 지금 함께 한 자들이 대체 누구냐?" 그 말씀은 아예 기도해 볼 필요도 없다는 뜻이다. "나의 진짜 백성이 아닌 자들이 와서 나의 언약 백성을 저주해 달라고 부탁하는데, 도대체 왜 기도가 필요한지 나는 모르겠다"라는 말씀이다.

여기에서 배울 교훈이 있다. 그것은 아예 기도해볼 필요조차 없는 문제도 있다는 것이다! 하나님께 여쭈어보기도 전에 이미 하나님의 뜻과 그분의 응답이 빤하게 보이는 경우이다. 부모님의 대답이 분명히 "안돼!"라는 것을 알면서도 억지로 떼를 쓰며 요구하는 아이들을 보면 한심하다. 그래도 아이들이 그렇게 졸라대는 이유는, 부모의 말씀이 마지막 권위를 가진 말씀이라는 것을 인정하기 때문일 것이다.

발람의 이야기로 돌아가자. 발람에게 제시되었던 보상은 아마도 거액이었을 것이다. 뿐만 아니라, 모압과 미디안의 유력한 인사들은 발람에게 높은 지위나 명성을 약속했을 것이다. 돈과 명예를 탐하는 발람이 과연 눈먼 것 같이 행동하리라 생각하는가?

자비로우신 하나님은 발람이 어떠한 흑심을 가지고 있건 상관없이, 발람에게 진실을 토로하셨다. "하나님이 발람에게 이르시되 너는 그들과 함께 가지도 말고 그 백성을 저주하지도 말라 그들은 복을 받은 자들이니라"(12절). 이제는 모든 것이 명확하게 되지 않았는가? 하나님은 항상 그분의 뜻을 간결하고 분명하게 선포하신다. 그러나 인간은 그것을 복잡하고 흐릿하게 만들어 놓기 일수다.

발람은 하나님의 명령에 순종하였다. 그래서 그는 아침에 밀사를 돌려보내면서, "이르되 너희는 너희의 땅으로 돌아가라 여호와께서 내가 너희와 함께 가기를 허락하지 아니하시느니라"고 말했다(13절). 그러나 발람은 하나님께서 금지하셨다는 말 대신에 "하나님께서 허락하지 않는다"는 말로 완곡하게 둘러댔다. 이런 것을 한번 상상해보자. 인기만점이지만 행실이 나쁜 남학생으로부터 댄스파티에 초대를 받은 여학생의 경우이다. 그 여학생은 너무나 좋아라고 팔짝뛰면서 아버지에게 허락을 받으러 간다. 그러나 아버지는 딸을 아끼는 마음에서 그녀의 청을 거절한다. 그러자 그 여학생은 일그러진 얼굴로 "아빠가 못 가게 하셔서 갈 수 없어요"라고 남학생에게 말한다. 그런 식의 태도는 그 여학생이 진실로 아버지의 의도를 받아들이는 자세가 아닐 것이다. 다시 말하자면, 자신은 진실로 가고 싶지만, 아버지의 만류에 의해서 어쩔 수없이 못 간다는 것일 뿐이다. 그렇기에 아버지가 말리지 않는다면, 그 여학생은 틀림없이 그 남학생을 따라 갔었을 것이 확실하다.

발람의 경우도 마찬가지였다. 그는 돈을 좋아했다. 그러나 그의 탐욕은 하나님에 의해서 억지로 저지당했다. 그는 사회적인 영향력과 부귀영화를 탐한 예언자이다. 그러나 하나님께서 저지시키셨을 때에, 그는 마지못해 순종하는 척했다.

자신의 욕심에 이끌림

모압과 미디안의 장로들은 발락 왕에게 돌아와서 다음과 같은 보고를 드렸다. 발람은 말하기를 "발락이 그 집에 가득한 은금을 내게 줄지라도 내가 능히 여호와 내 하나님의 말씀을 어겨 덜하거나 더하지 못하겠노라"(민 22:18)고 했다는 것이다. 그러나 발락 왕은 단념치 않았다. 왕은 더욱 유력하고 명망이 있는 자들을 보내어 발람을 돈으로 유혹했다.

왜 발락은 이렇게 하였는가? 내가 믿기로는 사악한 마귀의 영향력 때문이 아닌가 생각한다. 성경말씀에 "오직 각 사람이 시험을 받는 것은 자기 욕심에 끌려 미혹됨이니 욕심이 잉태한즉 죄를 낳고 죄가 장성한즉 사망을 낳느니라"라고 기록되었기 때문이다(약 1:14-15). 위의 말씀에 대해 2가지를 주목해보자. 첫째, "자기 욕심"이라는 표현이다. 하나님의 뜻에 대항하는 것 중에 가장 강한 것은 "욕심"으로, 이는 우상숭배이다. 둘째로 주목할 만한 단어는 "미혹됨"이다. 이는 인간이 욕심을 부리는 것과는 대조적으로, 악령이 속이는 것이다. 그러나 악령은 아무나 다 속이는 게 아니다. 악령은 인간이 욕심을 부리는 그 틈을 탄다. 교회에 가서 사람들을 붙잡고 마약을 하지 않겠느냐고 하면, 대부분의 성도들은 두 번 생각지도 않고 즉시로 거절할 것이다. 왜 그럴까? 교회에 출석하는 대부분의 신자들에게는 마약에 대한 갈망이 없기 때문이다. 크게 갈망하는 것이 없는 자를 미혹한다는 것은 어려운 일이다. 그러나 일단 욕심을 부리는 것이나 갈망하는 것이 있으면, 유혹이나 미혹을 당하게 된다. 신자가 십자가에 못 박지 않은 정과 욕심이 있다면, 그로 인하여 사단에게 미혹을 당할 가능성이 많다. "그리스도 예수의 사람들은 육체와 함께 그의 정과 욕심을 십자가에 못 박았느니라"(갈 5:24). 사람들은 자기 욕심에 이끌려 유혹에 넘어간다. 그렇다면 강렬하게 갈망하는 것에 의해서는 얼마나 더 잘 넘어갈까!

악령들은 발람이라는 예언자의 마음에 욕심이 가득한 것을 잘 알고 있었다. 돈을 사랑하고 남들로부터 높임을 받고 싶어하는 마음이 그에게 있었다. 그래서 사단은 왕으로 하여금 갈수록 더 많은 것으로 발람을 유혹하도록 사주했다. 발락이 보낸 사자들은 발람에게 "왕이 가진 것 중에서 원하는 것은 무엇이든지 다 주겠다"고 제안했다. 진짜, 얼마나 군침 도는 제안인가! 부자인 이웃집에서 달라는 것은 다 주겠다고 제안해도 놀라운데, 왕이 가진 것 중에서 달라는 대로 전부 다 주겠다니! 그러나 발람은 제안마저 거절한다.

> 발락이 그 집에 가득한 은금을 내게 줄지라도 내가 능히 여호와 내 하나님의 말씀을 어겨 덜하거나 더하지 못하겠노라(민 22:18)

이 이야기를 읽는 사람마다 발람에게 감동을 받을 것이다. 그러나 발람은 자신의 생각은 전혀 밝히지 않고 있다. 시종일관 주장하는 바는 하나님의 저지 때문에 하지 못한다는 것이다. 발람은 교회의 문을 드나드는 사람들이 가진 영적인 상식을 가진 사람이다. '하나님의 말씀에 고의적으로 반항하고 불순종하면 하나님의 복을 받을 수 없다'는 영적인 기본원리 말이다. 그리고 교회에 다니는 사람들 중에 절반 정도는 아는 영적인 사실도 발람은 알고 있었다. '고의적인 불순종에는 심판이 따른다'. 그러나 그런 것을 안다고 해서 순종하는 것은 아니다. 사람들은 어떻게 해서든 빠져나갈 구멍을 만들어낸다. 왜냐하면 자신들이 원하는 것에 대한 욕심을 포기하기 싫기 때문이다. 그래서 무슨 수를 써서든, 하나님의 뜻을 자신의 계획에 억지로 짜 맞춰 넣으려고 한다. 발람의 다음 진술을 들어보자.

> 그런즉 이제 너희도 이 밤에 여기서 유숙하라 여호와께서 내게 무슨 말씀을 더하실는지 알아보리라(민 22:19)

이제야 발람의 진심을 이해할 수 있지 않겠는가? "여호와께서 내게 무슨 말씀을 더하실는지 알아보리라." 하나님은 이미 정확하고 분명하게 자신의 뜻을 밝히셨는데, 도대체 무슨 말을 더 듣겠다는 것인가? 하나님께 헌금을 더 많이 하겠다고 하면, 하나님께서 마음을 바꾸시리라는 것인가? 하나님께서 처음에 하지 말라고 한 것이, 정치적인 술수인 것처럼, 일단 한번 그렇게 해보라는 말씀이었다는 것인가?

왜 발람은 더 기도해 보아야 하겠다는 것인가? 자신이 원하는 길로 가고자 하는 그런 계략이 엿보이지 않는가? 일단 탐욕에 사로잡히면 사람은 이성을 잃게 마련이다. 발람은 고집불통인 인간의 대표적인 인물이다. 그는 기쁨과 흔쾌함으로 하나님의 뜻을 따르려는 사람이 아니다. 욕심을 품은 마음은 항상 완고하다. 그리고 그런 완악함은 우상숭배이다. 성경은 이렇게 분명히 말씀하신다. "이는 거역하는 것은 점치는 죄와 같고 완고한 것은 사신 우상에게 절하는 죄와 같음이라"(삼상 15:23). 발람에 대한 하나님의 응답을 들어보자.

> 밤에 하나님이 발람에게 임하여 이르시되 그 사람들이 너를 부르러 왔거든 일어나 함께 가라 그러나 내가 네게 이르는 말만 준행할지니라(민 22:20)

발람을 찾아온 사신들은 그날 밤에 거기에서 유숙했다. 왜냐하면 혹시 그 다음날 발람이 마음을 바꿀지도 모른다는 희망에서였다. 그런데 하나님께서 말을 바꾸어 말씀하신 것이다. "그들이 너를 부르러 오면, 그들과 함께 가라. 그러나 너는 내가 시키는 말만 해라." 뭔가 이상하지 않은가? 성경은 "그날 밤에 악마가 나타나 발람에게 이르되, 너는 그들과 함께 가라. 그리고 너는 내가 시키는 대로만 해라"고 하지 않는다. 발람에게 나타난 것은 '속이는 영'이 아니고 하나님이다. 돈을 적게 줄 때에는 가지 말라고 했다가, 돈을 더 많이 준다니까 말을 바꿔서 이제는 가라고 하는 그런 분이 우리 하나님이라는 말인가?

원하는 것을 얻음

발람은 이제 가도 좋다는 하나님의 허락을 받는다. 그래서 그는 아침 일찍 일어나 주님께서 전날 허락하신 그대로 따른다. 그러나 무슨 일이 발생하는지 한번 보자.

> 발람이 아침에 일어나서 자기 나귀에 안장을 지우고 모압 고관들과 함께 가니 그가 감으로 말미암아 하나님이 진노하시므로 여호와의 사자가 그를 막으려고 길에 서니라 발람은 자기 나귀를 탔고 그의 두 종은 그와 함께 있더니(민 22:21-22)

이게 어찌된 일인가! 발람은 하나님께서 하라는 대로 행한 것뿐인데, 왜 주님은 진노하시는가! 우리는 이것을 어떻게 설명할 수 있을까? 해답은 에스겔에게 하신 하나님의 말씀에서 찾을 수 있다. "그 우상(탐욕)을 마음에 들이며 죄악의 걸림돌을 자기 앞에 두고 선지자에게로 가는 모든 자에게 나 여호와가 그 우상(탐욕)의 수효대로 보응하리니."

오늘날 교회에 다닌다는 사람들이 잘 모르는 부분이 바로 이 부분이다. 우리가 진정으로 원하는 것이 있고, 하나님이 이미 원하시는 것을 계시하였음에도 계속 탐욕을 부린다면, 그것이 하나님의 의지와 반할 때조차도 우리에게 주실 것이다. 하나님이 아시고 계셨다 할지라도 우리는 심판을 받게 될 것이다.

이러한 점에 대하여 많은 독자들이 충격을 받을 것이다. 다른 경우를 하나 더 살펴보자. 이스라엘 사람들은 왕을 원하였다. 사무엘은 그러한 백성의 갈망을 하나님께 아뢰었다. 그러나 하나님은 분명히 왕을 세우는 것은 하나님의 뜻이 아니라고 말씀하셨다. 뿐만 아니라, 하나님은 사무엘에게 왕은 세금과 감람원 등을 거두어 갈 것이라고 말씀하셨다.

사무엘은 백성들에게 주님의 말씀을 전하였다. 그들은 "결코 사무엘의 말을 거부하지 않았다." 성경이 그들이 주님의 말씀을 거부했다고 쓰고 있지 않은 것에 유의하라. 모세의 때와 같이 그들은 자신들이 원하는 것을 갖기 위하여, 그리고 자신들이 만든 주님을 소유하기 위하여 하나님의 말씀을 전하는 사람을 인정하지 않았다. 하나님은 사무엘을 위로하셨다. "그들은 너를 거부한 것이 아니라 나를 거부한 것이다"(삼상 8:7).

하나님은 왕을 주셨고 첫 번째 왕으로 사울을 세우셨다. 예견된대로 왕은 그들의 가장 좋은 땅, 자녀들을 취해갔고 세금을 거두어 갔다. 그리고 이스라엘 백성은 결국 바벨론으로 끌려갔다. 하나님은 그들이 갈망했던 것을 주셨었다!

광야에 있었던 이스라엘을 생각해보자. 그들은 '만나'라는 맛있는 음식을 먹었다. 그러나 이스라엘 백성은 이제는 만나에 물렸다고 하면서 고기를 내놓으라고 했다. 그러자 하나님은 그들의 요구를 들어주셨다(시 106:15). 그들은 다시 원하는 것을 얻었다. 사실 하나님은 그들이 필요한 것을 기적적으로 제공하셨다.

> 그가 동풍을 하늘에서 일게 하시며 그의 권능으로 남풍을 인도하시고 먼지처럼 많은 고기를 비같이 내리시고 나는 새를 바다의 모래 같이 내리셨도다 그가 그것들을 그들의 진중에 떨어지게 하사 그들의 거처에 두르셨으므로
> (시 78:26-28)

이스라엘은 하나님께 푸념을 늘어놓았고, 하나님은(그분의 능력으로) 기적을 베풀어 주셨다. 하나님은 3백만 명이 먹을 수 있는 메추라기를 어디에선가 몰아오신 것이다! 진짜 대단한 기적이다. 왜냐하면 메추라기는 사막에 살지 않기 때문이다. 그러나 그 결과 이스라엘 백성이 어떻게 되었는지 살펴보자.

> 그들이 먹고 심히 배불렀나니 하나님이 그들의 원대로 그들에게 주셨도다 그러나 그들이 그들의 욕심을 버리지 아니하여 그들의 먹을 것이 아직 그들의 입에 있을 때에 하나님이 그들에게 노염을 나타내사 그들 중 강한 자를 죽이시며 이스라엘의 청년을 쳐 엎드러뜨리셨도다(시 78:29-31)

하나님은 기적을 베푸시고, 그들이 원하는 것을 허락하셨다. 그러나 그들이 원하는 것을 갖자마자 곧바로 하나님의 심판이 떨어졌다. 하나님께서 그들의 탐욕대로 보응하셨기 때문이다.

이렇게 한 번 생각해 보자. 서로 데이트를 하는 젊은 남녀 한 쌍이 있다고 하자. 그런데 남자의 부모의 마음이 불편하다. "아들아 나는 네가 그 여자아이를 만나는 것에 문제가 있다고 생각한다. 이제 그만 만났으면 한다." 그리고 얼마 후에 그 남자아이는 중고등부 담당 교역자로부터 비슷한 이야기를 듣는다. "부모님께서 이런 언질을 주셔서 나도 기도해 보았는데, 그 여자아이와는 이제 그만 교제하는 게 좋을 것 같다." 그러자 그 남자아이는 이렇게 대꾸한다. "나도 기도하고 또 기도해 보았습니다. 하나님의 뜻은 내가 그 여자아이와 결혼하는 겁니다." 그들은 결국 청소년으로 가정을 꾸민다. 그렇지만 모든 사람이 염려했던 대로 그 가정은 끊임없는 문제 속을 헤매게 된다.

다른 경우를 하나만 더 생각해 보자. 특정한 직업을 놓고 하나님의 뜻을 구하는 부부가 있다고 생각해보자. 아내가 이렇게 말한다. "이 직업은 별로 안 좋은 것 같아요. 일 년에 200일 동안은 출장을 나가 있어야 하는데, 하나님의 뜻이 아닌 것 같아요. 한 달에 한 번 정도 교회에 출석하게 될 것 같군요. 그러면 하나님의 말씀도 잘 듣지 못하게 될 뿐 아니라, 봉사도 제대로 못하게 생겼어요." 그 교회의 목회자도 비슷한 입장을 표명한다. 그러나 그 남편은 누구의 말도 듣지 않고, 기도로 밀어 붙여서 결국 그 직업을 택한다. 그러나 일 년 뒤에, 그 남자는 왜 그가 집에서 멀리 떨어진 낯선 거리의 어느 호텔 방에서 낯선 여자와 함께 자게 됐는지 의아해 한다.

이러한 종류의 각본은 수도 없이 쓸 수 있다. 하나님의 뜻에 위배된 어떤 것을 갈망하고 그것을 탐하더라도, 하나님께서는 의외로 그것을 허락하시기도 한다. 그러나 하나님의 응답은 우리 마음속에 있는 우상숭배에 대한 보응이다. 왜 하나님은 그렇게 하시는가? 그 궁극적인 목적은 인간의 마음을 돌리시기 위해서이다.

> 그런즉 너는 그들에게 말하여 이르라 나 주 여호와가 말하노라 이스라엘 족속 중에 그 우상을 마음에 들이며 죄악의 걸림돌을 자기 앞에 두고 선지자에게로 가는 모든 자에게 나 여호와가 그 우상(탐욕)의 수효대로 보응하리니 이는 이스라엘 족속이 다 그 우상으로 말미암아 나를 배반하였으므로 내가 그들이 마음먹은 대로 그들을 잡으려 함이라 (겔 14:4-5)

NIV는 다음과 같이 이 구절을 번역하였다. "그들이 마음먹은 대로 그들을 사로잡기 위함이다." 하나님께서 사람을 사로잡는 방법 중에 하나는 인간으로 하여금 자기 꾀에 자기가 넘어가게 하기도 한다. 그렇다면 하나님께서 사람을 사로잡는 궁극적인 목표는 무엇인가? 그것은 인간의 마음을 다시 탈환하기 위함이다. 그래서 다른 번역은 위의 성경 구절을 "내가 이렇게 함은 이스라엘 백성의 마음을 다시 사로잡으려 함이라"고 번역하고 있다. 하나님은 우리의 마음이 하나님께로 다시 돌아오기를 바라신다. 기억하라. 신자들의 마음은 하나님이 추구하시는 것이요, 하나님께서 사모하시는 것이라는 점을 말이다. 하나님은 조롱 받으실 분이 아니시다. 하나님을 사랑한다고 하면서 하나님께 마음을 전부다 주지 않는 사람은 하나님을 우롱하는 자이다. 그러므로 하나님은 인간의 마음속에 잠복한 탐욕이라는 우상의 덫으로부터 인간을 끄집어내고, 인간의 마음을 다시 하나님께 돌리기 원하신다.

누가복음 15장에 나오는 탕자의 비유에서, 탕자가 자기의 몫을 요구하며 아버지를 찾아왔을 때 그는 당당한 아들로 찾아왔지 종이나 객의 신분으로 찾아온 것이 아니었다. 물론 둘째 아들이 아버지를 찾아온 것은 아버지를 좋아하기 때문은 아니다. 그는 나름대로 바라는 것이 따로 있었다. 황당하고 부당한 아들의 요구에도 불구하고, 아버지는 그 아들의 요구를 거절하지 않으신다. 아버지는 아들에게 상당한 거액의 재산을 물려주었다. 그러나 결국 아들은 그 돈을 탕진하고 상당한 고통을 겪게 된다. 그럼에도 불구하고, 좋은 소식은 그 아들이 다시 아버지에게로 돌아왔다는 점이다. 이제 아들은 진실한 아버지의 마음을 진정으로 알게 되었다.

하나님 아버지는 그런 분이시다. 하나님 아버지는, 양 같아서 각자 제 길로 가버린 인간의 마음을 도로 얻기 원하신다. 그러나 슬프게도 어떤 사람들은 발람 같아서 하나님의 진정한 마음을 깨닫지 못한다. 발람의 이야기를 계속 읽다보면, 그는 끝까지 깐죽거리다 결국 칼에 맞아 죽기 일보 직전까지 이른 것을 알 수 있다.

신약성경에도 이러한 영적 원리를 설명하는 구절이 있다.

> 너희가 본래 모든 사실을 알고 있으나 내가 너희로 다시 생각나게 하고자 하노라 주께서 백성을 애굽에서 구원하여 내시고 후에 믿지 아니하는 자들을 멸하셨으며(유 1:5)

일단 구원해 내신 후에 심판하셨다는 구절에 유의하라. 그리고 바로 그러한 것을 은혜 받았다는 성도들에게 적용시켜 보자. 그들은 은혜를 받았다고 말로는 떠들면서, 실제생활에서는 탐욕과 색정과 불순종에 빠져있는 자들이다.

> 화 있을진저 이 사람들이여, 가인의 길에 행하였으며 삯을 위하여 발람의 어그러진 길로 몰려갔으며 고라의 패역을 따라 멸망을 받았도다 그들은 기탄 없이 너희와 함께 먹으니 너희의 애찬에 암초요 자기 몸만 기르는 목자요 바람에 불려가는 물 없는 구름이요 죽고 또 죽어 뿌리까지 뽑힌 열매 없는 가을 나무요(유 1:11-12)

예수님은 분명히 다시 오신다. 재림하시는 예수님은 신자들의 신랑으로 오신다. 신자들은 예수님의 신부들이다. 잊지 말아야할 사실은, 신랑 되신 예수님은 세상의 욕심으로부터 자신을 깨끗케 한 신부를 맞이하러 오신다는 것이다. 그러나 유다서에 따르면, 교회에는 "애찬에 암초요 자기 몸만 기르는 목자"와 같은 사람도 있다. 그들은 축복은 구하지만, 자신을 깨끗케 하지는 않는 자들이다. 왜냐하면 그들에게는 하나님을 경외함이 없기 때문이다. 그들은 마치 신랑을 우습게 여기는 신부들과 마찬가지이다. 종말로 다가갈수록, 그들의 외도는 갈수록 심해질 것이다. 하나님께 대한 거룩한 두려움과 하나님의 사랑으로 다시 돌아오지 않는 한, 그들은 세상의 쾌락에 현혹되어 속고 속이다가 결국 멸망의 길로 치달을 것이다.

가르칠 뿐만 아니라 경고도 하라

예수님을 믿는 사람들이 구약의 이스라엘 백성 중에 불순종하다가 멸망한 자들처럼 그렇게 살아야하겠는가? "우리는 뒤로 물러가 멸망할 자가 아니요 오직 영혼을 구원함에 이르는 믿음을 가진 자니라"(히 10:39). 독자들이 지금 나의 책을 읽고 있는 이유는 하나님과 친밀한 사귐을 가지기 원하는 것뿐 아니라, 행위의 진실함으로 하나님을 기쁘게 해드리고 싶기 때문이라고 생각한다.

> 그러므로 나의 사랑하는 자들아 너희가 나 있을 때 뿐 아니라 더욱 지금 나 없을 때에도 항상 복종하여 두렵고 떨림으로 너희 구원을 이루라 너희 안에서 행하시는 이는 하나님이시니 자기의 기쁘신 뜻을 위하여 너희에게 소원을 두고 행하게 하시나니 (빌 2:12-13)

거룩한 두려움 속에서 하나님을 경외하는 삶을 사는 신자들은, 하나님의 현시를 보건 못 보건 상관없이, 늘 은혜에 합당한 삶을 살 것이다. 그들은 마음이 확고부동한 사람으로, '하나님이 혹시 나를 버리신 것은 아닌가' 하는 의심까지 드는 지극히 어려운 상황에서도, 믿음이 흔들리지 않는 사람들이다. 하나님은 절대로 신자를 버리지 않는 분이시다. 하나님은 자신의 기쁜 뜻으로 마음에 소원을 두고 행하신다. 즉, 경외함으로 하나님 앞에 가까이 다가가는 자를 기뻐 받으시며, 그 사람을 위한 하나님 나름대로의 계획을 세워놓으시고 행하신다. 하나님을 경외하는 사람은 두렵고 떨림으로 구원을 이루어 간다.

내가 지금 이 책에 기록한 말들은 아마 좀 심한 말들처럼 들릴지도 모르겠다. 그러나 사도 바울은, 성도들을 건강하고, 건전하게, 유지시키려면 지도자는 경고와 가르침을 주는데 게으르지 말아야한다고 하였다. "우리가 그를 전파하여 각 사람을 권하고 모든 지혜로 각 사람을 가르침은 각 사람을 그리스도 안에서 완전한 자로 세우려 함이니"(골 1:28). 경고는 처음 듣기에는 별로 달갑지도 않고 긍정적으로 들리지도 않는다. 그러나 결국에는 삶을 보전시켜 주고 열매를 맺게 하는 능력이 있다. 물론 주의해서 경청하기만 한다면 말이다. 나도 행복하고 긍정적인 말 듣기를 좋아하는 사람이다. 그러나 만약에 심판 날에 사람들이 나에게 "왜 그때 나에게 적합한 경고를 해주지 않았습니까?"라고 따지면 나는 어떻게 하나? 그저 청중의 귀에 듣기 좋은 소리만 했던 설교자는 하나님으로부터 책망을 받게 되지 않을까? 죄로 손에 피가 홍건한 회중에게, 모든 것이 다 좋다는 식으로 하나님의 말씀을 전하는 것이 옳은 것일까?

한 번은 부흥회에서 경고하는 설교를 한 적이 있다. 그랬더니 그 교회의 목회자가 나에게 달려와서 성난 목소리로 항의하며, "아니, 어떻게 다른 사람의 피가 우리 손에 있다는 말입니까? 그런 것은 전부 구약시대나 있었던 것이지, 지금 우리는 은혜 시대에 살고 있지 않나요?"라고 따져 물었다. 그래서 나는 성경을 펴서 신약의 말씀을 하나 읽어주었다.

> 그러므로 오늘 여러분에게 증언하거니와 모든 사람의 피에 대하여 내가 깨끗하니 이는 내가 꺼리지 않고 하나님의 뜻을 다 여러분에게 전하였음이라 여러분은 자기를 위하여 또는 온 양 떼를 위하여 삼가라 성령이 그들 가운데 여러분을 감독자로 삼고 하나님이 자기 피로 사신 교회를 보살피게 하셨느니라(행 20:26-28)

이 말씀을 듣던 그 목회자의 경악하는 모습이 아직도 눈에 선하다. 그는 목회를 오랜 기간 한 사람이기 때문에 위의 성경구절을 이미 수차례 읽었을 것이다. 그러나 그는 마치 처음으로 그런 성경구절을 대하는 사람 같은 반응을 보였다. 나에게 진심으로 사과했고, 우리는 균형 잡힌 설교를 하는 것에 관하여 장시간 대화를 나누었다. 특히 긍정적인 면만을 과도하게 제시하는 과오를 범하지 말자고 서로 다짐했다. 왜냐하면 목회자는 "경고"와 "위로"라는 두 축 사이에 균형을 유지해야 하기 때문이다.

지금은 마지막 때로, 예수님께서 예견하신 대로, 많은 사람들이 미혹에 빠질 때이다. 예수님께서는 종말에 미혹을 당하는 자들의 숫자가 많아질 것을 이미 예언하셨다. 선 자들은 넘어질 것을 조심해야 한다. 그러므로 미혹을 당하기 쉬운 무관심으로 신앙생활을 할 것이 아니라, 거룩한 두려움으로 하나님께 가까이 다가가야 할 것이다. 우리를 사랑하시는 하나님은 우리 편이시다. 그분 안에 모든 좋은 것이 있으며, 거룩함과 생명이 있다. 하나님은 예수 그리스도를 통해, 은혜를 베푸시고, 순종의 삶을 살도록 인도하시고, 경외하는 마음으로 하나님과의 친분관계로 들어가도록 허락하신다.

토론을 위한 질문들

1. 저자는 이 단원의 서두에 "하나님을 경외하지 않고서는 하나님을 제대로 알 수 있는 길이 없다. 하나님을 연구만 한다면 하나님에 대한 그릇된 이미지만 만들 뿐이다. 또한 하나님을 믿는다고 하면서 교회에 다니는 신자들도 입술로만 하나님을 찾고 그 마음 중심이 하나님을 향하지 않으면, 하나님과 만날 수 없다"라는 명제를 제시하였다. 지금까지 당신이 신앙생활 한 것을 되돌아볼 때에, 하나님이 어떤 분이신가 하는 것에 대한 인식에 왜곡은 없었나? 구체적으로 무엇이 잘못되었다고 생각하는가?

2. 저자는 주장하기를, 어떤 경우 인간이 욕심을 따라 잘못 구할지라도, 하나님은 그것을 허락하시는 경우도 있다고 지적하였다. 당신 자신의 기도생활을 솔직히 되돌아보면서, 혹시 오직 자신의 욕심을 채우기 위한 목적으로 하나님께 구한 적은 없었는지 한 번 생각해보라. 그것은 무엇이었는가? 당신의 삶에서, 당신이 참으로 얻기 원했으나, 얻은 후에 후회한 것은 없었는가?

3. 지금까지 이 책을 읽어오면서, 당신이 도전 받은 것은 무엇인가? 이 책을 통해 무엇을 얻었다고 생각하는가? 당신 안에 하나님이 어떤 분이신가 하는 것을 아는 것에 관하여 어떤 변화가 왔는가? 그런 변화가 당신의 믿음 생활에 어떤 도움이 되는가?
"종교의 영은 하나님의 말씀을 왜곡하여 인간 자신의 뜻과 하나님의 말씀을 슬쩍 바꿔치기 해버린다".

제8장 진정한 예배
True Worship

주님을 경외하지 않는 사람들은 미혹되기 십상이다. 그러나 거룩한 두려움으로 나아가는 자는 하나님께 가까이 다가갈 수 있다. 거룩한 두려움이 심령에 자리 잡고 있다는 증거는 하나님께 순종하는 자세를 통해 드러난다. 하나님과 동행한 사람들은 언제나 하나님께 순종한 사람들이다.

에녹은 하나님을 기쁘게 한 자이다. 1세기에 살면서 사도 바울의 친구였던 초대교부 클레멘트는 "에녹의 경우, 하나님께 순종함으로 의롭다 함을 받아 죽음을 맛보지 않았다"라고 기록하고 있다. 그러므로 하나님이 에녹을 기뻐 받으신 지표는 역시 순종이라고 할 수 있겠다.

하나님과 친밀히 동행했던 성경의 다른 인물로는 노아를 들 수 있다. 노아는 하나님의 뜻을 철저히 따랐으며 하나님과의 친밀한 관계를 즐겼다고 한다.

> 이것이 노아의 족보니라 노아는 의인이요 당대에 완전한 자라 그는 하나님과 동행하였으며(창 6:9)

에녹의 경우와 마찬가지로, 노아의 경우도 역시 하나님의 뜻에 철저히 순종하는 삶을 살았다. 다른 말로 하자면, 그는 하나님의 갈망에 순복했다는 뜻이다. 이러한 순수한 순종은 발람이라는 선지자의 순종과는 대조를 이룬다. 발람은 자신의 이득을 추구하기 위해 하나님께 순종한 사람의 대표이다. 발람의 경우, 하나님의 진정한 뜻을 이루는 데에는 관심이 없고, 그 순종함을 통해 얻는 축복에 눈이 어두웠다. 의무감에서 종교생활을 하는 모든 사람들은 결국 자신의 이득을 위해 믿음생활을 하는 것이다.

그러나 다윗의 경우는 하나님을 믿고 따르는 근본 동기가 달랐다.

> 다윗을 왕으로 세우시고 증언하여 이르시되 내가 이새의 아들 다윗을 만나니 내 마음에 맞는 사람이라 내 뜻을 다 이루리라 하시더니(행 13:22)

"하나님의 마음에 맞는 사람" 혹은 "하나님의 마음에 합한 사람"은 하나님의 뜻을 이루어드리는 사람을 의미한다. 그는 자신의 이득 추구를 포기하고, 하나님의 갈망에 신경을 곤두세운다. 그리고 하나님의 소원을 마치 자신의 소원인 양 간주하고 수행한다. 그때 하나님의 갈망이 곧 내 갈망이 되는 것이다. 바로 그것이 진정한 의미에서의 순종이다.

종교의 영

하나님을 경배하고 있었을 때, 하나님께서 불쑥 나에게 "존, 너는 종교의 영이 무엇인지 아느냐?"고 물으셨다.

나는 종교적인 사람의 행태나 습관 같은 것은 알고 있었으나 솔직히 '종교의 영'이 무엇인지는 잘 알지 못했다. 그래서 나는 솔직히 "주님, 잘 모르겠는데요"라고 대답했다.

그랬더니 하나님께서는 나에게 다음과 같이 설명해 주셨다. "종교의 영이라는 것은 인간이 자신의 뜻을 펼치기 위해서 나의 말을 이용하는 것이다." 그런 하나님의 설명은 내 마음에 깊은 깨달음으로 다가왔다.

그것이 다름 아닌 발람이 행한 짓이다. 발람은 하나님께 순종하고자 했으나, 그 근본 동기는 하나님의 마음의 갈망에 대한 추구가 아니라 자신의 이득 추구였다. 그래서 하나님의 천사는 발람에게 "여호와의 사자가 그에게 이르되 너는 어찌하여 네 나귀를 이같이 세 번 때렸느냐 보라 내 앞에서 네 길이 사악하므로 내가 너를 막으려고 나왔다"라고 한 것이다(민 22:32). "사악함"의 원래의 뜻은 "삐뚤어졌음"이다. 즉, 하나님의 원래의 의도를 비꼬아 왜곡했다는 말이다. 다시 말하자면, 하나님의 뜻을 비틀어서, 자신의 이득을 위해 이용해 먹었다는 뜻이다.

진정한 예배

아브라함, 모세, 여호수아, 다윗, 에스더, 다니엘 등 하나님과 동행했던 성경의 인물들을 살펴보면 뭔가 공통분모가 발견된다. 하나님과의 친밀함의 핵심에는, 그들의 마음 중심으로부터 나오는 하나님께 대한 순종이 자리 잡고 있다. 구약성경에서 언약백성을 향한 하나님의 부르짖음은 다음과 같은 것이었다.

> 내가 너희 조상들을 애굽 땅에서 인도하여 낸 날부터 오늘까지 간절히 경계하며 끊임없이 경계하기를 너희는 내 목소리를 순종하라 하였으나(렘 11:7)

주님은 그의 백성이 하나님의 말씀에 순종하지 않는 것에 대하여 애통해 하셨다. 사람들은 자신의 마음대로 행동하고, 특히 욕심을 따라 행동했다. 그래서 하나님의 말씀대로 절제하지도 않고, 하나님의 마음을 알고자 하지도 않았다. 하나님이 이 정도까지는 참으시겠지 하는 한계를 자기 마음대로 설정해 놓았다. 그 결과 하나님과의 친밀한 교제는 없었다. 온전한 순종은 친밀함에 절대적으로 필요한 것이다. 신약성경에 나타나 있는 하나님의 인간에 대한 바람을 읽어보자.

> 아버지께 참되게 예배하는 자들은 영과 진리로 예배할 때가 오나니 곧 이때라 아버지께서는 자기에게 이렇게 예배하는 자들을 찾으시느니라 하나님은 영이시니 예배하는 자가 영과 진리로 예배할지니라(요 4:23-24)

하나님은 오늘도 자신의 이득을 위해 하나님께 나아오는 자가 아니라, 하나님의 마음을 알아 드리려고 하나님 앞으로 다가오는 사람들을 찾고 계신다. 진정으로 예배드리는 자들을 찾으신다. 하나님이 얼마나 인간을 그리워하시고 인간과의 바른 관계를 가지기를 갈망하시는지 이미 앞에서 많이 살펴보았다. 예수님께서 말씀하시는 "영과 진리로 예배를 드리는 자"들은 바로 그러한 하나님의 마음을 아는 사람들이다.

혹자는 신령한 예배란 신령한 분위기나 신령한 냄새를 풍기는 그런 예배로 생각한다. 그래서 분위기 있는 찬양이 있고, 사람들이 손을 들고 나지막한 목소리로 천천히 찬양하면, 그것이 신령한 예배라고 착각하기도 한다. 소위 복음주의 교회에서 전형적인 부흥회는 이렇게 진행된다. 빠른 찬양으로 손뼉 치며 찬양하다가, 느린 찬양으로 바꾸어 경배 찬송을 부르고, 광고 후에 헌금을 드리고, 설교 후에 하나님께 헌신하거나 예수님을 영접할 사람은 앞으로 나온다. 전통적인 교회에서는 주보에 모든 예배 순서가 기록되어 있으나, 복음주의 교회에서는 성령이 인도하시는 대로 자유롭게 찬양하고 기도한다. 복음주의 교회에서는 찬양과 경배를 중요하게 생각하는데, 일반적으로 찬양은 빠른 노래를 부르는 것이요 경배(워십)는 느린 노래를 부르는 것으로 알고 있다. 그래서 복음주의 교회를 다니는 사람들은 워십(예배, 경배)이라고 하면, 프로젝터 스크린에 느린 노래를 쏘면서 천천히 하나님의 임재를 음미하는 것을 상상하게 된다.

하나님께서 나에게 "워십(예배, 경배)이라는 것은 느린 찬양을 부르는 것이 아니다"라고 말씀하셨을 때, 나는 갑자기 막막해졌다. 그렇다면 도대체 진정한 경배가 무엇인지 모호해졌기 때문이다. 그래서 나는 즉시 주님께 여쭈어보았다. "주님, 그렇다면 진정한 경배(예배)가 무엇입니까? 저는 도무지 모르겠습니다." 그러자 하나님은 이렇게 말씀하셨다. "그것은 너의 삶이다."

하나님은 즉시 나에게 본보기를 들어주셨다. "아들아, 이런 것을 한번 고려해보렴. 아침에 네가 일어났는데, 리사가 아이들을 학교에 보내는 것을 좀 도와달라고 하는 상황 말이다. 그런데 너는 너무 바빠서 그런 일은 못하겠다고 대답했고, 아침 식사를 한 후에 리사가 또 다시 다른 일로 도와 달라고 했는데, 너는 동일한 대답을 주었다고 가정해 보자. 그런데 점심시간에 리사는 너에게 점심식사 준비하는 데 도움이 필요하다고 말했을 때에, 너는 역시 바빠서 도와주지 못하겠다고 말했고,

오후에 아이들 데려오는 것을 도와달라는 아내의 간곡한 요청도 역시 동일한 이유로 거절했다고 한 번 생각해 보자. 마지막으로 저녁 먹고 설거지하는 것을 도와달라는 리사의 간청을 너는 바쁘다는 핑계로 거부했다고 하자."

그리고 하나님은 계속해서 이렇게 말씀하셨다. "잠자리에 들 시간이 되어서 네가 리사에게 어떤 것을, 특히 성적인 교제를, 요청한다고 한 번 생각해 보아라. 너는 리사에게 '여보, 사랑해요'라는 부드러운 말로 다가갈 것이다."

그런 후에 하나님은 나에게 이런 질문을 던지셨다. "사랑을 속삭이며 다가가는 너에게 아내인 리사는 어떤 반응을 보일 것 같으냐?"

나는 주저 없이 이렇게 대답했다. "보나마나 '저리 비켜요'라고 대꾸할 겁니다."

하나님은 이렇게 대답하셨다. "너의 말이 맞을 것이다. 그런데 리사가 왜 그런 반응을 하리라 생각하느냐?"

"왜냐하면 아침부터 부부가 친밀한 인간관계를 맺기 시작해야만 부부관계가 이루어지기 때문입니다"라고 나는 자신 있게 정답을 말했다.

나는 다시 한 번 하나님과의 대화를 되새겼다. 만약에 내가 진실로 그렇게 행동했다면, 아내에게 말한 '여보, 사랑해요'는 입술의 말일 뿐이요, 진실성이 결여된 거짓에 지나지 않을 것이다. 자기 스스로를 기만하지 않는 한 남편은 그런 식의 파렴치한 행동을 계속할 수 없을 것이다.

그러자 하나님은 나에게 다음과 같이 말씀해 주셨다. "아들아, 나는 일주일 내내 자녀들과 친밀한 관계를 맺어보려고 무진 애를 쓰고 있단다. 그렇지만 대부분의 경우에 나는 무시 당한단다. 그들은 내 말에 귀를 기울이지 않는구나. 그들 대부분은, 내 말을 우습게 여기며 무시해 버린다. 그들이 하는 말은 온통 바쁘다는 말뿐이고, 보이는 행동은 자신의 쾌락을 추구하는 일들 뿐이다. 교회에 헌금을 드리라고 해도, 섬기는 삶을 살라고 해도, 이웃을 위해 봉사를 하라고 해도 전혀 반응이 없다. 그런데 그들은 주일날이면 어김없이 나를 찾아와서는, 나를 사랑한다고 말하면서 뭔가를 달라고들 한다. 특히 복을 무더기로 받아야하겠다는 것이다. 그러나 그것은 예배가 아니다! 청구서를 가지고 와서 돈 달라는 수금행위일 뿐이지."

나는 하나님의 말씀을 듣고 멍해졌다. 내가 생각하는 예배라는 게 뭔가 잘못된 것은 아닌가 하는 생각이 들었기 때문이다. 깊이 성찰하던 중에 나는 이전까지 모르던 새로운 사실을 깨닫게 되었다. 독자에게 한번 물어보고 싶다. 성경에 예배라는 말이 처음 어디에 나타나는지? 나의 연구 결과에 의하면, 예배라는 말은 창세기 22장에 처음으로 등장한다. 이 연구는 나에게는 참으로 귀중한 결과를 안겨주었다.

> 이에 아브라함이 종들에게 이르되 너희는 나귀와 함께 여기서 기다리라 내가 아이와 함께 저기 가서 예배하고 우리가 너희에게로 돌아오리라 하고
> (창 22:5)

아브라함은 이삭과 신령한 분위기가 있는 CCM 노래(복음성가)를 흥얼거리며 예배(경배)를 드리러 간 것이 아니다. 아브라함은 자신의 생명보다 더 귀한 독자인 이삭을 바치러 갔다. 그것은 하나님의 명령에 단순한 마음으로 순종하는 행위였다. 그러므로 예배라는 것은 다름 아닌 순종의 삶이다. 노래를 흥얼거리며 하나님 앞으로 나아오지만, 그들

의 삶이 바르지 못한 자들에게 하나님께서 하신 말씀을 들어보자.

> 네 노랫소리를 내 앞에서 그칠지어다 네 비파 소리도 내가 듣지 아니하리라 오직 정의를 물같이, 공의를 마르지 않는 강같이 흐르게 할지어다 (암 5:23-24)

나는 음악이 너무나도 아름답게 울려 퍼지는 '경배와 찬양' 예배에 수도 없이 참석해 보았다. 그러나 그곳에 하나님의 임재가 없는 경우도 많았다. 그런 상황에서 나는 항상 성령님께, "성령님, 제가 성령님의 뜻을 따르지 않은 것이 있나요, 아니면 죄를 지은 것이 있나요?"라고 묻곤 한다. 만약에 문제가 나에게 있지 않다고 판단되면, 그러면 문제는 집회에 모인 무리에게 있는 것이다. 그러면 나는 확신을 가지고 주님을 경외함과 하나님께 순종함에 관하여 설교한다. 일단 순종의 영적 분위기가 설립되면, 대부분의 경우에, 50%의 사람들은 회개하라는 메시지에 반응을 보인다. 그리고 찬양과 경배로 나아가면, 하나님은 예배에 응답하시고, 나는 하나님의 강한 임재를 체험한다. 왜 그럴까? 진정한 예배라는 것은 순종하는 삶 그 자체이기 때문이다. 다른 어느 것보다 하나님을 기쁘시게 하고 만족하시게 하는 것은 순종의 자세요 헌신의 삶이다.

진정으로 예배드림

하나님께서는 신령과 진정으로 예배드리는 자들을 찾으신다고 예수님은 말씀하셨다. 이제 다음 단원부터는 '신령'으로 예배드리는 것이 무엇인지 자세히 살펴볼 것이다. 그러나 지금 '진정'으로 예배드리는 것이 무엇인지 한 번 생각해보자. 진정(진리, 진실)이라는 말은 헬라어로 '알레떼이아'이다. 바인의 성경사전은 이 단어의 뜻을 "겉으로 나타나 보이는 것의 배후에 내지는 그 밑바닥에 깔린 진실: 진짜 핵심"이라고 풀이하고 있다.

나는 특별히 바인의 뜻풀이를 좋아한다. 왜냐하면 예수님께서 하시려는 말씀을 제대로 설명해 주기 때문이다. 진정한 예배라는 것은 겉으로 드러나는 모양새가 아니라, 인간 내부의 저변인 마음 중심으로부터 시작된다는 뜻으로 나는 이해한다. 이 모든 것을 종합해서 나는 진정한 예배를 다음과 같이 설명하고 싶다. 예배를 통해 우리는 하나님과 대화한다. 그렇다면 진정한 예배란 다름 아닌 하나님과 인간 사이에 서로 마음이 통하는 '커뮤니케이션'인 것이다. 인간의 대화에는 3가지의 다른 수준이 있다.

첫째 수준은 말로 하는 의사전달인데, 이는 가장 낮은 수준의 대화이다. 예수님께서는 이런 것을 비유를 들어 설명해 주셨다.

> 그러나 너희 생각에는 어떠하냐 어떤 사람에게 두 아들이 있는데 맏아들에게 가서 이르되 오늘 포도원에 가서 일하라 하니 대답하여 이르되 아버지 가겠나이다 하더니 가지 아니하고 둘째 아들에게 가서 또 그와 같이 말하니 대답하여 이르되 싫소이다 하였다가 그 후에 뉘우치고 갔으니 그 둘 중의 누가 아버지의 뜻대로 하였느냐 이르되 둘째 아들이니이다 예수께서 그들에게 이르시되 내가 진실로 너희에게 이르노니 세리들과 창녀들이 너희보다 먼저 하나님의 나라에 들어가리라 (마 21:28-31)

맏아들은 "물론이죠"라고 대답하고는 일하러 가지 않았다. 반대로 둘째 아들은 "절대로 안 갑니다"라고 대답하고는, 나중에 뉘우치고, 일하러 갔다. 예수님께서 지적하시고자 하는 것은 진실로 일하러 간 사람은, '말로는 안 간다고 한 그 사람이었다는 점이다. 그러므로 말보다 더 높은 고도의 대화 방법은 '몸소 실천'하는 것이다.

야고보는 말로 하는 것과 행동으로 보이는 것 사이에는 괴리가 있다는 점을 지적했다. "만일 형제나 자매가 헐벗고 일용할 양식이 없는데 너희 중에 누구든지 그에게 이르되 평안히 가라, 덥게 하라, 배부르게 하라 하며 그 몸에 쓸 것을 주지 아니하면 무슨 유익이 있으리요"(약 2:15-16). 요한도 역시 이러한 진리를 다음과 같이 표현했다. "누가 이 세상의 재물을 가지고 형제의 궁핍함을 보고도 도와 줄 마음을 닫으면 하나님의 사랑이 어찌 그 속에 거하겠느냐"(요일 3:17).

나는 수많은 각본을 만들어 설명할 수 있다. 그 중에 하나는 말로는 아내를 사랑한다고 하면서 한 번도 아내와 함께 하는 시간을 가지지 않는 남편도 있을 것이다. 아니면 말로는 남편을 존경한다고 하면서 '신용카드를 대출 한도액까지 쓰지 말아 달라'는 남편의 간청을 무시하는 아내도 있다. 그래서 요한은 다음과 같은 결론을 내린다.

자녀들아 우리가 말과 혀로만 사랑하지 말고 행함과 진실함으로 하자(요일 3:18)

앰플리파이드 성경은 "자녀들아 행함과 진실함이 없는 말만으로 사랑하지 마라"라고 쓰고 있다. 사랑의 말을 하면서 진실한 행동이 뒤따르지 않으면 위선이다. "행함과 진실함"이 바로 말보다 더 높은 경지의 대화인 것을 잊지 말자.

그러므로 대화의 두 번째 수준은 행위 혹은 행동이다. 뭔가 실천을 통해 직접 보여준다는 뜻이다. 그러나 행위 그 자체는 최고 수준의 대화가 될 수 없다. 왜냐하면 사람은 속마음과 겉으로 드러난 행동이 다르기도 하기 때문이다. 세상에는 겉치레나 상투적인 행동도 많기에, 행동만 가지고서는 그 사람의 진정한 의도나 심중의 진실함을 알 수 없는 경우도 많다. 교회에 다니는 사람들조차 종종 가식적인 행동을 하고 모양새만 갖추는 행위를 한다. 그래서 사도 바울은 다음과 같이 말하는 것이다. "내가 내게 있는 모든 것으로 구제하고 또 내 몸을 불사르게 내줄지라도 사랑이 없으면 내게 아무 유익이 없느니라"(고전 13:3). 즉, 사람은 마음에 없는 행동을 할 때도 있는데, 심지어는 선행까지도 가식적으로 할 수가 있다. 남에게 보이기 위하여 위선적으로 선을 행하는 것에 관하여 예수님은 여러 번 경고하셨다.

　마지막으로 높은 수준의 대화가 있는데, 이는 마음으로 하는 대화이다. 요한과 예수님은 이런 높은 수준의 의사소통을 진실함(진리)이라고 부른다. 이는 '마음의 생각과 의도' 그리고 '행동과 말' 전체가 어우러져 진실함을 드러내는 경우이다. 그러나 어떤 경우는 그 진실함이 밖으로 드러나지 않는 때도 있다. 하나님은 우리의 진실을 알아주시지만, 세상은 그 진실을 알아주지 않는 경우이다. 그렇지만 예배를 통하여 우리의 진실한 마음은 항상 하나님께로 올려진다. 하나님은 마음으로부터 생명이 흘러나오기 때문에, 무릇 지킬만한 것 중에 마음을 지키라고 하셨다. 마음을 지키지 않으면 속이는 자에게 속임을 당하게 되어 있다. 하나님의 말씀과 성령을 벗어난 것에 있는 마음은 악령에게 조종을 당하기 쉽다.

　하나님은 그의 백성에게 다음과 같이 선포하셨다. "너희가 즐겨 순종하면 땅의 아름다운 소산을 먹을 것이요"(사 1:19). 하나님은 그냥

"순종하면"이라고 하시지 않고 "즐겨"라는 토를 달아놓으셨다. "자원하는 심정"은 마음의 태도를 드러낸다. 예를 들어, 내가 나의 아들에게 무슨 일을 지시할 때에 즉시로 순종하고 그 일을 행한다 할지라도, 아들의 마음속에 불만과 푸념이 가득하다면, 나는 그 아들이 탐탁지 않을 것이다. 왜냐하면 나의 아들이 진정한 마음으로 순종하지 않았기 때문이다. 요한은 신자가 하나님을 사랑하되 진실과 진정으로 사랑하는 것을 다음과 같이 표현하였다. "이로써 우리가 진리에 속한 줄을 알고 또 우리 마음을 주 앞에서 굳세게 하리니"(요일 3:19).

하나님께서 이 문제로 나를 맞닥뜨리신 그 순간을 아직도 나는 잊지 못한다. 나는 어떤 종류의 불평도 하지 않으려고 죽도록 노력한 적이 있다. 불평하는 것은 하나님의 성품을 훼손하는 것이라고 생각했다. 인생에 대해 불만을 표시하는 것은 하나님께, "주님, 나는 주님이 하시는 일이 싫습니다. 내가 하나님이라면 그렇게 안 하지요"라고 하는 것과 마찬가지라고 생각했다. 그것은 거룩한 경이가 결여된 것이고, 하나님이 싫어하시는 것이다. 하나님은 인간의 그러한 불평으로 이스라엘 백성은 약속의 땅으로 들어가는 기회를 잃었다. 나는 얼마 동안 말로 불평한 적이 없었고 그런 나 자신이 참으로 자랑스러웠다. 그런데 어느 날 아침 성령의 음성이 들려왔다. "나는 네가 마음으로 불평하는 것을 들었다." 나는 어안이 벙벙하여 그냥 그 자리에 멍하니 서 있었다. 자만심으로 내가 얼마나 많이 속임을 당했던가! 하나님을 예배하는 내 마음의 자세는 잘못되어 있었고, 성령님은 그것을 바로잡아 주신 것이다. 그 순간 나는 즉시로 회개했고, 나를 바르게 잡아 주시는 성령님께 감사를 드렸다. 얼마나 은혜와 자비가 충만하신 하나님이신가!

이런 관점에서 '바인 성경사전'에서 말하는 "진리(진실함)"의 정의를 다시 한 번 살펴보자. 바인은 진리를 "겉모양이나 겉으로 드러난 행동의 밑바닥에 깔린 현실"이라고 정의한다. 인간은 너무나 쉽사리 진실을 떠나 거짓의 바다를 표류한다. 한 가지 예를 들어보자. 우리는 주님께 찬송하며 기도한다. 그러나 한 마디도 마음에서 나온 말이 아닌 경우가 있다. 찬송을 부르고 있으면서도 많은 생각을 한다. 배가 고프다는 생각, 아침에 집에서 나오면서 아이들과 한바탕 뒤집어 엎은 생각, 어제 남편과 말다툼한 생각, 거래처에 돈을 갚아야겠다는 생각, 예배를 마친 후에 곧바로 야외로 놀러가야겠다는 생각 등. "주님 참 감사합니다"라고 기도드리고 돌아서서는, 우리가 처해 있는 어려운 상황에 대하여 불평을 토로하기도 한다. 우리는 진정으로 감사하고 있는가? '지난번에 기도를 통해 하나님께 자세한 지시를 내렸는데도, 하나님은 아직도 내 말을 듣고 있지 않다'고 마음 깊은 곳에서는 하나님께 불평하고 있는 것은 아닌가?

그러므로 하나님을 진정으로 예배한다는 것은 하나님께 순종하는 것뿐 아니라, 하나님의 지시를 기뻐하는 마음으로 받아들이는 것이다. 그리고 실제로 마음에 있는 것을 주님께 말씀드리는 것이지 알고 있는 것을 말씀드리는 것이 아니다. 그래야 하나님 앞에 이중적인 모습으로 서지 않을 수 있다. 나는 다윗의 표현을 좋아한다.

> 백성들아 시시로 그를 의지하고 그의 앞에 마음을 토하라 하나님은 우리의 피난처시로다(시 62:8)

하나님 앞에서 완전히 다 털어놓고 솔직해질 때, 하나님께서 가까이 다가오신다는 것을 알았다. 그러나 하나님 앞에 내어놓기가 꺼려지는 것이 있거나 뭔가 숨기는 것이 있을 때, 나는 하나님 앞으로 가까이 다가갈 수 없었다. 그럴 때는 기도를 해도 하나님과의 만남이 이루어지지 않는다. 흉내나 가장함으로 다가오는 자에게 하나님은 가까이 가지 않으신다. 하나님은 진실함으로 하나님께 다가오는 자와 함께 하신다. "오! 주여!"라든지 "할-렐루야!" 혹은 "하나님 감-사합니다"를 외치는 사람들과 하나님이 가까이 하시는 것이 아니다. 기독교인 특유의 말버릇을 사용한다고 해도 그 사람이 진실한 신앙인이라는 보장은 없다. 아내를 달래기 위해 마음도 없는 "여보! 사랑해요"라고 하는 남편과 다를 것이 없다. 이것은 아내와 결혼했을 때 깊은 열정을 가지고 사랑한다고 말하는 것과 다르다.

예수님은 우리에게 자신을 나타내 보이신다고 약속하셨다
진정한 예배는 마음속의 진실함으로 드리는 것이다. 진실한 마음으로 하나님을 경외하고 공경하면서 하나님 앞으로 나아가는 것이다. 시편 기자는 다음과 같이 말한다.

> 즐겁게 소리칠 줄 아는 백성은 복이 있나니 여호와여 그들이 주의 얼굴 빛 안에서 다니리로다(시 89:15)

하나님은 진정으로 예배드리는 사람을 지금도 찾고 계신다. 그런 사람은 항상 하나님과 동행하는 사람이다. 하나님이 자신을 그들에게 나타내실 때 그들은 하나님을 친밀하게 알게 될 것이다. 예수님의 말씀을 들어보자.

> 조금 있으면 세상은 다시 나를 보지 못할 것이로되 너희는 나를 보리니 이는 내가 살아 있고 너희도 살아 있겠음이라 그 날에는 내가 아버지 안에, 너희가 내 안에, 내가 너희 안에 있는 것을 너희가 알리라 나의 계명을 지키는 자라야 나를 사랑하는 자니 나를 사랑하는 자는 내 아버지께 사랑을 받을 것이요 나도 그를 사랑하여 그에게 나를 나타내리라 (요 14:19-21)

하나님의 명령을 지키는 사람들이 하나님을 진정으로 경배하는 사람이다. 하나님은 그들이 주님을 보게 될 것이라고 약속하셨다. 그러나 진정으로 하나님을 예배하는 자들에게 하나님은 자신을 보이신다.

오직 하나님을 진정으로 예배하는 자만이 하나님을 실제로 아는 사람이다. 하나님과 알고 지내는 사람은 하나님의 친구다. 하나님은 친한 친구에게 자신을 마음껏 드러내신다. 그런데 하나님은 자신을 나타내실 뿐만 아니라, 함께 동거하신다.

> 나를 사랑하는 자는 내 아버지께 사랑을 받을 것이요 나도 그를 사랑하여 그에게 나를 나타내리라... 사람이 나를 사랑하면 내 말을 지키리니 내 아버지께서 그를 사랑하실 것이요 우리가 그에게 가서 거처를 그와 함께 하리라 (요 14:20-23)

성령님께서 내 마음에 천둥치듯 충격적으로 해 주신 말씀을 나는 분명히 기억한다. "예배는 하나님의 갈망을 알고 그것에 무조건 순종하는 것이다." 인간이 하나님을 진실로 사랑하면, 하나님은 인간에게 아주 가까이 다가오신다. 그것은 한번쯤 찾아오는 그런 성격의 방문이 아니라, 아예 상주하시며 같이 사는 것을 의미한다.

목회자나 평신도들 중에는 놀라운 성령의 은사를 받은 사람들이 있다. 그러나 온 마음으로 하나님의 말씀에 순종하지 않는다면, 그들도 쉽게 속임을 당할 수 있다. 그 이유는 하나님의 임재를 그들이 받은 은사, 설교, 찬양, 기도, 그 외의 다른 사역의 형태가 나타나는 정도에 따라 감지되는 것으로 알고 있기 때문이다. 그것은 발람의 경우와 다를 바 없다. 발람은 예언의 은사를 받은 사람이다. 그럼에도 불구하고 발람은 하나님의 마음으로부터 멀리 떨어져 있었다.

목회자로서 목회가 잘되거나 평신도로서 사업이 잘되면 하나님의 복을 받았다고 생각한다. 그러나 그것은 착각이다. 바로 그런 착각으로부터 악령의 속임수는 시작된다. 하나님을 위해 일한다고 해서 하나님과 각별히 친해지는 것은 아니다. 직원을 채용한 고용주의 경우를 한번 생각해보자. 직원이 회사에 매일 출근한다고 해서 자동적으로 고용주와 직원의 사이가 가까워지리라는 법은 없다. 그래서 예수님은 다음과 같은 경고를 하셨다.

> 집주인이 일어나 문을 한 번 닫은 후에 너희가 밖에 서서 문을 두드리며 주여 열어 주소서 하면 그가 대답하여 이르되 나는 너희가 어디에서 온 자인지 알지 못하노라 하리니 그 때에 너희가 말하되 우리는 주 앞에서 먹고 마셨으며 주는 또한 우리를 길거리에서 가르치셨나이다 하나 그가 너희에게 말하여 이르되 나는 너희가 어디에서 왔는지 알지 못하노라 행악하는 모든 자들아 나를 떠나가라 하리라 (눅 13:25-27)

나더러 주여 주여 하는 자마다 다 천국에 들어갈 것이 아니요 다만 하늘에 계신 내 아버지의 뜻대로 행하는 자라야 들어가리라 그 날에 많은 사람이 나더러 이르되 주여 주여 우리가 주의 이름으로 선지자 노릇하며 주의 이름으로 귀신을 쫓아내며 주의 이름으로 많은 권능을 행하지 아니하였나이까 하리니 그 때에 내가 그들에게 밝히 말하되 내가 너희를 도무지 알지 못하니 불법을 행하는 자들아 내게서 떠나가라 하리라(마 7:21-23)

예수님의 이름으로 기적을 행한 사람들 중에도 예수님께 버림을 받을 사람도 있다는 사실에 유의하기 바란다. 그들은 은사 받은 재능 있는 목회자들과 같은 사람들이다. 그러나 목회적인 재능과 하나님과의 친밀감은 항상 함께 가는 게 아니다. "내가 너희를 도무지 알지 못하니 불법을 행하는 자들아 내게서 떠나가라"는 예수님의 말씀을 깊이 새겨보기 바란다. 목회를 성공으로 이끄는 '기능적인 하나님의 임재'와 친밀한 교제가 이루어지는 '인격적인 하나님의 임재'는 서로 다른 것이라는 점을 반드시 인식하기 바란다.

"사람이 나를 사랑하면 내 말을 지키리니 내 아버지께서 그를 사랑하실 것이요 우리가 그에게 가서 거처를 그와 함께 하리라"는 말씀을 다시 한 번 더 깊이 살펴보자. 하나님이 늘 함께 하시는 임재라는 것은 참으로 놀라운 것이다. 바로 그것이 신약의 성도들과 구약의 성도들을 가르는 중요한 지표이다. 구약시대에는 하나님께서 성도들과 함께 늘 머무르지 않으셨다. 대신에 하나님은 "지성소"에 상주하셨다. 왜냐하면 그곳만이 죄의 용서를 받은 후에 들어올 수 있는 유일한 장소였기 때문이다. 뿐만 아니라, 엘리 제사장의 때와 같이 사람들이 자신의 만족만을 꾀하던 시대에는 하나님의 임재가 거의 존재하지 않았다.

오늘날에도 마찬가지이다. 하나님께 신령과 진정으로 예배드리며 하나님의 뜻에 온 마음으로 순종하는 신자들은 하나님의 거룩한 임재를 체험한다. 하나님은 그러한 사람들에게 자신을 온전히 드러내시기를 기뻐하신다. 그러한 사귐은 영광스러운 사귐이요 놀라운 복이다. 그런데 그렇게 복된 세계가 있음에도 불구하고, 불순종하면서 바람난 사람처럼 세속적인 것들에 연연해 하는 신자들은 무엇인가?

하나님은 우리와 함께 거하시면서 우리의 마음을 하나님의 집으로 삼으신다고 약속하셨다. 그리고 그곳에서 하나님이 진정 누구인지 나타내신다고 하셨다. 이 얼마나 복된 약속인가! 천국에서 하나님을 뵈올 영광의 시간은 미래에만 있는 것이 아니라, 지금 바로 이 시간 우리에게 열려져 있지 않은가! 영광의 왕이 자신을 "드러내 보이시기를 갈망하신다"는 성경구절이 있다. 하나님은 당신과 나에게 개인적으로 자신을 드러내 보이시기를 갈망하신다. 앞으로 오는 단원을 통해 바로 그런 개인적인 친밀함에 관하여 살펴볼 것이다. 그러나 다음 장에서는 하나님께 가까이 나아가는 자가 갖추어야 할 기본적인 덕목에 관하여 먼저 살펴보고자 한다.

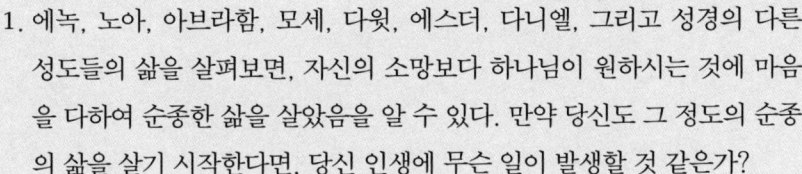

토론을 위한 질문들

1. 에녹, 노아, 아브라함, 모세, 다윗, 에스더, 다니엘, 그리고 성경의 다른 성도들의 삶을 살펴보면, 자신의 소망보다 하나님이 원하시는 것에 마음을 다하여 순종한 삶을 살았음을 알 수 있다. 만약 당신도 그 정도의 순종의 삶을 살기 시작한다면, 당신 인생에 무슨 일이 발생할 것 같은가?

2. 저자가 해학적으로 표현한 "찬양은 빠른 노래로 그리고 경배는 느린 노래로"라는 것에 대해 당신의 생각은 어떠한가? 저자에 의하면 참된 예배란 "삶으로 드리는 것"이라고 하는데, 만약에 그것이 진실이라면, 당신의 삶에 있어야할 변화는 무엇인가?

3. 누가복음 13:25-27과 마태복음 7:21-23을 읽어보아라. 하나님이 함께 하시는 임재와 사역에 역사하시는 임재와의 차이점을 구분할 수 있겠는가?

제9장

하나님이 동거하는 사람

> "하나님 나라의 가장 큰 힘은
> 주님을 경외하는 것과 겸손이다"

이 책의 기본이 되는 성경 구절은 "하나님을 가까이하라 그리하면 너희를 가까이하시리라"(약 4:8)이다. 그 말씀의 전후문맥에 어떤 내용들이 있는지 좀 더 자세히 살펴보도록 하자.

> 그러나 더욱 큰 은혜를 주시나니 그러므로 일렀으되 하나님이 교만한 자를 물리치시고 겸손한 자에게 은혜를 주신다 하였느니라 그런즉 너희는 하나님께 복종할지어다 마귀를 대적하라 그리하면 너희를 피하리라 하나님을 가까이하라 그리하면 너희를 가까이하시리라 죄인들아 손을 깨끗이 하라 두 마음을 품은 자들아 마음을 성결하게 하라 슬퍼하며 애통하며 울지어다 너희 웃음을 애통으로, 너희 즐거움을 근심으로 바꿀지어다 주 앞에서 낮추라 그리하면 주께서 너희를 높이시리라 (약 4:6-10)

하나님은 마음이 겸손하고 통회하는 자와 함께 하시기를 기뻐하신다. 이사야 선지자의 진실된 말을 들어보자.

> 지극히 존귀하며 영원히 거하시며 거룩하다 이름하는 이가 이와 같이 말씀하시되 내가 높고 거룩한 곳에 있으며 또한 통회하고 마음이 겸손한 자와 함께 있나니 이는 겸손한 자의 영을 소생시키며 통회하는 자의 마음을 소생시키려 함이라(사 57:15)

하나님 눈에 보시기에 겸손하면, 하나님께서 우리를 높여주신다고 야고보는 역설한다. 그러나 어디로 높여준다는 말인가? 이사야의 예언에 의하면, 높고도 거룩한 곳에 다니게 하신다는 말씀이 있다. 하나님은 잠깐 방문할 곳을 찾고 계신 것이 아니라, 오랫동안 머물 장소를 찾고 계신다. 믿는 자들의 마음은 하나님이 오래 거처하실 수 있는 장소가 되어야 하겠다. 어떻게 그런 장소를 마련할 수 있을까? 그 비결은 겸손한 마음을 가지는 것이다.

겸손을 모르는 세대

현대인들은 기독교인이건 비기독교인이건 할 것 없이 겸손이 무엇인지 전혀 모르는 듯하다. 심지어 신자들도 겸손의 능력을 무시한다. 왜냐하면 신자들까지도 겸손한 사람을 연약하고, 줏대 없고, 바보 같고, 광신적인 인간으로 판단하기 때문이다. 그렇기에 겸손한 사람을 도리어 깔본다. 게다가 진실로 겸손한 사람을 교만한 사람으로 잘못 간주하기도 한다. 블레셋 사람과 한창 전투를 벌이는 형들을 방문한 다윗의 예를 들어 살펴보자. 다윗이 전쟁터에 나간 형들에게 먹을 것을 주러 찾아갔을 때, 거기에서 하나님의 군대를 모욕하는 골리앗이라는 장군을 보게 된다. 그때 다윗은, 하나님을 신뢰하는 자신감을 가지고 아래와 같은 확신의 말을 한다. "다윗이 곁에 서 있는 사람들에게 말하여 이르되 이 블레셋 사람을 죽여 이스라엘의 치욕을 제거하는 사람에게는 어떠한 대우를 하겠느냐 이 할례 받지 않은 블레셋 사람이 누구이기에 살아 계시는 하나님의 군대를 모욕하겠느냐"(삼상 17:26). 그러나 그러한 다윗의 담대한 말은 그의 형들에게는 교만한 말로 들렸다.

그래서 큰 형인 엘리압은 다윗을 꾸짖었다. "큰 형 엘리압이 다윗이 사람들에게 하는 말을 들은지라 그가 다윗에게 노를 발하여 이르되 네가 어찌하여 이리로 내려왔느냐 들에 있는 양들을 누구에게 맡겼느냐 나는 네 교만과 네 마음의 완악함을 아노니 네가 전쟁을 구경하러 왔도다"(삼상 17:28).

진실로 교만한 사람은 누구였는가? 다윗인가 엘리압인가? 사무엘상 16장에는 사무엘이 이스라엘의 왕으로 기름부을 사람을 찾아 이새의 집을 방문한 것이 기록되어 있다. 이새와 사무엘 둘 다 처음에는 맏형인 엘리압을 이스라엘의 왕이 될만한 인물로 생각했다. 아마도 엘리압은 기골이 장대하고 힘이 세며 똑똑한 인물이었을지도 모른다. 그러나 성경에는 "그들이 오매 사무엘이 엘리압을 보고 마음에 이르기를 여호와의 기름부으실 자가 과연 그 앞에 있도다 하였더니 여호와께서 사무엘에게 이르시되 그 용모와 신장을 보지 말라. 내가 이미 그를 버렸노라 나의 보는 것은 사람과 같지 아니하니 사람은 외모를 보거니와 나 여호와는 중심을 보느니라"고 기록되어 있다(삼상 16:6-7). 하나님께서는 교만한 사람을 거부하신다. 엘리압은 다윗에게 교만하다고 했지만 사실 그 교만은 엘리압 안에 있는 것이었다. 반면에 다윗은 하나님 앞에서 겸손했기에, 하나님과 마음이 합한 사람으로 알려져 있다.

"다윗을 왕으로 세우시고 증거하여 가라사대 내가 이새의 아들 다윗을 만나니 내 마음에 합한 사람이라 내 뜻을 다 이루게 하리라 하시더니" (행 13:22).

다윗은 겉으로 보기에는 연약하고, 나약하게 보였을지도 모른다. 그러나 맏형의 폭언에도 굴하지 않고, 믿음의 큰 확신을 가지고 싸움터로 나아가 거인 골리앗을 죽이고 그의 머리를 취했다.

참된 겸손을 이해하기 위해 성경에 나오는 다른 인물을 소개하고자 한다.

이 사람 모세는 온유함이 지면의 모든 사람보다 더하더라 (민 12:3)

참으로 놀라운 진술이다. 지면의 모든 사람보다 더 겸손한 사람, 그가 모세이다. 그런데 문제가 있다. 누가 민수기를 기록했을까? 모세이다. 그렇다면 어떻게 감히 그런 말을 할 수 있는가?

일반적으로 겸손한 사람이 자기가 스스로 겸손한 사람이라고 말하는 경우는 드물다. 그리고 그것도 지상에서 자기가 가장 겸손한 사람이라니! 어떤 목회자가 강대상에서 설교를 시작하면서, "여러분 이 세상에서 가장 겸손한 자가 누군지 아십니까? 바로 지금 설교하고 있는 이 사람입니다. 자, 이제 겸손함에 관하여 하나씩 살펴봅시다" 하면 누가 그 목사의 설교를 듣겠는가? 설교를 듣기는 커녕 조소하고 이단자로 몰아붙일 것이다. 아니면 그 다음 주부터 교회를 안나오는 성도들이 속출할지도 모른다. 그러나 예수님이 하시는 말씀을 한번 들어보자.

수고하고 무거운 짐 진자들아 다 내게로 오라 내가 너희를 쉬게 하리라 나는 마음이 온유하고 겸손하니 나의 멍에를 메고 내게 배우라 그리하면 너희 마음이 쉼을 얻으리니(마 11:28-29)

근본적으로 우리는 겸손의 진정한 의미를 놓치고 있다. 왜냐하면 무가치한 존재로 살아가고 자신에 대하여 절대 말하지 않는 것이 겸손이라고 생각해왔다. 그러나 그것은 사실과는 거리가 먼 겸손이다.

겸손의 정의

겸손에는 3가지 면이 있다. 첫째는 하나님께 순종, 둘째는 하나님께만 의존함, 셋째는 우리 자신에 관한 관점이다. 각각 하나씩 살펴보자.

첫째, 야고보는 겸손함에 대해 언급한 후 즉시 다음과 같은 말을 덧붙였다. "그런즉 너희는 하나님께 복종할지어다 마귀를 대적하라 그리하면 너희를 피하리라"(약 4:7). 하나님은 항상 그의 백성에게 계획과 약속을 주신다. "여호와의 말씀이니라 너희를 향한 나의 생각을 내가 아나니 평안이요 재앙이 아니니라 너희에게 미래와 희망을 주는 것이니라"(렘 29:11). 하나님의 뜻을 구하면서 그 뜻을 기쁨으로 실천하는 사람들에게는 항상 하나님의 복이 뒤따르게 되어 있다. "또 여호와를 기뻐하라 그가 네 마음의 소원을 네게 이루어 주시리로다"(시 37:4) 신자들은 하나님께서 말씀하시는 것을 보며 자신의 이해력으로 논리적인 길인지 아닌지 결정하려고 한다. 그러나 가끔 하나님은 우리가 원하지 않는 방향으로, 혹은 우리가 도무지 이해하기 어려운 방향으로 우리들을 끌고 가실 때가 있다. 진정 겸손한 사람이라면, 그러한 때에도, 주님께 순종한다. "너는 마음을 다하여 여호와를 신뢰하고 네 명철을 의지하지 말라"(잠 3:5).

아브라함은 약속을 받기는 했으나, 그 약속이 이루어져 자식을 얻기까지는 상당 기간을 기다려야 했다. 결혼과 출산이라는 논리적인 연결이 즉시로 이루어지지 않았기 때문이다. 아브라함은 많은 자손들의 아비가 되는 꿈을 꾸면서 미래를 어렴풋이 바라보았다. 그러나 하나님은 이삭을 제물로 바치라고 명령하심으로 그러한 아브라함의 꿈을 일순간에 물거품으로 만들어 버리셨다! 하나님의 그러한 명령은 도대체 말이 되지 않는 것이었다. 아브라함이 그렇게 엉뚱한 하나님의 말씀에 순종하려고 얼마나 몸부림쳤을지 가히 상상이 가는가? 진정으로 통탄할만한 명령이었고 인간으로서는 감당하기 어려운 시험거리였다. 그러나 아브라함은 도저히 이해할 수 없었음에도 불구하고, 하나님의 명령에 순종하기로 결심했다. 무엇이 그로 하여금 그렇게 하도록 했을까? 그것은 바로 다름 아닌 하나님을 경외하는 겸손함이었다.

하나님께 대한 온전한 의존

둘째, 겸손이라는 것은 하나님께 완전히 의탁하고 주께 온전히 의존하는 것을 의미한다. 앞서 말한 대로, 다윗은 그의 형들의 눈에는 교만한 것같이 보이기는 했지만, 사실은 겸손한 사람이었다. 왜냐하면 하나님을 전적으로 신뢰했기 때문이었다. "또 다윗이 이르되 여호와께서 나를 사자의 발톱과 곰의 발톱에서 건져 내셨은즉 나를 이 블레셋 사람의 손에서도 건져 내시리이다 사울이 다윗에게 이르되 가라 여호와께서 너와 함께 계시기를 원하노라"(삼상 17:37). 다윗의 형들은 자신들이 나이도 더 많고, 힘도 더 세고, 경험도 더 많고, 지식도 더 많기에 자신들이 더 능력이 있다고 생각했다. 반면에 다윗의 자신감은 하나님께 대한 신뢰와 순종에서 기인했다.

동일한 영적 진리가 갈렙과 여호수아의 이야기에서도 발견된다. 이들 둘은 약속의 땅을 정탐하러 파송된 12명 중 두 사람이었다. 40일이 지난 후에 그들은 정탐을 마치고 모세와 백성들에게 돌아와 보고를 했다. 12명 중에 10명은 다음과 같이 말했다. "모세에게 말하여 이르되 당신이 우리를 보낸 땅에 간즉 과연 그 땅에 젖과 꿀이 흐르는데 이것은 그 땅의 과일이니이다 그러나 그 땅 거주민은 강하고 성읍은 견고하고 심히 클 뿐 아니라 거기서 아낙 자손을 보았으며"(민 13:27-28)

10명의 정탐꾼들이 이성적인 판단으로 정확히 보고하자, 군중들 사이에선 소동이 일어났다. 갈렙은 흥분한 군중을 진정시키면서 다음과 같은 확신에 찬 믿음의 말로 권면하였다. "우리가 곧 올라가서 그 땅을 취하자 능히 이기리라"(민 13:30)

그러나 다른 10명의 정탐꾼들은 다음과 같이 재빠르게 받아쳤다. "우리는 능히 올라가서 그 백성을 치지 못하리라 그들은 우리보다 강하니라"(민 13:31).

그 소리를 들은 군중들은 심기가 불편해져서 분노하기 시작했다. "온 회중이 그들을 돌로 치려 하는데 그 때에 여호와의 영광이 회막에서 이스라엘 모든 자손에게 나타나시니라"(민 14:10)

왜 군중은 여호수아와 갈렙을 돌로 때려 죽이려 했을까? 그들의 눈에는 여호수아와 갈렙이 지나치게 자만하고 자신을 과신하는 것 같이 보였다. 그들은 젖과 꿀이 흐르는 땅 즉, 하나님께서 약속해 주신 땅에는 강한 적들이 버티고 있었기 때문에 그 땅은 도저히 취할 수 없는 땅이라고 판단했다. 튼튼한 성곽과 잘 훈련된 군사를 가진 나라들을 한낱

유랑하는 목동들이 친다는 것은 무모한 짓이라고 아주 현실적으로 생각했다. 그렇게 말하는 배후에는, 출애굽은 하였으나 아직도 노예근성을 버리지 못한 태도가 숨어 있었다. "어찌하여 여호와가 우리를 그 땅으로 인도하여 칼에 쓰러지게 하려 하는가 우리 처자가 사로잡히리니 애굽으로 돌아가는 것이 낫지 아니하랴"(민 14:3). 겉으로 보기에 그들은 겸손하고, 처자를 돌보고, 백성을 생각하는 신중한 사람들로 보일 수도 있었다. 반면에 여호수아와 갈렙은 백성 중에 있는 노약자, 무기력한 사람들의 안녕과 복지를 생각하지 않는 파렴치한 인간들처럼 보였을 것이다.

그러나 더 깊이 한 번 생각해 보자. 여호수아와 갈렙의 확신은 도대체 어디에서 왔을까? "다만 여호와를 거역하지는 말라 또 그 땅 백성을 두려워하지 말라 그들은 우리의 먹이라 그들의 보호자는 그들에게서 떠났고 여호와는 우리와 함께 하시느니라 그들을 두려워하지 말라"(민 14:9). 여호수아와 갈렙은 하나님을 전적으로 신뢰하고 오직 하나님께만 의존하는 태도를 가졌다. 가나안 땅으로 들어가서 그곳을 정복하는 것은 하나님의 뜻이라는 것을 그들은 알고 있었다. 물론 겉으로 보기에는 여호수아와 갈렙은 자만심으로 가득한 인간들처럼 보이기도 한다. 그러나 그들이야말로 진정으로 겸손한 자들이다.

겸손, 즉 하나님의 은혜에 온전히 의존함이라는 것은 사도 바울의 생애를 지배한 영적 원리이다.

> 우리가 무슨 일이든지 우리에게서 난 것 같이 스스로 만족할 것이 아니니 우리의 만족은 오직 하나님으로부터 나느니라 (고후 3:5)

그리고 사도 바울은 이렇게 고백했다.

나에게 이르시기를 내 은혜가 네게 족하도다 이는 내 능력이 약한 데서 온전하여짐이라 하신지라 그러므로 도리어 크게 기뻐함으로 나의 여러 약한 것들에 대하여 자랑하리니 이는 그리스도의 능력이 내게 머물게 하려 함이라 그러므로 내가 그리스도를 위하여 약한 것들과 능욕과 궁핍과 박해와 곤고를 기뻐하노니 이는 내가 약한 그 때에 강함이라(고후 12:9-10)

사도 바울의 일생은 그렇게 진행되었다. 살면 살수록, 더욱 하나님의 은혜와 하나님의 능력에 더 의존하는 반면에, 자신의 힘, 능력, 재능은 덜 믿게 되었다. 그리스도에게 순종하여 자신을 비우면 비울수록, 그리스도의 영광이 더 많이 그에게 흘러 들어와, 바울은 더욱더 강하고 담대한 전도자로 변화되었다.

우리는 자신을 어떻게 평가하는가?

자기 자신을 어떻게 평가하는가 하는 것과 겸손함은 맞물려 있다. 예수 그리스도를 믿고 구원함을 받았을 때 사도 바울은 겸손함으로 자신이 성취한 모든 업적과 획득한 신분을 포기했다. 바울은 그런 모든 것들을 쓰레기로 여긴다고 했다(빌 3:1-8 참조).

그러나 그리스도를 믿고 나서 이룩한 영적인 성과들은 어떤가? 신자들은 종종 그러한 것들을 자랑한다. 그러나 사도 바울의 태도를 한 번 살펴보자. "형제들아 나는 아직 내가 잡은 줄로 여기지 아니하고 오직 한 일 즉 뒤에 있는 것은 잊어버리고 앞에 있는 것을 잡으려고"(빌 3:13).

회심한 후에 사도 바울은 사도로 안수를 받고 파송된다(행 13:1-4을 참조하라). 그에게 풍성한 영적 계시가 임하고 많은 은사와 지혜가 쏟아부어졌다. 바울은 소아시아와 동부 유럽에 수많은 교회를 설립했다. 그러나 고린도전서의 내용을 보면 그가 얼마나 겸손한 인물인지 엿볼 수 있다.

> 나는 사도 중에 가장 작은 자라 나는 하나님의 교회를 박해하였으므로 사도라 칭함 받기를 감당하지 못할 자니라(고전 15:9)

당신의 귀에는 위의 말이 진정 겸손함에서 우러나오는 말로 들리지 않는가? 이는 위장된 겸손과는 전혀 다른 것이다. 이 세상에는 물론 가짜 겸손이라는 것도 있다. 정치적으로, 전략상 겸손한 척 위장하는 것 말이다. 아니면 비굴한 심령을 가진 사람이 겸손한 척 하면서, 은근히 자신을 높이 세우려고 술수를 쓰는 경우도 있다. 그러나 사도 바울은 진실성이 결여된 말뿐인 겸손으로 사람들을 속이려는 게 아니다. 성령의 감화 감동을 받아 성경을 기록하면서 거짓말을 할 수는 없다! 자신이 스스로를 진정 그렇게 생각하지 않았다면, 성령님은 그렇게 쓰도록 허락하지 않으셨을 것이다. 그럼으로 "사도 중에 가장 작은 자", "사도라 칭함을 받지 못할 자"라는 말은 정치적인 말이 아니라, 진정한 겸손을 표현하는 말들이다.

사도 바울 자신의 말을 계속 들어보자. "그러나 내가 나 된 것은 하나님의 은혜로 된 것이니 내게 주신 그의 은혜가 헛되지 아니하여 내가 모든 사도보다 더 많이 수고하였으나 내가 한 것이 아니요 오직 나와 함께 하신 하나님의 은혜로라"(고전 15:10). 사도 바울이 말하는 "모든 사도"는 누구인가? 그 말 그대로 다른 모든 사도들이다. 그렇다면 바울이 빼기는 것인가, 허풍을 떠는 것인가? 마치 겸손을 가장하여 잘난 척 하려는 것처럼 들리기도 할 것이다. 얼마 전에는 "나는 사도 중에 가장 작은 자라 나는 하나님의 교회를 박해하였으므로 사도라 칭함 받기를 감당하지 못할 자"라고 했다가 이제는 말을 바꾸어 자기가 "모든 사도보다 더 많이 수고하였다"고 하니 혼란스럽지 않은가? 그냥 얼핏 보기에는 사도 바울의 교만함이 드러나는 것처럼 느껴지기도 할 것이다. 그러나 사실은 그렇지 않다. 바울의 말은 하나님께 온전히 의존하는 자세로부터 나온 말이다.

> 그러나 내가 나 된 것은 하나님의 은혜로 된 것이니 내게 주신 그의 은혜가 헛되지 아니하여 내가 모든 사도보다 더 많이 수고하였으나 내가 한 것이 아니요 오직 나와 함께 하신 하나님의 은혜로라 (고전 15:10)

사도 바울은 자신이 많은 종교적 업적을 쌓았다는 데는 동의 하지만, 그것은 오직 하나님의 은혜로 되었다는 것을 겸손히 인정하고 있다. 사도 바울은 자신의 업적과 자신의 자존심을 분리시켰다. 그가 무엇을 이루었든지 그것은 그의 능력이 아니라 하나님의 능력으로 이루어진 것이기 때문이다.

"사도 중에 가장 작은 자"라는 사도 바울의 자기소개는 소화하기 어려운 표현이다. 왜냐하면 객관성이 결여되었기 때문이다. 교회사를 통해서 보든지 성경의 기록으로 보든지, 사도 바울은 가장 위대한 사도 중에 한 사람이다. 그런데 고린도 전도 후에 기록했다고 추정되는 에베소서에서 바울이 자신을 어떤 사람으로 언급하고 있는지 한 번 더 살펴보자.

> 모든 성도 중에 지극히 작은 자보다 더 작은 나에게 이 은혜를 주신 것은 측량할 수 없는 그리스도의 풍성함을 이방인에게 전하게 하시고(엡 3:8)

7년 전에 쓰여진 고린도서에서는 자신이 '사도들 중에 가장 작은 자'라고 하더니, 이젠 '모든 성도 중에 지극히 작은 자보다 더 작은 나'라고 자신을 소개하는 바울의 모습을 보라. 잘못 읽으면 위선적인 글로 보일지도 모르겠다. 그러나 사실 사도 바울은 진실한 사람이었다. 신약 성경의 대부분을 기록한 사도 바울은 진실로 자신을 그렇게 낮은 자로 여긴 것이다!

예수님께 더 가까이 다가가면 갈수록, 사도 바울은 자신의 부족함을 더욱 절실히 깨달았다. 예수님께 아주 가까이 갔을 때, 이제 사도 바울은 죽음의 문턱에 있었다. 그 당시 사도 바울이 예수 그리스도라는 거울에 비추어 자신을 어떻게 바라보았는지, 성경을 한 번 읽어보자.

> 미쁘다 모든 사람이 받을 만한 이 말이여 그리스도 예수께서 죄인을 구원하시려고 세상에 임하셨다 하였도다 죄인 중에 내가 괴수니라(딤전 1:15)

처음에는 '사도 중에 가장 작은 자'로 시작해서, '성도 중에 가장 미천한 자'가 되더니, 이제는 '죄인의 괴수'에까지 이르렀다. 그렇다면 가면 갈수록 사도 바울의 신앙이 더 나빠지고 인격이 험악해졌다는 말인가? 그렇지 않다. 사도 바울은 점차 신앙이 자라나 예수님을 닮아가고, 인격이 고매해져서 성자의 위치까지 올라간 사람이다. 그렇다면 바울의 말들을 어떻게 이해할 수 있을까? 그것은 사도 바울이 갈수록 더 겸손해졌다는 증거로 받아들일 수 있다. 사도 바울이 갈수록 더 겸손해진 이유는, 생각하면 생각할수록 그리고 살아가면 살아갈수록, 예수님의 구원의 은혜가 더욱 크게 느껴졌기 때문이다. 사도 바울은 자신이 예수님께 크게 빚진 자라는 사실을 절대로 잊지 않았다.

은혜를 받으면 받을수록 사람은 더욱 겸손하게 된다. 동시에 겸손하면 할수록 더 많은 은혜를 받게 된다. "그러나 더욱 큰 은혜를 주시나니 그러므로 일렀으되 하나님이 교만한 자를 물리치시고 겸손한 자에게 은혜를 주신다 하였느니라"(약 4:6). 그러므로 사도 바울의 겸손함이 갈수록 깊어졌다는 것은, 그에게 내리신 하나님의 은혜가 더욱 많아졌다는 증거이다. 바울이 겸손해지면 겸손해질수록 하나님은 더욱 바울에게 친근하게 다가오시고, 놀라운 하늘의 비밀을 알게 해주셨다. 이사야를 통해 하신 말씀처럼, 하나님은 겸손한 자를 한 번 방문해 보시는 것이 아니라, 그와 함께 거주하신다. 하나님이 우리와 함께 거주하실 때, 우리는 하나님과 아주 친밀하게 된다.

양대 파워

이제 하나님 나라의 2대 파워에 대하여 살펴보자. 그것은 겸손과 주님을 경외함이다. 이미 앞에서 자세히 살펴본 바대로 '주님을 경외함'이 하나님께 가까이 다가가는 지름길이다. 겸손도 마찬가지의 역할을 담당한다. 시편기자는 그래서 이렇게 선포하였다.

> 겸손한 자를 정의로 지도하심이여 온유한 자에게 그의 도를 가르치시리로다(시 25:9)

하나님은 겸손한 자에게 자신의 길을 계시하신다.

여호와를 경외하는 자 누구냐 그가 택할 길을 그에게 가르치시리로다
(시 25:12)

근본적으로, 하나님을 경외하는 사람이 겸손해지는 것이 당연하다. 그리고 진실로 겸손한 사람은 하나님을 경외한다. 모세는 하나님의 길을 진실로 알았던 사람이다. 그러나 나머지 이스라엘 백성은 그들의 기도에 응답하시는 하나님만을 알고 있었을 뿐이다. 모세는 하나님을 경외하는 겸손한 사람이었다. 둘의 차이를 알겠는가? 이스라엘 백성에게는 겸손함도(여호수아와 갈렙의 예에서 보았듯이) 하나님을 경외하는 마음도 없었다(신 5:29).

여호와께서 이 모든 말씀을 산 위 불 가운데, 구름 가운데, 흑암 가운데에서 큰 음성으로 너희 총회에 이르신 후에 더 말씀하지 아니하시고 그것을 두 돌판에 써서 내게 주셨느니라 산이 불에 타며 캄캄한 가운데에서 나오는 그 소리를 너희가 듣고 너희 지파의 수령과 장로들이 내게 나아와 말하되 우리 하나님 여호와께서 그의 영광과 위엄을 우리에게 보이시매 불 가운데에서 나오는 음성을 우리가 들었고 하나님이 사람과 말씀하시되 그 사람이 생존하는 것을 오늘 우리가 보았나이다 이제 우리가 죽을 까닭이 무엇이니이까 이 큰불이 우리를 삼킬 것이요 만일 우리가 우리 하나님 여호와의 음성을 다시 들으면 죽을 것이라 육신을 가진 자로서 우리처럼 살아 계시는 하나님의 음성이 불 가운데에서 발함을 듣고 생존한 자가 누구니이까 당신은 가까이 나아가서 우리 하나님 여호와께서 하시는 말씀을 다 듣고 우리 하나님 여호와께서 당신에게 이르시는 것을 다 우리에게 전하소서 우리가 듣고 행하겠나이다 하였느니라 여호와께서 너희가 내게 말할 때에 너희가 말하는

소리를 들으신지라 여호와께서 내게 이르시되 이 백성이 네게 말하는 그 말소리를 내가 들은즉 그 말이 다 옳도다(신 5:22-28)

시편기자는 하나님을 경외함을 겸손과 연결시키고 있다. 그 둘은 서로 떼어놓을 수 없는 불가분의 관계를 가지고 있다.

여호와를 경외하는 것은 지혜의 훈계라 겸손은 존귀의 길잡이니라(잠 15:33)

하나님 나라에 양대 파워가 있는 것처럼, 어두움의 나라에도 양대 파워가 있다. 그것은 겸손과 하나님을 경외함의 정반대인, '교만'(자만, 거만, 우월)과 '반항(불순종,저항)'이다. 바로 그러한 대조를 잠언에서 읽을 수 있다.

겸손과 여호와를 경외함의 보상은 재물과 영광과 생명이니라 패역한 자(마음이 완고한 자)의 길에는 가시와 올무가 있거니와 영혼을 지키는 자는 이를 멀리 하느니라(잠 22:4-5)

하나님을 경외함과 겸손은 아주 밀접하게 연결되어 있으며, 교만과 반항으로 점철된 불순종의 삶과는 대조된다. 예수님은 어떤 인간이나 어떤 천사들보다 더욱 하나님께 순종하신 분이다. 예수님은 하나님의 뜻에 철저하게 순종하신 분이다. "사람의 모양으로 나타나사 자기를 낮추시고 죽기까지 복종하셨으니 곧 십자가에 죽으심이라 이러므로 하나님이 그를 지극히 높여 모든 이름 위에 뛰어난 이름을 주사"(빌 2:8-9). 그런 순종과 겸손으로 예수님은 높은 영광의 자리로 올라가셨다.

예수님과는 대조적으로, 사단이라 불리는 타락한 천사인 루시퍼는 자기 자신을 스스로 한없이 높인 자이다. 그렇기 때문에, 사단은 음부의 깊은 곳으로 떨어졌다.

> 너는 기름 부음을 받고 지키는 그룹임이여 내가 너를 세우매 네가 하나님의 성산에 있어서 불타는 돌들 사이에 왕래하였도다 네가 지음을 받던 날로부터 네 모든 길에 완전하더니 마침내 네게서 불의가 드러났도다 네 무역이 많으므로 네 가운데에 강포가 가득하여 네가 범죄하였도다 너 지키는 그룹아 그러므로 내가 너를 더럽게 여겨 하나님의 산에서 쫓아냈고 불타는 돌들 사이에서 멸하였도다 네가 아름다우므로 마음이 교만하였으며 네가 영화로우므로 네 지혜를 더럽혔음이여 내가 너를 땅에 던져 왕들 앞에 두어 그들의 구경거리가 되게 하였도다(겔 28:14-17)

> 너 아침의 아들 계명성이여 어찌 그리 하늘에서 떨어졌으며 너 열국을 엎은 자여 어찌 그리 땅에 찍혔는고 네가 네 마음에 이르기를 내가 하늘에 올라 하나님의 뭇 별 위에 내 자리를 높이리라 내가 북극 집회의 산 위에 앉으리라 가장 높은 구름에 올라가 지극히 높은 이와 같아지리라 하는도다 그러나 이제 네가 스올 곧 구덩이 맨 밑에 떨어짐을 당하리로다(사 14:12-15)

이 모든 것들을 마음에 새기면서 결론을 지어보자. 예수님은 자기 스스로 높이는 자는 낮아지고 스스로 낮추는 자는 하나님이 높이신다고 말씀하셨다. 영계의 구조를 살펴보면, 천상의 가장 높은 곳에는 하나님이 거주하신다. 그리고 그 밑에는 사단, 마귀가 거주한다. 인간이 스스로 높일 경우, 인간은 아마도 사단, 마귀가 거주하는 곳까지는 올라갈 수 있을지 모른다. 그러나 하나님이 계신 곳까지 올라가려면, 하나님이 들어 올려줘야만 가능하다. 그런데 하나님은 겸손한 자들만 들어 높이신다.

하나님이 쫓아다니는 사람

"하나님이 교만한 자를 물리치시고 겸손한 자에게 은혜를 주신다"(약 4:6). 그리고 하나님은 진실함과 겸손함으로 하나님을 경외하는 자에게 가까이 하신다. 구약성경에 보면 하나님이 지시하신 대로 하나님께 예배를 드린 사람들의 이야기가 나온다. 그들은 양과 소를 잡아서 희생의 제사를 드렸다. 그렇지만 하나님께서는 다음과 같이 말씀하셨다.

> 소를 잡아 드리는 것은 살인함과 다름이 없이 하고 어린 양으로 제사드리는 것은 개의 목을 꺾음과 다름이 없이 하며 드리는 예물은 돼지의 피와 다름이 없이 하고 분향하는 것은 우상을 찬송함과 다름이 없이 행하는 그들은 자기의 길을 택하며 그들의 마음은 가증한 것을 기뻐한즉 나 또한 유혹을 그들에게 택하여 주며 그들이 무서워하는 것을 그들에게 임하게 하리니 이는 내가 불러도 대답하는 자가 없으며 내가 말하여도 그들이 듣지 않고 오직 나의 목전에서 악을 행하며 내가 기뻐하지 아니하는 것을 택하였음이라 하시니라(사 66:3-4)

하나님이 진실로 즐겨하시는 것은 무엇일까? 그것은 순종이다. "여호와께서 번제와 다른 제사를 그의 목소리를 청종하는 것을 좋아하심 같이 좋아하시겠나이까 순종이 제사보다 낫고 듣는 것이 숫양의 기름보다 나으니"(삼상 15:22). 하나님을 경외함이 없는 예배, 하나님 말씀에 대한 순종 없는 신앙생활을 보면 하나님은 슬퍼하신다.

하나님은 그러한 경배자들을 질책하신다. 하나님은 그런 가짜 예배자들의 발걸음을 끊어버리실 것이다. 그들이 당할 충격을 가히 상상할 수 있는가? 그들은 하나님께 예배하며 기쁘게 해드린다고 생각하지만 그들이 바라는 것은 오직 그들의 경배로 하나님이 감동받으실 것만을 바란다. 그러나 하나님의 백성에 대하여 주님은 심지 않으신 것을 뽑지 않으시며 세우지 않으신 것을 부수지 않으신다. 하나님은 그를 바라는 자를 다음과 같은 말씀으로 격려하신다.

> 나 여호와가 말하노라 내 손이 이 모든 것을 지었으므로 그들이 생겼느니라 무릇 마음이 가난하고 심령에 통회하며 내 말을 듣고 떠는 자 그 사람은 내가 돌보려니와(사 66:2)

"돌아보다"의 히브리어는 '나바트'로, 스트롱 사전에 의하면 "뚫어지게 쳐다보다, 만족해 하는 눈으로 바라보다, 호의를 베풀다, 돌보다"이다. 본질적으로 하나님은 "나는 이 사람을 참 즐거운 눈으로 바라보며 깊게 관찰하는데, 나는 그에게 호의를 베풀며 특별히 돌봐주겠다"고 말씀하시는 것이다. 다른 표현으로 말하자면, "나의 선함과 인자함이 그 사람을 항상 쫓아다닐 것이다"라고 할 수 있다. 《다윗의 장막》이라는 책으로 유명해진 토미 테니라는 작가는 The God Chasers(하나님을 쫓아다니는 신자: 한국어판으로는 《하나님 당신을 갈망합니다》로 번역되었음, 역자 주)라는 책을 저술했다. 이는 하나님을 사랑하는 자의 마음을 그대로 대변하는 책이다. 그러나 나는 그와는 정반대의 것을 이야기

하고자 한다. 즉, 하나님을 쫓아다니는 신자가 아니라, 신자를 쫓아다니는 하나님 말이다.

다윗의 경우를 한 번 살펴보자. 하나님은 사울이 왕이었을 때 새로운 왕을 찾아서 기름 부으라고 사무엘 선지자를 이새의 집으로 보내셨다. 처음에 사무엘은 사울 왕의 보복이 두려운 나머지 하나님의 지시대로 행하기를 꺼려했다. "사무엘이 이르되 내가 어찌 갈 수 있으리이까 사울이 들으면 나를 죽이리이다"(삼상 16:2). 그렇지만 하나님이 가라고 종용하자 사무엘은 갈 수밖에 없었다. 하나님은 왜 그렇게 다그치셨을까? 왜냐하면 하나님은 이새의 아들 중 하나를 뒤쫓고 있었기 때문이다. 사무엘은 이새의 아들 일곱을 다 그 앞으로 지나가게 하였으나 하나님은 그들을 택하지 않으셨다. 그리고는 사무엘의 입을 통해 하나님은 다음과 같이 물으셨다. "네 아들들이 다 여기 있느냐?" 그때 이새는 "아직 막내가 남았는데 그는 양을 지키나이다"라고 대답했다. 그러자 "그를 데려오라(내가 바로 그를 쫓고 있는 중이라!)"고 하셨다.

하나님은 이새의 다른 아들들이나 이스라엘의 다른 장수들을 점찍지 않으시고, 왜 유독 다윗에게만 눈독을 드리셨을까? 그 해답은 이미 제시되었다. 하나님은 겸손한 자를 찾으시기 때문이다. 그분의 말씀 앞에서 회개하며 전율하는 그런 겸손한 자들 말이다. 이런 상한 심령을 가진 사람들은 하나님의 권위를 인정하고, 깊이 뉘우치며 빨리 회개하고, 하나님께 온전히 순종한다. "나 여호와가 말하노라 무릇 마음이 가난하고 심령에 통회하며 내 말을 듣고 떠는 자 그 사람은 내가 돌보려니와"(사 66:2). 이런 사람들이 바로 다름 아닌 겸손하고 하나님을 경외하는 자들이다. 하나님은 그런 자들을 줄곧 쫓아다니신다.

> 진실로 그는 거만한 자를 비웃으시며 겸손한 자에게 은혜를 베푸시나니
> (잠 3:34)

다른 말씀도 있다.

> 주를 두려워하는 자를 위하여 쌓아 두신 은혜 곧 주께 피하는 자를 위하여 인생 앞에 베푸신 은혜가 어찌 그리 큰지요 주께서 그들을 주의 은밀한 곳에 숨기사 사람의 꾀에서 벗어나게 하시고 비밀히 장막에 감추사 말다툼에서 면하게 하시리이다 (시 31:19-20)

성경은 겸손과 하나님을 경외함에 관하여 분명히 말씀하신다. "젊은 자들아 이와 같이 장로들에게 순종하고 다 서로 겸손으로 허리를 동이라 하나님은 교만한 자를 대적하시되 겸손한 자들에게는 은혜를 주시느니라"(벧전 5:5). "외모로 보시지 않고 각 사람의 행위대로 심판하시는 이를 너희가 아버지라 부른즉 너희가 나그네로 있을 때를 두려움으로 지내라"(벧전 1:17). 하나님과의 달콤한 친교로 들어가는 지름길은 겸손과 경외라고 성령님은 베드로에게 이야기 해주셨다.

하나님은 이미 준비가 완료되셨다. 이제 우리의 선택이 남아있을 뿐이다. 당신은 어떤가? 하나님은 예수 그리스도 안에서 은혜를 부어주셨고, 하나님 앞으로 가까이 다가갈 수 있는 넓은 길을 터놓으셨다. 얼마나 놀랍고 멋있는 하나님 아버지이신가! 이제 하나님께서 머무시는 그 은혜의 보좌가 있는 밀실로 담대히 들어가자.

토론을 위한 질문들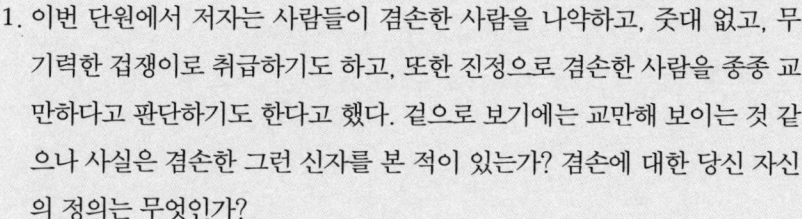

1. 이번 단원에서 저자는 사람들이 겸손한 사람을 나약하고, 줏대 없고, 무기력한 겁쟁이로 취급하기도 하고, 또한 진정으로 겸손한 사람을 종종 교만하다고 판단하기도 한다고 했다. 겉으로 보기에는 교만해 보이는 것 같으나 사실은 겸손한 그런 신자를 본 적이 있는가? 겸손에 대한 당신 자신의 정의는 무엇인가?

2. 겸손의 3가지 면에 대한 성경적인 예들을 살펴 보라. 하나님께 대한 순종, 하나님께 모든 것을 다 내어 맡김, 우리 자신에 대한 올바른 견해. 이 3가지 중에 당신에게 가장 부족한 점은 어떤 것인가?

3. 이사야 66장에 법에 따라 적합한 희생물을 가져오고, 적합한 향을 태우고, 적합한 번제를 드리면서 하나님께 제사지내고 경배하는 사람들이 나온다. 그러나 주님은 순종하지 않음으로 그들의 제사를 기뻐하시지 않으셨다. 마찬가지로 우리의 경배 역시 아무리 은사가 넘치고 달란트가 많은 지도자에 의해 인도된다 해도 하나님을 기쁘시게 하지 못할 수도 있지 않을까?

제
10
장

성령님과의 친밀함
Intimacy with the Holy Spirit

"교회에서 가장 무시당하는 존재는
성령님이시다"

이제 내가 말하고자 하는 것을 제시할 단계에 이르렀다. 이전 단원들에서 배운 것들을 복습해보자. 당신이 하나님을 가까이 하기 원하는 것보다 훨씬 더 하나님은 당신과 가까이 지내고 싶어 하신다. 모세의 말을 되새겨보자. "여호와는 인간과 친분관계를 맺고 싶어 열정에 불타는 하나님이시다"(출 34:14, NLT).

나는 최근에 더 깊은 기도로 들어가려 하였으나 잘 되지 않았던 적이 있었다. 그래서 "주님, 여기 지구 상에서는 더 이상 하나님께 가까이 다가갈 수가 없습니다. 그러니 차라리 나를 하나님 계신 천국으로 데려가 주소서!"라고 울부짖었다. 내 마음에서 그런 말이 떨어지자마자 내 다리는 후들후들 떨렸다. 내 마음은 진심으로 그런 말을 했으나, 내 머리는 이렇게 받아쳤던 것이다. "너 제정신이니? 지금 하나님께 무엇을 구하고 있느냐?"

몇 시간 후에 나는 애리조나의 피닉스로 향하는 비행기를 타고, 좌석에 앉자마자 다음과 같은 말씀이 들어왔다.

> 여호와여 내가 주께 부르짖으오니
> 나의 반석이여 내게 귀를 막지 마소서
> 주께서 내게 잠잠하시면
> 내가 무덤에 내려가는 자와 같을까 하나이다 (시 28:1)

나는 너무나 충격 받고 비행기에서 뛰어내릴 뻔했다. 아니 어쩌다 내가 우연히 이런 성경구절을 보게 되었을까? 몇 시간 전에 바로 내가 기도한 내용과 동일한 내용인데! 그래서 나는 그 말씀이 하나님으로부터 온 말씀이라는 것을 인정하지 않을 수 없었다.

다윗이 말하고자 하는 내용은 바로 이런 것이다. 하나님께서 우리에게 말씀하지 않으신다면, 우리는 지옥행으로 떨어지는 비참한 인간이라는 말이다. 나는 NLT 성경을 찾아보았다. 거기에는 "하나님께서 침묵하시면, 나는 차라리 인생을 포기하고 죽는 편이 더 낫겠습니다"라고 번역되어 있었다. 내가 기도한 내용과 어쩜 그렇게도 똑같은가! 나는 성경을 여러 차례 통독한 사람이지만, 그런 구절이 거기에 있다는 것을 이전엔 미처 몰랐었다.

그래서 나는 내 기도가 하나님의 뜻에 반대된 기도가 아니라 성령님에 의해 인도함 받은 기도라는 것을 즉시 깨닫게 되었다. 하나님은 침묵하시기를 원하시는 분이 아니시다. 하나님은 진심으로 우리와 진솔한 대화를 나누기 원하신다. 내가 가장 좋아하는 성경구절 중에 하나가 바로 그런 내용을 담고 있다.

> 너희는 내 얼굴을 찾으라 하실 때에 내가 마음으로 주께 말하되 여호와여 내가 주의 얼굴을 찾으리이다 하였나이다 (시 27:8)

당신도 하나님의 마음의 갈망을 읽을 수 있는가? 하나님은 우리 각자에게 "나에게 가까이 와라. 나는 너와 친밀한 대화 나누기를 원한다. 나와 마음을 함께 나누자. 그러면 네가 알지 못했던 크고 비밀한 일들을 알게 되리라"고 하시며 우리를 초대하신다. "하나님께 가까이 다가가라"는 말씀은, 신자라면 누구나 따라야 할 말씀이다. "그러면 하나님이 그 사람에게 가까이 하시리라"는 말씀도 역시 신자라면 누구에게든 적용되는 말씀이다. 하나님은 이미 문을 열고 우리를 기다리고 계신다. 이제는 우리가 가까이 다가설 차례이다. 하나님은 우리를 부르시며 지금도 기다리고 계신다. 그러므로 모든 것이 우리의 반응에 달려있다. 신자가 하나님께 더 가까이 다가가면 갈수록, 하나님은 자신을 더 많이 드러내시며, 더 많은 계시로 은혜를 주신다. 아래의 야고보의 말씀을 깊이 묵상해보자.

> 너희는 하나님이 우리 속에 거하게 하신 성령이 시기하기까지 사모한다 하신 말씀을 헛된 줄로 생각하느냐 (약 4:5)

하나님은 인간을 사모하신다. 탐욕스러운 욕망을 가진 세상도 인간을 소유하기 원한다. 그러나 신자는 하나님의 소유이다. 하나님은 세상과 인간을 공유하기 원치 않으신다. "간음하는 사람들이여 세상과 벗된 것이 하나님과 원수 됨을 알지 못하느냐 그런즉 누구든지 세상과 벗이 되고자 하는 자는 스스로 하나님과 원수 되는 것이니라" (약 4:4). 이러한 말씀은 바람난 남편에게 아내가 "여보, 당신은 딴 여자와 나를 동시에 사랑할 수 없어요. 나를 선택하든지 그 여자를 선택하든지, 둘 중에 하나를 선택하세요. 그 여자와 계속 관계를 맺으면 나를 거부하는 것으로 알고 나는 떠납니다"라고 말하는 것과 비슷한 내용이다. 주님은 우리를 사랑하시고 연모하시기에 온전히 소유하시기를 원하신다. 양다리 걸치고, 세상도 사랑하고 하나님도 사랑하며 음란하게 간음하는 사람들을 하나님은 용납하지 않으신다. 하나님은 하나님께 온전히 마음 문이 열린 사람이 아니면 자신을 드러내지 않으신다. 즉, 계시를 주지 않으신다.

성령님은 우리를 사모하신다

지금까지는 하나님의 갈망에 관하여 살펴보았다. 이제부터는 본격적으로 성령님에 관하여 살펴보자. 위의 야고보서 말씀에 의하면, "성령이 시기하기까지"라고 되어 있다. 우리 안에 거하시는 "예수님이 시기하기까지"라고 기록되어 있지 않다. 예수님은 이제 더 이상 지구 상에 계시지 않는다. 그러면 어디에 계시는가? 예수님은 하나님의 우편에 앉아 계신다. 그리고 그곳에 지난 2,000년간 머무르고 계신다. 예수님께서 지구를 떠나실 때 한 천사는 다음과 같이 외쳤다. "갈릴리 사람들아 어찌하여 서서 하늘을 쳐다보느냐 너희 가운데서 하늘로 올려지신 이 예수는 하늘로 가심을 본 그대로 오시리라 하였느니라"(행 1:11). 예수님은 이제 정한 시간에 재림하시리라는 약속과 함께 그 육체가 하늘로 들려 올려지셨다.

오해하지 말기 바란다. 예수님이 신자를 사모하지 않는다는 말은 아니다. 내가 강조하고자 하는 바는 이제 지상에 우리와 함께 하시는 분은 성령님이시라는 사실이다. 성령님도 신적인 인격을 갖추신 하나님이시다. 그러나 많은 경우에 예수님의 이름을 부르는 신자들에 의해 간과되고 있다. 내 생각에는 교회에서 가장 무시당하는 존재는 성령님인 것 같다. 예를 들자면, 20분 동안 자동차를 함께 타고 드라이브하면서 옆 좌석에 앉은 사람에게 말 한마디 하지 않는다면, 그것은 그 사람을 무안하게 만드는 태도가 아닐까? 나는 신자들이 바로 성령님을 그렇게 어색하게 대한다고 생각한다. 운전을 하면서 뉴스도 듣고 음악도 듣지만, 함께 동행하시는 성령님과는 아무런 대화도 나누지 않는다. 대부분의 신자들은 직장, 가정, 그리고 그들이 가는 모든 곳으로 '가까운 친구같이 동행하시는'companionship 성령님에 대해서는 신경을 끄고 살아간다. 물론 많은 신자들은 성령님의 존재와 그분의 내주하심내재: indwelling에 대한 교리도 알고 인정하는 듯싶다.

성령님은 과연 누구신가?

성령님을 인정하지도 않고 알아드리지도 않는 이유 중에 하나는 성령님에 대한 그릇된 인상 때문이다. 일반적으로 교회에서 성령님을 인격적으로 대하는 경우가 드물다. 일반 성도들은 성령이 어떤 "거룩한 것" 혹은 "하나님의 능력"인 것으로 알고 있는 듯하다. 그러나 진실을 말하자면, 성령님은 거룩한 것이 아니라 "거룩한 분"이시다. 성령님은 우주에서 최고로 거룩한 분으로 성도들과 친하게 지내고 싶어 하시는 분이시다. 성령님은 인격으로 지력知力을 가지신 분이시고(롬 8:27), 의지도 소유하신 분이시고(고전 12:11), 사랑의 감정도 있는 분이시다(롬 15:30). 성령님은 말씀하시고(히 3:7, 딤전 4:1), 가르치시고(고전 2:13), 근심하시며(엡 4:30), 욕을 먹기도 하시고(히 10:29), 속임을 당하기도

하신다.

보통 사람들이 가지는 성령님에 대한 첫인상은 비둘기이다. 왜 "비둘기 같이 온유한 은혜의 성령"이라고 할까? 사복음서에 의하면 세례 요한이 예수님께 세례를 베풀 때에 성령님께서 "비둘기 같이" 하늘에서 내려왔다고 기록되어 있기 때문이다(마 3:16, 막 1:10, 눅 3:22, 요 1:32). 그러나 그렇다고 해서 성령님을 비둘기라고 할 수는 없다. "표범 같이 잘 달린다, 곰 같이 힘이 세다"라고 해서 그 사람이 표범이나 곰이 되는 것은 아니다. 사람은 사람이다. 마찬가지로 성령님은 하나님이시다.

어떤 사람이 나에게 "존 비비어씨, 하나님의 보좌를 바라보았을 때 요한은 성령님이 등불로 존재하는 것을 보았다던데요?"라고 질문했다. 물론 성경에는 그렇게 기록되어 있다. "보좌로부터 번개와 음성과 우렛소리가 나고 보좌 앞에 켠 등불 일곱이 있으니 이는 하나님의 일곱 영이라"(계 4:5). 그러나 요한은 다음과 같은 것도 보았다.

내가 또 보니 보좌와 네 생물과 장로들 사이에 한 어린양이 서 있는데 일찍이 죽임을 당한 것 같더라 그에게 일곱 뿔과 일곱 눈이 있으니 이 눈들은 온 땅에 보내심을 받은 하나님의 일곱 영이더라 그 어린양이 나아와서 보좌에 앉으신 이의 오른손에서 두루마리를 취하시니라 그 두루마리를 취하시매 네 생물과 이십사 장로들이 그 어린 양 앞에 엎드려 각각 거문고와 향이 가득한 금 대접을 가졌으니 이 향은 성도의 기도들이라 그들이 새 노래를 불러 이르되 두루마리를 가지시고 그 인봉을 떼기에 합당하시도다 일찍이 죽임을 당하사 각 족속과 방언과 백성과 나라 가운데에서 사람들을 피로 사서

하나님께 드리시고(계 5:6-9)

겉으로 보기에는 요한이 무슨 동물에 관하여 이야기 하고 있는 것 같으나, 사실은 예수님에 관하여 언급하고 있는 것이다. 예수님은 동물이 아니시다! 예수님은 인격을 가지신 하나님이시다.

성령님은 인격을 가지신 하나님이시며, 우리 모든 인간은 그분의 형상을 따라 만들어졌다. 창조때 하신 대화의 내용을 한 번 읽어보자. "하나님이 이르시되 우리의 형상을 따라 우리의 모양대로 우리가 사람을 만들고 그들로 바다의 물고기와 하늘의 새와 가축과 온 땅과 땅에 기는 모든 것을 다스리게 하자 하시고"(창 1:26). 인간을 창조할 때에 관계한 분들은 성부 하나님, 성자 예수님, 그리고 성령님이시다. 대부분의 기독교인들은 하나님과 예수님에 관해서는 알고 있다. 그러나 그들의 삶에 함께 하시는 성령님에 관해서는 잘 모르는 사람들이 많은 것 같다. "하나님의 영이 나를 지으셨고 전능자의 기운이 나를 살리시느니라"(욥 33:4). 성경에 의하면 주의 영인 성령님에 의해 많은 것들이 운행되는 것을 알 수 있다. "주의 영을 보내어 그들을 창조하사 지면을 새롭게 하시나이다"(시 104:30). 그러므로 성령님은 신비로운 바람이나 날아다니는 새 같은 분이 아니시다.

예수님이 인간의 몸을 입고 이 세상에 오실 때에 성령님의 능력에 의해 탄생하셨다고 기록되어 있다. "예수 그리스도의 나심은 이러하니라 그의 어머니 마리아가 요셉과 약혼하고 동거하기 전에 성령으로 잉태된 것이 나타났더니"(마 1:18). 나중에 천사는 마리아의 약혼자인 요셉에게 이렇게 알려주었다. "이 일을 생각할 때에 주의 사자가 현몽하여 이르되 다윗의 자손 요셉아 네 아내 마리아 데려오기를 무서워하지 말라 그에게 잉태된 자는 성령으로 된 것이라"(마 1:20). 성령님이 "어떤 것"이라면, 예수님이 "어떤 신비한 것"에 의해 탄생하셨다는 말인가? 사자는 사자를 만들어내고, 곰은 곰을 만들어낸다. 마찬가지로 성령님은 예수님을 만들어낸 것이다.

성령님은 인격이시다. 그것도 아주 놀랍고도 훌륭하신 인격체이시다. 그래서 바울은 성도들에게 다음과 같이 말했다.

> 주 예수 그리스도의 은혜와 하나님의 사랑과 성령의 교통하심이 너희 무리와 함께 있을지어다(고후 13:13)

"성령의 교통하심"이라는 표현에 주의해보자. 하나님과 친밀하게 지내는 것이 나의 주된 관심사였기 때문에 나는 지난 수년간 "교통"(소통)communion이라는 단어를 연구하였다. 나는 사전이라는 사전은 전부 뒤져가며 헬라어 원어를 연구하였다. 나의 연구 결과는 아래와 같다.

- 친교
- 사회적인 접촉 내지는 공유
- 공동협력 내지는 파트너십
- 상호연합
- 친밀감

친교

친교친목: fellowship라는 단어는 웹스터 사전에 의하면 "교우" 내지는 "친우" 관계라고 정의되어 있다. 또는 "동지 의식을 가질 수 있는 질적인 관계"라는 뜻도 나온다. 동지들은 항상 접촉하면서 서로 정보도 교

환하고 삶의 상황도 나눈다. 그들은 생활에서 발생하는 사건들과 계획 그리고 마음의 상태를 서로 알려준다. 그러므로 동지들 사이에서는 끊임없는 대화가 이루어진다. 성령님과 신도들 사이의 관계가 바로 그런 관계라는 것이다. 사도행전의 한 구절을 읽어보자.

> 보라 이제 나는 성령에 매여 예루살렘으로 가는데 거기서 무슨 일을 당할는지 알지 못하노라 오직 성령이 각 성에서 내게 증언하여 결박과 환난이 나를 기다린다 하시나(행 20:22-23)

사도 바울의 말에서 미루어 짐작할 수 있는 것은 바울과 성령님 사이에는 연속적인 대화가 오가고 있었다는 점이다. 성령님은 바울의 모든 선교여행, 목회사역, 일상생활의 동반자요 동역자였다.

신약성경에 나오는 대부분의 주의 종들은 모두 그랬다. 어디에서 무엇을 하든지 항상 성령님과 동행하였으며, 그들은 성령님을 마주 대하듯 끊임없이 대화를 나누었다. 성령님은 그들의 동행자요 동역자였다. 예수님의 제자였던 빌립은 한 도시에서 열린 회합을 마치고 광야로 발걸음을 옮기고 있었다. 그러나 그는 혼자 가지 않았다. "성령이 빌립더러 이르시되 이 수레로 가까이 나아가라 하시거늘"(행 8:29). 성령님이 동행하신 것이다.

베드로의 경우도 난해한 환상을 본 후에, 자신의 지식에 의존하여 그 의미를 파악하려 하지 않았다. "베드로가 그 환상에 대하여 생각할 때에 성령께서 그에게 말씀하시되 두 사람이 너를 찾으니 일어나 내려가 의심하지 말고 함께 가라 내가 그들을 보내었느니라 하시니"(행 10:19-20). 베드로는 성령의 음성과 지시를 받았다.

성령님과 바울이 동역자로 팀사역을 하고 있는 것을 알 수 있다. "성령이 아시아에서 말씀을 전하지 못하게 하시거늘 그들이 브루기아와 갈라디아 땅으로 다녀가 무시아 앞에 이르러 비두니아로 가고자 애쓰되 예수의 영이 허락하지 아니하시는지라"(행 16:6-7).

성경에 이러한 예는 무수히 나온다. 내가 말하고자 하는 바는, 성령님은 유령같이 떠도는 무시무시한 분도, 모호한 분도 아니라는 것이다. 성령님은 인격으로, 신자들의 삶에 동행하시는 친구요, 상담자요, 인도자이시다. 24시간, 일주일 내내, 365일, 하루 한시도 빠짐 없이 성령님은 성도들과 함께 하시며, 성도의 삶에 관계하고 계신다.

사람들은 나에게 종종, 이리저리 집회를 인도하러 다니면서 호텔방을 전전긍긍하는 것이 지겹지 않느냐고 물어온다. 그런 질문에 대해서 나는 "아니요, 전혀 지겹지 않은데요"라고 늘 대답한다. 집회를 하다보면 지구 상에서 가장 아름답다는 도시를 방문하는 적도 있다. 그러나 나는 관광이나 유람에 취미가 없는 사람이다. 왜냐하면 하나님과 교통하는 시간이 너무나 즐겁기에 그 시간을 잃고 싶지 않기 때문이다. 이전에 성령님과의 교통이라는 것이 뭔지 잘 이해하지 못했을 때는 홀로 있으면 우울했었다. 그렇기에 사람들 사이에 끼어들기 위해 무진 애를 쓰곤 했다. 그러나 이제는 독거하는 것도 좋아한다. 왜냐하면 홀로 있으면 하나님의 음성이 더욱 분명하게 들리기 때문이다.

당신과 대화하고 싶은 것이 성령님의 갈망이다! 잠시 시간을 내어서, 눈을 감고, 당신의 절친한 친구처럼 교제나누기를 원하시는 성령님을 생각해보라. "성령의 교통하심이 너희 무리와 함께 있을지어다." 사도 바울의 축복의 말씀이 바로 당신에게 주어지는 말씀이 되기를 소망하지 않는가? "성령의 친교하심이 너희 무리와 함께 있을지어다"라는 말씀을 깊이 묵상해 보라. 이 말씀이 당신의 가슴속 깊은 곳까지 파고 들어가서, 당신을 만드신 창조주와 당신이 친하게 되기까지, 마음 문을 계속 넓게 열어보아라.

공유

두 번째 정의는 공유(함께 나눔 또는 사교)이다. 이는 생각과 감정을 나누는 것을 말한다. 나는 친한 친구들과 종종 함께하는 시간을 가지는데, 가장 의미 있는 시간은 마음속 깊은 생각을 나눌 때이다. 그 시간에 우리는 서로의 취약성을 드러내고, 잘 모르는 다른 사람이 들으면 오해하거나 비난할 만한 것도 드러낸다. 친한 사이가 아니라면 말을 가려서 할 것이다. 그렇지만 친한 친구들은 우리의 마음속을 잘 헤아려 알기에 오해하지 않는다. 바울은 성령님과 바로 그런 친숙한 관계를 유지했던 사람이다. "내가 그리스도 안에서 참 말을 하고 거짓말을 아니하노라 나에게 큰 근심이 있는 것과 마음에 그치지 않는 고통이 있는 것을 내 양심이 성령 안에서 나와 더불어 증언하노니"(롬 9:1-2). 사도 바울은 성령님의 마음을 알아주었고, 성령님은 바울의 마음을 알아주었다. 바울과 성령님은 마음속에 있는 핵심적인 생각들과 감정을 서로 나눔으로 아주 가깝게 되었다.

바로 그런 이유에서 하나님을 경외하는 것은 참으로 중요하다. 하나님을 경외하지 않는 사람들에게, 하나님이 핵심파일을 꺼내어 보여주실리 만무하다. 왜냐하면 그렇게 할 경우에, 하나님의 귀중한 것이 이용당하거나 악용당할 수 있기 때문이다. "거룩한 것을 개에게 주지 말며 너희 진주를 돼지 앞에 던지지 말라 그들이 그것을 발로 밟고 돌이켜 너희를 찢어 상하게 할까 염려하라"(마 7:6)는 말씀을 한 번 상기해보기 바란다. 사실 이 세상 사람들도 그 정도는 기본으로 알고 있다. 그래서 절친한 친구가 아닌 이상, 비밀을 잘 털어놓지 않는다. 하나님도 마찬가지이시다.

구약의 성인인 욥의 외침을 들어보자. "네가 하나님의 오묘함을 어찌 능히 측량하며 전능자를 어찌 능히 완전히 알겠느냐"(욥 11:7). 욥의 답답함과는 다르게, 이제 신약시대에는 보다 더 좋은 길이 열렸다. 그래서 사도 바울은 다음과 같은 확신에 찬 말을 했다. "오직 하나님이 성령으로 이것을 우리에게 보이셨으니 성령은 모든 것 곧 하나님의 깊은 것까지도 통달하시느니라"(고전 2:10). "오직 하나님이 성령으로"라는 말에 주목하라. 하나님의 깊은 것을 우리 인간들에게 전달해 주시는 분은 성령님이시다. 놀랍다! 이런 귀한 사실을 알게 되어서 참으로 흥분되지 않는가?

이제 잠시 묵상의 시간을 가져보자. 책을 읽는 것을 잠시 중단하고, 성령님께서 당신과 대단히 가깝게 지내고 싶어 하신다는 사실을 묵상해보라. 성령님은 하나님의 깊은 감정이나 생각을 당신에게 알려주기 원하고, 또한 당신의 속마음이나 깊은 갈망을 알기 원하신다. "주 예수 그리스도의 은혜와 하나님의 사랑과 성령의 공유하심이 너희 무리와 함께 있을지어다"(고후 13:13).

파트너십

세 번째 정의는 동역자partnership 내지는 공동 협력 관계를 의미한다. 이러한 관계는 초대교회의 지도자들에 의해 아주 잘 묘사되었다.

성령과 우리는 이 요긴한 것들 외에는 아무 짐도 너희에게 지우지 아니하는

것이 옳은 줄 알았노니(행 15:28)

　　초대교회의 문헌을 자세히 살펴보면, 신자들의 입장과 성령의 입장, 신자들의 의견과 성령의 의견이 서로 각각 나름대로였던 것을 알 수 있다. 그러나 중요한 결정을 내릴 때는 성령과 신자가 서로 연합하였다. 왜냐하면 하나님 나라의 일에 동역자들이기 때문이다. 이러한 관계는 구약에서도 잘 예시되어 있는데, 하나님께서 소돔과 고모라의 일로 아브라함과 상의하고자 방문하신 것이 그 한 예이다. 하나님은 아브라함에게 자신의 관점을 자유롭게 표명하도록 허락하셨고, 아브라함의 조언을 들은 후에야 최종 결정을 내리셨다.

　　하나님은 아브라함에게만 그렇게 하신 것이 아니라 모세도 동일한 방식으로 대하셨다. 하나님은 이스라엘의 죄악상과 그들의 믿음 없음을 보시고 진노하셨기에 모세의 간청이 없었더라면, 모두 말살해버리셨을 것이다. 그러나 모세는 하나님 앞에 서서 하나님의 명성과 하나님의 약속을 상기시켜 드린다. 모세의 조언을 들은 하나님은 결국 마음을 돌이키시게 된다. "여호와께서 뜻을 돌이키사 말씀하신 화를 그 백성에게 내리지 아니하시니라"(출 32:14). 결국 모세의 입장이 하나님의 결정에 반영된 것이다. 모세와 아브라함은 하나님과 파트너십을 가지고 일한 사람들이다. 그러나 예수 그리스도를 통하여 오늘날 제공되는 하나님과의 동역자 관계에 비하면 아무것도 아니다. 이러한 사실은 우리를 혼비백산하게 만든다. 왜냐하면 감당하기에 너무나 엄청난 진실이기 때문이다.

　　에베소 장로들에게 바울이 쓴 글에 성령님의 하시는 일이 명백히 드러나 있다.

> 여러분은 자기를 위하여 또는 온 양 떼를 위하여 삼가라 성령이 그들 가운데 여러분을 감독자로 삼고 하나님이 자기 피로 사신 교회를 보살피게 하셨느니라 (행 20:28)

위의 성경구절에서 우리는 세 분의 서로 다른 하나님이 언급된 것을 볼 수 있다. 그렇지만 세 분은 서로 밀접하게 연합되어 있다. 우선 먼저 감독자로 삼으신 성령님에 관한 언급이 있다. 그리고 둘째로는 하나님이 교회를 보살피게 하셨다는 언급이 나오고, 셋째로 자기 피로 교회를 사신 예수님에 관한 언급이 간접적으로 나온다. 물론 우리 인간의 얄팍한 지식으로 삼위일체에 관하여 명백히 알 수는 없지만, 세 분 하나님이 하나로 어우러져서 일하시는 모습이 사도행전 20장 28절에 묘사되어 있다.

에베소 장로들을 감독자로 삼으신 이는 성령님이시다. 다른 교회인 안디옥 교회의 장로들이 하나님의 뜻을 구했을 때에도 다음과 같은 응답을 주셨다. "주를 섬겨 금식할 때에 성령이 이르시되 내가 불러 시키는 일을 위하여 바나바와 사울을 따로 세우라 하시니 이에 금식하며 기도하고 두 사람에게 안수하여 보내니라 바나바와 사울이 구브로에서 전도하다 두 사람이 성령의 보내심을 받아 실루기아에 내려가 거기서 배 타고 구브로에 가서" (행 13:2-4).

위의 몇 가지 본보기로 미루어볼 때, 성령님은 교회의 지도자들과 파트너로 동역하시는 분임을 알 수 있다. 다시 한 번 더 강조하고자 한다. 성령님과 동역하는 것, 그리고 성도들이 성령 안에서 서로 동역하는 것이 하나님의 뜻인가? 그 답은 "예"이다. "우리는 하나님의 동역자들이요 너희는 하나님의 밭이요 하나님의 집이니라" (고전 3:9). 다른 번역에는 "우리는 하나님과 함께 무진 애를 쓰는 사람들이라"고 되어 있다. 함께 일하면서 서로 교류하지 않는 경우를 본 적이 있는가?

이제 시간을 따로 떼어놓고 깊이 묵상하는 시간을 가져보아라. 성령님은 당신의 파트너가 되고 싶어 하신다. 사업상의 파트너, 가정의 파트너, 교회 생활의 파트너. "주 예수 그리스도의 은혜와 하나님의 사랑과 성령의 파트너십이 너희 무리와 함께 있을지어다"(고후 13:13)라는 말씀을 깊이 새겨보자.

밀접한 상호연합

다음은 '밀접한 상호연합'에 관한 것이다. 나는 하나님의 사람들과 교제를 가진 경험이 많다. 그 경험 중에 하나를 소개함으로 설명하고자 한다. 나는 전세계에서 가장 큰 교회의 담임목사인 대한민국 서울의 여의도 순복음 교회의 조용기(조다윗)목사를 처음 만났던 그 순간을 아직도 생생히 기억한다. 조다윗 목사를 내 모교회의 강사로 처음 모셨을 때의 일이다. 그 당시 나는 모교회의 부목사로 일하고 있었는데, 강사 목사님들을 모시고 다니는 것이 나의 임무 중에 하나였다. 나는 그런 일을 이미 수년간 해왔기에, 우리 교회를 방문한 수백 명의 목회자들을 모신 경험이 있다. 그러나 조다윗 목사의 경우는 달랐다. 조다윗 목사가 내 차에 올라타자마자 나는 성령의 임재를 느꼈다. 나는 곧바로 울기 시작했고 많은 눈물이 나의 볼을 타고 내렸다. 집회 전에 강사를 성가시게 하지 않기 위해 나는 아무말도 하지 않으려고 했으나, 너무 감정이 북받쳤기에 입을 열었다. "조 박사님, 하나님께서 여기 계십니다. 바로 이 자동차 안에." 그랬더니 조다윗 목사는 미소지으며 고개를 끄덕였다.

나중에 나는 조다윗 목사가 성령님과의 깊은 교제를 통해 받은 많은 것들을 글로 쓰기도 하고 설교하기도 한다는 것을 알게 되었다. 내가 만났던 수백 명의 다른 목회자들도 성령님과의 깊은 교제를 강조하면서 설교했으나, 내가 직접 만났을 때 그런 강한 하나님의 임재를 경험한 경우는 그리 많지 않다. 그런 분 중에 하나가 진 월커슨이라는 여자 목사였다. 그녀는 오랜 세월 동안 중보기도 사역을 하신 분이다. 그녀를 자동차로 모시면서 나는 시종 내내 입을 다물지 못했다. 성령님의 임재가 너무나 강했기에, 경외감으로 떨며 어찌할 바를 몰랐다. 나는 제대로 운전에 집중을 할 수 없을 정도로 성령의 임재의 물결에 휩쓸리는 경험을 하였다. 그녀는 진정 하나님에 관하여 많이 알 뿐만 아니라, 하나님과 아주 가까운 사이임에 틀림없었다. 물론 월커슨 목사는 성령님에 관해 많은 말씀을 전하기도 했지만, 그녀를 개인적으로 접촉했을 때 성령님의 임재가 너무 강력하고 명백한 것을 체험했다.

최근에 나는 미국 중부에 위치한 4,000명이 모이는 교회에서 하나님의 말씀을 전한 적이 있다. 주일 아침 예배에 성령님에 관한 설교를 하였고, 이제 저녁 예배시간에 45분간 한 번 더 말씀을 전하기로 스케줄이 잡혀 있었다. 그런데 저녁 예배시간에 처음 2시간 동안은 마이크를 잡을 수가 없었다. 왜냐하면 성령의 임재가 너무 강하게 역사하여 사람들 가운데 임하시는데 내가 어떻게 말을 할 수가 없었기 때문이었다. 사람들이 회개로 깨지고, 울부짖으며 간구하며, 이곳 저곳에서 기적의 역사가 일어났다. 2시간이 지나 좀 진정이 된 후에, 나는 가까스로 강대상 위로 올라갔다. 그때 거구의 체구를 가진 그 교회의 담임목사님은 울먹이며 이렇게 말씀하셨다. "존 목사님, 이 교회에서 목회했던 지난 8년 동안 이렇게 성령님의 임재를 강하게 느껴본 적은 없습니다!"

그때 나는 이렇게 말했다. "그것은 당연합니다. 우리가 성령님에 관하여 말했기 때문입니다. 언제든지 우리가 성령님에 대하여 말을 꺼내기 시작하면 성령님은 자신을 내보이십니다."

이러한 성령님과의 밀접한 상호연합이라는 것은 결혼생활의 관계를 통해 설명될 수 있을 것이다. 목회자들 중에는 자신의 배우자에 관하여 언급을 많이 하는 사람들이 있다. 이들은 자신의 배우자가 그 자리에 있지 않는 경우에도 설교를 통해 배우자를 언급하고 항상 삶의 동반자로 살아가고 있음을 밝힌다. 즉 부부가 개인적으로만 함께하는 것이 아니라 공적으로도 항상 같이 다니는 것을 본다. 그래서 부부 중에 한 사람만 보아도, 그 사람의 배우자가 자연적으로 연상된다. 그렇지만 결혼한 목회자들 중에는 전혀 배우자에 관한 언급이 없는 사람들도 있다. 아마도 배우자를 만나는 횟수가 거의 희박한 것이 아닌가 의심이 갈 정도이다.

성령님의 경우도 마찬가지이다. 하나님과 아주 친밀한 상호연합을 이루고 있는 하나님의 자녀들이 있다. 그들과 대화를 나누어 보거나 그들을 만나면, 반드시 성령님이 자연적으로 연상된다. 성령님과 항상 친밀한 상호연합의 관계를 가지고 있는 사람들은, 그들이 어디를 가든지 성령님이 함께 동행하는 것을 알 수 있다. 성령님은 동행할 뿐만 아니라, 자신을 보다 두드러지게 나타내 보이시기도 한다. 그 결과 예수님께서 더 큰 영광을 받으시게 되는데, 이는 성령님이 항상 예수님께 영광을 돌리기 때문이다.

성령님은 당신과 아주 밀접한 상호연합의 관계를 맺기 원하신다. 당신이 성령님을 공경하면, 성령님은 자신을 나타내 보이실 것이다. 성령님과 당신의 관계가, 마치 결혼한 지 한참 되었으나 부부사이에 전혀 친밀함이 없는 것 같은 그런 상태가 아니라면 말이다. 사생활에서 부부 사이가 친밀하면 그것은 공적으로도 드러나게 되어 있다. 다음의 성경 구절을 다시 한 번 깊이 되새겨보자. "주 예수 그리스도의 은혜와 하나님의 사랑과 성령의 밀접한 상호연합이 너희 무리와 함께 있을지어다"(고후 13:13)라는 말씀을 깊이 되새겨보자.

친밀함

마지막 정의는 친밀함이다. 나는 바로 이 친밀함이라는 것이 "성령의 교통"이라는 단어와 가장 흡사하다고 생각한다. 웹스터 사전에 의하면 "교통"은 "친밀한 교제, 서로 일치되는 연합, 커뮤니케이션이 이루어지는 관계"로 정의되어 있다. 친해지려면 서로 말이 통해야 한다. 그렇게 말이 통하고 마음이 통하면 친밀한 관계communication가 이루어진다. 그래서 어떤 번역가는 "성령의 교통하심이 너희 무리와 함께 있을지어다"(고후13:13)를 "성령님과의 우정의 친분관계가 여러분 모두에게 이루어지기를 축원합니다"라고 번역하였다.

결국 모든 것은 친구관계(friendship: 벗으로 사귐, 우정, 우애, 친목, 화목)라는 단어로 집약된다. 성령님은 당신과 친구가 되고 싶어 하신다. 성령님은 당신과 교제하고 싶어 하신다. 성령님은 자신의 지식, 지혜, 능력을 당신에게 나누어주기 원하신다. 성령님에게는 지식, 지혜, 능력이 무한하다! 성령님은 하나님이심으로 모르시는 것이 없다. 성령님은 하나님이심으로 그분에게 불가능이란 없다. 이사야의 도전적인 말을 들어보자.

누가 여호와의 영을 지도하였으며 그의 모사가 되어 그를 가르쳤으랴 그가 누구와 더불어 의논하셨으며 누가 그를 교훈하였으며 그에게 정의의 길로 가르쳤으며 지식을 가르쳤으며 통달의 도를 보여 주었느냐(사 40:13-14)

이사야의 질문에 대한 정답은 "아무도 아니다"일 것이다. 왜냐하면 성령님은 하나님이시기 때문이다!

한 번 더 강조하고 싶다. 성령님은 하나님이시다! 성령님의 지혜, 지식, 이해심에는 한계가 없다. 성령님은 무한한 지식과 능력으로 당신에게 필요한 모든 것을 공급해 주시기 원하신다. 이렇게 한 번 생각해 보아라. 만약 당신이 참으로 값비싼 것, 고급스러운 것, 좋은 것을 가지고 있다면 사랑하는 사람과 그것을 나누고 싶지 않겠는가? 성령님도 마찬가지이다. 성령님은 자신이 가진 모든 좋은 것을 가까운 성도들과 함께 나누기 원하신다. 당신은 혹시 좋은 것을 받아 누릴 기회를 놓치고 있지는 않은가? 당신은 성령님과 많은 좋은 것들을 나누고 있는가?

많은 성도들이 예수님의 십자가로 가까이 다가가려고 애쓴다. 그러나 예수님과의 친밀함은 성령님 없이는 이루어지지 않는다. 최근에 이런 것을 명상하는 가운데 한 가지 깨달음이 왔다. 예수님이 이 땅에 계실 때에 많은 유대인들이 예수님을 제치고 하나님과 직접적인 관계를 가져보려고 노력하였다. 바리새인들은 다음과 같은 말로 변명했다. "우리가 음란한 데서 나지 아니하였고 아버지는 한 분뿐이시니 곧 하나님이시로다"(요 8:41). 그리고 "우리는 모세의 제자라 하나님이 모세에게는 말씀하신 줄을 우리가 알거니와 이 사람은 어디서 왔는지 알지 못하노라"(요 9:28-29)라고도 했다. 바리새인들과 그를 추종하는 유대인들은 예수님을 무시하면서, 자신들이 하나님과 직접적인 교통을 할 수 있는 것에 대해 우쭐했다. 그들의 확신은 주로 모세를 통해 전해 내려온 말씀에 기초했다. 그들의 주장이 과연 옳았을까? 말씀이 육신이 되어 우리 가운데 오신 예수님을 밀쳐내고, 직접 하나님과 친밀한 관계로 들어갈 수 있었을까?

그러나 오늘날의 신자들도 그 유대인들이 행한 실수와 비슷한 실수를 하고 있다. 즉, 성령님을 제쳐놓고 직접 예수님의 제자가 되려 한다든지, 아니면 예수님과 직접 친밀한 관계를 형성하려 한다. 그러나 진실은 성령님의 조명 없이는 예수님을 알 수도 없고, 성령님의 도우심이 없이는 예수님과의 바른 관계가 지속되지도 못한다. 오늘날 교회에서 종종 성령님은 무시당한다. 왜냐하면 예수님처럼 확연하게 드러나 보이게 육신으로 계셨던 분이 아니라, 오직 영으로만 계시는 분이시기 때문이다.

예수님은 말씀하시기를, "너희가 나를 알았더라면 내 아버지도 알았으리로다 이제부터는 너희가 그를 알았고 또 보았느니라"(요 14:7)고 하신다. 예수님이 하시고자 하는 말씀을 풀어서 얘기하자면, "아버지 하나님은 이 땅에 계시지 않다. 하나님 아버지는 천국에 계시다. 그러나 너희 인간들이 나를 알면 곧 하나님 아버지를 알게 될 것이다. 왜냐하면 우리는 하나이기 때문이다."

성령님의 경우도 마찬가지이다. 이제 예수님은 더 이상 지상에 계시지 않는다. 그러나 성령님은 우리와 함께 이 지구상에 있다. 당신이 성령님을 알면, 곧바로 예수님을 알게 된다. 왜냐하면 성령님과 예수님은 하나이기 때문이다. 그렇기에 성령은 곧 "그리스도의 영"(벧전 1:11, 롬 8:9)이라 불리는 것이다.

나와 동일한 다른 분

제자들을 떠나기 바로 직전에 예수님은 아래와 같은 말씀을 하셨다.

너희가 나를 사랑하면 나의 계명을 지키리라 내가 아버지께 구하겠으니 그가 또 다른 보혜사를 너희에게 주사 영원토록 너희와 함께 있게 하리니 그는 진리의 영이라 세상은 능히 그를 받지 못하나니 이는 그를 보지도 못하고 알지도 못함이라 그러나 너희는 그를 아나니 그는 너희와 함께 거하심이요 또 너희 속에 계시겠음이라 내가 너희를 고아와 같이 버려두지 아니하고 너희에게로 오리라 (요 14:15-18)

짧은 성경구절에 담겨진 내용이 참으로 많다. 무엇보다 먼저, 예수님께서 순종을 명하시는 것에 관하여 다루어보자. "나의 계명을 지키리라"는 언급이 먼저 나오고, 그 다음에 "내가 아버지께 구하겠으니"라는 말이 뒤따르는 것에 유의하라. 즉, 예수님은 성령 충만함과 말씀에 순종하는 것 사이에 직접적인 관련이 있는 것을 말씀하신다. "하나님이 자기에게 순종하는 자에게 주신 성령"이라고 말함으로 베드로 그와 같은 것을 확증한다 (행 5:32). 그러므로 성령님과의 친밀감이란 것의 밑바탕에는 주님께 대한 경외가 깔려있음을 알 수 있다.

요한복음 14장으로 돌아가보자. 예수님께서는 "내가 아버지께 구하겠으니 그가 또 다른 보혜사를 너희에게 주사 영원토록 너희와 함께 있게 하리니"라고 말씀하셨다. "다른"이라는 말의 헬라어 표현에는 2가지가 있다. 이는 '알로스'와 '헤테로스'인데, '알로스'는 같은 종류의 다른 것이라는 뜻이고, '헤테로스'는 다른 종류의 다른 것이다.

과일의 예를 들어 좀 더 자세히 설명해보고자 한다. 누군가 나에게 과일을 한쪽 달라고 해서 내가 그 사람에게 복숭아를 주었다고 하자. 그리고 나서 그 사람이 다른(알로스) 한쪽을 더 달라고 했다고 하자. 그러면 나는 복숭아 한쪽을 더 줄 것이다. 그러나 그 사람이 다른(헤테로스) 과일 한 쪽을 더 달라고 한다면, 나는 사과 한쪽을 줄 수 있을 것이다. 바로 이것이 '헤테로스'와 '알로스'의 다른 용법이다.

그런데 예수님은 "다른 보혜사"라는 말에서 '알로스'라는 표현을 사용하셨다. 그렇다면 보혜사이신 성령님은 "예수님과 같은 종류인 다른 한쪽"이라는 뜻이다. 이제 다음에는 "보혜사"라는 말의 뜻을 살펴보자. 보혜사의 헬라어는 '파라클레토스'인데, 이는 "누구의 편을 들다"라는 뜻의 '파라'와 "부르심을 받다"라는 뜻의 '클레토스'의 합성어이다. 그래서 합해 보면 "보혜사"란 "어떤 특정한 사람의 편에 서서 그 사람을 돕기 위해 부르심을 받은 존재"라는 뜻이다. 이 말은 원래 법정에서 사용되는 용어로, 고소를 당한 피고를 돕기 위한 변호인, 옹호자, 대변인, 내지는 상담원을 지칭하는 말이다. 또는 다른 사람을 대신해서 변론하거나 호소하는 사람인 중재인이란 뜻도 있다. 흥미로운 것은, 이 단어가 신약성경의 서신에서 단 한 번 밖에는 사용되지 않았는데, 예수님을 지칭하는 말로 사용되었다는 점이다.

> 나의 자녀들아 내가 이것을 너희에게 씀은 너희로 죄를 범하지 않게 하려 함이라 만일 누가 죄를 범하여도 아버지 앞에서 우리에게 대언자가 있으니 곧 의로우신 예수 그리스도시라 (요일 2:1)

예수님께서 우리들의 대언자요 옹호자가 되시듯이, 성령님도 역시 성도들의 변호사advocate가 되신다. 성령님은 성도들을 돕기 위해 계시는 분이시다.

예수님께서 그의 제자들에게 하시려는 말씀의 뜻을 풀이하자면 다음과 같은 것이리라. "내가 너희들과 함께 한 것과 아주 동일한 방식으로 성령님은 너희들과 함께 하실 것이다." 나는 많은 사람들이 다음과 같이 한탄하는 것을 들어보았다. "나도 예수님을 직접 만나보았으면 얼마나 좋을까!" "예수님께서 이 땅에 계실 때에 나도 그 자리에 있었으면 참 좋았을 텐데!"와 같은 말들이다. 그러나 그러한 말들을 통해서 나는 그들이 성령님과 친밀하지 않다는 점을 엿볼 수 있다. 성령님과의 친밀감만 형성되면, 그런 소리를 더 이상 하지 않는다. 예수님은 다음과 같은 놀라운 말씀을 하셨다.

> 그러나 내가 너희에게 실상을 말하노니 내가 떠나가는 것이 너희에게 유익이라 내가 떠나가지 아니하면 보혜사가 너희에게로 오시지 아니할 것이요 가면 내가 그를 너희에게로 보내리니 (요 16:7)

예수님은 그의 제자들과 지상에서 3년 이상 동행하셨다. 그리고 그 동안 단 한 번도 거짓말을 한 적이 없으시다. 그런데도 예수님은, 이제 그가 하려는 말을 제자들이 심각하게 듣지 않을지도 모른다는 생각에서 "그러나 내가 너희에게 실상을 말하노니"라는 말로 시작하셨다. 즉, "지금부터 내가 하는 말은 거짓말이 아니다. 나를 좀 믿어 달라"는 말씀이다.

마음을 가다듬고 이 한 마디 말씀에 집중해보자. 예수님이 사라져 버리는 것이(죽는 것이) 제자들에게는 더 유익하다는 말씀이다. 예수님은 지상에 제자들과 함께 계실 때에 "하나님의 나라"에 관한 참으로 심오한 가르침을 주셨다. 뿐만 아니라, 병자들을 치유해주시고, 죽은 자를 살리시고, 인간을 괴롭히는 악령들을 내쫓으시고, 기적을 베푸셨다. 그러나 예수님의 말씀에 의하면, 그러한 모든 것들은 그저 시작에 불과하다는 것이다. 왜 그럴까? 그것은 예수님이 떠나면 더 좋고 큰 일이 발생할 텐데, 이는 "보혜사"이신 성령이 오시기 때문이라 하셨다.

이렇게 한 번 상상해보자. 예수님께서 계속 지상에 머문다고 한 번 가정해 보자. 그러면 예수님을 만나기 위해 많은 사람들이 비행기를 타고 텔아비브 공항에 내려 택시를 잡아타고 갈릴리 시골로 향할 것이다. 갈릴리에 도착하여 예수님을 만나려고 하면 거기에 이미 군집한 수천 명의 사람들을 헤집고 들어가야 할지도 모른다. 군중 사이로 헤치고 들어가는 것도 어려운 일이지만, 만약 예수님을 만나기 위해 순서를 기다려야 한다면 며칠을 기다려야 할지도 모르겠다. 아니면 입 큰 수제자인 베드로가 수다를 떨면서 부산을 떤다면, 더욱더 지체될 수도 있다. 예수님 곁에는 천둥의 아들인 야고보와 요한이 있는데, 그들도 만만치 않은 존재들이다. 그 이외에도 예수님과 각별한 사이인 많은 제자들이 가까이 예수님을 만나고 있기 때문에, 예수님께는 일반인들을 상대할 시간이 별로 많지 않을 수도 있다. 뿐만 아니라, 예수님은 하루에 적어도 6시간 이상은 주무셔야할 것이고, 식사와 용변을 비롯한 개인적인 용무도 보셔야 한다.

그러나 우리와 함께 머무시는 성령님의 경우는 다르다. 성령님은 주무시지 않으신다. 밤이고 낮이고 할 것 없이 성령님과 대화를 나누고 싶으면 언제든지 만나뵐 수 있고, 길게 줄을 서서 기다릴 필요도 없다. 성령님께 가까이 다가가기만 하면, 언제고 온전하고 집중적인 관심을 받을 수 있다. 천만 명의 사람이 동시에 성령님에게 접근한다고 해도,

성령님은 그들을 하나하나 전부 개별적으로 정성스럽게 대해 주신다. 성령님은 영적으로 배고픈 우리와 개별적으로 친밀한 대화를 나누며 관계를 맺어주신다. 그만큼 성령님은 영으로 존재하는 능력의 하나님이시다. 그러나 그것이 전부가 아니고, 더 굉장한 것이 있다.

> 내가 아직도 너희에게 이를 것이 많으나 지금은 너희가 감당하지 못하리라 그러나 진리의 성령이 오시면 그가 너희를 모든 진리 가운데로 인도하시리니 그가 스스로 말하지 않고 오직 들은 것을 말하며 장래 일을 너희에게 알리시리라 그가 내 영광을 나타내리니 내 것을 가지고 너희에게 알리시겠음이라 무릇 아버지께 있는 것은 다 내 것이라 그러므로 내가 말하기를 그가 내 것을 가지고 너희에게 알리시리라 하였노라(요 16:12-15)

성령께서 우리에게 말씀하시는 것이나 예수님께서 우리에게 말씀하시는 것이 같다. 사실 세 분 하나님은 모두 다른 인격을 가지신 분들이기에 각자 나름대로의 의지, 마음, 감정을 가지신 분들이지만, 그래도 하나로 뭉쳐있다. 당신도 세 분 하나님과 친밀하게 접촉하다 보면, 세 분은 각자 특색을 가지신 분들이지만, 동일한 목적과 계획으로 인간을 대하시는 것을 경험하게 될 것이다. 그래서 성경은 다음과 같이 선포하신 것이다. "들으라 우리 하나님 여호와는 오직 유일한 여호와이시니"(신 6:4)

관계의 세 가지 수준
위의 성경구절에서 예수님은 제자들에게 계시하고 싶은 것이 너무 많지만 제자들이 감당하지 못하리라고 하였다. 자연적인 성정으로는 하나님의 친밀한 계시를 받아들일 능력이 안된다는 것이다.

예수님께서 부활하신 후에 10명의 제자들에게 자신을 드러내 보이신 사건(계시한 사건)을 한 번 생각해보자. 처음 나타나셨을 때에 그 자리에 도마는 없었다. 다른 제자들이 부활하신 주님을 뵈었다는 소식을 들은 도마는 다음과 같이 반응하였다. "내가 그의 손의 못 자국을 보며 내 손가락을 그 못 자국에 넣으며 내 손을 그 옆구리에 넣어 보지 않고는 믿지 아니하겠노라"(요 20:25).

예수님께서는 결국 제자들이 도마와 함께 있는 자리에 나타나셔서, 도마에게 예수님의 못 박혔던 자리와 창에 찔린 옆구리에 도마의 손을 넣어보라고 하신 후에, "믿음 없는 자가 되지 말고 믿는 자가 되라"고 격려하셨다. 그제서야 비로소 도마는 "나의 주시며 나의 하나님이시니이다"라고 고백하였다. 그러나 예수님은 도마에게 다음과 같은 기이한 말씀을 하셨다.

> 예수께서 이르시되 너는 나를 본 고로 믿느냐 보지 못하고 믿는 자들은 복되도다 하시니라(요 20:29)

나는 이 성경구절을 처음 읽을 때에, '예수님께서 그렇게까지 도마에게 말씀하실 필요는 없었는데, 좀 너무 심했다'라고 생각했었다. 예수님은 도마에게 믿으라고 했고, 도마는 회개하면서 믿는다고 했는데, 굳이 꼭 그렇게 도마를 책망해야만 했을까? 그러나 그러한 해석은 나의 무지와 오해에 기인한 것이었다. 나중에 성령님께서는 내 마음에 조명해 주셨는데, 그것은 도마를 책망하려는 의도가 아니었음을 알게 해 주셨다. 예수님은 도마를 특별히 엄하게 대한 것이 아니라 그냥 영적인 진리를 기술하신 것 뿐이었다. 예수님이 육신으로 있을 때에 예수님을 육적으로 아는 것보다, 예수님이 떠난 후에 예수님을 영적으로 아는 것이 예수님을 더 잘 아는 것이라고 말씀하신 것이다. 그렇기에 후자가 더 복 받은 사람이라고 하셨다.

사도 바울의 경우를 생각해보자. 그는 예수님을 육적으로 만난 사람이 아니다. 왜냐하면 예수님이 지상에 계실 때에 사도 바울은 예수님을 직접 만나본 적이 없는 사람이기 때문이다. 그럼에도 불구하고, 바울은 성령의 계시를 받아 예수님이 진실로 누구인지 정확하게 깨닫게 되었다.

> 형제들아 내가 너희에게 알게 하노니 내가 전한 복음은 사람의 뜻을 따라 된 것이 아니니라 이는 내가 사람에게서 받은 것도 아니요 배운 것도 아니요 오직 예수 그리스도의 계시로 말미암은 것이라 내가 이전에 유대교에 있을 때에 행한 일을 너희가 들었거니와 하나님의 교회를 심히 박해하여 멸하고 내가 내 동족 중 여러 연갑자보다 유대교를 지나치게 믿어 내 조상의 전통에 대하여 더욱 열심이 있었으나 그러나 내 어머니의 태로부터 나를 택정하시고 그의 은혜로 나를 부르신 이가 그의 아들을 이방에 전하기 위하여 그를 내 속에 나타내시기를 기뻐하셨을 때에 내가 곧 혈육과 의논하지 아니하고 또 나보다 먼저 사도 된 자들을 만나려고 예루살렘으로 가지 아니하고 아라비아로 갔다가 다시 다메섹으로 돌아갔노라(갈 1:11-17)

회심 후에 시간이 지남에 따라 사도 바울은 예수님의 어떤 제자들보다 예수님과 더욱 친밀한 관계를 형성한 것을 볼 수 있다. 베드로 조차도 이것에 대하여 다음과 같이 언급했다.

> 또 우리 주의 오래 참으심이 구원이 될 줄로 여기라 우리가 사랑하는 형제 바울도 그 받은 지혜대로 너희에게 이같이 썼고 또 그 모든 편지에도 이런 일에 관하여 말하였으되 그 중에 알기 어려운 것이 더러 있으니 무식한 자들과 굳세지 못한 자들이 다른 성경과 같이 그것도 억지로 풀다가 스스로 멸망에 이르느니라(벧후 3:15-16)

놀랍다! 베드로는 예수님과 지상에서 3년 반 정도를 함께 동행했으나 바울은 그렇지 못했다. 그러나 예수님이 진실로 누구이셨는지에 관한 본질을 캐는 문제에 있어서, 베드로가 바울을 따라잡지 못할 정도로 바울은 깊이가 있었던 것이다. 어떻게 그런 일이 있을 수 있을까? 그것은 베드로가 자신이 본 바를 떨쳐버리지 못했기 때문이다. 베드로는 자신이 듣고 본 바에 얽매여 있었기에, 영적으로 깊이 있는 신비의 진리 속으로 들어가기 어려웠다. 그렇기에 예수님은 미리 제자들에게 이렇게 말씀하셨다. "세상은 능히 그를(성령님을) 받지 못하나니 이는 그를 보지도 못하고 알지도 못함이라 그러나 너희는 그를(성령님을) 아나니 그는 너희와 함께 거하심이요 또 너희 속에 계시겠음이라."

아주 딱 들어맞는 이야기는 아니지만 다음과 같은 예를 들어 설명해보고자 한다. 인터넷에서 채팅을 하다가 만나서 사랑에 빠지는 경우가 있다. 직접 만난 적은 없지만 그래도 아주 열렬하게 사랑하는 경우를 본다. 서로 실제로 얼굴을 본 적도 없는 사람들이 그렇게 불붙는 사랑을 하는 것을 보면 참 희한하다. 그러나 요즈음은 그런 일이 비일비재한 것 같다.

사실, 요즈음 인터넷 채팅의 힘이라는 것은 대단하다. 그 한 예로, 어떤 가정이 파괴되어 버린 경우가 생각난다. 하루는 저녁 집회를 마치고, 걱정이 되어 마음이 무거운 듯한 표정을 짓고 있는 한 남자에게 다가갔다. 그는 두 아이를 안고 있었다. 나는 "잘 지내시나요?"라고 물었다.

그는 한숨을 쉬면서, "아니오. 최근에 아내가 인터넷에서 만난 남자와 바람이 나서 집을 나가버렸습니다"라고 했다.

그는 머리를 절레절레 흔들면서, 자기만 버리고 떠난 게 아니라 6명의 아이들도 모두 내팽개치고 가버렸는데, 인터넷에서 채팅만 했지 단 한번도 얼굴을 맞대고 본 적도 없는 사람과 어떻게 그렇게 마음이 통했는지 진짜 알다가도 모를 일이라고 했다. 인터넷을 통해 시작된 그 사귐은 남편과 6명의 자녀들을 헌신짝 같이 버릴 정도로 강했던 것이다.

지금까지는 부정적인 면을 강조했는데, 이번에는 보다 긍정적인 경우를 살펴보고자 한다. 처음에는 원거리에서 사귀던 관계가, 점차 무르익고 깊어져, 아주 진한 사랑으로 발전되는 경우가 있다. 펜팔이나 인터넷처럼 직접 대면하지 않고 사귀다가도, 나중에 만나 참 좋은 관계가 되는 경우이다. 인간은 직접적인 육체적 접촉이 없이도 서로 깊이 사귈 수 있다. 즉, 정신적인 교감은 육체적 접촉이 필요하기는 하지만, 꼭 100% 필수불가결한 것은 아닌 듯싶다. 사람이 직접 만나면 겉모습으로 인해 선입관을 갖거나, 외적인 것으로 인해 편견이 생기는 수가 있다. 즉, 진정한 인간성에 집중하기보다는 외적인 자태나 매너리즘에 눈멀게 되어 있다는 말이다.

이전 단원에서 정리했듯이 인간의 커뮤니케이션에는 언어, 행동, 마음의 3가지 수준이 있다. 그 이외에도 육체, 마음, 영혼의 수준에서 이루어지는 의사소통도 있다. 그중에서 가장 낮은 수준이 바로 육체적인 접촉을 통해 이루어지는 교통이다. 그러나 불행히도, 대부분의 결혼은 바로 이 육체적인 접촉에 지나친 강조를 두고 있다고 나는 생각한다. 그래서 육체의 광택이 시들고 나면, 부부 사이도 시들해져버리고, 각자의 갈 길로 떠나버린다. 그래서 남자들은 스포츠, 취미, 교회 일 등으로 빠져들고, 여자들은 쇼핑, 친구, 교회 일로 빠져든다. 참으로 슬픈 일이다.

의사소통에 관련된 다음 단계는 인간의 마음을 통해 이루어지는 교통이다. 다윗과 요나단이 서로 강하게 밀착되었던 것은 아마도 성격이 서로 맞았기 때문이 아닌가 생각한다. "다윗이 사울에게 말하기를 마치매 요나단의 마음이 다윗의 마음과 하나가 되어 요나단이 그를 자기 생명 같이 사랑하니라"(삼상 18:1). 다윗은 요나단이 죽은 후에 "내 형 요나단이여 내가 그대를 애통함은 그대는 내게 심히 아름다움이라 그대가 나를 사랑함이 기이하여 여인의 사랑보다 더하였도다"라고 절규하였다(삼하 1:26). 여인의 사랑보다 남자들끼리의 사랑이 더하다는 말의 뜻은 무엇일까? 혹자가 주장하는 대로 다윗과 요나단은 동성연애자들이었나? 그러나 그들이 서로 육체적으로 끌렸다는 증거는 없다. 그들은 육체적인 것보다 더 깊고 높은 수준의 인간관계를 맺고 있었다. 그 인간관계의 끈끈함이 너무도 강하여, 다윗은 요나단과의 사랑이 여인을 사랑함보다 더 진하다고 했다. 이들의 관계는 혼의 만남이었으며, 혼의 관계는 혈연이나 지연까지도 뛰어넘을 정도로 그렇게 강렬한 것이었다.

그런데 인간의 관계 중에서 가장 강력한 관계는 영적인 관계이다. 사도 바울을 통해 말씀을 들어보자.

사람의 일을 사람의 속에 있는 영 외에 누가 알리요 이와 같이 하나님의 일도 하나님의 영 외에는 아무도 알지 못하느니라 우리가 세상의 영을 받지 아니하고 오직 하나님으로부터 온 영을 받았으니 이는 우리로 하여금 하나님께서 우리에게 은혜로 주신 것들을 알게 하려 하심이라(고전 2:11-12)

바로 이런 영적 수준에서 사도 바울은 예수님을 알게 되었다. 베드로 역시 이런 수준에서 예수님을 알았으나, 가끔 육신을 가지고 예수님과 동행했던 수준으로 돌아가기도 했다. 그래서 바울은 그러한 점을 아주 명백히 밝히고 있다.

그러므로 우리가 이제부터는 어떤 사람도 육신을 따라 알지 아니하노라 비록 우리가 그리스도도 육신을 따라 알았으나 이제부터는 그같이 알지 아니하노라(고후 5:16)

사도 바울은 육적으로는 예수님을 직접 만난 적이 없는 사람이다. 그러나 바울은 예수님을 영적으로 만났으며, 특히 성령님을 통하여 예수님의 죽음과 부활에 관한 많은 영적 의미를 깨달았다. 하나님과 친밀한 관계로 들어가는 사람마다 바로 그것을 경험하게 될 것이다. 즉, 서로 육신을 통해 아는 것은 아니지만, 성령을 통해 아는 것이기에 대단히 강력한 관계가 형성된다.

참으로 놀라운 진리이다! 이 책의 독자들도 나처럼 흥분되어 있는지 모르겠다. 얼마나 굉장한 주님을 우리가 섬기는지 모른다. 하나님은 자신에 관한 것을 가장 깊숙이 우리에게 알리시길 원하신다. 하나님이 인간과 가지기 원하는 관계는 참으로 강렬한 것이다. 하나님이 갈망하는 의사소통은 가장 깊은 것이다. 당신의 심령도 그와 같은 강하고 깊은 갈망으로 가득 차 있는가?

토론을 위한 질문들

1. "주여 차라리 나를 지금 천국으로 데려가소서"라는 기도를 드려본 적이 있는가? 그런 기도를 드렸을 때 무슨 상황이 벌어졌는가?

2. 많은 교회의 성도들이 성령님과의 친밀한 교제를 배제한 채 예수님을 따르겠다고 한다. 그런데 저자는 성령님 없이는 예수님을 알 수 없다고 주장한다. 왜 그럴까? 당신도 신앙생활을 통해 그런 것을 경험해본 적이 있는가?

3. 성령님과의 파트너십이라는 측면에서, 성령님의 임재는 당신이 하나님께 마음을 쏟아 놓는 일에 도움을 주는가?

제 11 장

성령을 주시리라는 약속
The Promise of the Spirit

"사람은 자신이 믿는 것으로만 축복을 받는다.
믿지 않는 것에서 축복을 받게 되는 경우는 없다"

나는 1979년에 남학생 친목모임을 통해 예수님을 알게 되었다. 내 생각과 의지대로 살던 것을 포기하고, 예수 그리스도를 구주로 고백하였을 때 나는 하나님의 나라에서 거듭난 것을 경험하였다. 성경은 "네가 만일 네 입으로 예수를 주로 시인하며 또 하나님께서 그를 죽은 자 가운데서 살리신 것을 네 마음에 믿으면 구원을 받으리라 사람이 마음으로 믿어 의에 이르고 입으로 시인하여 구원에 이르느니라 성경에 이르되 누구든지 그를 믿는 자는 부끄러움을 당하지 아니하리라" (롬 10:9-11)고 말씀하셨다.

내가 구원받았다는 사실에는 추호의 의심도 없었다. 내 마음이 그것을 증거하고 성경이 또한 보장해 주었기 때문이다. 그러나 무엇인가가 결여된 삶을 살고 있다는 생각이 들었고 여러 달 동안 그것이 무엇인지를 알 수가 없었다. 나는 내 자신이 하나님의 자녀라는 사실을 머리로는 알고 있었지만 하나님은 멀리 계신 것 같았다. 성경을 읽을 때도 이상하게 안개 속을 헤매는 것 같았고, 말씀을 이해하기가 어려웠다. 깊게 정독해서 읽어보아도 역시 조금 밖에는 이해가 되질 않았다. 열악한 환경을 헤쳐 나가며 승리의 삶을 살아갈 능력이 느꼈고, 특히 대학생이지만 동료들의 압력에 굴복할 수밖에 없는 무기력을 경험하기도 했다.

시간이 지나면서 나는 신실한 기독교인들을 만나기 시작했다. 그들은 모두 나보다 더 하나님과 가까이 있는 사람들인 것처럼 보였다. 하나님에 대해서도 참으로 멋지게 이야기 했고 무엇보다 하나님과 개인적인 친밀감이 있는 것처럼 이야기 했다. 그래서 나는 신실한 기독교인들을 만날 때마다 위축되었다. 도대체 그들과 내가 다른 점이 무엇일까? 그들은 내가 하지 않는 어떤 특별한 일을 하고 있는 것일까? 왜 하나님은 나에게는 가까이 다가오시지 않고 그들하고만 특별히 절친하게 지내시는가? 나도 하나님과 좀 각별한 사이가 될 수는 없을까? 그들은 영적인 통찰력과 신적 능력을 소유한 것 같은데, 왜 나에게는 그러한 것이 없을까? 나는 그런 것들에 관하여 많은 고민을 하였다. 그래서 나는 성경을 깊이 있게 연구하기 시작했고, 그 결과 주님을 만나고 체험하는 것에 관하여 이전에는 깨닫지 못한 많은 것들을 알게 되었다.

아버지의 약속

내가 성경에서 발견한 사실을 나누고자 한다. 예수님께서 하늘로 올라가시기 직전에 일어난 사건이다.

사도와 함께 모이사 그들에게 분부하여 이르시되 예루살렘을 떠나지 말고 내게서 들은 바 아버지께서 약속하신 것을 기다리라 요한은 물로 세례를

베풀었으나 너희는 몇 날이 못되어 성령으로 세례를 받으리라 하셨느니라

(행 1:4-6)

예수님은 성도들에게 어디로 가지도 말고, 설교하지도 말고, 교회를 개척하지도 말며, 오직 아버지의 약속하신 것만을 기다리라고 했다. 그것은 다름 아닌 성령세례를 받는 것이었다. 헬라어로 세례는 '밥티조'로 "담그다, 잠기다, 압도당하다"라는 의미를 가지고 있다. 예수님께서 말씀하시고자 하는 요지는 그들이 아직 경험하지 못한 성령의 임재가 있을 것이라는 것이다. 예수님을 따르는 무리는 예수님의 부활을 보았고, 예수님을 주님으로 고백하며, 천국을 향한 순례자의 길을 나선 사람들이다.

내가 이 말씀을 접하면서 받은 첫 인상은 성령세례라는 것이 제안이나, 대안이나, 권유가 아니라는 점이다. 그것은 명령이었다! 하나님의 명령은 인간의 유익이나 보호를 위해 주어지기도 하고, 또는 하나님 나라의 유익을 위해 주어지기도 한다. 그러므로 하나님의 나라를 위해서 뿐 아니라 우리 자신을 위해 하나님의 명령은 경솔히 다루어져서는 안 된다.

예수님께서 그들에게 받으라고 명령하신 그 성령세례는 사실 제자들에게는 미지의 것이었다. 예수님은 부활 이후에 많은 사람들에게 나타나셨다. "그 후에 오백여 형제에게 일시에 보이셨나니 그 중에 지금까지 대다수는 살아 있고 어떤 사람은 잠들었으며"(고전 15:6). 그러나 다락방에 모여 약속하신 성령을 기다리던 성도들은 오직 120명뿐이었다. 내 상상에는 500명 이상이 어떤 하나님의 놀라운 징조가 하늘로부터 떨어지기를 기다리다가, 시간이 지남에 따라 조바심, 안달, 의심, 불

신앙, 그리고 기타 여러 다른 이유들로 말미암아 떠나버리고, 극히 일부분만 남게 되지 않았나 생각한다. 슬프게도, 5명 중에 4명은 예수님께서 시키신 방식대로 하지 않았다는 결론이 나온다.

그러나 남은 자들은 한마음 한뜻으로 뭉쳐서 기도에 열중하였다. 왜냐하면 자신들 나름대로의 의견을 버렸기 때문이다. 그들은 인간의 생각이나 판단을 접었다. 예수님께서 약속하신 것을 진지하게 받아들였고, 핑계거리를 만들지 않았다. 주님께서 그렇게 하라고 하셨기에, 시간이 얼마나 걸리든 상관없이 그 자리를 지켰다. 하나님은 예수님의 명령을 신중하게 받아들이는 자들에게 임하신다.

> 오순절 날이 이미 이르매 그들이 다같이 한 곳에 모였더니 홀연히 하늘로부터 급하고 강한 바람 같은 소리가 있어 그들이 앉은 온 집에 가득하며 마치 불의 혀처럼 갈라지는 것들이 그들에게 보여 각 사람 위에 하나씩 임하여 있더니 그들이 다 성령의 충만함을 받고 성령이 말하게 하심을 따라 다른 언어들로 말하기를 시작하니라 (행 2:1-4)

그날은 "오순절"이라 불리는 날이었다. 이는 구약의 절기로 이스라엘의 주요 절기 중에 하나였다. 그들은 성령의 "세례: 담금, 잠김, 잠입, 침례" 혹은 "충만함"을 받았다. 그것은 하나님 아버지의 약속이 이루어진 것이고, 그 성취는 "방언"이라는 외적인 표시로 나타났다.

성령께서 임하실 때의 현상을 성경은 다음과 같이 묘사하고 있다. "홀연히 하늘로부터 급하고 강한 바람 같은 소리가 있어 그들이 앉은 온 집에 가득하며." 바람이 거세게 부는 것처럼 바람소리를 내며 성령은 임재하기 시작했다. 물론 성령님이 바람이라는 것은 아니다. 성령님의 현현에 바람이 동원된 것뿐이다.

반대로 가는 길들

이 시점에서 나는 대단히 흥미로운 관찰 하나를 발표하고자 한다. 사단과 그의 졸개들은 늘 하나님의 길에 반대되는 책동을 벌린다. 사단은 특히 뒤집기의 명수이다. 성령님께서 사람들 가운데 나타나실 때에는 표적과 기사로 놀랍게 나타나신다. 그래서 성령으로 충만하게 될 때에 사람들은 하나님의 임재를 보고, 듣고, 느끼게 된다. 그러한 현시는 주로 사도행전에 많이 기록되어 있다. 그러나 성령님은 떠날 때는 조용히 떠나신다. 구약성경에 나타난 그 대표적인 예가 바로 삼손과 들릴라의 이야기에 나온다. 블레셋 사람이 달려들 때까지도 삼손은 하나님의 영이 떠난 줄 미처 몰랐다.

> 들릴라가 이르되 삼손이여 블레셋 사람이 당신에게 들이 닥쳤느니라 하니 삼손이 잠을 깨며 이르기를 내가 전과 같이 나가서 몸을 떨치리라 하였으나 여호와께서 이미 자기를 떠나신 줄을 깨닫지 못하였더라 (삿 16:20)

삼손이 하나님의 영이 떠난 줄 꿈에도 몰랐던 것은, 성령님이 떠나실 때는 말없이 떠나시기 때문이다. 그러나 악령은 반대이다. 악령은 들어올 때는 은근슬쩍 아무도 모르게 살며시 들어온다. 그러나 나갈 때는 난리 법석을 피며 난장판을 만들어 놓고 떠난다.

모든 이에게 주신 약속

이제 오순절날에 일어난 사건으로 되돌아 가보자. 오순절이 되면

전 세계에서 사람들이 예루살렘으로 모여든다. 그런데 강하고 급한 바람이 불자, 예수님의 제자들이 있던 곳으로 군중들이 몰려들었다. 모인 무리들은 무식한 예수님의 제자들이 여러 나라 말로 유창하게 말하는 것을 듣고 깜짝 놀랐다. 예루살렘을 방문 중인 방문객들은 "도대체 이게 웬일인가?" 하면서 놀람을 금치 못했다.

베드로는 그때에 자리에서 일어나서, 충격을 받고 있는 사람들에게 다음과 같은 설교를 하였다. 베드로의 설교 마지막 부분은 이렇다.

> 이 예수를 하나님이 살리신지라 우리가 다 이 일에 증인이로다 하나님이 오른손으로 예수를 높이시매 그가 약속하신 성령을 아버지께 받아서 너희가 보고 듣는 이것을 부어 주셨느니라(행 2:32-33)

성령의 약속은 보고 듣는 것이라는 점에 주목해 보자. "보고 듣는 이것"이라는 표현을 한 번 더 강조하고 싶다. 베드로의 설교를 듣고 마음에 찔림을 받은 군중은 자신들이 과연 무엇을 어떻게 해야 하겠냐고 물어왔다. 베드로의 대답이다.

> 베드로가 이르되 너희가 회개하여 각각 예수 그리스도의 이름으로 세례를 받고 죄 사함을 받으라 그리하면 성령의 선물을 받으리니 이 약속은 너희와 너희 자녀와 모든 먼 데 사람 곧 주 우리 하나님이 얼마든지 부르시는 자들에게 하신 것이라 하고(행 2:38-39)

"보고 들을 수 있는 성령의 선물"은 "모든 사람"에게 주어진다는 사실에 주목하기 바란다. 하나님은 그런 사람들을 얼마든지 부르신다고 베드로는 말했다. 하나님께서 마가의 다락방에 모인 사람들에게 부어 주신 바로 그 성령은 여러분과 나 그리고 수많은 사람들에게 부어질 것이다!

이쯤에서 나는 성령이 부어진 각 사람들에 관한 기록을 훑어보고자 한다. 사도행전에 따르면 4가지의 다른 경우가 더 있다. 다음과 같은 2가지 사실을 주지하기 바란다. 첫째로는, 한 가지 경우만을 제외하고는 성령의 임하심은 예수님을 구주로 영접하는 것과는 분리된 경험이고, 둘째로는, 모든 경우에 성령의 임하심은 구경꾼들이 보고 들을 수 있는 외적인 현상을 동반했다는 점이다.

사마리아

빌립은 사마리아의 도시로 가서 예수님을 선포했다. 많은 무리가 그의 설교를 들으러 모였다. "많은 사람에게 붙었던 더러운 귀신들이 크게 소리를 지르며 나가고 또 많은 중풍병자와 못 걷는 사람이 나으니"(행 8:7)와 같은 놀라운 기적이 일어났다. 빌립의 전도는 능력전도였으며, 그 도시는 놀라운 영적 기쁨으로 충만하게 되었다.

> 빌립이 하나님 나라와 및 예수 그리스도의 이름에 관하여 전도함을 그들이 믿고 남녀가 다 세례를 받으니 시몬도 믿고 세례를 받은 후에 전심으로 빌립을 따라다니며 그 나타나는 표적과 큰 능력을 보고 놀라니라(행 8:12-13)

복음을 받아들인 사람들은 물로 세례를 받았다고 기록되어 있다. 그래서 그들은 이제 하나님의 나라에서 거듭나게 된 것이다. 그런데 성경을 계속 읽어 내려가다 보면 다음과 같은 사실을 접하게 된다.

> 예루살렘에 있는 사도들이 사마리아도 하나님의 말씀을 받았다 함을 듣고 베드로와 요한을 보내매 그들이 내려가서 그들을 위하여 성령 받기를 기도하니 이는 아직 한 사람에게도 성령 내리신 일이 없고 오직 주 예수의 이름으로 세례만 받을 뿐이더라 (행 8:14-16)

"예수님의 이름으로 세례"를 받았음으로 그들은 거듭난 신자들임에 틀림 없었을 것이다. 어두움의 나라에서 건져내서 이제는 하나님의 가족이 된 사람들이다. 그러나 거듭난 자들이었음에도 불구하고, 아직 성령세례를 받지 못했다고 기록되어 있다.

성경은 분명히 말씀하신다. "그러므로 내가 너희에게 알리노니 하나님의 영으로 말하는 자는 누구든지 예수를 저주할 자라 하지 아니하고 또 성령으로 아니하고는 누구든지 예수를 주시라 할 수 없느니라" (고전 12:3). 그렇다면 그들은 분명히 성령을 받고 구원받은 자들이다. 성령님의 영향이 없으면 인간의 힘으로는 하나님을 주님으로 고백할 수 없기 때문이다. 그러나 성령을 충만하게 받는 것은 또 다른 종류의 것이다. 회심하고 영접하는 순간에 우리는 성령의 거룩하게 하심, 인치심, 내주하심을 받는다(벧전 1:2, 엡 1:13, 롬 8:9-11). 성령은 성결케 하시는 영이기에 우리를 거룩하게 하시기는 하지만, 우리가 예수님의 이름으로 하나님께 특별히 구하기 전까지는, 하나님의 임재로 충만하게 채우시지는 않는다.

> 너희가 악할지라도 좋은 것을 자식에게 줄 줄 알거든 하물며 너희 하늘 아버지께서 구하는 자에게 성령을 주시지 않겠느냐 하시니라 (눅 11:13)

"너희 하늘 아버지께 구하는"이라는 표현에서 알 수 있듯이, 성령의 충만함은 믿는 자들에게만 주어진다. 이미 하나님의 자녀가 된 신자들에게만 성령 충만이 가능하다는 것이다. 예수님도 이 점을 분명히 하셨다. "그는 진리의 영이라 세상은 능히 그를 받지 못하나니 이는 그를 보지도 못하고 알지도 못함이라 그러나 너희는 그를 아나니 그는 너희와 함께 거하심이요 또 너희 속에 계시겠음이라"(요 14:17). 즉, 세상은 진리의 성령을 도저히 받아들일 수 없다는 것이다. 예수님의 말씀으로부터 유추해 볼 때에 성령의 충만함과 거듭남은 별개의 문제인 것 같다.

사마리아 사람들의 이야기를 좀 더 살펴보자.

> 이에 두 사도가 그들에게 안수하매 성령을 받는지라 시몬이 사도들의 안수로 성령 받는 것을 보고 돈을 드려 이르되 이 권능을 내게도 주어 누구든지 내가 안수하는 사람은 성령을 받게 하여 주소서 하니 (행 8:17-19)

이들은 이미 구원받은 후에 성령을 받았다. 그리고 성령을 받은 외적인 현상으로 그들은 방언을 하였다. 그렇다면 시몬이라는 자는 왜 돈을 드려 성령을 매수하려 하였을까? 성경은 말하기를 "시몬이 성령 받는 것을 보고"라고 했다. 뭔가 현격하게 드러나는 외적인 과시 내지는 현시가 있었던 것 같다. 성령이 충만하게 임할 때는 어떤 외적인 표징도 따라서 나타나곤 한다. 사마리아의 경우에는 그것이 아마도 방언과 그에 따른 기적의 역사가 아니었을까 하고 나는 상상해 본다.

사마리아에 대한 성경말씀을 볼 때 회심과 성령의 충만함을 받는 것은 개별적 경험이다. 그리고 또한 성령이 충만하게 임할 때는 구경꾼들에게도 보이는 가시적인 현시가 있다.

에베소

바울과 그의 일행은 에베소에서 일단의 기독교인들을 만난다. 그런데 바울이 그들을 보자마자 던진 질문이 있다.

이르되 너희가 믿을 때에 성령을 받았느냐(행 19:2)

이러한 질문은 처음 믿은 개종자에게 물을 만한 질문이다. 진정으로 믿는 자는 주님과의 친밀감 없이 하루도 살 수 없기에, 성령의 충만함에 관하여 반드시 알아야 한다. 그렇기에 바울은 그런 질문을 던진 것이다.

그러나 에베소의 교인들은 성령에 관하여 들어보지도 못했다고 대답했다. 그들은 오직 세례요한의 세례를 받았을 뿐이라는 것이다.

이르되 아니라 우리는 성령이 계심도 듣지 못하였노라(행 19:2)

그래서 바울과 그의 일행은 예수 그리스도에 관한 복음을 전했다. 그리고 바울과 그의 일행은 무엇을 했을까?

그들이 듣고 주 예수의 이름으로 세례를 받으니(행 19:5)

에베소의 교인들은 이제야 비로소 하나님 나라의 백성이 되고 하나님의 자녀가 되었다. 그들은 예수님을 주님으로 고백하고 세례를 받았다. 그리고는 무슨 일이 발생했나?

> 바울이 그들에게 안수하매 성령이 그들에게 임하시므로 방언도 하고 예언도 하니 (행 19:6)

성령의 충만함이 임했을 때에 그들에게는 외적인 표적과 기사가 나타났다. 그러한 현상은 구경꾼들도 보고 들을 수 있을 정도로 명백하게 임했다. 하나님의 약속이 현시화된 것이다.

"예언하였다"는 것은 "신적인 영감을 받아서 말했다"라고 해석될 수 있다. 베드로는 오순절날 성령의 감동을 받아 하늘의 지혜로 수천 명을 개종시키는 능력의 설교를 하였다. 말씀을 미리 준비했다거나 공부해서 발견한 것이 아니었다. 단지 영감에 의해서 선포했을 뿐이었다. 마찬가지로 에베소 성도들도 성령 충만함을 받기 전까지는 하나님의 길에 관하여 잘 몰랐다. 그러나 이제는 성령이 충만하게 되어 영감으로 예언하게 되었다.

누구든지 성령 충만함을 받는 사람에게는 동일한 현상이 일어난다. 성령님은 교사이시다. 그분은 영적인 것을 가르쳐주신다. 나의 경우도 그렇다. 성령세례를 받기 전에는 하나님의 말씀이 모호하고 희미했다. 그러나 성령세례를 받고 난 후로는 성경말씀이 나에게 열렸다. 나에게 딱 들어맞는 말씀으로 느껴지기도 하고, 개인적인 적용도 되고, 이해도 되었다. 성령을 받지 못하고 오랜 기간 신앙생활을 해 오던 사람이 성령을 충만하게 받은 후에 간증하는 것을 많이 들어보았다. "나는 신앙에 관한 많은 의문점들이 있었습니다. 그러나 이젠 말끔히 없어졌습니다. 이젠 모든 해답을 얻었습니다." 혹은 "이젠 성경이 읽혀집니다. 왜

나하면 성경이 이해가 잘 되기 때문입니다."

성령을 충만하게 받지는 못했으나 늘 성경을 연구하는 어떤 사람이, 성령을 충만하게 받은 사람의 성경해석에 관하여 이렇게 언급하는 것을 들었다. "어쩌면 성경에 대한 그런 기막힌 통찰력을 가질 수 있는지 참으로 신기합니다." 거기에 대한 나의 대답은 이랬다. "성경은 원래 성령님의 감동으로 기록된 것이기에, 성경의 원저자인 성령의 조명을 받으면 성경이 술술 풀립니다." 성령의 충만함을 받고 성령의 조명을 받으면, 성경을 이해하게 되는 것은 그렇게 어려운 일이 아니다. 누구든 예수님을 믿고 예수님의 이름을 부르는 자들에게 하나님께서 성령을 주신다고 약속하셨다. 하나님은 참으로 좋으신 아버지이시다.

사마리아 사람들과 마찬가지로 에베소 성도들의 경우도 회심 체험과 성령 충만의 체험은 두 가지 별개의 체험이었다. 그리고 구경꾼들은 외적인 현시를 목격했다.

사도 바울

사도행전 9장에 보면, (나중에 바울이 된) 사울은 신자들을 능멸하려고 다메섹으로 여행 중이었던 것을 알 수 있다. 그런데 갑자기 하늘로부터 강한 빛이 비추더니 주님의 음성이 들렸다.

"사울아, 사울아, 너는 왜 나를 박해하느냐?"
사울은 그런 말을 하는 자가 과연 누구냐고 물어보았다.
그러자 주님은 대답하셨다.
"나는 예수다."
"주님, 나에게 뭘 원하십니까?"라고 사울은 되물었다.

주님은 사울에게 어떻게 하라고 지시를 내려주셨다.

나는 사도 바울이 바로 그 시점에서 중생하지 않았나 생각한다. 그렇게 유추하는 이유는 2가지 이다. 첫째는, "나는 예수다"라고 예수님이 말씀하자마자 바울이 "주님"이라고 고백한 것으로 미루어 볼 때, 바울에게 믿음이 즉시로 생긴 것을 알 수 있다. 둘째로, 그 사건 직후에 사울은 3일간 금식기도를 드렸다. 그리고는 아나니아라는 선지자가 사울을 찾아와서 다음과 같이 말했다.

> 아나니아가 떠나 그 집에 들어가서 그에게 안수하여 이르되 형제 사울아 주 곧 네가 오는 길에서 나타나셨던 예수께서 나를 보내어 너로 다시 보게 하시고 성령으로 충만하게 하신다 하니 (행 9:17)

"형제 사울아"라는 표현에 주목하라. 사울은 이제 예수 그리스도를 믿고 주로 고백하고 3일간 금식하는 기독교인이 되었던 것이다. 일단 예수 그리스도로 인하여 바울이 이미 거듭났기 때문에, 아나니아는 바울을 위해 성령 충만하기를 기도했다.

물론 사울이 아나니아의 기도를 받고 방언을 했다는 기록은 성경에 없다. 그럼에도 불구하고 바울이 방언을 했다는 기록은 있다. "내가 너희 모든 사람보다 방언을 더 말하므로 하나님께 감사하노라"(고전 14:18). 바울은 언제부터 방언하기를 시작했을까? 나는 추측하기로 혹시 아나니아가 기도해 줄 때가 아닌가 생각한다.

고넬료와 그의 가정

가이사랴에 고넬료라는 군대의 백부장이 있었다. 그와 그의 집안은 경건한 사람들로 하나님을 경외하고 백성을 많이 구제하며 항상 기도에 힘쓰고 있었다(행 10:2). 하루는 고넬료가 금식 기도를 하는 중에 환상을 보았는데, 천사가 하는 말이 베드로라는 사람을 데려오라는 것이었다.

며칠 뒤에 역시 환상을 보았던 베드로가 고넬료를 찾아왔을 때, 고넬료는 가족들을 모으고 베드로의 메시지를 들을 준비를 하고 있었다. 베드로는 예수님에 대하여 설교하기 시작했고 설교를 마치기도 전에 신비한 일이 일어났다.

> 베드로가 이 말을 할 때에 성령이 말씀 듣는 모든 사람에게 내려오시니 베드로와 함께 온 할례받은 신자들이 이방인들에게도 성령 부어 주심으로 말미암아 놀라니 이는 방언을 말하며 하나님 높임을 들음이러라(행 10:44-46)

사실 그 당시 유대인들은 종교나 사회적인 교제에 있어서 이방인들과 만나지 않았다. 유대인들은 이방인들을 하나님의 언약백성이 아니기에, 하나님도 없고 소망도 없는 자들로 여겼다. "그 때에 너희는 그리스도 밖에 있었고 이스라엘 나라 밖의 사람이라 약속의 언약들에 대하여는 외인이요 세상에서 소망이 없고 하나님도 없는 자이더니"(엡 2:12). 그렇기에 고넬료의 집에서 벌어진 사건은 즉, 이방인이 구원을 받고 성령의 능력도 입는 사건은, 베드로를 포함한 유대인들을 당황하게 만들었다.

고넬료의 이야기는 성경에서 사람들이 예수님을 영접함과 동시에 성령의 충만함을 받은 유일한 기록이다. 나는 하나님께서 일부러 이러한 역사를 이루셨다고 생각한다. 왜냐하면 베드로와 동행한 모든 유대인들은 고넬료 가정이 구원받고 성령 충만하게 되리라는 것을 기대하지 않았고, 그래서 고넬료 가정의 구원을 위해서 기도하지 않았을 것이다. 베드로와 동행한 유대인들은 고넬료의 구원을 의심했던 것 같다. 일반적으로, 예수님을 믿는 순간 바로 나타나는 외적인 표징은 없다. 그렇기 때문에, 베드로가 전한 말씀을 듣고 고넬료 집의 이방인들이 예수님을 영접한다고 해도, 베드로와 동행한 사람들은 그들이 진실로 구원을 받았는지 아닌지 알 길이 없었을 것이다. 그러나 자비와 은혜가 풍성하신 하나님은, 이방인도 구원받고 성령 충만해 질 수 있다는 것을 유대인들에게 확실히 알게 해 주시려고 이런 기적을 특별히 베푸신 것 같다.

고넬료의 가정에 예수님을 영접하고 성령 충만하게 되고 방언으로 하나님을 찬미하는 외적인 표징이 나타나자, 이방인들에게도 구원이 주어진다는 사실을 베드로는 부인할 수 없게 되었다.

이러한 성경의 기사는 성령 충만을 받은 사람들에게 나타나는 외적인 표적이 방언이라는 점을 다시 한 번 더 확인해 준다. 다른 번역본에는 다음과 같이 번역되어 있다. "신자가 된 유대인으로서 베드로와 함께 왔던 사람들은 성령의 선물이 이방 사람들에게까지 내리는 것을 보고 깜짝 놀랐다. 그들은 이방 사람들이 방언으로 말하는 것과 하나님을 높이 찬양하는 것을 들었기 때문이다. 그 때에 베드로가 말하였다. '이 사람들도 우리와 마찬가지로 성령을 받았으니, 그들에게 물로 세례를 주는 일을 누가 막을 수 있겠습니까?'" (행 10:45-47). "내리는 것을 보고 깜짝 놀랐다"와 "하나님을 높이 찬양하는 것을 들었기 때문이다"라는 표현에 주의해 보자. 그들은 도저히 부인할 수 없는 하나님의 확증을 보고 들은 것이다.

방언의 폐지

혹자는 이런 질문을 던질는지도 모른다. 초대교회에서는 방언이 있을 수 있으나, 그 후로 방언은 그치지 않았는가? '완전한 것이 오면 방언 같은 것은 더 이상 있을 필요가 없다'는 성경구절도 있지 않은가? 물론 그렇다! 그러나 온전한 것이 이미 왔는가? 물론 이렇게 대답할 수도 있다. "우리에게는 성경이라는 온전한 계시가 주어졌다. 그런데 왜 방언이 더 필요한가?" 위와 같은 의문사항을 가진 분들을 위해 성경을 깊이 있게 살펴보자.

> 사랑은 언제까지나 떨어지지 아니하되 예언도 폐하고 방언도 그치고 지식도 폐하리라 우리는 부분적으로 알고 부분적으로 예언하니 온전한 것이 올 때에는 부분적으로 하던 것이 폐하리라 (고전 13:8-10)

먼저, 온전한 것이 올 때에는 방언이 그칠 것이라고 말한 것에 관하여 논하고자 한다. 사도 바울이 말하는 그때란 예언, 방언, 지식 모두 다 없어지는 때를 말한다. 그런 때가 이미 왔는가? 아니라고 생각한다. 그렇다면 "온전한 것이 올 때"란 과연 어느 때를 지칭하는 말인가?

> 우리가 지금은 거울로 보는 것 같이 희미하나 그 때에는 얼굴과 얼굴을 대하여 볼 것이요 지금은 내가 부분적으로 아나 그 때에는 주께서 나를 아신 것 같이 내가 온전히 알리라 (고전 13:12)

"그때에는"이라는 말을 두 번 반복함으로 사도 바울은 어느 특정한 때, 즉 온전해지는 그때를 강조한다. 그때가 되면 우리 모두가 예수님을 얼굴과 얼굴을 맞대어 대면하게 된다는 것이다. 지금 당신이 예수님과 직접 얼굴을 대하고 서로 마주보고 있는가? 당신의 눈에는 예수님의 부활하신 육체가 생생하게 보이는가? 불꽃 같은 눈과 양털 같이 흰 머리카락을 휘날리며 해 같이 빛나는 영광으로 충만한 예수님의 얼굴이 보이느냐는 말이다. 둘째로, 그때가 되면 하나님이 나를 아시는 것 같이 내가 하나님을 그렇게 알게 된다. 하나님이 당신의 마음속을 훤히 들여다보시는 것 같이, 당신도 그렇게 하나님의 마음속을 훤히 들여다 볼 수 있는가? 이 모든 질문에 대한 정답은 "아니오"이다. 그렇다면 사도 바울이 지칭하는 "그때"라는 것은 우리의 부활한 몸이 주님 앞에 서게 되는 그 종말의 때를 말하는 것이 명백하다.

그 완벽하고 온전한 때는 아직 도래하지 않았다. 그렇다면 예언과 방언과 계시를 받는 지식은 아직 폐지되지 않았다. 다음 단원에서 살펴볼 것이지만, 하나님께서 아직도 방언을 허락하시는 중요한 이유 중에 하나는, 방언을 통해 하나님과의 친밀감을 누리게 하기 위해서이다.

모든 사람이 방언을 하는가?

다음과 같은 의문을 가진 사람들이 많은 것 같다. "나는 하나님께서 신자들에게 방언을 주시는 것을 믿습니다. 그러나 모든 사람이 전부 다 방언을 받는 것은 아닌 것 같습니다. 성경에 보면, '다 방언을 말하는 자이겠느냐?'(고전 12:30)라는 말도 있지 않습니까?" 그러나 이러한 주장도 바울이 원래 말하고자 하는 것을 잘 이해하지 못해서 하는 말이다. 그릇된 성경해석은 신자들로 하여금 하나님께서 약속하신 소중한 것들을 놓치게 한다. 신약성경에는 4가지의 다른 카테고리의 방언이 나와 있다. 2개는 공적인 예배를 위한 것이고, 나머지 2개는 하나님과의 개인적인 관계를 위한 것이다. 이제 각각의 범주를 하나씩 살펴보자.

믿지 않는 자들에 대한 표징으로서의 방언

방언은 대중을 위해 주어지는 경우가 있다. 대중(공중)을 위한 것은 타인을 위한 사역을 말한다. 이는 여러 사람들이 모여 있는 자리에서 발생한다.

> 그러므로 방언은 믿는 자들을 위하지 아니하고 믿지 아니하는 자들을 위하는 표적이나 예언은 믿지 아니하는 자들을 위하지 않고 믿는 자들을 위함이니라 (고전 14:22)

이러한 종류의 방언은 종종 인간의 지식의 한계를 뛰어넘는다. 즉, 자신이 전혀 알지 못하는 다른 나라의 말을 하게 된다는 것이다. 그러한 방언은 하나님의 영의 의지에 의해 강제로 주어진다. 인간이 마음대로 조종하는 것이 아니다. 대부분의 경우에 자신이 다른 언어로 말하고 있는지 조차도 알지 못하는 경우가 많다. 자신이 방언을 말하고 있다는 사실은 알지만, 그 방언이 지구상에 존재하는 어느 나라의 말인지는 인식하지 못한다.

최근에 나는 콜로라도에서 대형 집회를 인도한 적이 있다. 우리 선교회의 직원 중에 한 명이 그 집회의 맨 뒷좌석에 앉아 있었다. 그녀는 계속 중보기도를 드리고 있었고, 특히 강사인 나를 위해 기도하라는 성령의 독촉을 받았다고 한다. 그녀는 예배시간 내내 시종일관 나지막한 목소리로 기도하였는데, 뭔가 알 수 없는 어떤 방언으로 기도하였다고 한다. 집회가 끝난 뒤에, 그녀의 앞좌석에 앉았던 한 신사가 고개를 돌리더니 그녀에게 "아가씨는 불어를 참 잘 하시네요. 어쩌면 그렇게 발음이 좋으세요"라고 했다는 것이다.

그녀는 그 신사에게 자신은 불어를 전혀 못하는 사람이라고 말했다고 한다.

그러자 그 남자는 "그래요? 나는 불어를 가르치는 교사입니다. 당신이 강사를 위해 불어로 예배시간에 시종 기도하는 것을 들었습니다. 당신이 기도를 하면서 어떤 특정한 성경구절을 인용하여 기도하고 나면, 강사가 그 동일한 성경구절을 회중에게 찾아보자고 하면서 설교하는 것을 저는 들었습니다"라고 했다는 것이다.

두말할 필요도 없이 그 남자는 너무 감동을 받았고, 그녀는 참으로 흥분하지 않을 수 없었다. 그래서 우리 모두는 그날 집회에서 선포된 말씀이 진정 하나님의 말씀이라는 확증을 받았다.

바로 그러한 종류의 방언을 오순절이라는 유대인의 절기에 예수님의 제자들이 받았다고 성경은 기록하고 있다.

그 때에 경건한 유대인들이 천하 각국으로부터 와서 예루살렘에 머물러 있더니 이 소리가 나매 큰 무리가 모여 각각 자기의 방언으로 제자들이 말하는 것을 듣고 소동하여 다 놀라 신기하게 여겨 이르되 보라 이 말하는 사람들이 다 갈릴리 사람이 아니냐 우리가 우리 각 사람이 난 곳 방언으로 듣게 되는 것이 어찌 됨이냐 우리는 바대인과 메대인과 엘람인과 또 메소보다미아, 유대와 갑바도기아, 본도와 아시아, 브루기아와 밤빌리아, 애굽과 및 구레네에 가까운 리비야 여러 지방에 사는 사람들과 로마로부터 온 나그네 곧 유대인과 유대교에 들어온 사람들과 그레데인과 아라비아인들이라 우리가 다 우리의 각 언어로 하나님의 큰 일을 말함을 듣는도다 하고 (행 2:5-11)

다시 한 번 더 강조하기는, 이러한 종류의 방언은 믿지 않는 자들에게 표징으로 주어진 것이다. 이러한 표적은 유식한 자와 무식한 자를 포함하여 모든 사람의 주의를 환기시키고 하나님의 말씀에 마음 문을 활짝 열도록 해준다.

나는 예수님을 믿은 후로 지금까지, 이전에 전혀 배운 적이 없는 외국어로 하나님의 말씀을 전했다는 이야기를 수도 없이 들었다. 그렇게 외국어로 선포되는 하나님의 말씀은 특히 하나님의 사랑을 전하는 메시지들이다. 어떤 경우이던지 그러한 표적과 기사는 복음 전파에 많은 도움이 된다.

방언에는 통역이 필요하다

두 번째 범주의 방언도 역시 공적인 사역을 위해 주어진 것이다. 이 방언들은 하늘의 언어로 지구상에 존재하는 언어가 아니다. 이런 질문을 하는 사람들이 있다. 천국의 언어가 한 가지인가 아니면 다양한 종류의 다른 천국 언어들이 있는가? 요한계시록에 보면 다음과 같은 언급이 나온다. "귀 있는 자는 성령이 교회들에게 하시는 말씀을 들을지어다 이기는 그에게는 내가 감추었던 만나를 주고 또 흰 돌을 줄 터인데 그 돌 위에 새 이름을 기록한 것이 있나니 받는 자 밖에는 그 이름을 알 사람이 없느니라"(계 2:17). 동시에 예수님을 기술하는 구절에 다음과 같은 내용도 나온다. "그 눈은 불꽃같고 그 머리에는 많은 관들이 있고 또 이름 쓴 것 하나가 있으니 자기밖에 아는 자가 없고"(계 19:12). 만약에 혼자 밖에는 모르는 언어가 천국에 존재한다면, 천국에는 다양한 종류의 다른 언어들이 있다고 유추할 수 있지 않을까?

고린도전서 12장에 기록된 성령의 9가지 은사 중 하나가 방언인데, 그 방언은 바로 이 범주에 들어가는 것이라고 나는 생각한다.

> 어떤 사람에게는 능력 행함을 어떤 사람에게는 예언함을 어떤 사람에게는 영들 분별함을 다른 사람에게는 각종 방언 말함을 어떤 사람에게는 방언들 통역함을 주시나니(고전 12:10)

방언은 통역되는 것이지, 번역되는 것이 아니라는 점에 유의하라. 왜 그럴까? 그것은 천국의 언어는 지상의 언어와는 다르기 때문이다. 그것이 지상의 언어라면, 그 특정 언어의 구조와 단어의 의미를 아는 사람이라면 누구든지 번역할 수 있을 것이다. 그러나 방언은 그렇지 않다.

싱가포르에서 집회를 할 때에 있었던 일이다. 나는 그 나라에서 가장 큰 교회에서 집회를 인도해 달라는 부탁을 받고 그 장소로 갔다. 내가 그곳에 도착했을 때 목격한 것은, 엄청나게 모인 군중이 있었지만, 조용하고 아름다운 음악이 깔리면서 은은히 하나님을 찬양하고 경배하는 모습이었다. 그런데 갑자기 어디선가 어떤 남자가 큰 목소리로 방언을 하기 시작했다. 마이크에 대고 하는 것도 아닌데 어쩜 그렇게 교회당에 크게 울려 퍼지는지 기이할 정도였다. 그는 대형 강당의 발코니 쪽 어딘가에 있었다. 그렇지만 거기에 모인 모든 사람이 명확하게 들을 수 있을 정도로 그렇게 청아한 소리로, 마치 하늘에서 확성기를 통해 울려 퍼지는 것 같이 방언을 하였다.

그의 방언을 들으면서 나의 속 사람은 기쁨으로 뛰놀았고 나의 겉 사람은 경외감으로 얼어붙었다. 그 거룩한 분위기에 압도되어 내 몸의 털들이 쭈뼛거리며 곤두서는 것을 느꼈고 내 심장은 마구 뛰기 시작했다. 그가 방언하기를 마치자 방언 통역이 뒤따랐다. 그런데 그 통역을 들은 나는 경악하지 않을 수 없었다. 왜냐하면 내가 그날 설교하려고 준비한 메시지와 동일한 것이었기 때문이다. 하나님은 나에게 뿐만 아니라 그 자리에 모인 모든 사람들에게, 내가 그날 진정한 하나님의 말씀을 가지고 섰다는 확증을 주신 것이다.

방언이 통역되면 그것은 마치 예언과 비슷한 기능을 발휘한다. 그렇기에 사도 바울은 "나는 너희가 다 방언 말하기를 원하나 특별히 예언하기를 원하노라 만일 방언을 말하는 자가 통역하여 교회의 덕을 세우지 아니하면 예언하는 자만 못하니라"(고전 14:5)고 말한 것이다. 다시 한 번 더 강조하자면, 이러한 종류의 방언은 공적인 예배 내지는 대중을 위한 목회사역을 위해 주어진다. 우리는 이러한 맥락으로 "모든 사람이 다 방언을 말하는 자이겠느냐?"라는 말을 해석해야 한다.

> 하나님이 교회 중에 몇을 세우셨으니 첫째는 사도요 둘째는 선지자요 셋째는 교사요 그 다음은 능력을 행하는 자요 그 다음은 병 고치는 은사와 서로 돕는 것과 다스리는 것과 각종 방언을 말하는 것이라 다 사도이겠느냐 다 선지자이겠느냐 다 교사이겠느냐 다 능력을 행하는 자이겠느냐 다 병 고치는 은사를 가진 자이겠느냐 다 방언을 말하는 자이겠느냐 다 통역하는 자이겠느냐(고전 12:28-30)

바울은 고린도전서 12장에서 교회의 공적인 사역을 위해 성령님이 허락하신 성령의 은사에 관하여 말하고 있다. 모든 사람이 사도가 아니며, 모든 사람이 다 선지자도 아니다. 가르치는 은사, 병 고치는 은사, 방언하는 은사, 통역하는 은사는 이런저런 사람들에게 나누어서 주어진다. 그러므로 이러한 종류의 방언은 많은 회중이 교회에 모여서 예배드릴 때 부어지는 방언을 지칭한다.

> 그러므로(첫 번째) 방언은 믿는 자들을 위하지 아니하고 믿지 아니하는 자들을 위하는 표적이나 예언은 믿지 아니하는 자들을 위하지 않고 믿는 자들을 위함이니라 그러므로 온 교회가 함께 모여 다(두 번째)방언으로 말하면 알지 못하는 자들이나 믿지 아니하는 자들이 들어와서 너희를 미쳤다 하지 아니하겠느냐(고전 14:22-23)

나의 생각에는 바울이 두 가지의 다른 방언에 대해 말하고 있는 것 같다. 첫 번째 방언은 믿지 않는 자에게 보여지는 표적이다. 왜냐하면 다른 나라의 언어를 배운 적도 없는 사람이 지상에 존재하는 다른 나라의 언어로 말을 하기 때문이다. 그렇기에 그런 종류의 방언은 믿지 않는 자들에게 표적이 된다.

그러나 두 번째 방언은 하늘의 언어이다. 온 교인이 한자리에 모여 방언으로 기도를 드리는 장면을 사도 바울은 묘사하고 있다. 그러나 오순절에 제자들은 하나님의 일을 각기 다른 지구상의 언어로 말하고 있었다. 그것은 통역이 필요 없었다. 믿는 사람이건 믿지 않는 사람이건 그 뜻을 명백히 알 수 있는 일반 언어였기 때문이다. 그러나 여기에서 바울은 보통 사람이 그 뜻을 알 수 없는 하늘의 언어에 관하여 말하고 있다. 그러한 언어는 통역이 필요하다. 통역이 없으면 무슨 소리인지 알 수가 없기 때문이다. 그러므로 온 교인이 한꺼번에 천국 방언으로 통성 기도하는 것은 좋기는 하지만, 믿지 않는 사람들에게는 별로 덕이 되지 않는다.

이제 "다 방언을 말하는 자이겠느냐?"는 질문에 대답을 시도해 보고자 한다. 하나님은 교회 안에서 목회사역이 이루어질 때에, 선택적으로 방언을 허락하신다. 하나님은 어지러움의 하나님이 아니라 질서의 하나님이시기에, 순차적으로 방언의 은사를 허락하신다. 그리고 각각의 방언에 대한 통역도 동시에 허락하신다. 교회는 그리스도의 몸이요 성도는 그 몸의 지체이기에 교회는 유기적으로 연합하여 돌아가야 한다. 하나님은 교회에서 다양한 사람들에게 각각 다른 은사를 허락하심으로, 서로 돕고 연합하는 유기체가 되게 하셨다. 그러나 일단 하나님과 신자의 개인적인 관계로 들어가면 하나님은 편협하지 않으신다. 즉, 방언의 은사를 주실 때에 편파적으로 주시지 않는다는 것이다. 방언이 하나님과의 개인적인 친밀감을 위해 사용될 때는 하나님께서 굳이 선택적으로 주실 아무런 이유가 없기 때문이다.

개인적인 기도를 위한 방언

방언에 관한 아래의 두 범주는 개인적인 기도생활을 위해 주어지는 경우이다. 모든 기독교인들의 영적인 필요를 채우시는 하나님은 모든 성도에게 이러한 종류의 방언을 허락하신다. 아래의 성경구절은 바로 이런 종류의 방언을 정확하게 묘사하고 있는 구절이다.

내가 만일 방언으로 기도하면 나의 영이 기도하거니와 나의 마음은 열매를 맺지 못하리라 그러면 어떻게 할까 내가 영으로 기도하고 또 마음으로 기도하며 내가 영으로 찬송하고 또 마음으로 찬송하리라(고전 14:14-15)

사도 바울은 이러한 종류의 방언을 기도라고 묘사한다. 이러한 종류의 방언은 교회의 목회사역을 위해 주어지는 방언이 아니라 사람이 아니라 하나님께 이야기 하는 방언이다. "방언을 말하는 자는 사람에게 하지 아니하고 하나님께 하나니 이는 알아듣는 자가 없고 영으로 비밀을 말함이라"(고전 14:2). 공적인 방언은 사람에게 말하는 방언이다. 지상에 존재하는 다른 나라의 말을 하는 것은 믿지 않는 사람들에게 표적이 되고, 천사의 방언이 교회에서 통역되면 믿는 사람들에게 주어지는 예언과 같은 것이 된다. 그러나 기도로 드려지는 개인적인 방언은 오직 하나님께만 말하는 것이다. 이렇게 사적인 방언과 공적인 방언에는 차이가 있다!

바울은 두 가지 종류의 다른 기도에 대해서 말하고 있다. 하나는 알아들을 수 있는 기도이다. 지상의 언어를 사용하는 기도이기 때문이다. 그러나 다른 종류의 기도도 있다. 그것은 방언으로 하는 기도이다. 이는 성령의 인도하심에 따라 하는 방언인데, '영의 기도'라고 한다. 방언은 마치 영으로 하나님을 찬미하는 것과 마찬가지이다. "내가 영으로 찬송하고 또 마음으로 찬송하리라."

유다는 방언으로 기도하는 것에 관하여 다음과 같이 기술하였다.

사랑하는 자들아 너희는 너희의 지극히 거룩한 믿음 위에 자신을 세우며 성령으로 기도하며 하나님의 사랑 안에서 자신을 지키며 영생에 이르도록 우리 주 예수 그리스도의 긍휼을 기다리라(유 1:20-21)

방언으로 기도하다 보면 결국 자신이 세워지게 된다. 대조적으로, 교회에서 공적인 방언을 하고 그것을 제대로 통역하면 교회가 세워진다. 그렇게 교회가 세워지는 것을 성경에서는 "교회에 덕을 세운다"라고 표현하고 있다. "나는 너희가 다 방언 말하기를 원하나 특별히 예언하기를 원하노라 만일 방언을 말하는 자가 통역하여 교회의 덕을 세우지 아니하면 예언하는 자만 못하니라"(고전 14:5). 하나님은 교회도 개인도 모두 다 세워지기를 원하신다.

다음 단원에서는 개인적인 친밀감을 형성시키는 방언에 관하여 자세히 살펴보고자 한다. 나는 그것을 "친밀한 언어"라고 부른다.

중보를 위한 방언

방언의 네 가지 범주 중에 마지막은 중보를 위한 방언이다. 다른 사람을 위해 무너진 데를 막아설 때 사용하는 기도를 중보기도라고 한다.

> 이와 같이 성령도 우리의 연약함을 도우시나니 우리는 마땅히 기도할 바를 알지 못하나 오직 성령이 말할 수 없는 탄식으로 우리를 위하여 친히 간구하시느니라 마음을 살피시는 이가 성령의 생각을 아시나니 이는 성령이 하나님의 뜻대로 성도를 위하여 간구하심이니라(롬 8:26-27)

너무나 황당한 일을 당하면 기가 막히게 되어 있다. 그러면 기도의 줄이 끊어지고 기도의 문도 막히는 것을 느낀다. 왜냐하면 무슨 말을 해야 할지, 할 말을 찾지 못하기 때문이다. NLT 성경은 이렇게 번역하고 있다. "어떻게 기도해야 하는지 무엇을 놓고 기도해야 하는지 조차 알 길이 없는 경우도 있으나."

나는 사랑하는 사람의 필요를 전부다 감지하지 못한다. 그러나 하나님은 아신다. 어머니는 플로리다에 살고, 나는 콜로라도에 산다. 어머니가 하나님의 도움이 당장 필요한 상태에 처하게 되었다고 가정해보자. 그러나 어머니는 나와 연락할 수도 없고, 무슨 일이 일어나는지 스스로도 알지 못할 수도 있다. 어머니 자신조차도 그렇게 갈팡질팡하는 상황에서 내가 무엇을 위해 기도해야 하는지 어떻게 알 수 있겠는가?

그러나 나에게는 로마서의 말씀이 생생하게 살아있는 말씀으로 체험된 적이 있다. 그때는 믿은 지 한 2년 정도 되었을 때인데, 나는 다른 사람들에게 예수님을 무척 소개하고 싶어 했다. 나는 남학생 클럽과 여학생 클럽을 대상으로 성경공부를 시작했다. 그 시도는 성공을 거두어 약 60여 명의 학생들이 성경공부에 가담하게 되었다. 어느 날 저녁 나는 성령님에 관하여 가르치고 있었다. 내가 취한 방법은 성경을 여기저기 뒤적이면서 성령님에 관하여 언급된 구절들을 찾아 설명하는 것이었다. 그리고 그것을 통해 하나님의 뜻을 전하고자 하였다. 그런데 그 성경공부 모임에 참석한 학생 중에는 방언 같은 것은 이미 지나간 것이라는 교육을 받은 여학생이 한 명 있었다. 그러나 그 밤에 그 여학생은 자신이 직접 성경을 읽었고, 믿었으며, 그 자리에서 성령의 충만함을 받고 방언을 하였다.

그 다음 날 아침 누군가 내 방 앞에서 문을 두드렸다. 나는 재빨리 옷을 갈아입고 문을 열었더니, 어젯밤에 성령의 충만함을 받은 바로 그 여학생이 거기에 서 있었다. 그 여학생을 쳐다보니 그 얼굴은 환하게 빛나고 있었고 희열에 찬 목소리로 이렇게 말했다. "존, 아침에 깨워서 미안합니다. 그렇지만 오늘 아침에 나에게 무슨 놀라운 일이 일어났는지 전하고 싶어서 이렇게 달려왔습니다."

그녀는 말하기를 아침 5시에 성령님께서 자신을 깨웠다. 그리고 기도하지 않고서는 못 견딜 것 같은 그런 급박함을 자신의 마음속에 넣어 주셨다. 그녀는 자신의 마음속을 살펴보니 뭔가 꺼림칙한 게 있었고, 그래서 그것을 가지고 하나님 앞에 기도로 나아갔다. 그랬더니 방언이 터져 나왔고, 방언이 점차로 강해지더니, 마음속에 일종의 영적전쟁이 일어나는 것을 느꼈다. 그녀는 주님께 묻기를, 도대체 누구를 위해 이렇게 중보기도를 드리고 있는지 여쭤보았는데, 생명이 위협에 처해 있는 한 노인을 위한 기도라고 말씀해 주셨다고 한다. 그녀는 계속 방언으로 한 시간 동안을 기도한 후에야 비로소 마음의 평안을 얻게 되었다는 것이다.

그런데 몇 분이 지난 후에, 같은 방을 사용하는 룸메이트에게 전화가 걸려왔다. 그 전화의 내용은 룸메이트를 참으로 아끼는 친할아버지가 그날 아침 새벽 5시에 심장마비를 일으켜서 쓰러졌으나, 가까스로 목숨은 건졌다는 이야기였다. 그리고 그 할아버지가 안정을 되찾은 시간과 기도가 멈춰진 시간이 일치한다는 것이었다.

그런 말을 내게 전하는 그녀의 얼굴에는 환한 미소가 지어졌다. 그녀는 방언이라는 것은 이미 사라져버린 것이며, 더 이상 소용없는 것으로 간주하던 사람이었다. 그러나 성경을 통해 진리를 깨달은 그녀는 이제 방언으로 기도하는 사람으로 변화되었다. 그리고 오늘날도 방언 기도가 필요하다는 것을 믿게 되었다.

나는 위와 같은 경우를 수없이 많이 보았다. 방언 중보기도의 가장 적절한 예가 '존 비비어 미니스트리'의 호주 총책인 '에스더'에게 있었다. 에스더는 목회자이면서 기도용사이다. 90년대에 그녀가 성경학교를 다닐 때에, 어느 날 아침 집안일을 마치고 손을 높이 들고, "주님!

오늘 하루는 별로 할 일이 없습니다. 주님께서 제가 필요하다면, 무슨 일에든지 사용하여 주시옵소서"라고 외쳤다고 한다.

그러자 갑자기 엄청난 영적 부담감이 몰아닥치면서 그녀에게 기도하라고 했다는 것이다. 자신이 서 있었던 거실 한복판에 그대로 무릎을 꿇었을 때, 그녀의 입에서는 방언이 거세게 터져 나왔다. 그녀는 환상 가운데, 어떤 중국인 남자가 무릎을 꿇고 지저분한 마룻바닥을 원형을 그리며 청소하는 모습을 보았다. 또한 그녀는 기도하면서 뭔가 급박한 것을 느꼈다. 그래서 "일어서라, 일어서라, 일어서라"는 소리를 반복해서 외쳤다는 것이다. 한참 뒤에 마음에 평정을 되찾을 수 있었고, 그래서 정상대로 다른 일을 하기 시작했다고 한다.

그런데 5개월 후에, 중국에 복음을 전하러 나갔던 뉴질랜드 선교사 한 사람이 그녀가 다니던 성경학교에 간증을 하러 왔는데, 중국 본토에서 큰 박해가 일어나 고생하는 여러 중국 원주민 목회자에 관한 이야기를 해 주었다. 그 원주민 목회자들은 감옥에 수감되어 있었는데, 어느 날 하나님의 계시가 임하여 곧 석방되리라는 예언을 받았다고 한다. 기대감을 가지고 목회자들은 감옥에서 더러운 마룻바닥을 청소하며 수감생활을 했다고 한다.

그런데 교도소에 수감된 많은 재소자들 중에 유독 어떤 목회자를 간수가 특별히 미워했는데, 하루는 다른 모든 재소자들을 각기 자신의 감방으로 보내고 그 목회자만 남아서 더러운 마루를 청소하라는 명령을 내린 적이 있었다고 했다. 그래서 그 중국 현지 원주민 목회자는 혼자 넓은 마룻바닥을 원을 그리며 닦고 있었다. 그런데 어디선가 "일어서라, 일어서라, 일어서라"는 소리가 반복해서 들려왔다는 것이다. 그 소리가 너무도 강렬하고 생생했기에, 그는 일어나서 문 쪽으로 가보니,

교도소의 철창문이 열려 있었고, 계속 걸어 나가다보니 교도소 밖으로까지 나오게 되었는데, 마침 그때 지나가던 택시가 있어서 잡아타고 믿음의 식구들이 있는 곳으로 돌아오게 되었다는 이야기였다.

그 간증을 들은 에스더는 참으로 놀라움을 금치 못했다. 바로 자신이 5개월 전에 기도했던 그 내용과 비슷했기 때문이다. 그래서 에스더는 이전에 단 한 번도 만나 본 적이 없는 그 뉴질랜드 선교사에게 다가가서, 자신이 5개월 전 어떤 날 이러한 기도를 드린 적이 있다고 말을 꺼냈다. 그런데 놀라운 사실은 그 중국 원주민 목회자가 도망나온 그 날짜와 일치하는 것이었다.

그러자 그 성경학교의 학생 중에 다른 남학생 하나가 다가오더니, 자신도 그 당시에 성령의 강권하심으로, 방언으로 강렬한 기도를 드린 적이 있다는 것이었다. 그리고는 기도 중에 자신도 중국계 교회 지도자를 한 명 보았다고 했다. 그래서 그 뉴질랜드 선교사는 자신의 품안에서 중국인 목회 지도자들이 합동으로 찍은 사진 한 장을 꺼내어 보여주었는데, 남학생은 그 사진을 들여다보면서 손가락으로 어떤 특정한 사람을 지적하면서 바로 그 사람을 환상 중에 보았다고 했다. 그러자 뉴질랜드 선교사는 바로 그 사람이 감옥에서 탈출한 중국 목회자라고 말했다는 것이다.

그 모든 것을 종합하여 더 자세히 살펴보기 위해 성경학교의 기도 리더는 에스더와 또 다른 남학생에게 기도일지가 있으면 가져오라고 했다고 한다. 그리고 두 사람의 기도일지를 비교 검토한 결과, 두 사람이 기도를 드린 날짜와 시간이 동일함을 확인했다. 결론적으로 그것은 성령님의 역사였고, 그 기적은 방언을 통한 중보기도의 결과였다는 것이 확증되었다.

어떻게 믿을 것인가?

만약에 에스더가 방언이라는 것은 성경이 출판되면서 없어진 것이라고 배웠다면 어떻게 되었을까? 오늘날 수많은 사람들이 성경은 믿지 않고, 인간의 가르침만을 분별없이 취하는 것 같다.

비극 중의 비극은 하나님의 말씀을 인간의 경험을 바탕으로 판단하는 것이다. 그러나 정상적으로 하자면, 하나님의 말씀이 인간의 경험을 지배해야 한다. 하나님은 인간의 경험이나 지식에 의해 제한받지 않으신다. 하나님은 인간보다는 훨씬 더 크신 분이시기 때문이다.

건전한 기독교인들 중에서도 방언하는 것만은 만류하려는(방해, 저지, 단념시키려는) 자들이 있다. 나는 예수님을 구세주로 영접한지 몇 달이 지난 후에, 기독교 문서사역을 하는 단체에 참석한 적이 있다. 나는 항상 그 단체에 감사하고 있었는데, 왜냐하면 내가 예수님을 믿게 된 이유 중에 하나가 그들이 배포하는 복음 전단지 덕분이었기 때문이다.

그러나 그 단체의 모임에서 나는 큰 충격을 받았다. 그 모임의 리더는 기도제목을 수집하고 있었는데, 돌아가면서 가장 중요한 기도제목 한 가지씩만 내라고 했다. 첫 번째 사람은 평균 "B"를 받게 기도해달라고 하였다. 두 번째 사람은 자기 룸메이트의 영혼 구원을 위해 기도해 달라고 하였다. 그 다음에 내 차례가 돌아왔을 때 나는 "성경에 나오는 성도들처럼 성령을 충만하게 받기 원합니다. 특히 새 방언으로 말하게 기도해 주세요"라고 말했다.

내가 말을 마치자마자, 그 모임의 리더는 "존, 거기에 대해서는 이 모임을 마친 후에 따로 이야기합시다"라고 했다.

물론 그러한 개인적인 대화는 나중에 없었다. 그러나 나를 그 모임으로 이끌었던 한 형제가 내 손을 잡아끌며 말하기를 "존, 이 사람들은 방언 같은 것은 믿지 않는 사람들입니다"라고 했다.

그 당시 새 신자였던 나는 눈이 휘둥그레져서 "그래요? 그럼 그 사람들은 성경을 믿지 않나요?"라고 했다.

그 이후로 사람들이 뭐라고 하든지, 나는 성경을 읽고 거기에 있는 것을 그대로 믿기로 다짐했다. "여호와를 경외함이 지혜의 근본이라 그의 계명을 지키는 자는 다 훌륭한 지각을 가진 자이니 여호와를 찬양함이 영원히 계속되리로다"(시 111:10).

복 받은 자인가 무식한 자인가?

여기에 참 좋은 소식이 있다. 그것은 당신이 하나님의 성령으로 충만하게 되면 하늘의 언어로 기도하게 된다는 것이다! 하나님 마음의 중심에서 나오는 진심의 말을 들어보아라.

나는 너희가 다 방언 말하기를 원하나(고전 14:5)

그러나 당신은 이렇게 반문할지도 모른다. "그것은 바울이 고린도 교회의 성도들에게 한 말이지, 하나님이 나에게 하시는 말씀이 아니잖아요?"

그러나 당신의 주장은 틀렸다. "먼저 알 것은 성경의 모든 예언은 사사로이 풀 것이 아니니"(벧후 1:20)라는 말도 있지만, "모든 성경은 하나님의 감동으로 된 것으로 교훈과 책망과 바르게 함과 의로 교육하기에 유익하니"(딤후 3:16)라는 말씀도 참된 말이기 때문이다. 사도 바울이 고린도 교회의 성도들에게만 한 말이 아니다. 이는 모든 믿는 자들에게 하시는 하나님의 말씀이다. "나는 너희가 다 방언 말하기를 원한다."

자신이 믿지 않는 것으로부터 복을 받는 사람은 없다. 사람은 자신이 믿는 것으로부터 복을 받는다. 나는 다음과 같은 것을 아주 많이 강조하는 사람이다. 하나님은 우리의 이성, 논리, 필요에 응답하시는 분이 아니시다. 하나님은 우리의 믿음에만 응답하신다. 우리가 아무리 똑똑해도 하나님은 거기에 감동 받지 않으신다. 그러나 우리가 믿음을 보이면 하나님의 마음은 움직인다. 그래서 예수님은 "네 믿음대로 될지어다"를 거듭 반복해서 말씀하셨다. 믿음이란 하나님이 하시겠다고 하시는 것을 하나님이 하실 것이라고 단순하게 믿는 것이다. 그러면 하나님은 그대로 하신다. 믿음은 하나님의 말씀을 들음에서 나오지 인간의 논리적인 사고에서 나는 게 아니다.

자신의 경험을 설교하고 믿는 것이 아니라 진리를 설교하고 믿는 것은 참으로 중요하다. 물론 경험을 무시하자는 것은 아니다. 그러나 신앙체험은 진리를 확증해 주는 것일 뿐이지 진리 자체는 아니다. 성령님은 영적 진리를 가르치는 교사이시다. 그리고 성령님은 성경에 기록된 진리와 상충되는 것을 가르치지 않으신다. 그렇기에 하나님의 말씀을 있는 그대로 믿을 때에, 신자는 반드시 신앙체험을 하게 된다. 그러나 많은 사람들은 거꾸로 하고 있다. 먼저 경험하기를 원하고 경험함으로 믿으려 한다. 예수님께서 도마에게 말씀하신 것이 바로 그것이다. "도마에게 이르시되 네 손가락을 이리 내밀어 내 손을 보고 네 손을 내밀어 내 옆구리에 넣어 보라 그리하여 믿음 없는 자가 되지 말고 믿는 자가 되라"(요 20:27). 우리에게는 선택이 있다. 우리의 믿음을 경험에 기반을 둘 것인가 아니면 기록된 하나님의 말씀에 기반을 둘 것인가?

하나님은 사람이 아니시니 거짓말을 하지 않으시고 인생이 아니시니 후회

가 없으시도다 어찌 그 말씀하신 바를 행하지 않으시며 하신 말씀을 실행하지 않으시랴(민 23:19)

이러한 모든 것을 종합해서 살펴볼 때, 성령님은 우리 모든 성도들이 방언하기를 원하신다고 결론 지을 수 있다. "형제들아 신령한 것에 대하여 나는 너희가 알지 못하기를 원하지 아니하노니"(고전 12:1). 그렇지만 방언하는 것에 대해 알고 싶지 않은 이들과 방언을 무시해버리는 이들을 어떻게 할 것인가? 그러한 행위에 대한 사도 바울의 결론은 다음과 같다.

만일 누구든지 알지 못하면 알지 못하는 대로 두라(고전 14:38)

다른 말로 하자면, 하나님은 사도 바울의 입을 빌어서 다음과 같이 말씀하셨다. "나는 방언에 관한 문제에 대해 이미 명확하게 밝혔다. 네가 굳이 무시해버리기로 선택한다면 너는 영적으로 무지한 자가 될 것이고, 풍성한 복을 받지 못하게 될 것이다."

그럼에도 불구하고 사도 바울은 다시 한 번 더 마지막으로 힘찬 권면을 한다.

그런즉 내 형제들아 예언하기를 사모하며 방언 말하기를 금하지 말라(고전 14:39)

여기에 경고가 있다. 방언하는 것에 관하여 반대하거나 방언을 공격하는 사람은 하나님께 불순종하는 자이다. 이제 마지막 때에는, 사람의 마음이 완고해지든지 영적으로 무식해져서, '방언의 때는 이미 지나가 버렸다'고 할 것이라는 것을 미리 알고 경고한 것이다. 그러므로 방언을 무시하는 자들은 하나님의 사람들이 아니다.

    하나님께서 우리에게 허락하신 그 신비하고 놀라운 선물을 왜 굳이 놓치려 하는가? 나는 독자에게 간곡히 부탁드린다. 다음 단원을 읽고 방언을 통해 하나님과 진정 영적으로 친밀한 교제에 들어가는 비결을 발견하기를 간절히 바란다.

토론을 위한 질문들

1. 이 단원의 앞부분에서 저자는 대학시절의 신앙생활에 관하여 기술하였다. 성경을 부지런히 읽었으나 뭔가 허전한 신앙생활이었다고 했다. 당신도 그런 영적 허전함을 경험한 적이 있는가?

2. 방언에 관한 가르침을 읽고, 당신이 도전 받은 바는 무엇인가? 성령 충만을 받고 하늘의 언어로 하나님과 대화하는 것이 하나님의 뜻이라는 저자의 주장에 대해 당신은 어떻게 생각하는가?

3. 하나님께 가까이 나아가 하나님과 친밀한 교제를 나누는 것에 관한 당신 자신의 경험을 이야기해 보라. 지금까지 당신이 공부한 것이 영적 경험에 도움이 되는가? 당신은 방언의 은사를 받아 개인적인 기도와 중보기도에 도구로 사용될 의향이 있는가?

제 12 장

친밀함의 언어
The Language

"하나님의 지혜는 너무 깊어서
육적인 마음에는 신비한 것처럼 보인다"

이 책을 읽는 독자는 내가 너무 똑같은 소리를 반복한다는 생각이 들 것이다. 그러나 반복하지 않으면 영혼 깊숙이 스며들어가지 않는다. 그런 의미에서 다시 한 번 더 반복하고자 한다. "우리 하나님은 인간과 친분관계를 맺고 싶은 열정에 불타는 하나님이시다." 하나님은 우리와 매우 친밀한 사랑의 관계를 갈망하신다. 그저 피상적인 관계가 아니라 깊고도 풍성한 관계를 갖기 원하신다.

하나님의 수준에서 가지는 대화

하나님과의 대화가 차고 넘치는 풍성한 대화가 되기 위해서는 대화의 수준이 하나님의 수준까지 올라서야 한다.

> 방언을 말하는 자는 사람에게 하지 아니하고 하나님께 하나니 이는 알아듣는 자가 없고 영으로 비밀을 말함이라 (고전 14:2)

위의 성경구절에서 사도 바울은 공적인 예배를 전제로 하고 있지 않다. 여기에서 말하는 방언이란 개인기도를 드릴 때 사용하는 방언을 말한다. 즉, 우리가 공적으로 방언을 말하면, 그 방언은 공동체나 다른 사람에게 하는 말이 된다. 그러나 사적인 기도를 드릴 때 방언으로 말하면, 그 방언은 하나님과 직접 하는 대화가 된다. "이와 같이 성령도 우리의 연약함을 도우시나니 우리는 마땅히 기도할 바를 알지 못하나 오직 성령이 말할 수 없는 탄식으로 우리를 위하여 친히 간구하시느니라"(롬 8:26). 기도를 드릴 때에 부딪치는 두 가지 큰 문제가 있는데, 그것은 어떻게 기도하며 무엇을 기도할 것인가 하는 문제이다.

다음과 같은 예화를 들어 설명하고자 한다. 만약에 당신이 미국 대통령의 집무실로 들어갔다고 하자. 거기에서 당신이 대통령과 대화를 나눈다면 당신은 대통령과 동일한 수준에서 대화를 나누게 될 것 같은가? 대부분의 경우에 그렇지 못할 것이다. 많은 정보를 가진 대통령과의 대화가 부드럽게 진행되려면, 대통령이 당신의 수준까지 내려와 알아듣기 쉬운 용어로 이야기를 해주어야만 한다. 특히 국가안보에 관계된 기밀에 관해 이야기를 나누게 된다면, 대통령이 마음을 열고 당신에게 알려줄 때에만 당신은 그것을 알게 된다. 대통령은 다른 여러 나라들의 속사정을 잘 알고 있을 것이고, 또한 현재 기밀로 기획하고 있는 일들도 알고 있을 것이다. 왜 기밀이나 비밀들이 있는 것일까? 왜냐하면 정보가 적들의 손에 들어가면 국가안보에 위협을 받을지도 모르기 때문이다.

우리가 만왕의 왕이신 하나님의 보좌의 방으로 들어갈 때에도 비슷한 일이 발생한다. 우리가 인간적인 지식으로만 기도한다면 하나님과의 대화에는 한계가 발생한다. 하나님은 인간보다 훨씬 더 높은 위치에 계시고 더 많은 것을 알고 계심으로 대화의 수준이 서로 맞을 수 없다. 그러므로 대화가 되려면 하나님께서 인간의 이해의 수준으로 내려오셔야 한다. 위의 예화를 들어 설명하자면, 하나님께서는 악한 자의 손에 들어가서는 안 되는 많은 비밀을 간직하고 계시다. 그것은 우주의 비밀인데 그 가운데는 창세부터 감추어진 신비한 것들도 있다. 바울의 말을 들어보자.

> 오직 은밀한 가운데 있는 하나님의 지혜를 말하는 것으로서 곧 감추어졌던 것인데 하나님이 우리의 영광을 위하여 만세 전에 미리 정하신 것이라 이 지혜는 이 세대의 통치자들이 한 사람도 알지 못하였나니 만일 알았더라면 영광의 주를 십자가에 못 박지 아니하였으리라(고전 2:7-8)

위의 구절은 주로 십자가와 부활에 관련된 신비를 말씀하시는 것이지만, 일반적으로 적용하자면, 하나님에게는 비밀로 감춰진 지혜와 같은 신비한 것이 있다는 뜻이다. 예수님께서 하신 말씀을 들어보자.

> 거룩한 것을 개에게 주지 말며 너희 진주를 돼지 앞에 던지지 말라 그들이 그것을 발로 밟고 돌이켜 너희를 찢어 상하게 할까 염려하라(마 7:6 참조).

성경은 말씀하시기를 지금은 전시戰時라고 하신다. 치열한 영적 전투가 진행 중이라는 뜻이다. "우리의 씨름은 혈과 육을 상대하는 것이 아니요 통치자들과 권세들과 이 어둠의 세상 주관자들과 하늘에 있는 악의 영들을 상대함이라"(엡 6:12). 육적인 전투에서도 전술적 기밀이라는 것이 있다. 영적인 전쟁에서도 전투의 대장이신 예수님과 그의 군사인 성도들 사이에서만 아는 그런 영적 기밀이 있다. 그런 기밀을 통해 하나님 나라의 안전은 보장된다. 성도들이 방언으로 하나님과 대화를 나누면, 악한 영들은 하나님과 그의 자녀들 사이에서 어떤 은밀한 대화가 오가는지 알아차리지 못한다. 방언으로 말하는 관계는 암호가 해독되지 않기 때문이다. 그러므로 방언으로 하나님과 대화를 하면, 악한 영들은 신자가 무엇을 간구하는지 단서를 잡을 길이 없다. 그래서 악마적인 세력은 미리 캐낸 정보를 이용하여 우리를 공격해 들어올 수 없다. 반대로 우리가 방언으로 기도를 드리면, 영적 전쟁에서 우세한 위치를 점거하게 된다. 왜냐하면 사단, 마귀의 군대에게 갑자기 포화를 퍼붓는 기습을 감행할 수 있기 때문이다. 그 결과 귀신들은 성도와 하나님이 공동작전으로 벌이는 계략에 말려들어 협공을 당하고 놀라서 줄행랑을 치게 된다.

주요 목적

방언으로 기도를 드리는 이유 중에 하나는 중요한 정보가 새어나가지 못하도록 막아주기 위함이다. 그러나 보다 더 주된 목적은 '친밀감 형성'에 있다. 나의 아내와 나는 오랜 기간동안 부부로 지내왔다. 그래서 우리 둘 사이에는 우리들만이 아는 어떤 특이한 의사소통 수단이 있다. 많은 사람들이 모인 가운데에서 아내는 나에게 어떤 눈짓이나 몸짓을 한다. 그러면 다른 사람은 그것이 무엇을 의미하는지 몰라도, 나는 금방 알아차린다. 우리만의 친밀감의 언어를 형성시킨 것이다. 이러한 것은 부부사이에서만 발생하는 일은 아니다. 모든 친밀한 관계에서는 항상 그런 것이 형성되는데, 친한 친구사이나 오랜 직장동료나, 전우 사이에서도 형성된다. 그 모든 것에 공통된 특징은, 친밀한 언어는 그

관계의 독특성을 나타낸다는 점이다.

비슷한 이치로, 하나님도 아주 깊은 차원에서 하나님과 교통할 수 있는 길을 열어주셨다. 그 깊은 곳은 자연적인 성정性情이 미치지 못하는 곳이다. 즉, 인간의 머리로는 도달할 수 없는 마음의 가장 깊숙한 장소라는 뜻이다. 시편기자는 그것을 다음과 같이 묘사하였다. "주의 폭포 소리에 깊은 바다가 서로 부르며 주의 모든 파도와 물결이 나를 휩쓸었나이다"(시 42:7). 즉, 하나님과의 깊은 교통을 폭포수로 비유한 것이다. 예수님은 비슷한 것을 다음과 같이 표현하셨다. "나를 믿는 자는 성경에 이름과 같이 그 배에서 생수의 강이 흘러나오리라 하시니 이는 그를 믿는 자들이 받을 성령을 가리켜 말씀하신 것이라"(요 7:38-39). 하나님과의 친밀감은 생수의 흐름과 연관되어 있다. 하나님께서는 우리에게 성령을 허락하셨다. 놀랍지 아니한가! 하나님이 우리에게 허락하신 능력이다! 이제 다시 사도 바울이 말하는 방언으로 하나님과 교통하는 것으로 돌아가보자.

> 방언을 말하는 자는 사람에게 하지 아니하고 하나님께 하나니 이는 알아듣는 자가 없고 영으로 비밀을 말함이라(고전 14:2)

바울이 말하는 "비밀"이란 무엇인가? 헬라어에 능통한 학자 바인은 다음과 같이 해석한다. "성경에서 말하는 신비란 영어에서 뜻하는 인간이 이해할 수 없는 신기한 일이 아니다. 신약성경에서 사용된 신비란 자연적인 인간의 성정으로는 알 수 없으나, 하나님의 계시로 인하여 알려진 것이고, 오직 성령님의 비추심으로 인하여 신자에게 알려진 것을 의미한다. 일반적으로 신비라고 하면 감추어진 것을 의미한다. 그러나 성경에서 신비란 계시로 인하여 알려진 것을 뜻한다."

이제 방언으로 기도하는 것의 유익에 관하여 살펴보자. 하나님의 영이신 성령님은 예수님의 마음속에 무엇이 있는지 또한 하나님이 무엇을 생각하는지 아신다. 뿐만 아니라, 성령님은 신자들과 항상 동행하심으로 신자들에게 무엇이 부족한 지도 아신다. 그렇기에 성령님은 천국의 언어를 통해 신자가 하나님과 교통함에 있어서 무엇을 어떻게 구하고, 찾고, 말씀드려야 하는지 아시고, 중재하신다. 그러한 영적인 교통은 완벽한 것이다. 얼마나 놀라운 사실인가! 그러나 혹자는 이런 의문사항을 가질 수도 있다. "나는 방언으로 기도할 때 내가 지금 무슨 말을 하고 있는지 이해하지 못하는 데요?" 물론이다. 그렇기에 바울은 다음과 같은 권면을 한 것이다.

> 그러므로 방언을 말하는 자는 통역하기를 기도할지니 내가 만일 방언으로 기도하면 나의 영이 기도하거니와 나의 마음은 열매를 맺지 못하리라(고전 14:13-14)

그러므로 그것이 방언을 통한 간구든지, 중보든지, 친밀한 교통이든지, 성령님께서 내 영혼에 기도하라고 주시는 그 무엇이든지, 내 마음으로 깨닫게 해달라고 성령님께 부탁드리면 성령님은 이성적으로 인지할 수 있게 해주신다. 그러면 영으로 하나님과의 교제의 기쁨을 누리지만, 혼도 교제의 즐거움을 만끽하게 된다.

계시된 신비들을 관리함

하나님과의 친밀한 관계로 들어가면, 갑자기 성경말씀이 살아 움직이는 것을 경험하게 된다. 나는 목회 사역을 하면서 그런 것을 많이 경험했다. 그렇지만 내가 하나님으로부터 받은 계시 중에는 사람들에게 가르쳐주지 않은 내용들이 많이 있다.

왜 존 비비어는 그가 받은 계시를 대중에게 알려주지 않았을까 하고 의아해할지도 모르겠다. 그것은 그 말을 할 시기가 안 된 경우도 있었고, 아니면 다른 점을 더 강조해야만 했기 때문이기도 하다. 하나님의 말씀을 전하는 사람들은 마치 신의 신탁을 전하는 것과 같다. 하나님께서 전하라고 하는 것만 전하는 것이지, 아무거나 전하거나 신이 계시해 주신 모든 것을 전부다 전하는 것은 아니기 때문이다. 하나님의 사자가 특정한 시간에 특정한 사람에게 전할 메시지는 특별히 정해져 있다.

나는 큰 대가를 치르고 이러한 진리를 깨달았다. 나는 대단한 명망을 가진 어떤 목회자를 만난 적이 있다. 그는 목회자들 세계에서는 너무나 유명한 사람이기에 평소에 선망의 대상이었고 한 번 꼭 만나보고 싶은 사람이었다. 그런데 내가 아는 다른 목회자의 주선으로 만나게 되었을 때, 나의 가슴은 뛰었다. 소개시켜 준 목회자, 그리고 그 유명한 목회자, 그리고 나와 나의 아내, 이렇게 네 사람이 함께 저녁식사를 하게 된 것이다. 그리고 저녁식사 시간에 나는 하나님으로부터 받은 모든 은밀한 계시들을 털어놓았다(그 당시에는 사실 의식하지 못했으나, 지금 생각해보니 내가 한 짓은 그 유명한 목회자에게 좋은 인상을 주려고 의도적으로 그렇게 한 것 같았다-나는 얼마나 미성숙한 인간인가?).

저녁식사를 마친 후에, 주선해준 목회자는 우리를 호텔까지 배웅해 주었다. 그날 하루는 긴 하루였기에 나와 아내는 기진맥진하였다. 호텔에 들어서자마자 아내는 곯아떨어졌으나, 나는 잠을 이룰 수 없었다.

몸은 몹시도 피곤했으나, 마음 한 구석에 뭔가 걸리는 게 있었기 때문이었다. 나는 주님께서 기도하라고 하시는 뜻임을 알아차렸다. 그래서 호텔의 발코니로 나가서 무릎을 꿇었다. 그랬더니 성령님의 단호한 음성이 들려왔다. "히스기야 왕처럼 궁중의 모든 소유를 보여주었느냐?"

내 심장이 철렁 내려앉아서 발밑으로 떨어졌다. 성령님의 말씀에 충격을 받은 것은 둘째고 너무나도 부끄러웠다. 성령님께서 히스기야 왕의 잘못과 유사한 잘못을 내가 저질렀다고 책망하시는 것을 알아차렸기 때문이다. 히스기야는 왕궁을 방문한 적들에게 뻐기고 싶어서 궁중의 모든 것을 보여주었다는 기록이 있다.

> 히스기야가 사자들로 말미암아 기뻐하여 그들에게 보물 창고 곧 은금과 향료와 보배로운 기름과 모든 무기고에 있는 것을 다 보여 주었으니 히스기야가 궁중의 소유와 전 국내의 소유를 보이지 아니한 것이 없는지라 (사 39:2)

히스기야가 궁중의 모든 소유를 적들에게 보여준 후에, 하나님의 책망하시는 말씀이 선지자 이사야를 통해서 내렸다.

> 이에 선지자 이사야가 히스기야 왕에게 나아와 묻되 그 사람들이 무슨 말을 하였으며 어디서 왕에게 왔나이까 하니 히스기야가 이르되 그들이 원방 곧 바벨론에서 내게 왔나이다 하니라 이사야가 이르되 그들이 왕의 궁전에서 무엇을 보았나이까 하니 히스기야가 대답하되 그들이 내 궁전에 있는 것을 다 보았나이다 내 창고에 있는 것으로 보이지 아니한 보물이 하나도 없나이다 하니라 이사야가 히스기야에게 이르되 왕은 만군의 여호와의 말씀을 들으소서 보라 날이 이르리니 네 집에 있는 모든 소유와 네 조상들이 오늘까

지 쌓아 둔 것이 모두 바벨론으로 옮긴 바 되고 남을 것이 없으리라 여호와의 말이니라 또 네게서 태어날 자손 중에서 몇이 사로잡혀 바벨론 왕궁의 환관이 되리라 하셨나이다(사 39:3-7)

나도 그와 비슷한 실수를 저지른 것을 느꼈다. 하나님이 주신 그 보배를 타인에게 자랑하려고 이용한 듯한 느낌이었다.

하나님은 내 마음에 이렇게 말씀하셨다. "아들아, 나는 너에게 가장 소중한 것을 보여주었는데, 너는 그것을 아무데나 들고 다니며 질질 흘려서야 되겠느냐? 하나님의 계시는 너로 뽐내게 하기 위해 주어지는 것이 아니란다. 그러므로 내가 너에게 지시할 그때, 즉 적절한 시기가 아니면 말하지 말아라. 너는 하나님의 보물을 잘 관리하는 자가 되어라."

나는 즉시 회개하고 하나님께 용서를 구했다. 그러자 부담감은 사라지고 내 마음에는 다시 평화가 찾아왔다. 하나님은 참으로 자비로운 분이시다.

인간들 사이에서도 이 원리는 그대로 적용된다. 사람들은 종종 아주 친한 친구들을 필요로 한다. 왜냐하면 은밀한 이야기는 믿을 만한 친구들에게만 말할 수밖에 없기 때문이다. 비밀이나 기밀을 이리저리 흘리고 다니면 사람들은 그것을 이용한다. 그러므로 은밀한 것은 믿을 만한 사람에게만 이야기 하도록 각별한 주의를 기울여야 한다. 절친한 친구, 진실한 친구들은 다른 사람의 기밀을 어떻게 다루어야 하는지 안다. 그러나 만약에 믿었던 친구가 비밀을 잘못 다루어 거듭 손해가 나게 한다든지, 고의적으로 이용하는 일이 빈번해지면, 그 친구관계는 지속되지 않을 것이다. 그런 친구관계는 소중한 친구관계가 아니다. 주님과의 관계도 마찬가지이다. 하나님 나라의 비밀은 아무렇게나 다룰 것이 아니다. 하나님 나라의 비밀은 아무에게나 흘리고 다닐 수 있는 성질의 것이 아니다. 그것은 너무나 소중하고 가치 있는 것이기 때문이다. "거룩한 것을 개에게 주지 말며 너희 진주를 돼지 앞에 던지지 말라 그들이 그것을 발로 밟고 돌이켜 너희를 찢어 상하게 할까 염려하라"(마 7:6). 그러므로 하나님과 마음을 나누고자 갈망하는 사람마다, 하나님과 나눈 것을 대중 앞에서 공개하는 것도 하나님의 뜻을 따라야 한다.

하나님의 모략을 그려냄

나는 방언으로 하나님과 대화를 나눌 때마다 아이디어, 계시, 지혜, 가르침이 자연스럽게 나의 마음속으로 흘러 들어오는 것을 느낀다. 그것은 마치 바다 깊숙이 자리잡고 있던 공기가 거품이 되어 물의 표면으로 떠오르는 것과도 같다. 성령 안에서 기도하다 보면, 나의 마음속 가장 깊숙한 곳으로부터 새로운 아이디어들이 방울방울 솟아오른다. 그러면 이 세상과 하나님의 뜻이 더욱 새롭게 이해된다.

> 사람의 영혼은 여호와의 등불이라 사람의 깊은 속을 살피느니라(잠 20:27)

성령님은 우리의 머리에 말씀하시지 않고 주로 마음에 말씀하신다는 것을 명심하라. 성령님은 주로 마음을 조명해 주신다. 성령 안에서 기도하며 해석을 구하면, 하나님의 지혜가 마음으로부터 우리가 이해할 수 있는 영역이나 생각으로 떠오르게 된다. 성경은 그런 과정을 다음과 같이 묘사하고 있다.

> 사람의 마음에 있는 모략은 깊은 물 같으니라 그럴지라도 명철한 사람은 그 것을 길어 내느니라 (잠 20:5)

모략이란 무엇인가? 그것은 구체적인 상황에 적용되는 지혜이다. 왜 사람들은 상담을 받으러 가는가? 그것은 모략과 삶의 지혜를 얻기 위함이다. 그리고 그 모략과 지혜는 특정한 상황의 문제를 풀어내는 능력을 제공한다.

하나님과의 상담을 통해 영적인 지혜와 삶의 모략을 얻어낼 수 있는 사람은 어떤 사람일까? 깊은 우물에서 맑은 샘물이 솟아오르듯이 그렇게 나오는 모략은 "놀라운 모략가이자 지혜자"이신 성령님을 친하게 아는 이에게 부어진다. 성령님은 하나님 나라의 모든 신비를(알려지지 않은 지식, 지혜, 모략 등 모든 것을) 아신다. 예수님께서 하신 그 말씀을 다시 한 번 더 깊이 마음판에 새기자.

> 나를 믿는 자는 성경에 이름과 같이 그 배에서 생수의 강이 흘러나오리라 하시니 이는 그를 믿는 자들이 받을 성령을 가리켜 말씀하신 것이라 (요 7:38-39)

잠언에 의하면 마음으로부터 나오는 모략은 하나님의 신비라고 한다. 예수님은 그 하나님의 신비가 바로 성령으로부터 오는 영적 지혜라고 하셨다. 성령님은 생수의 근원지이다. "그들이 생수의 근원이 되는 나를 버린 것과 스스로 웅덩이를 판 것인데 그것은 그 물을 가두지 못할 터진 웅덩이들이니라"(렘 2:13). 바울이 한 말을 아주 자세히 읽어보아라.

> 오직 은밀한 가운데 있는 하나님의 지혜를 말하는 것으로서 곧 감추어졌던 것인데 하나님이 우리의 영광을 위하여 만세 전에 미리 정하신 것이라… 우리가 세상의 영을 받지 아니하고 오직 하나님으로부터 온 영을 받았으니 이는 우리로 하여금 하나님께서 우리에게 은혜로 주신 것들을 알게 하려 하심이라 우리가 이것을 말하거니와 사람의 지혜가 가르친 말로 아니하고 오직 성령께서 가르치신 것으로 하니 영적인 일은 영적인 것으로 분별하느니라 (고전 2:7, 12-13)

하나님의 지혜는 속이 깊은 웅덩이 같아서 머리로는 그 깊은 속을 들여다 볼 수 없다. 그러나 믿는 자들에게는 그 생수의 강이 마음에서 솟아오른다. 이러한 배경 하에, 사도 바울이 주장하는 바를 자세히 살펴보자.

> 방언을 말하는 자는 사람에게 하지 아니하고 하나님께 하나니 이는 알아듣는 자가 없고 영으로 비밀을 말함이라 (고전 14:2)

바로 이것이다! 하나님의 모략을 얻어내는 방법이 바로 이것인 것이다. 때로는 성경을 읽다보면 이해가 안 가는 부분들이 있다. 어떤 성경말씀은 나에게는 신비로운 것이다. 그럴 때면, 나는 "성령님, 저는 이 말씀을 이해하지 못하겠습니다. 저에게 이 말씀의 뜻을 알게 하여 주시옵소서"라고 기도한다. 그리고 기도골방으로 들어가서 방언으로 한참 기도를 드리고 나오면, 갑자기 내 머릿속에 어떤 이해력이 솟아나서 그 말씀을 해석할 수 있게 된다. 얼마나 놀라운 일인가!

나는 책을 집필하면서 종종 막다른 골목에 다다른 것 같이 느끼는 때가 있다. 더 이상 진전이 없는 상태에 이른 것이다. 이제 어느 방향으로 가야할지, 나에게는 그것이 신비(비밀)에 속한 것이 되어버린 경우이다. 그러면 나는 저술하는 것을 잠시 멈추고 기도한다. 특히 방언으로 한참 기도하고 나면, 즉시 새로운 지혜가 터져 나오는데, 마치 댐이 무너져 물살이 몰려나오듯 그렇게 터져 나와, 나는 몇 시간이고 집필을 계속한다.

총각이었을 때, 과연 어떤 여인과 결혼하게 될 것인가 하는 문제는 나에게는 신비였다. 내가 미혼이었을 적에 무척 좋아하던 3명의 여자가 있었다. 그런데 결혼 상대자로 놓고 기도를 할 때마다 성령님은 "아니다"라고 말씀하셨다. 그러다가 나는 현재의 아내인 리사와 데이트를 하기 시작했다. 리사와 교제를 하는 동안 나는 하루에 30분씩 우리들의 관계에 대하여 방언으로 기도하였다. 그런데 기도할 때마다 강하게 받은 인상은 결혼하라는 것이었다. 그러나 그것만으로는 불충분했기에, 다른 기도하는 사람들에게 물어보기도 하면서 외적인 확증을 구했다. 그렇지만 외적인 확증을 받기 전에도, 나는 리사가 나의 아내가 될 것을 거의 확신하고 있었다. 왜냐하면 방언으로 기도할 때에 넘치는 마음의 평안이 있었기 때문이다.

인생을 살면서 내 인생이 혼돈에 빠진 것 같이 느껴지는 경우도 있고, 주변에 잘 아는 사람들의 삶에 왜 그런 어려운 일들이 발생하는지 도무지 이해할 수 없는 경우도 있다. 그런 경우 나는 방언으로 기도를 드리며, 성령님께 지혜를 구한다. 충분한 시간 동안 방언기도를 하고 나면, 성령님께서 나에게 주시기를 원하는 정보가 있을 때 그것이 내게 주어진다.

내 친척 중에 참으로 기도가 절실히 필요한 상황에 처한 사람이 있었다. 그러나 그 사람은 나에게 기도부탁을 하지 않았다. 그렇지만 내가 방언으로 기도하는 중에, 성령님께서는 그 사람을 위해 기도하라고 일러주셨고, 나는 온 마음을 다해 기도를 드렸다. 그리고 나중에 연락을 취하니, 큰 어려움을 통과하고 있었던 것을 알았다.

신비란 자연적인 마음에는 숨겨진 것이다. 그러나 그 신비에는 구원에 관계된 비밀의 법칙들뿐만 아니라 일상생활에서 필요한 구체적인 조언도 포함되어 있다. 예를 들어, 어느 교회를 출석하며, 어떤 집을 구입하고, 목회사역의 어느 부분을 감당하고, 목회자를 위해 어떻게 기도하고, 비즈니스를 어떻게 운영하고, 인간관계를 어떻게 가질 것인가 하는 지혜 등이 있다. 그러한 성령님으로부터 주어지는 영적 조언의 목록에는 끝이 없다.

하나님이 인도하시는 길을 알면 마음이 평안하다

'하나님이 나를 어디로 인도하시는가' 하는 것을 알기 원하는 것이 모든 신자의 갈망일 것이다. 그것이 확실치 않은 경우 사람들은 조언을 구하거나 상담을 하러 간다. 그런데 참으로 좋은 소식이 있다. 이제는 어쩔 줄 몰라 쩔쩔맬 필요가 없게 되었다. 하나님께서 갈팡질팡하는 자들에게 "너희 중에 누구든지 지혜가 부족하거든 모든 사람에게 후히 주시고 꾸짖지 아니하시는 하나님께 구하라 그리하면 주시리라"(약 1:5)는 약속을 주셨기 때문이다. 그런데 완벽하게 구하는 방법이 있다. 어떤 방법인가? 문제에 대하여 방언으로 기도하는 것이다. 나는 일이 너무 꼬여서 해결의 실마리를 찾지 못하던 때가 많았다. 그럴 때마다 방언으로 기도하다 보면, 영감이 떠오르고 지혜가 솟아나서 문제가 해결되곤 했다.

나의 목회사역은 방언기도를 통해 성장하고 발전했다. 목회의 방향 설정이 되지 않아 방황하다가도, 방언기도로 작정하고 일정기간 기도의 분량을 채우고 나면, 갑자기 신적인 영감이 떠오르고 아이디어가 솟구친다. 아내와 나는 몇 년간 함께 목회사역을 해오고 있는데, 항상 성령 안에서 하는 기도를 통해 모든 중요한 결정을 내린다. 오늘날 우리의 사역은 3개 대륙에 걸쳐 확장되었고 30명 이상의 직원이 일하고 있다. 하나님은 그분의 말씀과 임재로 우리 사역을 통해 수백만의 사람들의 마음을 만지고 계신다. 지난 14년간 한 번도 돈을 꾼 적이 없는데도, 충분한 자원과 인력으로 하나님을 위해 충실하게 봉사하고 있다. 어떻게 이런 복을 내가 받게 되었을까? 그것은 아마도 하나님의 말씀을 있는 그대로 믿었기 때문일 것이다.

> 너희의 구속자시요 이스라엘의 거룩하신 자이신 여호와께서 이르시되 나는 네게 유익하도록 가르치고 너를 마땅히 행할 길로 인도하는 네 하나님 여호와라 네가 나의 명령에 주의하였더라면 네 평강이 강과 같았겠고 네 공의가 바다 물결 같았을 것이며 (사 48:17-18)

우리 사역에 참여하는 사람들의 심령에는 강 같은 평화가 흐르고 있다고 나는 자신 있게 말할 수 있다. 물론 때로는 완전히 당황하여 공포에 질릴 만한 상황에 처해 보지 않은 것은 아니다. 그러나 그럴 때마다 나는 하나님께 온전히 헌신하는 마음으로 방언으로 기도했고, 하나님은 마음의 평안과 상황의 변화를 가져다주셨다. 나는 지금 성령 충만, 말씀 충만, 은혜 충만의 풍성한 삶을 살고 있다. 방언으로 기도하는 사람들은 다음과 같은 영적인 은혜를 체험하게 될 것이다.

> 그러므로 더듬는 입술과 다른 방언으로 그가 이 백성에게 말씀하시리라 전에 그들에게 이르시기를 이것이 너희 안식이요 이것이 너희 상쾌함이니 너희는 곤비한 자에게 안식을 주라 하셨으나 그들이 듣지 아니하였으므로 (사 28:11-12)

마음에 평화가 없는 사람에게는 쉼도 없다. 쉼은 영혼에 강 같이 흐르는 평화를 통해서 가능해진다. 나는 한 때 마음의 평강을 잃은 적이 있었다. 집회를 인도하기 위해 멕시코로 여행할 때에 발생한 일이다. 도시 중심부의 큰 강당에서 전도집회가 열릴 예정이었는데, 그 집회를 준비하면서 하루 종일 방언으로 기도하였다. 그런데 환상 중에 그 강당의 하늘로부터 큰 빛이 내려와 온 강당을 밝게 비추는 것을 보았다. 그리고 주님은 나에게 이렇게 말씀해 주셨다. "이것이 바로 오늘 저녁에 나타날 나의 영광이다."

그날 저녁에 그 모임을 주최한 목회자와 나는 들뜬 기분으로 자동차를 타고 여러 곳을 방문하였다. 그 목회자의 교회는 전도집회를 위해 많은 준비를 하였다. 그런데 집회시간 15분 전에 그곳에 도착했을 때, 우리는 2명의 무장 경관을 대동하고 성난 얼굴을 하고 서 있는 한 남자를 만났다. 그는 그 집회를 주최한 목회자에게 다가오더니 에스파냐어로 뭐라고 말하는 데, 분위기가 심상치 않았다. 얼마 후에 그 목회자는 나에게 "존, 아무래도 당신은 오늘 저녁에 설교하지 못하게 될 것 같네요"라고 했다.

나는 "왜죠?"라고 물었다.

"저 사람은 정부의 고관인데, 멕시코에는 멕시코 시민이 아니면 복음을 전할 수 없는 국가법이 있다고 주장합니다. 물론 나도 그 법이 있는 것은 알지만, 전혀 시행된 적이 없는 법입니다. 그렇지만 법은 법이기에 일단 문제를 제기하기 시작하면 일이 복잡해집니다. 그 고관이 이제 곧 당신과 직접 대화하기 원합니다."

내 마음에는 즉시 사도행전에 기록된 베드로와 요한의 이야기가 떠올랐다. 정부 관리들이 복음을 전하지 못하도록 저지시킨 사건이다. 그러나 그들은 세상 권력의 말을 따르지 않았다. 왜냐하면 하나님의 뜻과 반대되는 주장이었기 때문이었다. 그래서 나는 전도집회를 주최한 목회자에게 이렇게 말했다. "저 사람은 이번 복음전도 집회를 막을 수 없을 겁니다. 하나님께서는 환상 중에 나에게 이번 집회에서 일어날 놀라운 복의 역사를 미리 보여주셨습니다. 내가 이번 집회에서 설교하면 당신의 교회가 악영향을 받게 되나요? 그렇지 않다면, 그냥 설교하겠습니다. 난 설교하고 그냥 떠나면 되지요! 여기까지 왔는데, 아무 말씀도 전하지 못하고 돌아가는 것은 너무 허무합니다. 그렇지만, 당신에게 직접적인 피해가 간다면, 나는 설교하지 않겠습니다."

"존, 이 사람은 골칫덩어리인데요, 교회를 못살게 구는 전문가입니다. 그냥 그 사람이 하라는 대로 따르는 것이 최선책이 아닌가 생각됩니다"라고 그 목회자는 대답했다. 그래도 나는 그 목회자의 조언을 무시한 채, 정부의 고관에게로 다가갔다.

그 관리는 도도한 자세로 서서 나를 흘끔 쳐다보더니 퉁명스럽게 말했다.

"자네 에스파냐어 할 줄 아나?"

"모릅니다"라고 나는 대답했다.

그랬더니, 그는 이렇게 말했다. "내가 경고하는데, 자네는 여행에 관련된 이야기 외에는 절대로 하면 안되네." 그러더니 그는 돌아서서 나를 초청한 목회자를 향해 뭐라고 에스파냐어로 계속 떠들어댔다. 그러는 동안에 무장경관들은 얼굴에 쌍심지를 켜고 겁 주려는 자세로 나를 노려보았다. 마지막으로 그 정부관리는 큰 소리를 치더니 목에 힘을 주고는 어디론가 사라져버렸다.

그들이 떠난 뒤에도 그 목회자는 잠시 동안 사시나무 떨듯이 벌벌 떨고 서 있었다. 자신이 제대로 일을 처리하지 못해서 죄송하다고 하면서 일단 집회는 하기로 한 것이니 그대로 진행하자고 했다.

그 순간 나는 대단히 혼돈스러웠다. 어찌할 바를 몰랐기에, 하나님으로부터 어떤 조언을 받고 싶었다. 이제 어떻게 하라는 말인가? 그 신비를 파헤치고자, 나는 대강당의 바깥쪽으로 나갔다. 나가자마자 바로 옆에 기도할 수 있는 작은 방 하나를 발견하였다. 하나님께 가장 빨리 다가가는 방법은 역시 영으로 기도하는 것임을 알고, 나는 사정없이 마구 방언으로 기도하기 시작했다. 그 방은 프라이버시가 완벽하게 보장되는 방이 아니었기에, 지나가던 사람들이 다 들었을 것이다. 그래도 나는 아랑곳하지 않고 거침없이 방언으로 계속 기도하였다. 아마도 사람들은 내가 다른 나라 말로 혼자 중얼거리나 보다 했을 것이다.

얼마간 방언으로 기도하자, 점차 마음에 평안이 스며들기 시작했다. 그래서 나는 계속 더 기도했다. 한 15분이 지나자 갑자기 내 머릿속에서 어떤 아이디어가 떠올랐다. 나는 이런 음성을 들었다. "성경을 내려놓고, 이 세상에 오신 최고의 여행자에 관하여 소개하라."

나는 그 자리에서 좋아라 기뻐 뛰면서 "바로 이거다! 이거야! 하나님께서 드디어 지혜의 계시를 허락하셨다. 나는 이제 이 세상에 오신 최고의 여행자 예수님에 관하여 이야기를 전할 것이다."

나는 서둘러서 강당으로 돌아갔다. 그런데 집회는 이미 시작되었고, 주최측 목회자가 청중의 주의를 환기시키고 있었다. 강당의 맨 뒤쪽에 앉아 있었던 그 목회자의 아내는 나에게 "존, 목사님이 당신을 보고 앞으로 나오랍니다"라고 소리쳤다.

강단에 올라서자마자 나는 이렇게 크게 외쳤다. "여기에 모이신 여러분, 국가의 고관 양반께서 지시를 내리시기를, 나는 오늘 오직 여행에 관련된 이야기만 해야 한답니다. 그래서 저는 오늘 이 세상을 방문한 가장 위대한 여행객인 예수라는 사람에 대해서 말씀드리고자 합니다"라고 선포했다.

모인 군중은 박수갈채를 보내며 환호성으로 나를 격려했다. 그래서 나는 60분 동안 열정적으로 복음을 전했다. 급기야 자신의 고집을 버리고 오직 예수님을 따르기로 결심하는 무리들을 앞으로 불러, 안수하는 시간이 다가왔다.

수많은 사람들이 앞으로 몰려나왔다. 그런데 조금 전에 나를 무섭게 노려보던 무장경찰도 앞으로 나오는 것이 아닌가! 나에겐 즉각적으로 이런 생각이 떠올랐다. 내가 구속되기 전에 먼저 저 경관을 변화시켜야지! 그래서 나는 앞으로 나온 사람들을 위해 기도하기 시작했는데, 반드시 구원받게 해달라고 간절히 기도드렸다. 기도를 드리면서 나는 그 경관이 나를 지나쳐 뒤쪽으로 걸어 나가는 모습을 지켜볼 수 있었다. 일단 한숨 돌린 나는, 그 자리에 모인 사람들을 위해 더욱 영적으로 열심을 내었다.

그 자리에는 다른 목회자들도 있었는데, 나는 대중들에게, 더 많은 기도를 받고 싶으면 목회자들을 찾아가 기도를 받으라고 하였다. 앞자리에 모여 있는 목회자들을 향해 수많은 사람들이 나오고 있었다. 그 무리 중에는 목발을 짚고 다리를 절며 걸어 나오는 사람도 보였다. 그때 갑자기 성령의 음성이 내 귓가에 들려왔다. "바로 저 사람이 내가 치유해주고 싶은 첫 사람이다. 그를 잡고 당장 기도하라."

그래서 나는 성령님이 시키는 대로 그 사람을 잡고 안수기도 했다. 그리고는 "이제 목발을 던져 버리세요"라고 요청했다.

그는 내 얼굴을 빤히 쳐다보더니 난처한 표정을 지었다. 그렇지만 내가 하도 강권하니까 그는 그렇게 하였다. 그리고 그는 나의 손을 잡고 걷기 시작했다. 처음에는 간신히 첫발을 떼었으나, 그는 점차 더 빨리 걷기 시작했고, 나중에는 이리저리 마구 뛰어다녔다.

그러자 그 집회장소는 흥분의 도가니로 변했다. 더 많은 사람들이 기도를 받고자 강단 쪽으로 나와 수백 명이 앞에서 북적대었다. 그들 중에 많은 이들이 성령의 능력으로 치유함을 받았다. 그중에 몇 가지만을 언급하고자 한다. 우리는 귀머거리 여인을 위해 기도했는데, 주님은 그녀의 귀를 열어주셨다. 그녀는 얼마나 감격했는지 울음을 멈추지 않았다. 하도 심하게 울어서 그녀의 하늘색 블라우스가 짙은 청색으로 변할 정도였다. 하나님은 그 복음전도집회에서 장님의 눈도 뜨게 해주셨고, 암도 치유해주셨다.

가장 감격스러웠던 장면은, 다섯 살 난 불구자 소년을 위해 기도했을 때 하나님께서 치유해 주신 사건이었다. 한 시간 이상을 안수하며 기도를 드렸던 그 집회는 참으로 아름다웠고 많은 사람들이 흐느꼈고 또한 기쁨으로 뛰었다. 중도에 나는 어떤 사람들이 카메라로 집회상황을 찍으며 기록하고 있는 것을 목격했으나, 별로 신경 쓰지 않았다.

나는 멕시코에서의 전도집회를 마치고 그 다음날 미국으로 귀국했다. 그런데 일주일 후에 집회를 주최했던 목회자가 비행기를 타고 와서 나를 방문했다. "존, 이 이야기는 내가 직접 만나서 하고 싶어서 이렇게 찾아왔습니다"라는 말로 입을 열었다. 이야기인즉, 그 고관이 비밀경찰 세 사람을 그날 저녁에 집회에 파견하면서, 내가 설교를 통해 복음을 전할 경우 나를 체포하라는 명령을 내렸었다는 것이다.

그들은 좀 늦게 도착했는데, 도착하자마자 본 광경은 내가 다리를 저는 불구자를 위해 기도할 때였다. 그들은 서로 얼굴을 마주보고, "이게 진짜야 아니면 쇼야?"라고 했다고 한다.

그러자 사법경관 한 사람이, "일단 한 번 가까이 가서 살펴보자"라고 해서 세 사람은 앞쪽으로 나오기 시작했다고 한다. 그런데 이상한 낌새를 알아차린 주최측 교회의 교인 중 하나가 이 사실을 엿듣고, 주최한 목회자에게 귀띔해 주었다고 한다.

그런데 그 모든 기적들을 지켜보면서 그중에 하나가 "내가 보기에는 쇼가 아닌 것 같다. 진실로 기적이 일어나고 있는 것 같다"고 했다고 한다.

마지막으로 다섯 살 난 어린이가 고침을 받는 것을 보고 둘 다 한목소리로 "야! 이것은 진짜다!"라고 합창을 했던 것이다.

나를 방문한 목회자는 마지막으로 이렇게 말했다. "당신을 체포하러 왔던 세 명의 사법경관은 그날 저녁 당신에게 기도해달라고 부탁한 많은 무리들 중에 끼어서, 결국 거듭나고 구원받았습니다."

두말할 필요도 없이 그 목회자와 나는 기뻐 어쩔 줄을 몰라 했다. 그러나 그것이 전부가 아니다. 그는 신문기사 하나를 오려 가지고 왔다. 그 신문에 의하면, 멕시코의 정부 관리들은 존 비비어는 사기꾼이었고 그 집회는 불법집회로 멕시코의 돈을 미국으로 빼돌리기 위한 수

작이었다고 주장하지만, 사실은 그 집회를 통해 수많은 병자들이 치유를 받았으며 그 집회에서 헌금을 받았다는 아무런 증거도 없다고 했다. 그 기사를 읽는 순간 내 눈에서는 눈물이 주르르 흘러내렸다. 왜냐하면 그날 집회에서 나는 헌금을 거두지 않았는데, 성령님께서 거두지 말라고 하시는 것 같은 음성을 들었기 때문이었다. 뿐만 아니라, 그 전도집회의 주최자는 그 목회자였으나, 비행기표에 관한 부분은 우리 '존 비비어 미니스트리'에서 지불했었다. 사실, 그 집회에서 나는 단돈 한푼도 이득을 취한 바가 없었다.

성령님은 얼마나 놀라운 분이신가! 성령의 인도하심 없이 목회할 자가 어디 있겠는가? 그날 저녁에 그런 다급한 상황에서 방언으로 기도하지 않았다면, 내가 어떻게 내 지식으로 그러한 위기를 모면할 수 있었을까? 아마도 나는 좌절 속에서 허탈한 마음으로 귀국했을 것이다. 그렇지만 방언기도 덕분으로 성령님의 지혜가 내게 부어졌고, 신비 가운데 감추어 있던 것이 드러났다. 그런 엄청난 저항에도 불구하고 역경을 이기고 나온 힘은 나의 힘이 아니다. 오직 주님께만 영광이 돌릴지어다!

악령들을 물리치는 것은 쉬운 일이 아니다. 그들은 순순히 물러가지 않는다. 오직 영적 전쟁을 통해서만 그들을 물리칠 수 있다. 사단, 마귀는 방언으로 드리는 기도를 무서워한다. 왜냐하면 하나님과 성도 사이에 오가는 커뮤니케이션이 무엇인지 알 길이 없기 때문이다. 이 세상을 살다보면 어려운 상황에 처하는 경우가 많다. 하나님의 일을 하다보면 사단, 마귀의 방해로 막막한 지경에 이르는 경우가 빈번하다. 인간의 이성으로 도저히 해결되지 않는 문제들도 허다하다. 그럴 때 성령님의 도우심이 필요하다. 그래서 사도 바울은 이렇게 말했다. "그러면 어떻게 할까 내가 영으로 기도하고 또 마음으로 기도하며 내가 영으로 찬송하고 또 마음으로 찬송하리라"(고전 14:15).

속 사람을 세움

최근에 나는 더 많은 신자들이 하나님과 절친한 관계로 들어가도록 기도드리고 있다. 왜냐하면 신자들과 아주 가깝게 지내고 싶어 하시는 하나님의 갈망을 절실히 느끼기 때문이다. 성경을 읽는 것, 성경을 이해하는 것, 성경을 공부하는 것만으로는 부족하다. 그런 것들은 바리새인들도 했던 것들이다. 예수님을 믿는 참 신자들은 하나님의 마음으로 접근해 들어가야 한다. 그래서 영적인 민감성으로 하나님이 성경을 통해 과거에 하신 말씀을 기초로 나에게 현재 하시는 그 말씀을 들어야 한다. 예수님은 항상 현재에 말씀하시는 아버지 하나님의 말씀을 듣고 계셨던 분이다.

> 내가 아무것도 스스로 할 수 없노라 듣는 대로 심판하노니 나는 나의 뜻대로 하려 하지 않고 나를 보내신 이의 뜻대로 하려 하므로 내 심판은 의로우니라(요 5:30)

예수님은 성령님의 지시와 그 음성에 아주 민감한 반응을 보이신 분이시다. 예수님은 자신이 하나님께 의존적이라는 것을 거듭 밝히셨다. "그러므로 예수께서 그들에게 이르시되 내가 진실로 진실로 너희에게 이르노니 아들이 아버지께서 하시는 일을 보지 않고는 아무것도 스스로 할 수 없나니 아버지께서 행하시는 그것을 아들도 그와 같이 행하느니라"(요 5:19). 예수님은 하나님 아버지에게 모든 것을 온전히 의탁한 사람의 전형이다. "내가 아버지 안에 거하고 아버지는 내 안에 계신 것을 네가 믿지 아니하느냐 내가 너희에게 이르는 말은 스스로 하는 것이 아니라 아버지께서 내 안에 계셔서 그의 일을 하시는 것이라"(요 14:10). 예수님의 삶을 따라 살려는 모든 신자는 다음의 말씀을 깊이 새겨야 할 것이다. "그의 안에 산다고 하는 자는 그가 행하시는 대로 자기도 행할지니라"(요일 2:6).

예수님께서 그러하셨듯이, 신자들도 성령님께 아주 민감하게 반응해야 한다. 사실 내가 믿기로는 하나님의 뜻은 인간이 하나님의 갈망에 좀 더 민감해지는 것이다. 그러나 보통 사람들은 주변의 속상하게 하는 상황에만 지극히 민감한 반응을 보인다. 그러나 방언으로 기도하면 속사람이 세워진다. 그러면 하나님께는 더 민감해지고, 다른 사람들이나 상황에는 덜 민감할 수 있다. 그러면 이전에 과민하게 반응함으로, 분노한다든지 아니면 침체되어 있던 심령에 치유가 온다.

> 방언을 말하는 자는 자기의 덕을 세우고 예언하는 자는 교회의 덕을 세우나니(고전 14:4)

"덕을 세운다"의 헬라어는 '오이코도메오'인데, 문자 그대로의 뜻은 "집을 세운다"이다. 우리의 몸이 성령이 거하시는 집이라는 사실은 참으로 흥미롭다. 바울은 다음과 같이 말한다. "우리는… 하나님의 집이니라"(고전 3:9). 신자는 하나님의 집이다. 방언으로 기도할 때에 하나님의 거주지는 확장된다. 왜냐하면 우리 안에 성령님이 거하실 자리를 더 넓혀드리기 때문이다. 물론 물리적으로 그렇다는 뜻이 아니다. 상징적인 의미로 그렇다는 것이다.

그래서 방언으로 기도하며 우리 심령을 계속 열어드리면, 성령님의 임재와 성령의 능력을 담을 마음의 그릇이 커지게 되어 있다. 즉, 속 사람을 강화하여 성령의 인도함을 받기에 쉬운 사람으로 변화한다는 뜻이다.

성경학자 바인은 주장하기를 "덕을 세운다"(오이코도메오)라는 동사에는 "신자의 영적 성장과 품성의 개발을 촉진시킨다"는 뜻이 있다고 한다. 유다도 비슷한 말씀을 전하고 있다.

> 사랑하는 자들아 너희는 너희의 지극히 거룩한 믿음 위에 자신을 세우며 성령으로 기도하며(유 1:20)

"세우며"에 사용된 헬라어는 '에포이코도메오'로, 이 단어에는 "...위에 세운다"는 뜻이 내포되어 있다. 즉, 연속적으로 세우는 작업을 의미한다. 사도 바울은 분명히 말하기를, 예수 그리스도가 우리들의 터가 되시며, 우리 믿는 자들은 그 위에 영적인 집을 지을 것이라 하였다. "내게 주신 하나님의 은혜를 따라 내가 지혜로운 건축자와 같이 터를 닦아 두매 다른 이가 그 위에 세우나 그러나 각각 어떻게 그 위에 세울까 조심할지니라"(고전 3:10).

오늘날 심령이 연약한 신도들이 너무나도 많다. 왜냐하면 내적인 존재인 속 사람을 세우지 않았기 때문이다. 그들은 마음의 눈으로 바라보기보다는, 단지 외적인 눈으로 모든 것을 바라본다. 성령이 하시는 말씀을 듣기보다는, 그들의 귀는 인간의 말을 듣는 것에 빠르다. 외적인 것에만 치중하는 인간들은 외모에만 신경을 쓴다. 명품 가방을 들고 비싼 옷을 입고 최고급 차를 몰고 다니면서 헬스클럽을 드나드는 일로 매일의 일과를 보내는 사람의 경우, 그 내면의 세계가 어떨지 생각해 보았는가? 하루 종일 소파에 앉아서 텔레비전을 보며 감자튀김을 먹고 있는 사람을 한 번 생각해 보라. 하나님 앞에서 그 사람의 영혼의 모습이 어떻겠는가? 심지어는 교회 일을 열심히 하는 사람들 중에 심령이 피폐한 사람들도 있다. 혹자는 이런 질문을 한다. "왜 나에게는 하나님의 음성이 들려오지 않는가?" 하나님은 우리의 머리에 대고 말씀하시는 분이 아니라, 우리의 심령에 말씀하시는 분이시다. "사람의 영혼은 여호와의 등불이라 사람의 깊은 속을 살피느니라"(잠 20:27). 우리의 속 사람이 제대로 세워지지 않으면, 우리는 하나님의 목소리를 제대로 들을 수 없다.

사도 바울은 히브리서를 읽는 수신자들에게, 더 많은 것을 가르쳐 주고 싶지만 그들이 감당할 수 없기에 그렇게 못한다고 하였다. "멜기세덱에 관하여는 우리가 할 말이 많으나 너희가 듣는 것이 둔하므로 설명하기 어려우니라"(히 5:11). 이렇게 듣는 것이 둔한 사람들에게 필요한 것은 보청기가 아니다. 그들의 문제는 영적인 것에 민감하지 않다는 데 있다. 그들은 왜 그렇게 되었을까? 왜냐하면 그들은 영적인 것과는 정반대의 것들을 세워놓았기 때문이다. 내면이 영적으로 발달되어 있지 않으면, 하나님과의 친밀감은 형성되기가 어렵다. 그래서 바울이 다음과 같이 말한 것이다. "내가 너희 모든 사람보다 방언을 더 말하므로 하나님께 감사하노라"(고전 14:18). 사도 바울은 히브리서를 읽는 독자들에게 다음과 같은 놀라운 말을 하였다.

> 단단한 음식은 장성한 자의 것이니 그들은 지각을 사용함으로 연단을 받아 선악을 분별하는 자들이니라(히 5:14)

지각을 사용한다는 말이 무슨 뜻일까? 그것은 영혼에 센스가 있다는 말이다. 즉, 선과 악을 분명히 분별할 정도로 도덕적인 감각이 뛰어나다는 것을 말한다. 신자들은 반복되는 영적인 연습을 통해 영혼의 감각을 발달시켜야 한다.

인간에게 오감이 있듯이 영혼에도 오감이 있다. 이제 성경에서 그 실례를 찾아 살펴보자. 당신이 아래의 말씀을 읽을 때, 영적인 세계가 느껴지는지 아니면 자연의 세계가 느껴지는지 스스로를 관찰하기 바란다.

미각

너희는 여호와의 선하심을 맛보아 알지어다 그에게 피하는 자는 복이 있도다(시 34:8)

주의 말씀의 맛이 내게 어찌 그리 단지요 내 입에 꿀보다 더 다니이다 (시 119:103)

만군의 하나님 여호와시여 나는 주의 이름으로 일컬음을 받는 자라 내가 주의 말씀을 얻어 먹었사오니 주의 말씀은 내게 기쁨과 내 마음의 즐거움이오나(렘 15:16)

촉각

그러므로 너희는 그들 중에서 나와서 따로 있고 부정한 것을 만지지 말라 내가 너희를 영접하여(고후 6:17)

너희는 떠날지어다 떠날지어다 거기서 나오고 부정한 것을 만지지 말지어다 그 가운데에서 나올지어다 여호와의 기구를 메는 자들이여 스스로 정결하게 할지어다(사 52:11)

후각
항상 우리를 그리스도 안에서 이기게 하시고 우리로 말미암아 각처에서 그리스도를 아는 냄새를 나타내시는 하나님께 감사하노라 우리는 구원 받는 자들에게나 망하는 자들에게나 하나님 앞에서 그리스도의 향기니 이 사람에게는 사망으로부터 사망에 이르는 냄새요 저 사람에게는 생명으로부터 생명에 이르는 냄새라 누가 이 일을 감당하리요(고후 2:14-16)

그리스도께서 너희를 사랑하신 것 같이 너희도 사랑 가운데서 행하라 그는 우리를 위하여 자신을 버리사 향기로운 제물과 희생제물로 하나님께 드리셨느니라(엡 5:2)

나의 하나님이 그리스도 예수 안에서 영광 가운데 그 풍성한 대로 너희 모든 쓸 것을 채우시리라 하나님 곧 우리 아버지께 세세 무궁하도록 영광을 돌릴지어다 아멘(빌 4:19-20)

시각
진실로 생명의 원천이 주께 있사오니 주의 빛 안에서 우리가 빛을 보리이다
(시 36:9)

너희 마음의 눈을 밝히사 그의 부르심의 소망이 무엇이며 성도 안에서 그

기업의 영광의 풍성함이 무엇이며 그의 힘의 위력으로 역사하심을 따라 믿는 우리에게 베푸신 능력의 지극히 크심이 어떠한 것을 너희로 알게 하시기를 구하노라(엡 1:18-19)

눈은 몸의 등불이니 그러므로 네 눈이 성하면 온 몸이 밝을 것이요 눈이 나쁘면 온 몸이 어두울 것이니 그러므로 네게 있는 빛이 어두우면 그 어둠이 얼마나 더하겠느냐(마 6:22-23)

청각

엘리야가 아합에게 이르되 올라가서 먹고 마시소서 큰 비 소리가 있나이다 아합이 먹고 마시러 올라가니라 엘리야가 갈멜 산 꼭대기로 올라가서 땅에 꿇어 엎드려 그의 얼굴을 무릎 사이에 넣고(왕상 18:41-42)

땅에도, 거름에도 쓸 데 없어 내버리느니라 들을 귀가 있는 자는 들을지어다 하시니라(눅 14:35)

귀 있는 자는 성령이 교회들에게 하시는 말씀을 들을지어다 이기는 그에게는 내가 하나님의 낙원에 있는 생명나무의 열매를 주어 먹게 하리라(계 2:7)

우리의 속 사람이 하나님의 영에 민감하지 못하고 점차 둔해지고 무뎌지는 것에 관하여 예수님은 이렇게 말씀하셨다.

그러므로 내가 그들에게 비유로 말하는 것은 그들이 보아도 보지 못하며 들어도 듣지 못하며 깨닫지 못함이니라 이사야의 예언이 그들에게 이루어졌으니 일렀으되 너희가 듣기는 들어도 깨닫지 못할 것이요 보기는 보아도 알지 못하리라 이 백성들의 마음이 완악하여져서 그 귀는 듣기에 둔하고 눈은 감았으니 이는 눈으로 보고 귀로 듣고 마음으로 깨달아 돌이켜 내게 고침을 받을까 두려워함이라 하였느니라(마 13:13-15)

영적으로 성숙한 사람들은 내적인 감각을 발전시키고 영적인 것에 관한 분별력을 키우는 사람들이다. 그들은 하나님이 무엇을 좋아하시고, 하나님이 무엇을 싫어하시는 지를 안다. 신자들의 영적 감각이 발달하면 영적 분별력도 자라난다. 사람들 중에는 태어날 때부터 센스가 있고 감각이 발달한 사람들도 있다. 그러나 훈련을 통해 감각을 발달시킬 수 있다. 예를 들면, 미각이 발달하여 음식의 맛을 정확하게 분별해내는 사람도 있고, 후각이 발달하여 각종 다른 향수의 미묘한 차이점을 알아내는 사람들도 있다. 훈련에 의하여 음식에 들어간 조미료의 종류나 향수에 들어간 물질을 알아내기도 한다.

보석을 감정하는 감정사는 그런 훈련을 받은 사람이다. 겉으로 보기에는 모두 비슷하게 보여도 일단 감정사의 날카로운 눈에 들어가면 그 차이점이 분명히 드러난다. 보석이 세공된 정교한 정도, 보석의 양과 질, 그 미묘한 색깔, 흠집의 정도를 분별한다. 그러면 그것에 따라서 값이 정확히 매겨진다.

소리에 민감한 사람들도 있다. 음악가, 지휘자, 연주가, 방송기기 전문가들은 조그마한 소리의 변화도 잡아낸다. 오케스트라 전체가 연주할 때에 한 가지 악기가 화음에서 벗어나도 그것을 감지해낸다. 수년간 화음을 듣는 훈련을 받아왔기 때문이다.

이러한 사람들은 자연적으로 태어난 오감을 훈련시켜서 더욱 민감하게 만든 사람들이다. 그들은 남들보다 더 뛰어난 재능을 가지고 태어난 사람들은 아니지만, 이미 가진 것을 최대한으로 개발시킨 사람들이다. 물론 우연히 그렇게 된 것이 아니다. 그들은 장기간의 집중적인 노력을 한 사람들이다.

그와 동일한 것이 바로 영적인 것에도 적용될 수 있다. 당신은 오랜 기간 동안 하나님을 믿는 신자로 살아왔으나, 자신의 영혼을 개발시키고 훈련시키지 않았을 수도 있다. 성경은 말씀하시기를 세례 요한은 자라나면서 점차 심령이 강하여졌다고 말하고 있다(눅 1:80). 사도 바울은 디모데에게 전심전력하여 영을 개발시키라고 권하였다. "이 모든 일에 전심 전력하여 너의 성숙함을 모든 사람에게 나타나게 하라"(딤전 4:15). 그렇다면 우리는 어떻게 영혼(심령, 속 사람)을 키우고, 성장시키고, 개발하고, 성숙시키고, 세울 것인가? 하나님의 방법은 아주 분명하다. 그것은 하나님의 말씀을 읽고(벧전 2:2, 행 20:32), 그 말씀을 중심으로 기도하면서(고전 14:4, 유 1:20), 그 말씀에 순종하는(히 5:9) 것이다.

영을 개발시킴

내적인 감각, 즉 영적인 감각을 증대시키고 개발하는 것이 왜 그렇게도 중요한가? 그 이유는 내적인 감각이 발달되면 될수록 성령님과 교통하기가 수월해지기 때문이다. 그리고 성령님도 우리에게 말씀하시기가 아주 쉬워진다. 우선 먼저 자연의 영역에서의 감각을 살펴보자. 만약에 당신의 오감이 전혀 작동하지 않는다면 내가 당신과 커뮤니케이션을 한다는 것은 불가능할 것이다. 내가 소리를 지른다고 해도 당신은 들을 수 없다. 등을 두들겨도 느낄 수 없고, 내가 큰 현수막을 들어도 당신은 볼 수 없다.

청력이 약해지신 80세의 아버님이 얼마 전에 보청기를 착용하지 못하고 우리와 자리를 함께 하신 적이 있다. 모든 사람이 한 자리에 모여 저녁식사를 하는데, 우리 아버님을 관찰해보니 어디 딴 나라 사람들과 앉아있는 듯한 모습이었다. 그래서 나는 목소리를 높여 "아버님, 알아들으시겠어요?"라고 소리를 질렀다. 그랬더니 아버님은 "난 아무 말도 안했어"라고 대꾸하시는 것이었다. 결국 아버님은 우리와의 대화를 즐기지 못하셨다(이제는 그 보청기가 수리되어 아주 잘 들으신다는 소식을 최근에 들었다).

성령님과의 대화도 마찬가지이다. 우리의 청력이 약하면, 성령님께서 아무리 좋은 말씀을 들려주어도 우리는 들을 수가 없다. 사람들이 종종 나에게 "하나님은 나와는 친밀한 대화를 나누지 않는 것 같습니다"라고 투덜거리는 소리를 듣는다. 하나님께서 말씀하지 않으실 수도 있겠으나, 많은 경우에 영적 민감성이 떨어져서 감지하지 못하는 경우가 대부분이다. 나에게는 한 가지 분명한 사실이 있다. 인간이 하나님의 말씀을 듣기 원하는 것보다는 하나님께서 인간과 대화를 나누고 싶어하시는 그 갈망이 더 강하다는 것이다. 그래서 성령님은 인간의 심령에 수시로 좋은 말씀, 조언의 말씀, 위로의 말씀, 희망의 말씀, 격려의 말씀, 경고의 말씀을 하지만, 인간이 잘 듣지 못한다. 왜냐하면 영적인 민감성이 둔해졌기 때문이다. 사도 바울의 글을 다시 한 번 읽어보자. "멜기세덱에 관하여는 우리가 할 말이 많으나 너희가 듣는 것이 둔하므로 설명하기 어려우니라"(히 5:11).

몸에서 자꾸 사용하는 것은 강해지게 되어 있고, 쓰지 않는 것은 약하게 퇴보된다. 성령 안에서 기도할 때에 우리의 속 사람도 함께 기도

한다. 그러면 자연적인 성정은 억제된다. 영으로 자주 기도하면 속 사람이 자라나고, 정욕은 점차 죽게 된다. 하나님과 거침없는 교통을 하려면 방해물이 제거되어야 한다. 그 방해물들은 육적인 생각과 욕심이다. 그렇다면 금욕이 필요하다. 그럼으로 영으로 기도하면서 자연적으로 육의 욕망과 정욕이 없어지도록 해야 한다. 동시에 하나님의 말씀을 듣고 해석하는 능력도 키워지도록 훈련받아야 한다.

나는 매일 아침 거의 한 시간씩 방언으로 기도한다. 한때 내 마음속에서는, 내가 하나님 앞으로 나아갈 때에 신속하게 세상적인 사고의 틀에서 벗어나, 영적인 것에 대한 관심으로 나아가는 가장 효과적인 방법에 관해 생각해본 적이 있었다. 처음에는 찬양과 경배로 나아가 보기도 하고, 다음에는 나의 마음을 하나님 앞에 쏟아 부어보기도 했다. 일단 그렇게 하고 나면, 내 마음이 집중되어 영적인 영역으로 들어갔다. 그러면 주님이 내 곁에 가까이 계심이 나를 압도하고, 나의 모든 자연적인 필요나 의무들은 내 관심 밖으로 밀려나갔다. 그러한 상태에서는 나의 이성을 뛰어넘는 새로운 아이디어, 놀라운 계시, 기발한 지혜 등이 마구 솟구쳐 나왔다. 그럴 때 나는 그 모든 것들을 일단 종이에 글로 기록하고, 또 다시 하나님 앞에 기도로 나가곤 했다.

성령 안에서 무시로 기도하던 초창기에, 가장 좌절되었던 것은 어떤 영적인 것은 떠오르지 아니하고 이상하게 세상일들에 대한 잡다한 생각들이 떠오르는 경우였다. 예를 들자면, 내가 집필하고 있었던 책의 제목이라든지, 얼마 동안 접촉을 하지 않았던 사람들과의 연락이라든지, 누구에게 줄 선물, 목회의 재정에 관한 문제 등등이다. 그래서 나는 내가 지나치게 육적인 기독교인이 아닌가 생각하며 스스로에게 실망한 적도 있었다. 그런데 이제 뒤돌아보니, 그 모든 것들도 역시 성령님의 인도하심 중에 하나가 아니었나 생각한다. 나는 그런 생각들이 떠오르면 기록을 한다. 그리고 기록이 끝나면, 성령님은 내 머릿속에 또 다른 생각들을 집어넣어 주셨다. 기도가 끝나면 기록된 대로 행동으로 옮기고, 과연 하나님께서 그것을 어떻게 축복해 주시는지 살펴보았다. 많은 경우에 그런 일들은 그대로 이루어졌다. 그렇지만, 성령 안에서 방언으로 기도하기 시작한 후로는 한 가지 명백하게 달라진 것이 있다. 방언으로 기도하면 내 마음에 아는 사람이나 내가 하고자 하는 일이 떠오르는 게 아니라, 내가 이전에는 알지도 못했던 하나님의 계획이 떠오르고 내가 생각지도 못했던 영적 분별력이 생긴다는 점이다. 그러므로 나는 방언으로 하는 기도는 하나님과의 의사소통에 있어서 가장 깊은 곳으로 들어가거나 또는 가장 높은 수준으로 올라가는 것이라고 생각한다.

성령의 영역에서 사는 삶

사도 바울은 이 주제에 관하여 그의 서신의 많은 부분을 할애했다고 나는 생각한다. 바울은 "이는 내가 육신으로는 떠나 있으나 심령으로는 너희와 함께 있어 너희가 질서 있게 행함과 그리스도를 믿는 너희 믿음이 굳건한 것을 기쁘게 봄이라"(골 2:5)와 같은 말을 하였다. 육적인 눈으로는 보지 못했지만 영으로는 함께했다는 것이다. "내가 실로 몸으로는 떠나 있으나 영으로는 함께 있어서 거기 있는 것 같이 이런 일 행한 자를 이미 판단하였노라"(고전 5:3)고 바울은 말하기도 했다. 바울은 육신이 떨어져 있으면서 어떻게 고린도 교회와 골로새 교회의 성도들의 사정을 알고 기뻐하고 판단까지 하였는가? 인간은 영적인 동물이며, 영적인 세계에는 가로막는 벽이 없다는 것을 인정하면 이해가 쉬워질 것이다. 주님과 영이 함께 하는 사람들은 투시의 은사를 받기도

하고, 어려움이나 문제에 대한 민감성이 생기기도 하여 적절한 때에 효과적으로 기도하게 된다. 당신이 지난 단원을 읽어보았다면, 중국의 교회 지도자를 위해 기도했던 사람들의 이야기가 떠오를 것이다. 그들은 대단히 멀리 떨어진 곳에서 일어나는 일도 영적으로 감지하고 기도를 드린 사람들이다.

사도 바울은 영으로 기도하는 중에 다른 교회에서 발생하는 일을 보았고, 그것을 편지에 써서 보냈다. 나는 집회를 하기 위해 전 세계로 돌아다니지만, 방언 기도를 통해 우리 가족들의 안녕과 직원들의 동향을 감지한다. 그리고 전화를 걸때면, 무슨 말을 어떻게 해야 할지 내 입을 통해 그 상황에 적절한 말이 정확히 나오는 경우를 많이 경험한다.

아프리카를 방문했을 때 나는 케냐의 원주민 중에 전쟁용사를 만난 적이 있었다. 그는 몇 년 전에 예수님을 알게 되었는데, 그 이후로 자신의 부족들의 영적 지도자와 함께 사역하고 있었다. 또한 그는 종종 아프리카 밖으로 나가 사역을 하기도 했다. 최근에 그는 나와 함께 미국에서 3주간 머무는 동안, 아프리카에 있는 자신의 가족들의 근황을 상세히 알려 주었다. 그 아프리카의 영적 지도자의 가족이 사는 지역에는 전화도 없고 아무런 통신 수단이 없는 것을 나는 잘 알기에, 도대체 어디서 그런 정보를 얻느냐고 물어보았다. 그랬더니 그는 이렇게 대답했다. "사도 바울이 소아시아의 교회들과의 관계에서 행했던 것과 비슷합니다. 여기 저기 흩어져 있는 성도들은 사도 바울에게는 친 가족과 같은 사람들이었습니다. 사도 바울은 영적으로 그들을 낳았으며, 멀리 떨어져 있을 때에는 기도로 그들을 돌보고 양육했습니다. 바울은 많은 성도들을 위해 영으로 기도하면서 그들을 영적으로 만난 겁니다. 그래서 그 여러 교회에서 발생하는 문제들에 대해서 확신을 가지고 편지를 보낼 수 있었습니다. 그 모든 것은 결국 성령님의 능력으로 이루어졌다고 생각합니다. 나도 다른 모든 성도들과 마찬가지로 성령의 능력으로 우리 가족의 상황을 보는 겁니다."

내가 이런 예들을 설명하는 이유는 성경 말씀과 너무나 잘 들어맞기 때문이다. 그렇다면 놀랄 이유가 어디 있겠는가? 사도 바울은 영으로 영적인 것을 보는 경험을 성경에 수차례 언급하고 있다. 그렇다면 아프리카의 신자들과 아메리카의 신자들의 차이는 무엇일까? 그것은 아프리카의 신자들은 성경을 곧이곧대로 믿지만, 아메리카의 신자들은 성경을 인간의 이성으로 판단한다. 이제 우리들은 예수님께서 그렇게도 비싼 값을 치르시고 이루신 것을 받아 누려야 하지 않겠는가? 속 사람을 세워서 더 효과적인 하나님의 종으로 사역하고, 더 아름다운 하나님의 자녀들로 하나님 앞에 서야 하지 않을까?

지금도 늦지 않았다! 당신이 열살이든 여든 다섯살이든 상관 없다. 예수님을 믿은 지 얼마 되지 않았건, 믿은 지 30년이 지났건 그것도 상관 없다. 방언으로 기도하다보면 속 사람이 세워지는 것을 경험하게 될 것이다. 그리고 방언으로 기도한 것에 대한 통역의 은사를 구하면 영적인 것에 대한 이성적인 이해력도 증진시켜 주실 것이다. 하나님에게는 우리에게 보여주시기 원하시는 것이 너무나도 많다. 외적으로 복잡한 일들을 잠시 덮어두고, 내적인 고요 가운데 우리에게 말씀하시는 하나님의 세미한 음성을 들어보자. 하나님은 우리에게 가까이 다가 오라고 초대하신다. 얼마나 좋은 기회인가! 그 놀라운 기회를 그냥 지나쳐버리지 말자.

토론을 위한 질문들

1. 하나님께서 당신의 삶에 어떻게 역사하시는지 아는 일에 당신의 방언기도가 도움이 된 적이 있는가? 어떤 종류의 조명(밝게 비추심), 평안, 새롭게 하시는 신선한 은혜를 받았나?

2. 저자는 히스기야의 예를 들면서(사 39:2), 하나님이 주신 계시를 합당하게 관리할 것을 주장한다. 하나님이 보여주신 특별한 계시들을, 당신은 분별없이 그냥 누구에게나 몽땅 털어놓는 사람은 아닌가? 그렇다면 그 배후에, 자신이 영적으로 우월한 사람인 체하며, 뭔가 뽐내고자 하는 심리가 있는 것은 아닌가?

제 13 장

믿음의 온전한 확신
Full Assurance of Faith

"하나님은 인간의 필요에 응답하시는 분이 아니라,
인간의 믿음에 응답하시는 분이시다!"

지난 수년간 성령의 충만함을 받고, 하나님을 경외하고 사랑하며, 죄로부터 자신을 깨끗하게 하는 신실한 기독교인들을 나는 많이 만나보았다. 그러나 그들 중에 많은 이들이 "왜 나에게는 하나님의 음성이 들리지 않고 하나님의 임재에 대한 경험이 없나요?"라는 질문을 하곤 했다. 나는 그 성도들의 좌절을 읽을 수 있었고, 그들은 최선을 다해 기도하지만 하나님과 소통할 수 없다는 것을 알아냈다. 그런데 그들과 대화를 나누어 보면 뭔가 공통점이 있는 게 발견된다. 그 공통분모로부터 나는 해답의 실마리를 한 가닥 잡아내었다.

그러므로 형제들아 우리가 예수의 피를 힘입어 성소에 들어갈 담력을 얻었나니 그 길은 우리를 위하여 휘장 가운데로 열어 놓으신 새로운 산 길이요 휘장은 곧 그의 육체니라 또 하나님의 집 다스리는 큰 제사장이 계시매 우리가 마음에 뿌림을 받아 악한 양심으로부터 벗어나고 몸은 맑은 물로

씻음을 받았으니 참 마음과 온전한 믿음으로 하나님께 나아가자 또 약속하신 이는 미쁘시니 우리가 믿는 도리의 소망을 움직이지 말며 굳게 잡고
(히 10:19-23)

히브리서 기자는 우리가 주께서 머무시는 지성소로 접근하고 있다고 말한다. 예수님께서 십자가에서 자신의 혼을 내어주셨을 때 지성소의 휘장이 갈라진 것을 기억해보라. 하나님은 지성소에서부터 예수님을 믿는 성도들의 삶으로 들어오시려고, 휘장을 가르시고 나오셨다. 그러므로 이제는 하늘에 있는 은혜의 보좌로 우리가 올라가려고 할 필요가 없다. 우리와 늘 함께 하시는 성령님이 계신 그곳에 하나님의 은혜의 보좌도 함께 머무르기 때문이다.

히브리서 기자는 "담력," 즉 "담대함"에 관하여 언급한다. 어디에서 그런 영적 자신감을 얻을 수 있을까? 그것은 예수님께서 이미 길을 닦아놓으셨다는 것을 아는 믿음으로부터 온다. 갈보리에서 피를 흘리심으로 예수님께서는 우리가 은혜의 보좌로 담대히 나아갈 그 길을 탄탄히 해 놓으셨다. 하나님 앞으로 나아갈 때, 우리는 죄로 인하여 심판 받을 떨림으로부터 자유롭게 되었다. 그래서 이제는 하나님의 존전으로 담대히 나아갈 수 있다.

이는 어쩌다 들어맞는 각본이 아니다. 하나님께 가까이 다가서면 하나님께서 가까이 다가오신다는 것은 허구가 아니다. 그럼에도 불구하고 하나님과의 친밀감을 누리지 못하는 가장 큰 이유는 바로 "믿음의 약함" 때문이다. 히브리서 기자는 "온전한 믿음"을 가지고 하나님께 가까이 다가서자고 권면한다.

> 믿음이 없이는 하나님을 기쁘시게 하지 못하나니 하나님께 나아가는 자는 반드시 그가 계신 것과 또한 그가 자기를 찾는 자들에게 상주시는 이심을 믿어야 할지니라(히 11:6)

"믿음이 없이는 하나님을 기쁘시게 하지 못하나니"라는 표현을 마음에 새기기 바란다. 몇 분간 깊이 묵상하면서 이 말씀이 당신의 영혼 깊숙이 파고 들어가게 해보자.

"나는 믿는 사람을 찾고 있다!"

나는 지금도 믿은 지 얼마 안 된 풋내기 신자였을 때의 일을 기억하곤 한다. 그 당시 나는 미혼이었고 노스캐롤라이나의 작은 아파트에 살고 있었다. 깊은 잠이 들었다가 갑자기 벌떡 일어나서 좌정한 자세로 침대에 앉았다. 그러자 어디선가 강하고 깊은 갈망의 음성이 들렸다. "나는 믿기만 하는 사람을 찾고 있다!"

시계를 보니 새벽 4시였다. 나는 정신이 혼미한 상태였기에 내가 어디에 있으며 무슨 일이 발생했는지 감을 잡을 수 없었다. 멍한 가운데 불을 켰을 때, 나는 침대가 흠뻑 젖어있는 것을 발견했다. 땀이 범벅이 될 정도로 몸에 열이 있는 것도 아니고 아픈 것도 아니었다. 나는 뜻밖의 일을 당하여 참으로 놀랐다. 그런데 하나님께서 나에게 직접 말씀하셨다는 것을 알아차리고는 경외감이 들기 시작했다. 그렇지만 기왕에 계시를 주실 바에야 왜 좀 더 심오한 것으로 주시지 않았을까? 하나님이 믿음이 있는 신자를 찾고 있다는 것은 이미 잘 알고 있었다. 그러나 너무나 피곤했기에 그냥 쓰러져 잠이 들어버렸다.

그런데 다음 날 아침에 눈을 떴을 때, 뇌리 속에서는 계속 같은 말이 반복되어 울려 퍼졌다. '나는 믿기만 하는 사람을 찾고 있다' '나는 믿기만 하는 사람을 찾고 있다' '나는 믿기만 하는 사람을 찾고 있다' 점심 때까지 그 울림이 계속 되더니 갑자기 뭔가 머리를 때렸다. "바로 이거다. 참으로 심오한 진리구나!"

두려워말고 믿기만 하라 (눅 8:50)

그 이후로 나는 아래의 두 가지 질문을 가지고 씨름하기 시작했다. "예수님을 가장 슬프게 하는 일은 무엇일까?"와 "예수님을 가장 기쁘게 하는 일은 무엇일까?"이다(물론 예수님을 가장 화나게 만든 사람들은 외식하는 바리새인들이었다). 첫째로 예수님은 믿음이 없는 사람들을 만났을 때 가장 슬퍼하셨다. 예수님에게 있어서 가장 가슴 아픈 일은 하나님을 믿지 못하는 사람을 만나는 것이다. 하나님을 의심하고 하나님을 믿지 못하는 것은 하나님을 모독하는 행위이다.

신약성경에서 예수님이 낙담했다는 기사들을 읽어보아라. 예수님은 믿음이 작은 자들, 믿음이 없는 자들, 믿지 못하는 자들을 만날 때마다 가슴앓이를 하셨다. 예수님의 애통하며 절규하는 소리들을 들어보자.

오늘 있다가 내일 아궁이에 던져지는 들풀도 하나님이 이렇게 입히시거든 하물며 너희일까 보냐 믿음이 작은 자들아 (마 6:30)

그 제자들이 나아와 깨우며 이르되 주여 구원하소서 우리가 죽겠나이다 예수께서 이르시되 어찌하여 무서워하느냐 믿음이 작은 자들아 하시고 곧 일

어나사 바람과 바다를 꾸짖으시니 아주 잔잔하게 되거늘(마 8:25-26)

예수께서 즉시 손을 내밀어 그를 붙잡으시며 이르시되 믿음이 작은 자여 왜 의심하였느냐 하시고(마 14:31)

예수께서 아시고 이르시되 믿음이 작은 자들아 어찌 떡이 없으므로 서로 논의하느냐(마 16:8)

당신의 귀에도 예수님의 이 애절한 음성이 들리지 않는가? 절망감으로 인하여 슬픔과 비애가 섞인 그 음성이! 그중에서도 예수님의 제자들이 귀신들린 아이를 치유하지 못했을 때 예수님이 하신 말씀이 나의 가슴을 가장 아프게 찌른다.

예수께서 대답하여 이르시되 믿음이 없고 패역한 세대여 내가 얼마나 너희와 함께 있으며 얼마나 너희에게 참으리요 그를 이리로 데려오라 하시니라 이에 예수께서 꾸짖으시니 귀신이 나가고 아이가 그 때부터 나으니라(마 17:17-18)

예수님은 그분의 감정을 숨기거나 참지 않으셨다. 예수님의 말씀은 실망, 혐오, 비애가 섞인 것으로 거의 의분에 가까운 것이었으리라. 무엇이 문제의 근원이냐고 묻는 제자들에게 예수님은 아래와 같은 해답을 제시하셨다.

이르시되 너희 믿음이 작은 까닭이니라 진실로 너희에게 이르노니 만일 너희에게 믿음이 겨자씨 한 알 만큼만 있어도 이 산을 명하여 여기서 저기로 옮겨지라 하면 옮겨질 것이요 또 너희가 못할 것이 없으리라(마 17:20)

하나님은 우리의 믿음에 반응하신다

하나님은 인간의 믿음에 반응하신다. 그런데 하나님은 인간의 믿음에만 반응하신다. 그러므로 하나님으로부터 받는 모든 영적인 것, 하늘의 각양 좋은 것들은 믿음이라는 통로를 통해서 들어온다. 많은 기독교인들이 오해하는 것이 있다. 그것은 우리가 어려우면 하나님이 도와주실 것이라는 착각이다. 하나님은 인간의 곤경이나 어려움 내지는 필요에 응답하시는 분이 아니시다. 하나님은 인간의 믿음에만 응답하신다! 모든 다른 생각들을 물리치고 바로 이 한 문장에 정신을 집중시켜 보라. 하나님은 인간의 믿음에만 응답하신다! 나는 성경에 나타난 수많은 예를 들어 이 명제를 증명해낼 수 있다. 그러나 실례로 딱 두 가지만 들어보고자 한다. 어느 날 예수님께서 지도자들을 가르치시고 계셨다.

> 하루는 가르치실 때에 갈릴리의 각 마을과 유대와 예루살렘에서 온 바리새인과 율법교사들이 앉았는데 병을 고치는 주의 능력이 예수와 함께 하더라 (눅 5:17)

위의 성경구절을 통해 추측해 보건대 하나님의 능력이 종교 지도자들과 함께 한 것 같다. 참으로 기분 좋은 장면이다. 종교 지도자들 중에 병든 사람이 있었고 치유가 필요했던 것 같다. 그러나 그들 중에 누구도 치유를 받았다는 기록이 없다. 아무도 치유를 받아들일 만한 믿음을 소유한 사람이 없었기 때문이다.

반면에 우리는 믿음이 있는 다른 무리를 본다. 중풍에 걸려 몸을 움직일 수 없는 환자를 친구들이 들것에 메고 와서는, 많은 사람이 군집하여 예수님께 가까이 접근할 수 없어서, 지붕을 뚫고 공중에서 예수님 앞으로 달아내린 광경이 나온다. 그 광경을 본 예수님은 다음과 같이 말씀하셨다.

> 예수께서 그들의 믿음을 보시고 이르시되 이 사람아 네 죄 사함을 받았느니라 하시니 서기관과 바리새인들이 생각하여 이르되 이 신성 모독 하는 자가 누구냐 오직 하나님 외에 누가 능히 죄를 사하겠느냐 예수께서 그 생각을 아시고 대답하여 이르시되 너희 마음에 무슨 생각을 하느냐 네 죄 사함을 받았느니라 하는 말과 일어나 걸어가라 하는 말이 어느 것이 쉽겠느냐 그러나 인자가 땅에서 죄를 사하는 권세가 있는 줄을 너희로 알게 하리라 하시고 중풍병자에게 말씀하시되 내가 네게 이르노니 일어나 네 침상을 가지고 집으로 가라 하시매 그 사람이 그들 앞에서 곧 일어나 그 누웠던 것을 가지고 하나님께 영광을 돌리며 자기 집으로 돌아가니 모든 사람이 놀라 하나님께 영광을 돌리며 심히 두려워하여 이르되 오늘 우리가 놀라운 일을 보았다 하니라(눅 5:20-26)

예수님께서는 그들의 믿음을 보셨다. 중풍병자와 그들을 메고 간 친구들은 주님이 선하시다는 것을 알고 있었다. 그들은 "내 영혼아 여호와를 송축하며 그의 모든 은택을 잊지 말지어다 그가 네 모든 죄악을 사하시며 네 모든 병을 고치시며"(시 103:2-3)라는 말씀을 알고 믿었을 것이다. 반대로 바리새인과 서기관들은 중풍병자의 병이 낫는 것을 보고 놀랐다. 그러나 서기관과 바리새인이 병의 치유함을 받았다는 기록은 성경에 없다. 왜 그럴까? 그 이유는 예수님을 믿지 않았기 때문이다. 그들의 예수님에 대한 태도는 신뢰하는 태도가 아니라 의심하는 태도였다. "이 신성모독 하는 자가 누구냐?" 그러므로 하나님이 아무리 주시려 해도, 인간이 믿음으로 그것을 취하지 않는 한, 복은 전달되지 않는다. 하나님의 뜻은 병이 치유되는 것이다. 그러나 믿지 않으면, 하나님의 능력의 통로가 막혀 복이 전달되지 않는다.

헬라인 수로보니게 여인이 예수님을 찾아온 장면을 하나 더 살펴보자. 그녀는 마귀에게 눌린 딸을 고쳐달라고 예수님을 찾아왔다. 그런데 예수님은 그 여인에게 좀 심한 말씀을 하셨다.

> 예수께서 이르시되 자녀로 먼저 배불리 먹게 할지니 자녀의 떡을 취하여 개들에게 던짐이 마땅치 아니하니라 (막 7:27)

예수님은 그녀를 개라고 부르셨다. 그녀는 모욕감을 느껴 고래고래 소리치며 가 버릴 수도 있었다. 그러나 그녀는 하나님의 품성을 아는 여인이었다. 그래서 그녀는 이렇게 응수했다.

> 주여 옳소이다마는 상 아래 개들도 아이들이 먹던 부스러기를 먹나이다 (막 7:28)

그녀는 자신이 하나님의 아들의 존전에 있음을 알았다. 그리고 그 하나님의 아들은 선하신 분이며 능력이 한이 없으신 분임도 인정하였다. 그녀는 조금도 믿음에서 요동치 않기로 결심한 것이다. 그녀의 확신에 찬 말에 예수님은 다음과 같이 반응하셨다.

> 이 말을 하였으니 돌아가라 귀신이 네 딸에게서 나갔느니라 하시매(막 7:29)

집에 도착했을 때 그녀는 완치된 딸을 보았다. 이 이야기로부터 우리는 무슨 영적 교훈을 얻을 수 있을까? 그녀의 첫 번째 간청은 필요에 의한 것이었다. 즉, 자신의 곤경과 고통, 곤란, 어려움을 호소한 것이다. 예수님은 그녀의 필요에는 반응하지 않으셨다. 그러나 두 번째 간구는 달랐다. 그것은 믿음의 간구였다. 그리고 예수님은 그녀의 믿음의 간구에는 응답하셨다.

각양각색의 복을 받는 비결은 믿음이다

이 원리는 하나님 나라의 모든 것에 적용된다. 야고보는 성도가 하나님 앞으로 기도하며 나아갈 때 갖추어야 할 자세에 관하여 다음과 같이 설명하고 있다.

> 오직 믿음으로 구하고 조금도 의심하지 말라 의심하는 자는 마치 바람에 밀려 요동하는 바다 물결 같으니 이런 사람은 무엇이든지 주께 얻기를 생각하지 말라(약 1:6-7)

놀랍다! "무엇이든지 주께 얻기를 생각하지 말라"는 말이 충격적으로 들리지 않는가? "아무 것도 받지 못한다"라는 말을 한 번 되새겨보라. 이는 애매하거나 모호한 말이 아니다. 예외가 있는 진술도 아니다. 이는 똑 부러지는 명확한 명제다. 하나님은 오직 믿음에만 응답하신다는 말이다.

많은 사람들이 성령의 충만함을 받지 못한다. 왜냐하면 온전한 믿음으로 구하지 않기 때문이다. 성경의 정곡을 찌르는 표현을 읽어보자.

> 내가 너희에게서 다만 이것을 알려 하노니 너희가 성령을 받은 것이 율법의 행위로냐 혹은 듣고 믿음으로냐(갈 3:2)

이 모든 것을 종합해 보면 오직 믿음을 통하여 받은 성령의 능력을 힘입어 하나님께 나아가지 않으면, 아무것도 받지 못한다. 믿음이 없으면 성령도 받지 못한다. 나는 방언을 받고 싶어 하는 많은 신자들을 만났다. 그들은 뭔가 더 깊은 영적인 세계가 있는 것을 알고 그것을 갈망하는 사람들이다. 그러나 대부분의 사람들은 나에게 이렇게 말했다. "방언을 받게 해 달라고 한 번 기도했는데, 아무 일도 발생하지 않았습니다." 방언의 은사를 받게 해 달라는 기도를 드릴 때 그들의 마음자세는 "주실 수도 있겠지"라는 태도였을 것이다. 위에서 예를 든 수로보니게 여인을 생각해보라. 그 여인은 100%의 확신과 믿음을 가지고 매달린 것을 볼 수 있다. 방언을 받게 해 달라고 한 번 간구해 보는 것과는 전혀 딴판의 믿음이다. 우리는 그 여인의 담대함, 그 여인의 저돌적인 자세, 그 여인의 간절함에서 배울 것이 많다. 물론 먼저 하나님의 뜻을 확실히 아는 것이 전제조건이다. 하나님은 우리로 하나님의 뜻을 정확하게 알 수 있도록 허락하시는 분이시다. "그러므로 어리석은 자가 되지 말고 오직 주의 뜻이 무엇인가 이해하라"(엡 5:17). 일단 하나님의 뜻이 분명해진 다음에는, 믿음과 확신을 가지고 엄청난 추진력으로 밀어 붙여야 한다.

하나님과 친밀함을 가질 정도로 하나님께 가까이 다가가는 문제에 대해서도 동일한 원리가 적용된다. 신자들은 하나님께 나아갈 때에 하나님을 만날 것이라는 소망을 가지고 나아간다. 그러나 그들의 소망은 단지 희망사항에 불과하다. 성경에서 말하는 "강한 확신"이 아니고 "막연한 기대감"만 가지고 기도하는 것이다. 신자들은 하나님께서 그들의 기도를 들어주신다면 얼마나 좋을까 하는 태도를 가지는 경우가 많다. 그러나 그 정도의 태도로는 하나님께 가까이 접근해 갈 수 없다. "믿음이 없이는 하나님을 기쁘시게 하지 못하나니"(히 11:6). 하나님이 함께 하심을 믿는 믿음의 확신이 없는 한, 하나님을 만나지 못할 것이라고 히브리서 기자는 주장한다.

믿음이 부족한 사람이란 과연 어떤 사람일까? 야고보는 다음과 같이 말한다. "이런 사람은 무엇이든지 주께 얻기를 생각하지 말라 두 마음을 품어 모든 일에 정함이 없는 자로다"(약 1:7-8). 하나님께 기도를 드리기는 하지만, 한편으로는 하나님의 존재에 대해 미심쩍어하고, '과연 하나님께서 나의 기도를 들어주실까' 하고 의혹을 품는 사람이다.

두 마음을 품은 사람의 증세는 생각이 많다는 것이다. 이렇게 한 번 설명해 보자. 집회의 막바지에 사람들이 강대상 쪽으로 나아와 기도하는 시간에 이르면, 나는 찬양과 경배팀에게 연주를 중단하라고 부탁한다. 물론 찬양과 경배팀이 부르는 노래들은 하나님을 찬양하는 가사를 내포하지만, 너무 친숙한 가사들은 사람을 타성에 젖게 만드는 경향도 있기 때문이다. 그래서 사람들이 오직 주님께만 집중할 수 있도록 하기 위해 나는 모든 다른 종류의 잡음을 제거시킨다. 우리 인간의 마음이 하나님에게로만 집중되어 있지 않다면 어떻게 하나님 앞으로 나아갈 수 있을까? 친한 친구를 만나 이야기 하면서 자꾸 딴 생각을 하고 있으면 예의에 어긋나는 태도가 아닐까?

사람들의 마음은 쉽사리 요동하며 의심의 영에 사로잡히고 마귀가 주는 혼란에 휩쓸린다. 세상의 혹독함에 노예가 된다. 그러나 믿음이 없이는 하나님 앞으로 가까이 다가설 수 없다. 믿음을 회복하라. 하나님께 가까이 나아가 하나님의 임재 속으로 들어가라. 하나님을 만나려면 당신은 믿어야 한다. 하나님이 계신 것을 믿어야 한다. 하나님이 함께 하심을 믿어야 한다. 하나님이 우리의 기도를 들으시고 응답하심을 믿어야 한다. 하나님은 당신의 집중적인 관심을 받으시기에 합당하신 분이시다. 하나님이 당신에게 집중적인 관심을 보여주실 것을 믿어라. 하나님은 약속하신 것을 반드시 지키실 것이다. 하나님은 거짓말을 하지 않으신다. "하나님을 가까이 하라 그리하면 너희를 가까이 하시리라"(약 4:8). 하나님이 당신에게 가까이 하실 때 그 느끼는 만족감이란 가히 형언할 수 없으리라. 우리가 섬기는 하나님은 참으로 놀라운 하나님이시다! 우리가 믿음으로 하나님께 다가가면 하나님은 우리에게 응답하신다.

어떻게 믿음을 얻을 것인가?

많은 사람들이 묻는 질문 하나를 다루어보자. 믿고 싶은데 또한 믿음의 지경을 넓히고 싶은데, 어떻게 해야 하는가 하는 질문이다.

> 사도들이 주께 여짜오되 우리에게 믿음을 더하소서 하니 주께서 이르시되 너희에게 겨자씨 한 알만한 믿음이 있었더라면 이 뽕나무더러 뿌리가 뽑혀 바다에 심기어라 하였을 것이요 그것이 너희에게 순종하였으리라 (눅 17:5-6)

"겨자씨 한 알만한 믿음이 있었더라면"이라는 예수님의 말씀에 집중해보자. 겨자씨는 아주 작다. 그러나 그 안에는 큰 나무로 자라날 가능성을 내포하고 있다. 그러므로 큰 나무로 자라나 많은 열매를 맺기 전에, 먼저 믿음의 작은 씨앗을 어디에서 얻을지 문의해 보아야 한다. 그 질문에 대한 정답이 아래에 있다.

> 그러므로 믿음은 들음에서 나며 들음은 그리스도의 말씀으로 말미암았느니라(롬 10:17)

원리는 아주 간단하다. 믿음은 하나님의 말씀을 들음에서 나온다. 그러므로 말씀을 들어야 한다. 한 번 듣고 믿음이 생기기도 하지만 반복해서 들어야할 때도 있다. 하나님의 말씀을 경청하다보면, 믿음의 씨앗이 마음에 자리잡는 것을 경험하게 될 것이다. 갈급한 성도들은 하나님의 말씀을 반복해서 듣는다. 많은 사람들이 나의 책이나 비디오(또는 오디오) 메시지를 여러 번 반복해서 읽거나 들었다고 한다. 다섯 번까지 들었을 때는 그저 그랬지만, 여섯 번째에 들었을 때에 영적 폭발의 역사가 있었다는 사람도 만나보았다. 그 순간이 바로 말씀의 씨앗이 심령에 떨어져 뿌리가 나기 시작하는 순간이다.

단순한 원리를 복잡하게 생각하면 되는 일이 없다. 적혀진 말씀이건, 말로 전달된 말씀이건, 성령의 감화감동을 받은 그 말씀을 접하고, 마음 문을 여는 순간 믿음이 생성된다. 오늘날 수많은 신앙서적이 난무하고 다수의 설교가 행해지지만, 성령 충만한 하나님의 말씀의 선포는 드물다. 나의 책의 경우, 첫 번째 책은 많은 출판사들로부터 거절당했다. 그 이유는 세상이 돌아가는 것에 너무 무심하고 오직 성경만 강조했기 때문이라는 것이다. 그렇게 완전 설교조로 쓴 글들을 누가 읽겠느냐는 반응이었다. 성경의 인용으로 가득 차고 오직 하나님의 말씀만 강조한 책은 재미가 없어서, 오늘날에는 잘 안 팔린다는 것이다. 출판사들은 인간의 감정을 자극하고 뭔가 귀를 간지럽게 해주는 세태를 반영하는 책을 원했던 것 같다.

오늘날 설교자들, 목회자들도 이러한 세태에 휩쓸려가고 있다. 즉, 상업주의에 편승하여 예수의 이름을 팔아 장사를 한다. "우호적인 것만을 구하는 예배seeker friendly"를 드리는 교회에서는 성도들이 교회에 갈 때에 성경책을 들고 가지 않는다. 물론 교회당 안에 성경책도 없다. 왜 없는가? 성경책이 필요 없기 때문이다. 교회에 가서 아주 매끈하게 웃기는 홍미진진한 연설을 들으며 즐기기만 하면 된다. 우호적인 것만을 구하는 예배에는 영적인 부담을 주는 일도 없고, 회개하라는 압박도 없으며, 봉사와 헌신에의 충고도 없다. 나는 서구의 기독교 사역을 돌아보며 뭔가 야릇한 감정을 느낀다. 지난 2년 동안 존 비비어 미니스트리는 하나님의 말씀을 사모하는 중국의 지하교회에 5만 권의 성경을 보냈다. 중국에서는 성경이 너무나 귀하기에, 한 권의 성경을 쪼개 조각을 내어 성도들이 나누어 본다. 그리고 그 성경구절을 암기하여, 나중에 정부 관리에 의해 성경을 몰수당하는 경우가 발생한다고 해도, 하나님의 말씀은 그들의 머리와 가슴속에 남도록 그렇게 조처를 취한다는 것이다. 그들은 하나님의 말씀의 권위를 인정하는 사람들이다.

반면에 서구교회는 정반대이다. 서구교회는 가면 갈수록 교회에서 성경을 없애려는 경향이 강하다. 그리고 편안하고 즐거운 여홍으로 교회의 행사를 채운다. 그러한 행사들은 육과 혼을 채우는 세상적인 것들이다. 반면에 하나님의 말씀은 육을 죽이고 영을 살린다. 그러나 오늘날 서구교회의 사람들은 자신들의 육이 죽는 것을 좋아하지 않기에, 말씀을 자꾸 교회에서 제거하려고 노력한다. "우호적인 것만을 구하는 예배"를 드리는 사람들은 멋진 메시지에 깔깔대며 웃기도 하고 감동적인 메시지에 울기도 한다. 그러나 죄가 그들의 인생의 문으로 들어설 때에, 그들에게는 죄의 세력을 막아설 힘이 없다. 구도자 예배의 참석자들이 죄의 세력과 대항하여 죽기까지 싸울 용기를 가진 사람들일까? 그럴 용기는 고사하고 그렇게 하고자 하는 의도조차도 없을 것이다. 영적 전투의 전략적 시간이 오면, 그들이 기도로 싸우며 승리할 수 있겠는가? 그들이 복음의 능력으로 가난하고 어려운 사람들을 위해 자기 몸을 바쳐 봉사하겠는가? 불시험을 당해도 참고 용서하며 계속 신앙생활을 하겠는가? 스스로 손해를 보면서 남을 위한 사랑의 희생을 할 정도가 되는가? 이러한 종류의 질문은 한도 끝도 없다. 우호적인 것만을 구하는 예배로는 제대로 된 진짜 기독교인을 만들어내지 못한다는 것이 나의 결론이다.

나는 나의 첫 번째 책이 출판사에 의해 거절당한 것을 오히려 다행으로 생각한다. 만약에 그 출판사가 나의 책을 받아주었다면, 그 출판사의 편집자들은 나의 책을 편집하여 메시지의 강도를 약화시켰을 것이 뻔하기 때문이다(물론 그 책은 결국 다른 출판사에 의해 출판되었다). 참으로 아이러니한 일은 나중에 그 출판사의 사장은 그때 당시의 편집장을 해고하고 하나님을 경외하는 다른 편집장을 고용했다는 것이다. 그 새로운 편집장은 나에게 원고를 좀 줄 수 없느냐는 청탁을 해왔다. 그래서 나는 그 출판사를 통해 5권의 책을 출판하였고, 그 중에 4권은 베스트셀러가 되었다. 뿐만 아니라, 책을 읽고 변화된 사람들의 간증이 쏟아져 들어오고 있다. 독자들의 개인적인 삶, 교회, 가정이 변화되었다. 하나님께 영광이 돌려질지어다!

내가 이러한 간증을 하는 이유는 이 땅에 기근이 있기 때문이다. 밥이 없어서가 아니라 참된 하나님의 말씀이 없기 때문이다(암 8:11). 현대에는 하나님의 말씀이 많이 선포되지 않는다. 나는 설교가 없다는 말도 아니고 기독교의 메시지가 전달되지 않는다는 것도 아니다. 도서, 비디오, 인터넷, 텔레비전, 설교테이프 등 수많은 미디어 매개체들을 통한 기독교 메시지의 전달이 이루어지고 있다. 그러나 "하나님의 말씀"이 없다는 것이다. 오직 인간의 말과 영상만이 난무할 뿐이다. 제3세계나 선교지에 가보면 아주 적은 분량의 메시지를 듣고 있는 기독교인들이 있다. 그러나 그들은 하나님의 말씀을 듣고 있으며, 큰 은혜를 받고 삶이 변화되고, 믿음의 열매를 맺고 있다. 그들이 우리와 다른 점은 무엇인가? 그것은 간단하다. 그들은, 윤리, 도덕적인 메시지나 친밀함만을 찾는 예배처럼 귀를 간지럽게 하는 메시지가 아닌, "복음"을 듣고 있기 때문이다.

 나는 사람을 즐겁게 하는 설교를 하지 않겠노라고 하나님과 약속했다. 사도 바울의 말씀을 보자. "이제 내가 사람들에게 좋게 하랴 하나님께 좋게 하랴 사람들에게 기쁨을 구하랴 내가 지금까지 사람들의 기쁨을 구하였다면 그리스도의 종이 아니니라"(갈 1:10). 얼마나 많은 목회자들이 하나님의 종으로 시작했다가 교인들의 종으로 전락하는가? 현대의 목회자들은 교인들이 듣기 원하는 것을 말해주려고 애를 쓴다.

 믿음은 들음에서 난다. 그리고 그 들음의 내용은 하나님의 말씀이다. 바로 그 하나님의 말씀이 우리 심령에 믿음의 씨앗을 넣어준다. 기독교 지도자들은 성도들에게 진실로 필요한 것을 공급해야지 성도들이 원하는 것만 공급해서는 안 된다. 성도들을 영적으로 든든히 세우고, 그들로 하늘의 기업을 상속받게 할만한 그런 말씀의 꼴을 먹여야 한다. "지금 내가 여러분을 주와 및 그 은혜의 말씀에 부탁하노니 그 말씀이 여러분을 능히 든든히 세우사 거룩하게 하심을 입은 모든 자 가운데 기업이 있게 하시리라"(행 20:32).

많은 기독교 지도자들이 강단에서, 설교를 시작할 때는 순수하고 다른 것이 섞이지 않은 말씀을 전할 것이라고 호언장담한다. 그러나 설교가 조금 진행되다보면, 청중들을 즐겁게 해주려는 유혹에 빠지게 되고, 그러다 보면 계속 딴소리를 하게 된다. 왜 하나님은 이 시대에 많은 선각자들로 하여금 하나님과의 친밀함에 관하여 외치게 하시는지 아는가? 그 대답은 간단하다. 설교는 많지만, 하나님과 친밀감을 누리게 하는 그런 종류의 말씀이 없기 때문이다. 믿음 안에서 이루어지는 '하나님과의 달콤한 교제'라는 복을 누리는 성도가 이 시대에는 많지 않다. 그러나 하나님은 진정한 하나님의 말씀을 주심으로 믿음이 생기게 하시고, 그 믿음으로 하나님께 아주 가까이 다가오도록 인도하신다.

어떻게 믿음을 증진시킬 것인가?

이제 믿음의 씨앗이 떨어진 후에 그것을 어떻게 자라게 할 수 있는지 한 번 살펴보자.

주께서 이르시되 너희에게 겨자씨 한 알만한 믿음이 있었더라면 이 뽕나무더러 뿌리가 뽑혀 바다에 심기어라 하였을 것이요 그것이 너희에게 순종하였으리라 너희 중 누구에게 밭을 갈거나 양을 치거나 하는 종이 있어 밭에서 돌아오면 그더러 곧 와 앉아서 먹으라 말할 자가 있느냐 도리어 그더러 내 먹을 것을 준비하고 띠를 띠고 내가 먹고 마시는 동안에 수종들고 너는 그 후에 먹고 마시라 하지 않겠느냐 명한 대로 하였다고 종에게 감사하겠느냐 이와 같이 너희도 명령받은 것을 다 행한 후에 이르기를 우리는 무익한

종이라 우리가 하여야 할 일을 한 것뿐이라 할지니라(눅 17:6-10)

예수님께서 믿음의 씨앗에 대해 말씀하시다가 갑자기 주인에 대한 종의 의무로 주제를 바꾸는 것에 대해 나는 처음에는 당혹해했다. 예수님의 말씀에 뭔가 일관성이 결여되었다고 생각했다. 그러나 다시 한 번 더 깊이 관찰할 때, 성령님께서 나의 눈을 열어주셨다.

첫째, 믿음은 씨앗의 형태로 주어진다는 것이다. 씨앗은 매우 작다. 그러나 그 안에는 자라서 큰 나무가 될 만한 모든 정보와 가능성이 있다. 그럼에도 불구하고, 씨앗은 그냥 심기는 것만으로는 부족하다. 씨앗이 그 정해진 운명에 도달하려면 잘 경작되어야 한다. 둘째, 믿음의 씨앗이 자라나 큰 나무가 되는 경로에 반드시 필요한 것이 있다. 그것은 뽕나무를 뿌리째 뽑고, 바다에 던지고, 하나님의 임재로 들어가게 하는 그런 믿음이다.

종들은 왜 주인을 위해 일할까? 종들의 최대의 기대는 음식을 얻는 것이다. 그러나 예수님이 말씀하신 대로 종이 밭에서 돌아오면 곧바로 앉아서 먹는 것이 아니라, 주인의 음식을 먼저 준비하고 주인이 먹고 마시는 동안에 수종을 들고 난 후에야 비로소 자신이 먹고 마시게 된다. 종은 자신에게 맡겨진 모든 일을 해야 한다. 밖에서 일을 했다고 해서 집안일에서 면제되지 않는다. 마찬가지로, 씨앗을 심었다고 끝나는 것이 아니다. 추수할 때까지는, 계속 물을 주고, 거름을 주고, 병충해와 싸우면서 끝까지 돌봐야 한다. 그렇지 않으면 열매를 기대할 수 없다.

예수님은 우리들의 순종에 대하여 말씀하시고 있다. 예수님은 주인이시고 우리들은 종들이다. 믿음의 씨앗이 자라나 열매가 맺는 것을 보기 원하면, 우리는 무조건 순종하는 종들이 되어야 한다. "이와 같이 너희도 명령받은 것을 다 행한 후에"라는 말에 유의하자. 믿음이 결실하여 뭔가 생산적이 되는 것을 보려면 순종이 있어야 한다.

부분적인 순종은 불순종이다

순종하기로 결심하는 것만으로도 안 된다. 부분적으로 순종해서도 안 된다. 조금 순종하다가 중도에 그만두어서도 안 된다. 그러나 많은 사람들이 그런 오류에 빠지고 있다. 구약에 나오는 사울 왕이 그 대표적인 인물일 것이다. 하나님은 사울에게 아말렉을 쳐서 그들의 모든 소유를 남기지 말고 진멸하고 성인 남녀, 소아, 젖 먹는 아이, 우양, 약대, 나귀를 모두 죽이라고 지시하였다.

그러나 사울은 그 하나님의 말씀을 그대로 따르지 않았다. 사울은 가치 없고 보잘것 없는 것은 즐겁게 진멸했으나, 양과 소의 가장 좋은 것과 기름진 것을 진멸하는 것은 좋아하지 않았다. 사울은 하나님의 말씀에 100% 불순종한 것은 아니었으나, 100% 순종한 것도 아니었다. 그의 불순종은 건망증이나 소홀함이나 경솔함에서 비롯된 것이 아니다. 물론 사울도 나름대로 생각을 가지고 불순종한 것이다. 사울에게도 변명거리는 있었다. 하나님께 불순종한 것은 사실 좋은 의도에서 그렇게 한 것이라고 사울은 변명했다. 하나님께 제사를 드리려고 양과 소의 가장 좋은 것을 남겼다고 했다. 그런 이야기를 들은 하나님의 선지자는 사울에게 그래도 하나님의 말을 청종치 않고 하나님이 악하게 여기시는 탈취를 했다고 말했다. 그런 말을 들은 사울은 좋은 것을 남긴 것은 자신이 아니고 백성들이라고 변명하였다. 그러한 사울의 변명에 대하여 사무엘 선지자는 "순종이 제사보다 낫고 듣는 것이 수양의 기름보다 나으며 거역하는 것은 죄이고 마음이 완고한 것은 우상숭배와 동일하다"는 말씀을 전한다. 그제야 비로소 사울은 진실을 말하게 된다. 백성이 두려워 그들의 의사를 따랐다는 것이다. 즉, 하나님의 말씀을 청종한 것이 아니라 사람의 말을 청종한 것이다.

사울은 전쟁에서 승리했고, 수많은 것들을 진멸했으며, 백성의 인기도 얻었고, 하나님께 제사도 드리려는 좋은 의도를 가졌던 사람이었다. 그러나 하나님은 사울을 달가워하지 않으셨다. "여호와의 말씀이 사무엘에게 임하여 가라사대 내가 사울을 왕으로 세운 것을 후회하노니 그가 돌이켜서 나를 따르지 아니하며 내 명령을 행하지 아니하였음이니라 하신지라 사무엘이 근심하여 온 밤을 여호와께 부르짖으니라"(삼상 15:10-11). 어찌 그런 일이 있을 수 있는가? 그것은 100%의 순종이 아니면 순종이 아니기 때문이다. 아마도 사울은 아말렉과의 전쟁에서 하나님이 하신 말씀의 99.9%를 이루었는지도 모른다. 우리도 마찬가지이다. 많은 사람들이 하나님께 순종하고 있다고 스스로 주장한다. 그런데 하나님도 그러한 주장에 동의하실까? 선지자는 사울에게 하나님의 말씀을 버린 자라는 심한 말을 하였다. 하나님의 눈에는 부분적인 순종은 순종으로 보이지 않는다. 99%의 순종이 순종으로 여겨지지 않고 도리어 반란(반항, 거역)으로 보인다면 당신은 어떻게 하겠는가? 나는 종종 신자들이 이런 식으로 말하는 것을 듣는다. "내가 지금까지 교회에서 한 일이 얼마나 많은데 그러시나요? 그런데 뭐 이까짓 것 하나 가지고 정말 이럴 수 있어요?" 사울도 비슷한 주장을 하지 않았을까 나는 생각한다. "사울이 이르되 내가 범죄하였을지라도 이제 청하옵나니 내 백성의 장로들 앞과 이스라엘 앞에서 나를 높이사 나와 함께 돌아가서 내가 당신의 하나님 여호와께 경배하게 하소서 하더라"(삼상 15:30). 그러나 그러한 사고방식은 인간적이기는 하지만, 하나님의 사고방식과는 맞지 않는다.

하나님과의 친밀감은 믿음에 직접적으로 비례한다

당신도 사울의 전철을 그대로 밟는다면 믿음이 갈수록 떨어질 것이다. 그리고 주님과 점차적으로 멀어지는 자신을 발견하게 될 것이다. 하나님과의 친밀감은 믿음에 정비례하기에, 하나님과의 친밀감도 쇠미해질 것이다. 이러한 현상에 대하여 요한은 다음과 같이 기술하고 있다.

> 이로써 우리가 진리에 속한 줄을 알고 또 우리 마음을 주 앞에서 굳세게 하리니 이는 우리 마음이 혹 우리를 책망할 일이 있어도 하나님은 우리 마음보다 크시고 모든 것을 아시기 때문이라 사랑하는 자들아 만일 우리 마음이 우리를 책망할 것이 없으면 하나님 앞에서 담대함을 얻고 무엇이든지 구하는 바를 그에게서 받나니 이는 우리가 그의 계명을 지키고 그 앞에서 기뻐하시는 것을 행함이라 (요일 3:19-22)

하나님과의 친밀감은 믿음의 정도에 정비례하고, 우리의 믿음은 순종의 수준에 정비례한다. 예수님을 믿기로 작정하고, 결심하고, 고백하고, 예수님을 영접한 직후의 순종에 관하여 말하고자 하는 것이 아니다. 다윗의 죄는 사울이 저지른 죄보다 훨씬 더 극심한 것이었다. 그러나 그는 즉시 회개하였다. 다윗의 경우 죄를 지었음에도 불구하고, 하나님과의 친밀감이 손상되지는 않았다. 그러나 사울의 경우는 달랐다. 그는 자신의 이득을 챙기고, 스스로를 보호하고, 자신의 권력을 유지하려고만 했다. 그의 마음은 하나님을 향하고 있지 않았다. 그의 마음은 다윗의 경우와는 달리 하나님과 합해 있지 않았던 것이다.

이러한 원리는, 남편과 아내 사이의 역동성을 살펴보면 금방 이해가 된다. 부부사이에 문제를 유발시키는 제일 큰 원인은 이기심이다. 일단 이기심이 발동하면 서로의 신뢰가 떨어지고 그러면 친밀감도 없어진다. 만약에 남편이 이렇게 말한다고 가정해보자. "여보, 나는 당신이 살집도 마련해주고, 매달 꼬박꼬박 월급도 가져다주고, 배부르게 먹여주고, 입혀주고, 심지어 당신의 옷까지 사주는데, 내가 다른 여자와 잠시 즐긴다고 해서 뭐가 어떻다는 거요?" 그런 남편이 아내에게 아무리 사랑한다고 외치고 선물을 안겨주어도 부부 사이의 친밀감은 급격하게 저하될 것이다.

신자들의 경우도 마찬가지이다. 혹시 어떤 남자 성도가 나에게 "하나님, 나는 교회에 출석하고, 십일조 생활도 하고, 성경도 읽고, 기도도 합니다. 그런데 왜 내 믿음은 매일 제자리 걸음입니까?"라고 물어 온다면, 나는 이렇게 대답할 것이다. "당신은 지금 당신의 아내를 어떻게 대우하고 있나요? 하나님 말씀에 '남편들아 이와 같이 지식을 따라 너희 아내와 동거하고 그를 더 연약한 그릇이요 또 생명의 은혜를 함께 이어받을 자로 알아 귀히 여기라 이는 너희 기도가 막히지 아니하게 하려 함이라'고 기록되어 있습니다(벧전 3:7)." 우리의 일상생활의 모든 영역에서 하나님을 인정하기 전까지는 하나님과의 온전한 교통이 이루어지지 않는다. 믿음에 믿음을 더하면서 하나님과 친밀감을 형성하기 원한다면, 당신의 삶의 구석구석을 몽땅 하나님께 온전히 순종시켜라. 예수님의 말씀을 기억하라. "이와 같이 너희도 명령받은 것을 다 행한 후에 이르기를 우리는 무익한 종이라 우리가 하여야 할 일을 한 것뿐이라 할지니라"(눅 17:10). 부분적인 순종은 절대로 믿음을 증진시키지 못한다. 부분적인 순종은 순종이 아니다. 그러므로 믿음이 증가되기를 원하는 자마다 온전한 순종을 배워야 한다. 동일한 원리는 아내에게도 적용된다. 아내가 남편을 어떻게 대우하느냐, 자녀가 부모를 어떻게 공경하느냐, 고용주가 고용인을 어떻게 처우하느냐 하는 그 모든 것과 믿음의 성장은 밀접한 관련이 있다.

두 번째로 내가 지적하고 싶은 것은, 말과 행동이 같이 가느냐 하는 것이다. 말과 행동이 다를 때 믿음이 떨어지게 된다. 하나님은 말한 것을 그대로 실천하는 사람을 가까이하시고 존대하신다. "그의 눈은 망령된 자를 멸시하며 여호와를 두려워하는 자들을 존대하며 그의 마음에 서원한 것은 해로울지라도 변하지 아니하며"(시 15:4). 당신은 함부로 말을 내뱉고 책임을 지지 못하는 그런 종류의 인간은 아닌가? 깊은 생각 없이 말을 마구하면서 왜 나에게는 믿음의 성장이 없는가 하고 의아해하는 사람이 아닌가?

나의 요점은 이것이다. 하나님의 말씀에 온전히 순종해야만 믿음이 크게 성장한다.

> 나의 자녀들아 내가 이것을 너희에게 씀은 너희로 죄를 범하지 않게 하려 함이라(요일 2:1)

혹자는 이렇게 반박할지도 모른다. "하나님의 말씀에 좀 순종을 안 했다 하더라도, 우리에게는 십자가의 보혈이 있지 않습니까? 이 세상에 완전한 사람이 어디 있습니까? 사람이 완전하다면 예수님께서 왜 십자가에서 죽으셨나요?" 물론 십자가의 보혈은 인간의 모든 죄를 전부 다 용서하고도 남는다. 그러나 사도 바울의 말을 들어보자. "너희 자신을 종으로 내주어 누구에게 순종하든지 그 순종함을 받는 자의 종이 되는 줄을 너희가 알지 못하느냐 혹은 죄의 종으로 사망에 이르고 혹은 순종의 종으로 의에 이르느니라"(롬 6:16). 예수님은 주여 주여 하면서도 습관적으로 죄를 짓는 사람들에게, "불법을 행하는 자여 나를 떠나라"(마 7:23)라고 말씀하실 것이다.

율법주의자들은 죄란 사람들을 거룩함으로부터 끌어내는 것이라고 생각한다. 그것이 우리를 불순종의 형태로부터 멀어지게 할 수는 없다. 사실 그러한 동기가 우리를 죄로부터 보호할 수 없다. 그러나 죄를 우리의 믿음에 해를 끼치는 것으로 볼 때, 죄는 하나님과의 친밀함을 방해하는 것이 될 것이다. 우리는 그것으로부터 도망하여야 한다.

이제 우리는 야고보가 왜 하나님께 가까이 가도록 권면했는지 이해할 수 있다.

> 그런즉 너희는 하나님께 복종할지어다 마귀를 대적하라 그리하면 너희를 피하리라 하나님을 가까이하라 그리하면 너희를 가까이하시리라 죄인들아 손을 깨끗이 하라 두 마음을 품은 자들아 마음을 성결하게 하라 (약 4:7-8)

이 모든 것이 순종의 중심 내용이다! 왜? 우리는 확신을 갖고 나아갈 수 있다. 이 장의 시작에서 살펴본 성경을 다시 한 번 되새겨 보자.

> 그러므로 형제들아 우리가 예수의 피를 힘입어 성소에 들어갈 담력을 얻었나니 그 길은 우리를 위하여 휘장 가운데로 열어 놓으신 새로운 산 길이요 휘장은 곧 그의 육체니라 또 하나님의 집 다스리는 큰 제사장이 계시매 우리가 마음에 뿌림을 받아 악한 양심으로부터 벗어나고 몸은 맑은 물로 씻음을

받았으니 참 마음과 온전한 믿음으로 하나님께 나아가자 또 약속하신 이는 미쁘시니 우리가 믿는 도리의 소망을 움직이지 말며 굳게 잡고(히 10:19-23)

우리의 온전한 확신은 믿음으로부터 오며, 믿음은 하나님의 말씀을 들음에서 온다. 그리고 말씀에 대한 확신을 가지면 가질수록, 우리의 심령은 하나님께 더 순종하게 된다. 순종이 깊으면 깊을수록 하나님과의 친밀감도 깊어진다. 우리가 죄를 진다면 하나님 아버지께서 우리의 변호사가 되시고, 회개할 때 예수님의 보혈이 우리를 눈보다 더 희게 하심으로 비난으로부터 우리를 치유케 하실 것이다. 그러나 고의적으로 계속 죄를 짓는다면 우리의 양심이 우리를 비난할 것이다. 하나님은 우리의 양심보다 더 크신 분이다. 우리는 확신을 가지고 살아계신 하나님께 나아가는 것을 방해 받을 것이다.

소망

이제 "우리가 믿는 도리의 소망을 움직이지 말며 굳게 잡고"라는 구절로 연구해 보자. '희망'(소망)은 종종 오해를 사기도 한다. 성경에서 말하는 소망(희망)이란 이루어지기를 바라는 소망이 아니다. 성경의 소망은 "확신을 가지고 기대하는 것"이다.

하나님은 아브라함에게 다음과 같은 약속을 해주셨다.

이 후에 여호와의 말씀이 환상 중에 아브람에게 임하여 이르시되 아브람아 두려워하지 말라 나는 네 방패요 너의 지극히 큰 상급이니라 아브람이 이르되 주 여호와여 무엇을 내게 주시려 하나이까 나는 자식이 없사오니 나의 상속자는 이 다메섹 사람 엘리에셀이니이다 아브람이 또 이르되 주께서 내게 씨를 주지 아니하셨으니 내 집에서 길린 자가 내 상속자가 될 것이니이다 여호와의 말씀이 그에게 임하여 이르시되 그 사람이 네 상속자가 아니라 네 몸에서 날 자가 네 상속자가 되리라 하시고(창 15:1-4)

그 당시 아브라함의 아내는 더 이상 자녀를 출산할 수 없는 나이였다. 그래서 자연의 법칙을 고려하자면, 하나님의 약속은 소망없는 약속이었다. 그래서 하나님은 아브라함을 밖으로 데리고 가셨다. "그를 이끌고 밖으로 나가 이르시되 하늘을 우러러 뭇 별을 셀 수 있나 보라 또 그에게 이르시되 네 자손이 이와 같으리라"(창 15:5).

하나님은 아브라함에게 인간적인 약속과 신적인 약속이 다르다는 것을 보여주려 하셨던 것이다. 아브라함은 그 이후로 밤마다 하늘의 별들을 바라보며 하나님의 약속을 되새겼을 것이다. 그리고 그 별들 안에서 무수한 자손들이 번성하는 모습을 꿈꾸었다. 이러한 아브라함의 희망에 대하여 성경은 다음과 같이 말한다.

아브라함이 바랄 수 없는 중에 바라고 믿었으니 이는 네 후손이 이같으리라 하신 말씀대로 많은 민족의 조상이 되게 하려 하심이라(롬 4:18)

하나님의 약속은 무엇이었는가? "하늘을 우러러 뭇별을 셀 수 있나 보라 또 그에게 이르시되 네 자손이 이와 같으리라." 자연적으로는 아무런 희망이 없는 아브라함에게, 하나님은 약속을 주심으로, 눈에 보이는 것들을 무색하게 만드셨다. 아브라함은 "약속하신 그것을 또한 능히 이루실 줄을 확신하였다"고 기록되어 있다(롬 4:21). 즉 아브라함은 믿음으로 약속을 받았고 소망으로 그 믿음을 유지한 사람이다.

믿음은 바라는 것들의 실상이요 보이지 않는 것들의 증거니(히 11:1)

우리가 바라고 소망하는 것의 내용물은 믿음으로부터 온다. 우리가 이미 살펴본 대로 아브라함은 장래에 관한 신성한 계획을 믿음의 눈으로 보았다. 그러나 그 믿음이 오랜 기간 지속될 수 있었던 것은 끝까지 희망을 버리지 않았기 때문이다. 그러므로 하나님이 주시는 소망은 참으로 중요하다. 그 소망은 생명줄이다. 그러므로 하나님은 우리에게 말씀을 통해 믿음만 주시는 것이 아니라, 꿈과 희망과 비전과 소망으로 그 믿음에 활력을 불어넣으신다.

휘장 뒤에 있는 영광으로 들어가기

이 책의 주제는 하나님과의 친밀감이다. 하나님은 우리와 아주 밀접한 관계를 맺고 싶어 하신다. 하나님의 가장 큰 갈망은 신자들과 친분관계를 형성하는 것이다.

> 그러므로 형제들아 우리가 예수의 피를 힘입어 성소에 들어갈 담력을 얻었나니 그 길은 우리를 위하여 휘장 가운데로 열어 놓으신 새로운 산길이요 휘장은 곧 그의 육체니라 또 하나님의 집 다스리는 큰 제사장이 계시매 우리가 마음에 뿌림을 받아 악한 양심으로부터 벗어나고 몸은 맑은 물로 씻음을 받았으니 참 마음과 온전한 믿음으로 하나님께 나아가자 또 약속하신 이는 미쁘시니 우리가 믿는 도리의 소망을 움직이지 말며 굳게 잡고(히 10:19-23)

"우리가 믿는 도리의 소망을 움직이지 말며"라는 표현을 다시 한 번 더 심도 있게 살펴보자. 희망이라는 것은 집을 건축할 때 사용하는 청사진과도 같다. 즉 한눈에 전체를 바라보는 비전이다. 하나님이 주시는 소망은 인간의 눈으로는 볼 수 없으나, 믿음의 눈으로 바라볼 수 있는 신성한 큰 그림이다. 하나님은 성경을 통해 우주와 역사의 흐름, 그리고 인생이 가는 길에 대한 큰 그림을 우리에게 이미 보여주셨다.

> 사람들은 자기보다 더 큰 자를 가리켜 맹세하나니 맹세는 그들이 다투는 모든 일의 최후 확정이니라 하나님은 약속을 기업으로 받는 자들에게 그 뜻이 변하지 아니함을 충분히 나타내시려고 그 일을 맹세로 보증하셨나니 이는 하나님이 거짓말을 하실 수 없는 이 두 가지 변하지 못할 사실로 말미암아 앞에 있는 소망을 얻으려고 피난처를 찾은 우리에게 큰 안위를 받게 하려 하심이라 우리가 이 소망을 가지고 있는 것은 영혼의 닻 같아서 튼튼하고 견고하여 휘장 안에 들어가나니 (히 6:16-19)

소망만 있으면, 다른 사람들이 들어가지 못하는 휘장 안으로 들어간다는 구절이 이해가 되는가? 그 휘장 안에는 하나님의 임재가 있고, 하나님의 임재가 있는 곳에는 하나님의 계시가 따른다.

> 우리가 마음에 뿌림을 받아 악한 양심으로부터 벗어나고 몸은 맑은 물로 씻음을 받았으니 참 마음과 온전한 믿음으로 하나님께 나아가자 또 약속하신 이는 미쁘시니 우리가 믿는 도리의 소망을 움직이지 말며 굳게 잡고…우리가 이 소망을 가지고 있는 것은 영혼의 닻 같아서 튼튼하고 견고하여 휘장 안에 들어가나니 (히 10:22-23, 히 6:19)

NLT 번역은 이 구절을 다음과 같이 의역하고 있다. "하늘의 가려진 커튼을 제치고 들어가 하나님이 머무시는 지성소로 진입하게 된다." 하나님은 아브라함에게 신성한 소망이라는 거룩한 비전을 허락하셨다. 하나님과 친밀하게 될 때, 하나님은 인간의 자연적인 눈으로는 볼 수 없는 하늘의 비전을 허락하신다. 그러면 성도들은 하늘 보좌에 계신 그분의 마음속에 있는 큰 계획을 알 수 있게 된다. 그리고 하나님의 계획을 아는 것 이상으로 더 복된 일은, 휘장을 지나 지성소로 진입하여, 거룩하신 하나님과 함께 머무며 친밀한 사귐을 가지는 것이다!

신자들은 종종 그들이 기도할 때에 하나님의 존전으로 다가간다고 생각한다. 즉, 은혜의 보좌 앞으로 걸어 들어가는 것을 상상한다. 그러나 아브라함의 경우처럼, 성령의 도우심이 없으면, 약속이 주어져도 그것을 붙잡을 수 없다. 약속을 붙잡게 하는 것은 소망이다. 아브라함의 경우, 믿지 못하는 아브라함에게 하늘의 별들을 보여주심으로 주님은 도움을 주셨다. 아브라함은 그 이후로 하늘의 별들을 바라보며 계속 소망을 붙잡았던 것이다.

성령님의 도움 없이 지성소 안으로 들어가 하나님과 친밀한 관계를 가질 수 있는 길은 없다. 성령님은 우리에게 소망, 즉 확실한 비전을 주시는 분이시다.

토론을 위한 질문들

1. 성경에서 말하는 소망은(확신에 찬 기대는) "그렇게 되기만 하면 참 좋겠다"는 막연한 기대감과는 다른 것이다. 당신은 기도할 때에 확신에 찬 기대인 신앙적인 소망을 가지고 기도하는가 아니면 세상 사람들처럼 그냥 소망사항을 말하는 태도로 기도하는가?

2. 지난 2000년의 기독교 역사를 살펴보면, 믿는 자들이 가장 많이 묻는 질문 중에 두 가지는 아래와 같은 질문이었다.
   - 어떻게 믿음을 얻을 것인가?
   - 어떻게 믿음을 성장시킬 것인가?

   이 단원에서 배운 것을 기반으로, 당신 나름대로 위의 두 가지 근본적인 질문에 대한 대답을 시도해 보라.

3. 다윗의 순종과 사울의 순종을 비교해 볼 때에, 어떤 차이점을 보는가? 그들의 순종하는 자세가 하나님과의 친밀한 교제에 어떤 영향을 미쳤다고 판단하는가?

4. 하나님 앞으로 담대히 나아가는 것과 하나님께 대한 순종 사이에 어떤 관련이 있다고 생각하는가?

제14장

인간과 매우 친하게 지내고 싶어 하시는 하나님
Drawing Near

"하나님은 이미 우리를 초대하셨다
—아주 가까이 다가오라고"

우리를 너무나도 강하게 사랑하시는 그분께 다가가는 구체적인 방법에 관하여 논하고자 한다. 이것은 결혼한 사람에게 침실에서 어떻게 친밀함을 가질 수 있는지 세부적인 지침을 주는 것과 비교할 수 있다. 당신은 마음에서 흘러나오는 만큼만 표현할 수 있다. 친밀감의 아름다움은 생각이 아닌 마음으로부터 나온다.

    하나님께 다가갈 때에 인간이 하나님의 형상을 따라 만들어졌다는 사실을 기억하기 바란다. 인간이 상황에 따라 정서가 달라지듯이 하나님도 그러하시다. 우리가 친한 친구의 감정변화에 민감하듯이 하나님을 대할 때도 그렇게 해야 한다. 하나님의 임재로 들어갈 때에, 어떤 경우는 찬양과 경배로 즐겁고 기쁜 마음으로 들어가지만, 다른 경우는 울며 통곡하고 애통하며 들어갈 때도 있다. 하나님이 상한 마음과 찢어지는 심정을 더 좋아하시는 상황이 있지만, 때에 따라서는 담대히 나아가는 것을 선호하시기도 하시며, 떨며 전율하며 하나님 앞으로 다가서는 것을 원하시기도 하신다. 인간에게도 희로애락이 있듯이 하나님에게도 그렇다. 하나님과 함께 웃고 즐기는 시간도 있고 하나님과 함께 슬퍼 우는 시간도 있을 것이다. 하나님의 도우심을 받아 어두움의 세력과 맞서 싸우는 시간도 있고, 하나님의 임재 속에서 평정과 평안이 마음을 주장하는 시간도 있다.

강도가 침입한 가정의 예를 들어보자. 이제 강도는 잠겨진 문을 따고 들어와 거실을 통과해 침실로 향하고 있는 상황이다. 그때 아들이 아버지에게 다정다감하게 다가와서, "아빠, 아빠가 최고예요. 아빠는 내가 원하는 것은 뭐든지 사주고, 아빠는 참 재미있고, 아빠는 뭐든지 다 아시는 것 같아요"라고 말했다고 가정해보자.

아버지는 아들의 말을 가로막고, "아들아! 지금은 그런 말을 할 때가 아니다. 네 방에 가서 야구 방망이를 가지고 오렴. 뒷문으로 나가면서 신고해야 하겠다"라고 말하지 않겠는가?

그리스도의 교회인 신자들은 하나님의 집이다. 그러나 하나님의 집을 파괴하려는 적들이 있다. 그런 때에 기도로 들어가면, 성령님은 전쟁을 준비하라고 재촉하신다. 영적 전쟁은 주님의 말씀을 전함으로, 또는 강력한 기도를 드림으로, 열정적으로 찬양을 드림으로, 아니면 지혜로운 대책을 세움으로 벌인다. 영적 전쟁에 있어서 찬송의 능력에 관해서는 역대하 20장 20-24절에 잘 나타나 있다.

이에 백성들이 아침에 일찍이 일어나서 드고아 들로 나가니라 나갈 때에 여호사밧이 서서 이르되 유다와 예루살렘 주민들아 내 말을 들을지어다 너희는 너희 하나님 여호와를 신뢰하라 그리하면 견고히 서리라 그의 선지자들을 신뢰하라 그리하면 형통하리라 하고 백성과 더불어 의논하고 노래하는 자들을 택하여 거룩한 예복을 입히고 군대 앞에서 행진하며 여호와를 찬송하여 이르기를 여호와께 감사하세 그의 인자하심이 영원하도다 하게 하였더니 그 노래와 찬송이 시작될 때에 여호와께서 복병을 두어 유다를 치러 온 암몬 자손과 모압과 세일산 주민들을 치게 하시므로 그들이 패하였으니 곧 암몬과 모압 자손이 일어나 세일 산 주민들을 쳐서 진멸하고 세일 주민들을 멸한 후에는 그들이 서로 쳐죽였더라 유다 사람이 들망대에 이르러 그 무리를 본즉 땅에 엎드러진 시체들뿐이요 한 사람도 피한 자가 없는지라(대하 20:20-24)

위의 강도가 들어온 집의 예로 돌아가 보자. 같은 집에 아버지가 화롯가에서 평안히 쉬고 있다고 가정해보자. 그런데 아들이 헬멧을 쓰고 야구 방망이를 들고 나타나서는 "아빠, 우리 그놈을 잡으러 갑시다"라고 호전적으로 나오면, 아버지가 거기에 선뜻 응할 것 같은가?

아마도 아버지는 이렇게 응수하실 것이다. "아들아, 지금은 아무일도 없다. 헬멧을 벗고 야구 방망이를 내려놓고 여기 내 곁에 앉아서 우리 함께 놀자!"

하나님 앞으로 다가갈 때에 하나님의 반응은 우리가 처한 각 상황마다 다르다는 것을 염두에 두기 바란다. 인간의 상황에는 서로 다른 시기와 시절이 있다. 그럴 때마다 하나님 곁으로 다가가서 하나님의 마음속에는 무엇이 있는지 알아보는 것이 중요하다. 하나님은 각각의 경우에 다르게 반응하실 지도 모르기 때문이다.

하나님의 주요 관심사들

당신의 친구가 당신에게 접근할 때마다 오직 자기 이득만을 챙기기 위해 온다면, 당신의 기분은 어떨까? 자녀들이 오직 돈을 달라고 할 때만 부모를 찾는다면 부모의 자식에 대한 마음은 어떨까? 이기적인 사람과 당신은 끊임없이 관계를 맺으며 살아갈 것 같은가 아니면 적당한 순간에 마음 문을 닫아버릴 것인가? 우리가 하나님의 마음을 얻어내려면 우선 하나님의 관심사가 무엇인지 아는 것이 중요하다. 하나님의 소원, 하나님의 갈망, 하나님이 기뻐하시는 것은 무엇일까? 하나님은 물론 온전하시고 무한하시며 전지전능 하신 분이시다. 그렇지만 하나님은 인간에게 자유의지라는 것을 허락하셨다. 그렇게 하심으로, 하나님은 인간과의 관계에 있어서, 일부러 자신의 취약한 부분을 만드셨다. 그러나 인간은 그런 하나님의 취약성을 이용하고 타락했다. 인간의 타락으로 인하여 인간은 어두움으로, 속임수로, 곤경으로, 괴로움으로 깊이 빠져들어 갔다. 그로 인하여 하나님과 인간 사이에는 많은 상처가 생기게 되었다. 하나님은 그런 상처를 치유해주기 원하신다. 하나님 앞으로 다시 돌아와 하나님과의 깨어진 관계를 회복하고자 하는 사람을 하나님은 찾으신다. 그런 이유로 하나님은 하나님의 은혜로 상처받은 자들을 위해 중보하고 돕는 사람들을 가까이하신다. 예수님은 심판의 자리에서 다음과 같이 말씀하신다.

> 내가 주릴 때에 너희가 먹을 것을 주었고 목마를 때에 마시게 하였고 나그네 되었을 때에 영접하였고 헐벗었을 때에 옷을 입혔고 병들었을 때에 돌보았고 옥에 갇혔을 때에 와서 보았 느니라 (마 25:35-36)

영광의 주님, 모든 것의 모든 것 되시는 주님, 우주의 모든 권세와 권위를 가지신 그분이 필요한 것이 있었다고 말씀하시는 것을 보라. 주님의 필요는 주님이 사랑하시는 자 곧 우리의 필요이다. 주님은 "내가 진실로 너희에게 이르노니 너희가 여기 내 형제 중에 지극히 작은 자 하나에게 한 것이 곧 내게 한 것이니라"(마 25:40)라고 말씀하신다. 중보기도를 드리고, 실질적인 도움을 주며, 하나님의 해방의 복음을 선포하고, 하나님의 능력으로 상처 입은 자를 치유하고, 선한 행위를 하는 사람들은 누구보다도 먼저 주님의 마음을 알게 될 것이다.

구약성경에 보면 하나님의 백성들이 하나님 앞으로 부지런히 다가간 적이 있었다. 그러나 하나님은 응답하시지 않았다. 사람들은 왜 하나님께서 그들에게 가까이 오시지 않는지 궁금해하기 시작했다. 하나님이 그들의 기도에 응답하시지 않는 이유를 알 수가 없었다. 그때 하나님은 말씀하셨다.

> 우리가 금식하되 어찌하여 주께서 보지 아니하시오며 우리가 마음을 괴롭게 하되 어찌하여 주께서 알아 주지 아니하시나이까 보라 너희가 금식하는 날에 오락을 구하며 온갖 일을 시키는도다 보라 너희가 금식하면서 논쟁하며 다투며 악한 주먹으로 치는도다 너희가 오늘 금식하는 것은 너희의 목소리를 상달하게 하려는 것이 아니니라 (사 58:3-4)

그들이 논쟁하며 다투었다는 것에 유의하라. 이 책의 표제어 성경인 "하나님을 가까이하라 그리하면 너희를 가까이하시리라"를 생각해 보자. 이제 그 말씀이 위치한 성경구절의 전후문맥을 전체적으로 살펴보자.

> 너희 중에 싸움이 어디로부터 다툼이 어디로부터 나느냐 너희 지체 중에서

싸우는 정욕으로부터 나는 것이 아니냐 너희는 욕심을 내어도 얻지 못하여 살인하며 시기하여도 능히 취하지 못하므로 다투고 싸우는도다 너희가 얻지 못함은 구하지 아니하기 때문이요 구하여도 받지 못함은 정욕으로 쓰려고 잘못 구하기 때문이라 간음한 여인들아 세상과 벗된 것이 하나님과 원수 됨을 알지 못하느냐 그런즉 누구든지 세상과 벗이 되고자 하는 자는 스스로 하나님과 원수 되는 것이니라 너희는 하나님이 우리 속에 거하게 하신 성령이 시기하기까지 사모한다 하신 말씀을 헛된 줄로 생각하느냐 그러나 더욱 큰 은혜를 주시나니 그러므로 일렀으되 하나님이 교만한 자를 물리치시고 겸손한 자에게 은혜를 주신다 하였느니라 그런즉 너희는 하나님께 복종할지어다 마귀를 대적하라 그리하면 너희를 피하리라 하나님을 가까이하라 그리하면 너희를 가까이하시리라 죄인들아 손을 깨끗이 하라 두 마음을 품은 자들아 마음을 성결하게 하라(약 4:1-8)

결국 최대의 문제는 우리들의 '이기심'인 것을 다시 한 번 발견하게 된다. 하나님과 복음을 위하여 목숨을 잃을 각오가 되어 있지 않는 한, 하나님 앞으로 가까이 다가갈 수 없다. 하나님과 친밀한 관계를 누리고 싶은 사람마다 이 이기심(욕심)의 문제를 해결해야 한다. 나의 욕심(욕망)을 내세울 것이 아니라, 하나님의 갈망(소원)을 알아드리는 자가 되어야 한다. 하나님이 사랑하시는 것을 나도 사랑하고, 하나님이 미워하시는 것을 나도 미워하는 바로 그 마음이 필요하다. 하나님에게 중요한 것은 나에게도 중요하게 생각하는 신앙의 태도를 가진 사람마다 하나님의 마음에 합한 사람이다. "네가 이 세대에서 부한 자들을 명하여 마음을 높이지 말고 정함이 없는 재물에 소망을 두지 말고 오직 우리에게 모든 것을 후히 주사 누리게 하시는 하나님께 두며"(딤전 6:17).

그렇다면 하나님을 섬기는 사람은 개인적인 취미생활도 할 수 없다는 말인가? 물론 그런 것은 아니다. 그러나 극단적이 되는 것은 죄를 짓는 것이다. 하나님의 사람들에게 오락이나 쉼은 물론 필요하다. 내가 말하려 하는 것은 세상의 일에 궁극적인 의미와 재미를 두지 말라는 뜻이다. 하나님은 "모든 것을 후히 주사 누리게 하시는 하나님"이시다. 하나님의 뜻을 무시한 채 인간의 욕망만을 추구할 때, 우리는 하나님으로부터 멀어지게 되어 있다.

하나님의 갈망을 채워드리는 일 중에 하나는 가난하고 어려운 사람들을 도와주는 구제사업일 것이다. 그렇지만 모든 성도가 전부다 구제사역에 힘쓸 필요는 없다. 초대교회의 경우, 교회가 구제사역에 힘쓰기는 했으나, 그것도 부담이 되었던 것을 알 수 있다.

> 그 때에 제자가 더 많아졌는데 헬라파 유대인들이 자기의 과부들이 매일의 구제에 빠지므로 히브리파 사람을 원망하니 열두 사도가 모든 제자를 불러 이르되 우리가 하나님의 말씀을 제쳐놓고 접대를 일삼는 것이 마땅하지 아니하니 형제들아 너희 가운데서 성령과 지혜가 충만하여 칭찬 받는 사람 일곱을 택하라 우리가 이 일을 그들에게 맡기고 우리는 오로지 기도하는 일과 말씀 사역에 힘쓰리라 하니(행 6:1-4)

베드로를 비롯한 사도들은 말씀사역에 힘썼고, 나머지 사람들에게 부탁 위임: delegation하여 육신의 필요를 채우도록 교회를 조직하였다. 그러나 반드시 기억할 일은 가난한 사람들을 돕는 구제사역도 역시 예수님의 필요를 채우는 사역임을 잊지 말아야 하겠다.

인자가 자기 영광으로 모든 천사와 함께 올 때에 자기 영광의 보좌에 앉으리니 모든 민족을 그 앞에 모으고 각각 구분하기를 목자가 양과 염소를 구분하는 것 같이 하여 양은 그 오른편에 염소는 왼편에 두리라 그 때에 임금이 그 오른편에 있는 자들에게 이르시되 내 아버지께 복 받을 자들이여 나아와 창세로부터 너희를 위하여 예비된 나라를 상속받으라 내가 주릴 때에 너희가 먹을 것을 주었고 목마를 때에 마시게 하였고 나그네 되었을 때에 영접하였고 헐벗었을 때에 옷을 입혔고 병들었을 때에 돌보았고 옥에 갇혔을 때에 와서 보았느니라 이에 의인들이 대답하여 이르되 주여 우리가 어느 때에 주께서 주리신 것을 보고 음식을 대접하였으며 목마르신 것을 보고 마시게 하였나이까 어느 때에 나그네 되신 것을 보고 영접 하였으며 헐벗으신 것을 보고 옷 입혔나이까 어느 때에 병드신 것이나 옥에 갇히신 것을 보고 가서 뵈었나이까 하리니 임금이 대답하여 이르시되 내가 진실로 너희에게 이르노니 너희가 여기 내 형제 중에 지극히 작은 자 하나에게 한 것이 곧 내게 한 것이니라 하시고(마 25:31-40)

주님이 관심을 보이는 것이 무엇인지 마음에 새기고 있는 사람들은 주님의 뜻을 행할 것이다. 그러면 주님께 더욱 가까이 다가가기가 수월해진다. 아니, 그런 사람들은 주님께 가까이 다가가지 않고는 견디지 못한다. 모세가 바로 그와 같은 인물이었다. 그는 자신의 이득을 목적으로 하지 않았고, 하나님의 관심에 집중했던 사람이다. 모세는 하나님의 마음에 민감했기에 하나님과 아주 친밀한 교통을 할 수 있었다.

하나님은 좋은 리더였던 유다 왕 요시야에 대하여 다음과 같이 말씀하셨다. "그는 가난한 자와 궁핍한 자를 변호하고 형통하였나니 이것이 나를 앎이 아니냐 여호와의 말씀이니라"(렘 22:16).

어려운 사람들을 도와주는 사역이든, 가르치는 사역이든, 교회 행정이든, 당회와 같이 감독하는 것이든, 아니면 물질적으로 지원하는 것이든, 그러한 사역을 잘 이루는 사람들은 자신의 의견이나 생각을 채우는 것에 목표를 둔 사람들보다 쉽게 주님께 가까이 갈 것이다. "이것이 나를 앎이 아니냐?"라고 주님이 말씀하신 이유이다.

말씀을 들으러 가까이 다가서라
주님께 더 가까이 다가서려는 사람들을 위한 또 하나의 구체적인 방안이 다음 성경구절에 제시되어 있다.

> 너는 하나님의 집에 들어갈 때에 네 발을 삼갈지어다 가까이 하여 말씀을 듣는 것이 우매한 자들이 제물 드리는 것보다 나으니 그들은 악을 행하면서도 깨닫지 못함이니라 너는 하나님 앞에서 함부로 입을 열지 말며 급한 마음으로 말을 내지 말라 하나님은 하늘에 계시고 너는 땅에 있음이니라 그런즉 마땅히 말을 적게 할 것이라(전 5:1-3)

세 구절의 첫 부분부터 살펴보자. 다른 번역본으로 읽어보면, "어리석은 사람 같이 제사를 드리기보다는 하나님의 말을 들으러 가까이 다가오라"고 되어 있다. 하나님 앞으로 나아오는 많은 신자들이 있다. 그들은 찬양과 통성기도로 하나님 앞에 모여 주님의 얼굴을 구한다. 물론 그것도 잘하는 일이다. 그러나 주님 앞으로 나아갈 때에 침묵으로 나아가서 나에게 말씀하시는 주님의 음성을 듣는다면 그것은 영적으로 더욱 잘하는 일이다.

최근에 나는 대형교회의 유능한 목회자와 자리를 함께한 적이 있다. 점심식사를 하면서 그는 나에게, "존, 나는 주님께 아침마다 부르짖었습니다. 그렇지만 나 혼자만 이야기 하는 것에 대해 이제는 신물이 납니다. 그런데 목사님의 설교를 들은 후로 내 마음이 달라졌습니다. 나는 이제 매일 아침 기도의 자리에 나와 하나님께서 하시는 말씀만 듣기로 작정했습니다."

그렇지만 그는 즉시 하나님의 음성을 듣지는 못했다. 왜냐하면 주께서 그 목회자의 마음의 신실함을 먼저 시험해보셔야 했기 때문이다. 그러던 어느 날 그가 새벽기도에 나아갔을 때, 갑자기 성령님께서 그에게 말씀하시기 시작했다. 그는 일생 그렇게 강렬한 계시를 받은 적이 없었다고 한다. 그리고 그 받은 계시를 교인들에게 수주에 걸쳐 전달했다고 한다. 그때부터 그의 기도생활은 가히 혁명적으로 변화되었다.

나에게는 하나님과 대화하는 기발한 아이디어가 하나 있다. 그것은 기도 시간에 성경을 읽는 것인데, 특히 나는 시편을 읽는다. 물론 많은 구절을 읽는 것은 아니고 한두 구절 읽고는 계속 되새김질을 하며 묵상한다. 그리고는 또 다른 성경구절을 한두 구절 읽고 깊이 묵상하기 시작하면, 하나님의 임재가 임하곤 한다. 그러면 이제 성경을 자리에 놓고, 하나님께만 집중한다. 그리고 하나님의 계시를 갈망하면, 주님은 나에게 말씀하시기 시작하신다.

어떤 경우든지, 내가 기도로 어떤 것을 아뢰기 전에 먼저 하나님의 임재 안으로 들어와 하나님께 집중하고, 하나님의 말씀을 듣는 것은 가장 효과적인 기도 방법이다. 나는 경배와 찬양으로 들어가기 전에, 항상 먼저 마음을 고요하게 한 후에, 하나님의 영 안에서 내 마음을 들여다보고, 그 다음에는 하나님의 갈망이나 성령님의 정서를 느껴보려고 한다. 원하기만 하면 언제라도 하나님을 찬양하고, 무한감사를 드리며,

흘러넘치는 기쁨으로 들어가는 것은 아니다. 조용히 기다리다가 성령님께서 "자, 이젠 가자"라고 하시면, 그때야 비로소 영적인 세계로 깊이 들어가게 된다.

> 우리가 감사함으로 그 앞에 나아가며
> 시를 지어 즐거이 그를 노래하자(시 95:2)

> 기쁨으로 여호와를 섬기며 노래하면서
> 그 앞에 나아갈지어다(시 100:2)

감사함으로, 기쁨으로, 즐거이 섬기며, 노래하며 하나님 앞으로 나아가는 길에 앞서 선행되는 것은 아마도 하나님께 민감해지는 일일 것이다. 하나님 앞으로 나아갈 때에 먼저 감사하고, 죄를 고백하고, 헌신으로 섬길 각오를 하고, 찬양하면서 나아가면 물론 좋다. 그러나 형식적으로 그런 순서만 지키면서 하나님 앞으로 나아간다고 해서 하나님을 만나게 되는 것은 아니다. 나는 그런 원리를 부부 사이의 관계로부터 배웠다. 부부 사이에 서로에 대한 민감함, 서로 친밀함, 깊은 관심을 가짐 등이 얼마나 중요한지 모른다. 하나님과의 관계도 마찬가지이다.

나는 종종 이러한 예를 든다. 막 결혼한 남자가 결혼 세미나로부터 배운 원리를 적용해 보려고 종이에 그 순서를 적어서 하나씩 행동에 옮긴다고 가정해보자. 우선 첫 단계는 아내와 눈을 마주치고, 두 번째 단계는 선물을 사주며, 세 번째 단계는 사랑한다고 말을 하고, 네 번째 단계는 안아주는 것 같은 각각의 단계를 밟아 올라간다고 가정해보자. 물론 그것이 통할 경우도 있겠으나, '사랑하는 법'의 순서를 적은 종이를 계속 쳐다보면서 그것을 실행에 옮기려고 애쓰는 모습이란 진정 우스꽝스러운 짓이 아닐 수 없다. 기도로 나아가는 신자들의 경우도 마찬가지이다. 기도하는 법, 기도드리는 순서 등을 참조하여 그 순서나 방법을 그대로 따르면서 기도로 나아가는 것은 좀 이상한 모습이다. 왜냐하면 기도라는 것의 밑바탕에는 하나님과의 인격적인 관계라는 것이 전제되어야 하기 때문이다. 부부 사이의 관계에서 가장 중요한 것은 상대방의 감정, 욕구, 의도, 마음을 서로 알고, 이해하고, 만져주고, 느끼는 것이다. 하나님과 인간의 관계도 마찬가지이다. 물론, 하나님을 대하면서 지켜야 할 법도가 없는 것은 아니다. 우리는 그것을 율법이라고 부른다. 그렇지만 성경은 이렇게 말씀하신다. "그가 또한 우리를 새 언약의 일꾼 되기에 만족하게 하셨으니 율법 조문으로 하지 아니하고 오직 영으로 함이니 율법 조문은 죽이는 것이요 영은 살리는 것이니라"(고후 3:6). 일단 성령님 안으로 들어가면, 성령님은 우리로 하여금 중보, 찬양, 외침, 절규, 침묵, 그리고 영적 전쟁으로 우리를 이끄신다.

 다음으로 중요한 사실은 기도를 드릴 때에 그냥 입에서 나오는 대로 말하지 말라는 것이다. 인간과의 대화에서도 마찬가지이다. 두서없이 수다를 떨면서 소란을 피는 사람의 이야기는 누구도 가까이 다가와서 들어주려 하지 않는다. 그러나 신중하게 단어를 선택해서 말하고, 친숙한 분위기로 대해주고, 침착하게 들어주는 그런 사람과는 대화하고 싶어 한다. 그래서 나는 기도를 드릴때 많은 시간을 방언으로 기도드리고, 하나님의 말씀을 암송하고, 아니면 침묵을 지킨다.

 그중에서도 방언으로 기도를 드리면 하나님의 뜻대로 기도드리기가 가장 쉽다고 생각한다. 왜냐하면 내 뜻은 일단 접어두고, 오직 성령의 인도를 받아 성령의 능력으로 성령을 따라 기도드리게 되기 때문이다. 하나님 앞에 아뢸 말을 성령님께서 내 입에 집어넣어 주시는 것을 경험한다. 성령 안에 있을 때는 중언부언하거나 허튼 소리를 할 수 없다. 또한 성경말씀을 기초로 기도를 드릴 때, 나의 기도는 힘이 넘쳐흐른다. 왜냐하면 분명히 하나님의 뜻대로 기도를 드린다는 확신이 서기 때문이다.

> 그를 향하여 우리가 가진 바 담대함이 이것이니 그의 뜻대로 무엇을 구하면 들으심이라 우리가 무엇이든지 구하는 바를 들으시는 줄을 안즉 우리가 그에게 구한 그것을 얻은 줄을 또한 아느니라 (요일 5:14-15)

그러나 하나님의 임재 안으로 깊이 들어가면, 그때는 많은 것들이 나에게 쏟아 부어진다. 하나님의 계시, 지혜, 계획, 인도, 경고, 아이디어, 성경에 대한 이해, 상황에 대한 바른 판단 등, 그 수를 헤아릴 수 없다. 이런 사람을 한 번 생각해 보라. 자기는 쉴새 없이 수다를 떨면서 당신에게는 단 한마디의 말할 기회도 주지 않는 사람 말이다. 하나는 이것이 성령께서 가끔 우리에게서 느끼시는 것이라고 생각한다. 우리는 말하는 것만큼 듣는 것이 필요하다. 기도는 대화이지 독백이 아니라는 것을 기억하라.

은혜를 부어주시는 각양각색의 방법들

하나님은 하나님께 부르짖으라고 명령하신다. 그러면 우리에게 응답하시겠고 우리가 알지 못하는 크고 비밀한 일을 보이신다고 약속하셨다(렘 33:3). 하나님이 은혜를 부어주시는 방법은 다양하다. 뿐만 아니라, 인간에게 다가오시는 방법도 다양하다. 하나님의 임재를 체험하는 방식이 다양하다는 뜻이다. 때로 우리는 하나님이 말씀하시는 음성을 듣기도 한다. 마음속에 강하게 울려 퍼지는 소리로 나타나기도 한다. 그것이 너무 강렬하면 귀에 대고 직접 말하는 소리처럼 들리기도 한다. 혹은 마음에 잔잔히 깔리는 듯한 나지막한 음성이 들려오기도 한다. 그리고 마음 깊숙한 곳으로부터 음성이 들려올 때는 항상 내적인 평화와 성경말씀이 동반된다. 하나님은 설교자나 다른 신자들의 입술을 통해서도 말씀하신다. 좋은 신앙서적이나 성경을 읽을 때 마음에 큰 감동이 올 때도 있다. 깊은 깨달음을 주는 말씀이 심령을 만지면, 폭발하는 것 같은 희열을 맛보기도 할 것이다. 그 순간에는 강한 하나님의 임재가 체험되기도 한다. 하나님은 꿈과 환상을 통해서도 말씀하신다. 그리고 내가 종종 경험하는 것인데, 이전에 모르던 영적인 진리가 갑자기 깨달아지기 시작하는 경우다. 이는 하나님이 내 마음에 말씀을 넣어 주셨다가 그 말씀을 다른 사람에게 전하기까지 드러나지 않게 하시는 경우이다. 다른 사람에게 그 말씀을 전하기 시작하는 순간, 갑자기 성령의 큰 조명을 밝게 받는다.

오순절날 베드로에게 나타난 현상이 바로 그것이다. 성령을 충만하게 받기 전 베드로에게는 예수가 그리스도였다는 것 이외에는 별다른 영적 계시가 임하지 않았다(마 16장). 베드로는 마가의 다락방에서 배신한 유다를 대신할 제자를 뽑았으나, 우리는 그 '맛디아'라는 제자에 대한 기록을 그 이후로는 찾아볼 수가 없다. 그것은 베드로의 미성숙으로 인한 열매였음에 틀림없다.

베드로는 영적으로 계속 빗겨나가고 있었던 것 같았다. 그러나 한순간 하나님이 그에게 다가오셨다. 바로 오순절에 그런 일이 발생했다. 급하고 강한 바람이 불고 불의 혀 같은 것이 임하고 방언이 터져 나왔을 때, 베드로도 성령의 충만함을 받게 되었다. 베드로는 그 순간 구약의 요엘을 인용하면서 매우 강력한 메시지를 전했다. 이는 수많은 군중들 앞에서 행한 설교였다. 도대체 베드로는 어디에서 그런 지혜를 얻었을까? 그 대답은 너무나도 자명하다. 베드로뿐만 아니라 그곳에 모여 있던 사람들도 성령의 능력으로 하나님의 큰 일을 말하게 되었다. "그레데인과 아라비아인들이라 우리가 다 우리의 각 언어로 하나님의 큰 일을 말함을 듣는도다"(행 2:11).

성령님께서 인간과 가까이 하실 때에, 그 은혜와 능력을 전달하는 방법은 각양각색이다. 그러나 한 가지 분명한 사실은 성령이 함께 하시면 우리의 인생은 더 이상 이전과 같지 않고 본질적으로 변하게 되어 있다.

마지막 당부의 말

이 책의 첫 장에서 언급했듯이 나는 하나님과의 친밀함으로 들어가는 어떤 정해진 방법이 있다는 것을 주장하려는 것이 아니다. 하나님과 친밀한 관계를 맺는 단계적인 법칙은 없다. 즉, 하나님과의 친밀감 형성은 방법론이나 기술의 습득으로 이루어지는 것이 아니라는 점을 다시 한 번 더 확실히 해두고 싶다. 이 책은 하나님의 마음이라는 보물을 찾는 보물지도와 같다. 이 책의 내용은 하나의 예언적 메시지로 신자 모두를 향한 하나님의 외침이며, 하나님의 애정 어린 갈망을 표출한 것이다. 시간을 내고 정열을 쏟으며 이 책에 제시된 방향을 따른다면, 누구든지 하나님의 임재를 체험하고 하나님의 마음을 발견하리라 믿어 의심치 않는다. 하나님께 가까이 다가오라는 것은 하나님의 명령이고, 일단 우리가 가까이 가면 하나님도 우리를 가까이하시리라는 것은 하나님의 약속이다. 하나님과 아주 친한 사이가 되는 것은 물론 우연히 이루어지는 일이 아니다. 하나님의 약속은 언제나 참되고 하나님은 항상 신실하신 분이시기에, 하나님과의 진한 사랑의 관계를 형성하는 친밀감은 분명히 믿는 모든 이들에게 형성될 수 있다고 나는 믿는다.

당신에게 영감을 불어 넣을 성경구절 몇 개를 더 제시하고 나는 이 책을 마치려 한다.

> 대저 패역한 자는 여호와께서 미워하시나 정직한 자에게는 그의 교통하심이 있으며(잠 3:32)

> 하나님께 가까이 함이 내게 복이라(시 73:28)

> 여호와께서는 자기에게 간구하는 모든 자 곧 진실하게 간구하는 모든 자에게 가까이 하시는도다 그는 자기를 경외하는 자들의 소원을 이루시며 또 그들의 부르짖음을 들으사 구원하시리로다 여호와께서 자기를 사랑하는 자들은 다 보호하시고 악인들은 다 멸하시리로다(시 145:18-20)

> 그 영도자는 그들 중에서 나올 것이요 그 통치자도 그들 중에서 나오리라 내가 그를 가까이 오게 하리니 그가 내게 가까이 오리라 참으로 담대한 마음으로 내게 가까이 올 자가 누구냐 여호와의 말씀이니라(렘 30:21)

당신은 감히 하나님 앞으로 가까이 다가갈 수 있다. 하나님이 진심으로 당신을 초대하시기 때문이다. 그럼으로 하나님의 임재 안에 거하는 그런 신자가 되기 원한다. 하나님은 지금도 당신을 기다리고 계신다. 진정으로 서로 사랑하는 아주 친밀한 관계를 맺기 원하신다. 무엇을 망설이는가? 지금 당장 하나님께 가까이 다가서자.

능히 너희를 보호하사
거침이 없게 하시고
너희로 그 영광 앞에 흠이 없이 기쁨으로 서게 하실 이
곧 우리 구주 홀로 하나이신 하나님께
우리 주 예수 그리스도로 말미암아
영광과 위엄과 권력과 권세가
영원 전부터 이제와 영원토록 있을지어다
아멘

(유 1:24-25)

토론을 위한 질문들

1. 단원을 읽기 전에 하나님께도 "필요한 것"이 있다는 생각을 해본 적이 있는가? 하나님의 필요를 어떻게 충족시켜 드릴 수 있을까?

2. 나의 요구를 기도로 아뢰기 전에 먼저 성령님의 말씀을 듣는 것이 중요하다고 생각하는가? 많은 찬양과 경배로 하나님 앞으로 나아가고, 좋은 신앙서적들을 읽는다고 해도, 침묵 가운데 하나님 앞으로 나아가 지금 나에게 말씀하시는 하나님의 음성을 듣지 않으면 별다른 소용이 없다고 저자는 주장한다. 당신은 말로 들려오거나 마음의 확신으로 다가오는 성령님의 음성을 들은 적이 있는가? 만약에 있다면, 그것을 글로 적어 다른 사람들과 서로 나누며 신앙의 성장을 기대해 보아라.

3. 저자는 이 책의 서두에서 이 책은 단계적 방법론을 제시하는 도서가 아니라, 하나님과의 친밀감 형성을 위해 하나님의 마음에 도달하기 위한 하나의 영적 보물지도 a treasure map라고 소개하였다. 지금까지 읽은 모든 것을 종합해 볼 때에 당신이 이미 얻은 영적 보화는 무엇이라고 생각하는가? 아직도 찾지 못하여 지금도 계속 찾고 있는 보물은 무엇인가?

Drawing Near